테리 홍·김기훈의

30일 완성

청해
+
어휘

TEPS
실전 모의고사

테리 홍·김기훈 지음

We're
위아북스

테리 홍 · 김기훈의

30일 완성
TEPS 실전 모의고사 청해 + 어휘

지은이 테리 홍 · 김기훈

펴낸곳 (주)위아북스
펴낸이 전수용 · 조상현
기획책임 최상호
편집팀 권수아
영업마케팅 신철호, 김민아

등록번호 제300-2007-164호
주소 서울특별시 마포구 합정동 359-1 정촌빌딩 1층
전화 02-725-9988 ● **팩스** 02-725-9863
홈페이지 www.wearebooks.co.kr

북디자인 나인플럭스
출력 우성 C&P

ISBN 978-89-93258-18-9 18740

테리 홍 · 김기훈의

30일 완성

청해
+
어휘

TEPS

실전 모의고사

테리 홍 · 김기훈 지음

We're
위아북스

TEPS, 두 마리 토끼를 잡아라

TEPS를 준비하는 모든 이들의 목표는 일단 TEPS에서 고득점을 올리는 것입니다. 현재 TEPS는 명실공히 영어 실력 평가의 공식 기준이 되어 우리 사회 전반에서 다양하게 활용되고 있습니다. 고등학교나 대학교, 대학원 입시 사정의 지표로 사용되고 있으며 다양한 기업체, 정부기관에서 신입사원 선발이나 인사고과에 TEPS를 반영하고 있습니다. 또 자격증 시험에서도 TEPS 성적을 요구하곤 합니다. 이렇게 활용도가 높은 TEPS 시험에서 고득점을 올리려면 어떻게 해야 할까요? 아니, 비단 TEPS 성적뿐이 아니라 영어 실력까지 향상시키는 두 마리 토끼를 잡으려면 어떻게 공부해야 할까요?

영어에는 왕도가 없다고 합니다. 맞습니다, 영어에는 왕도가 없습니다. 그러나 같은 시간을 공부해도 누구는 더 좋은 성적이 나오고 누구는 실력이 제자리 걸음인 것이 사실입니다. 이 책의 첫 포커스는 TEPS 실전에서 가장 좋은 점수가 나올 수 있도록 수험생 여러분들을 준비시키고 최신 출제 경향과 유형에 맞는 문제들로 실력을 한 단계 끌어올리는 데 맞추어져 있습니다. 올림픽에서 삼단뛰기는 세 번의 도약으로 멀리 뛰는 종목입니다. 이 삼단뛰기에서 좋은 성적을 올리려면 세 번의 도약인 hop, step, jump가 유기적으로 연결되어야 하고 각 동작이 시너지 효과를 내야 합니다. 이 책 또한 마찬가지로 구성되어 있습니다. 먼저 hop이라고 할 수 있는 CHAPTER 1에서는 파트별 유형을 확실히 파악하고 공략법과 출제 함정을 짚어 낼 수 있도록 했습니다. 그리고 step인 CHAPTER 2에서는 미니 테스트로 기본기를 다지고 자신의 실력을 파악해 보도록 했습니다. 마지막 jump CHAPTER 3 단계에서는 총 4회의 실전문제를 풀며 실전 감각을 익혀 더 멀리 뛸 수 있는 도약의 발판이 되게 했습니다.

그러나 TEPS는 각 영역을 통틀어서 기본적인 실력 없이는 답을 찾을 수 없는 문제들로 구성되어 있고 특히 청해의 경우는 문제 그 자체로 실용 회화 교재로도 바로 활용이 가능한 컨텐츠입니다. 어휘 또한 마찬가지입니다. 단순한 단어의 뜻을 묻기보다는 문장 안에서 어떻게 쓰이고 있는지 확실히 알고 있어야 답을 찾을 수 있게 되어 있습니다. TEPS 시험은 갈수록 더 이런 경향으로 나아가고 있기에 지금까지와 같은 얕은 공부와 훈련으로는 본인이 원하는 점수, 아니 그 이상의 고득점을 얻을 수 없게 되어 있습니다. 《테리 홍·김기훈의 30일 완성 TEPS 실전 모의고사 청해+어휘》는 최신 출제 경향에 맞춘 문제들로 골라 실었기에 TEPS뿐만 아니라 전반적인 영어 실력이 향상되도록 만들어졌습니다. 이 책은 탄탄한 기본기를 키우며 정해진 시간 내에 정해진 문제를 최대한 효과적으로 풀 수 있도록 구성된 교재입니다.

다 아시다시피 어떤 교재도 한 번 공부한 것으로는 자신의 실력으로 체화되지 않습니다. 정해진 기간 안에 최대한 많은 교재를 공부하는 것보다 한 교재라도 확실히 반복 학습을 해 자신의 것으로 만드는 것이 중요합니다. 이 책의 부록인 딕테이션 워크북을 최대한 활용하여 학습 효과를 극대화하시기 바랍니다. 부디 3주간의 학습 기간과 한 주간의 복습 기간을 통해 30일 후에는 TEPS 고득점과 영어 실력 향상이라는 두 마리 토끼를 잡을 수 있기를 바랍니다.

테리 홍·김기훈

차례 Contents

Vocabulary

이 책의 구성

hop, step, jump의 3단 전략으로 TEPS 멀리뛰기에 성공하자!

1단계 hop

파트별 유형 철저 분석
공략법 숙지는 기본, 예제 풀이로 확실히 끝낸다.

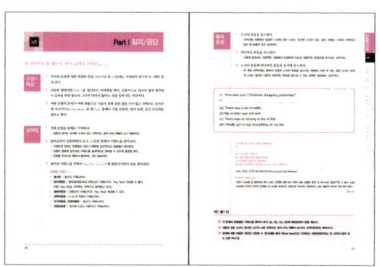
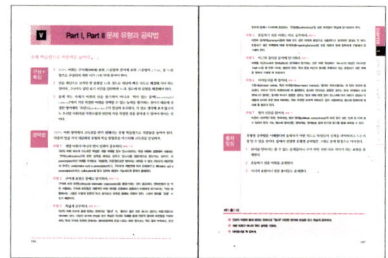

2단계 step

기출 유형에 충실한 미니 테스트
약점 진단과 실력 향상을 한 번에 해결한다.

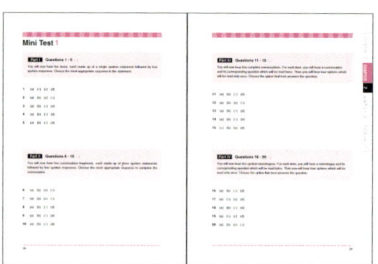
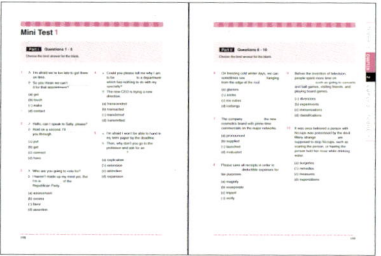

3단계 jump

총 4회의 실전문제 제공
최신 경향을 알차게 수록, 실전 감각을 완성시킨다.

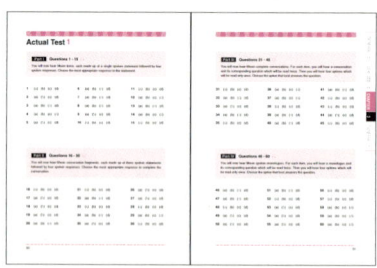
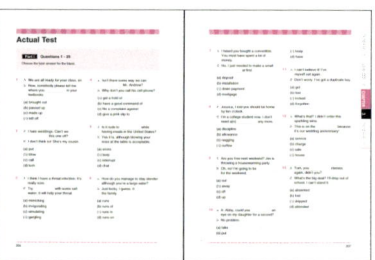

+1_Dictation Workbook
반복 학습과 핵심 지문 집중 청취로 학습 내용을 완전히 소화한다.

TEPS 개요

TEPS란 Test of English Proficiency developed by Seoul National University의 약자로 서울대학교 언어교육원에서 개발하고 TEPS관리위원회에서 주관·시행하는 국가 공인 영어시험입니다.

▶ TEPS는 서울대학교 언어교육원이 다년간의 연구를 통해 개발한 영어 능력 평가시험입니다.

▶ 서울대학교 언어교육원은 대한민국 정부가 공인하는 외국어 능력 측정기관으로 32년간 정부기관, 각급 단체 및 기업체를 대상으로 어학 능력을 측정해 왔습니다.

▶ TEPS는 국내외 유수한 대학에 종사하는 최고 수준의 영어 관련 전문가 100여 명이 참여해 문제를 출제하고 세계적인 권위자로 구성된 자문위원회에서 검토하는 시험입니다.

▶ TEPS는 청해·문법·어휘·독해에 걸쳐 총 200문항, 990점 만점의 시험입니다.

▶ TEPS는 언어 테스팅 분야의 세계적인 권위자 Bachman 교수(미국 UCLA)와 Oller 교수(미국 뉴멕시코대)에게서 타당성을 검증받았으며, 여러 번의 시험적 평가에서 이미 그 신뢰도와 타당도가 입증된 시험입니다.

▶ TEPS는 우리나라 사람들의 살아 있는 영어 실력, 즉 의사소통 능력을 가장 효과적이고 정확하게 측정해 주는 시험이라고 할 수 있습니다. TEPS는 진정한 실력자와 비실력자를 확실히 구분할 수 있도록 구성된 시험으로서 변별력에 있어서 본인의 정확한 실력 파악에 실제적인 도움이 됩니다. 또한 TEPS 성적표는 수험생의 영어 능력을 영역별로 세분화한 평가를 해 주기 때문에 수험자가 어느 영역에서 탁월한지 잘 알 수 있을 뿐만 아니라 효과적인 영어 공부 방향을 제시해 주기도 합니다.

▶ TEPS는 다양하고 일반적인 영어 능력을 평가하는 시험으로 대학교, 기업체, 각종 기관 및 단체, 개인이 다양한 목적을 위해 응시할 수 있는 시험입니다.

TEPS 구성

TEPS는 청해·문법·어휘·독해 4개 영역에 걸쳐 총 200문항으로 구성되어 있으며 시험 시간은 약 2시간 20분입니다. 만점은 문항반응이론에 따라 채점하기 때문에 990점입니다.

영 역		Part별 내용	문항 수	시간 / 배점
청해 Listening Comprehension	Part I	문장 하나를 듣고 이어질 대화 고르기	15	55분 / 396점
	Part II	3 문장의 대화를 듣고 이어질 대화 고르기	15	
	Part III	6-8 문장의 대화를 듣고 이어질 대화 고르기	15	
	Part IV	담화문의 내용을 듣고 질문에 해당하는 답 고르기	15	
문법 Grammar	Part I	대화문의 빈칸에 적절한 표현 고르기	20	25분 / 99점
	Part II	문장의 빈칸에 적절한 표현 고르기	20	
	Part III	대화에서 어법상 틀리거나 어색한 부분 고르기	5	
	Part IV	단문에서 문법상 틀리거나 어색한 부분 고르기	5	
어휘 Vocabulary	Part I	대화문의 빈칸에 적절한 단어 고르기	25	15분 / 99점
	Part II	단문의 빈칸에 적절한 단어 고르기	25	
독해 Reading Comprehension	Part I	지문을 읽고 질문의 빈칸에 들어갈 내용 고르기	16	45분 / 396점
	Part II	지문을 읽고 질문에 가장 적절한 내용 고르기	21	
	Part III	지문을 읽고 문맥상 어색한 내용 고르기	3	
영 역		**13개 Parts**	**200**	**140분 / 990점**

TEPS 등급표

등급	점수	영역	능력검정기준
1⁺급 Level 1+	901 – 990	전반	**외국인으로서 최상급 수준의 의사소통 능력:** 교양 있는 원어민에 버금가는 정도로 의사소통이 가능하고 전문 분야 업무에 대처할 수 있음 (Native Level of Communicative Competence)
	361 – 400	청해	교양 있는 원어민에 버금가는 수준의 청해력
		독해	교양 있는 원어민에 버금가는 수준의 독해력
	91 – 100	문법	교양 있는 원어민에 버금가는 수준으로 내재화된 문법능력
		어휘	교양 있는 원어민에 버금가는 수준으로 내재화된 어휘력
1급 Level 1	801 – 900	전반	**외국인으로서 거의 최상급 수준의 의사소통 능력:** 단기간 집중 교육을 받으면 대부분의 의사소통이 가능하고 전문 분야 업무에 별 무리 없이 대처할 수 있음 (Near-Native Level of Communicative Competence)
	321 – 360	청해	다양한 상황의 수준 높은 내용을 별 무리 없이 이해할 수 있는 정도의 청해력
		독해	다양한 소재의 수준 높은 내용을 별 무리 없이 이해할 수 있는 정도의 독해력
	81 – 90	문법	다양한 구문을 별 무리 없이 신속하게 이해할 수 있을 정도로 내재화된 문법 능력
		어휘	다양한 표현을 별 무리 없이 신속하게 이해할 수 있을 정도로 내재화된 어휘력
2⁺급 Level 2+	701 – 800	전반	**외국인으로서 상급 수준의 의사소통 능력:** 단기간 집중 교육을 받으면 일반 분야 업무를 큰 어려움 없이 수행할 수 있음 (Advanced Level of Communicative Competence)
	281 – 320	청해	일반적 상황에 보통 수준의 내용을 별 무리 없이 이해하는 정도의 청해력
		독해	일반적 소재에 보통수준의 내용을 별 무리 없이 이해하는 정도의 독해력
	71 – 80	문법	일반적인 구문을 별 무리 없이 이해하는 정도의 문법 능력
		어휘	일반적인 표현을 별 무리 없이 이해하는 정도의 어휘력

TEPS 등급표

등급	점수	영역	능력검정기준
2급 Level 2	601 − 700	전반	**외국인으로서 중상급 수준의 의사소통 능력:** 중장기간 집중 교육을 받으면 일반 분야 업무를 큰 어려움 없이 수행할 수 있음 (High Intermediate Level of Communicative Competence)
	241 − 280	청해	일반적 상황에 보통 수준의 내용을 대체로 이해하는 정도의 청해력
		독해	일반적 소재에 보통수준의 내용을 대체로 이해하는 정도의 독해력
	61 − 70	문법	일반적인 구문을 대체로 이해하는 정도의 문법 능력
		어휘	일반적인 표현을 대체로 이해하는 정도의 어휘력
3⁺급 Level 3+	501 − 600	전반	**외국인으로서 중급 수준의 의사소통 능력:** 중장기간 집중 교육을 받으면 한정된 분야의 업무를 큰 어려움 없이 수행할 수 있음 (Mid Intermediate Level of Communicative Competence)
	201 − 240	청해	일반적 상황에 보통 수준의 내용을 다소 이해하는 정도의 청해력
		독해	일반적 소재에 보통 수준의 내용을 다소 이해하는 정도의 독해력
	51 − 60	문법	일반적인 구문에 대한 의미파악이 어느 정도 가능한 문법 능력
		어휘	일반적인 표현에 대한 의미파악이 어느 정도 가능한 어휘력
3급 Level 3	401 − 500	전반	**외국인으로서 중하급 수준의 의사소통 능력:** 중장기간 집중 교육을 받으면 한정된 분야의 업무를 다소 미흡하지만 큰 지장은 없이 수행할 수 있음 (Low Intermediate Level of Communicative Competence)
	161 − 200	청해	일반적 상황에 보통수준의 내용을 이해하기 다소 어려운 정도의 청해력
		독해	일반적 소재에 보통수준의 내용을 이해하기 다소 어려운 정도의 청해력
	41 − 50	문법	일반적 구문에 대한 신속한 의미 파악이 다소 어려운 정도의 문법 능력
		어휘	일반적인 표현에 대한 신속한 의미 파악이 다소 어려운 정도의 어휘력

등급	점수	영역	능력검정기준
4⁺급 Level 4+	301 – 400 201 – 300	**전반**	외국인으로서 하급 수준의 의사소통 능력:장기간의 집중 교육을 받으면 한정된 분야의 업무를 대체로 어렵게 수행할 수 있음 (Novice Level of Communicative Competence)
5⁺급 Level 5+	101 – 200 10 – 100	**전반**	외국인으로서 최하급 수준의 의사소통 능력: 단편적인 지식만을 갖추고 있어 의사소통이 거의 불가능함 (Near-Zero Level of Communicative Competence)

TEPS 영역별 유형

Listening Comprehension

청해 ● 60문항

정확한 청해 능력을 측정하기 위하여 문제와 보기문항을 문제지에 인쇄하지 않고 들려 줌으로써 자연스러운 의사소통의 인지 과정을 최대한 반영하였습니다.

다양한 의사소통 기능의 대화와 다양한 상황(공고, 방송, 일상 업무 상황, 대학 교양 수준의 강의 등)을 이해하는 데 필요한 전반적인 청해력을 측정하기 위해 대화문과 담화문의 소재를 균형 있게 다루었습니다.

PART I 15문항

Part I은 질의 응답 문제를 다루며 한 번만 들려 줍니다. 내용 자체는 단순하고 기본적인 수준의 생활 영어 표현으로 구성되어 있지만 교과서적인 지식보다는 재빠른 상황 판단 능력을 요구합니다. 따라서 이 파트에서는 속도 적응 능력뿐만 아니라 순발력 있는 상황 판단 능력이 요구됩니다.

PART II 15문항

Part II는 짧은 대화 문제로서 두 사람이 A-B-A-B순으로 보통 속도로 대화하는 형식이며 소요 시간은 약 12초 전후로 짧게 구성되어 있습니다. Part I과 마찬가지로 한 번만 들려 주는 부분입니다.

PART III 15문항

Part III은 앞의 두 파트에 비해 다소 긴 대화를 들려 줍니다. 대신 대화 부분과 질문을 들려 준 뒤 다시 한 번 대화 부분을 들려 주기 때문에 길이가 긴 데 비해 많이 어렵다고 할 수는 없습니다.

PART IV 15문항

Part IV는 담화문을 다룹니다. 영어권 나라에서 영어로 뉴스를 듣거나 강의를 들을 때와 비슷한 상황을 설정하여 얼마나 잘 이해하는지를 측정하는 부분입니다. 이야기의 주제, 목적, 화제, 세부 사항 및 이를 근거로 한 추론 등을 다룹니다. 직청 직해 실력, 즉 들으면서 곧바로 내용을 이해할 수 있는지를 잘 평가해 주는 부분입니다.

Grammar

문법 ● **50문항**

밑줄 친 부분 중 오류를 식별하는 유형 등의 단편적이며 기계적인 문법 지식 학습을 조장할 우려가 있는 분리식 시험 유형을 배제하고, 의미 있는 문맥을 근거로 오류를 식별하는 유형을 통하여 진정한 의사소통 능력의 바탕이 되는 살아 있는 문법, 어법 능력을 문어체와 구어체를 통하여 측정합니다.

PART I 20문항

Part I은 A, B 두 사람의 짧은 대화를 통해 전치사 표현력, 구문 이해력, 품사 이해도, 시제, 접속사 등 문법에 대한 이해력을 묻는 형태로 되어 있습니다. 주로 후자(B)의 대화 중에 빈칸이 있고, 그 곳에 들어 갈 적절한 표현을 고르는 형식입니다.

PART II 20문항

Part II는 문어체 질문을 다룹니다. 서술문 속의 빈칸을 채우는 문제로 총 20문항으로 되어 있습니다. 이 파트에서는 문법 자체에 대한 애해도는 물론 구문에 대한 이해력이 중요합니다.

PART III 5문항

Part III은 대화문에서 어법상 틀리거나 어색한 부분이 있는 문장을 고르는 다섯 문항으로 구성되어 있습니다. 이 영역 역시 문법뿐만 아니라 정확한 구문 파악, 회화 내용의 식별 능력이 대단히 중요합니다.

PART IV 5문항

Part IV는 한 문단을 주고 그 가운데 문법적으로 틀리거나 어색한 문장을 고르는 다섯 문항으로 되어 있습니다. 틀린 부분을 신속하게 골라야 하므로 속독 능력도 중요한 작용을 합니다.

Vocabulary

어휘 ● 50문항

문맥 없이 단순한 동의어 및 반의어를 선택하는 시험 유형을 배제하고 의미 있는 문맥을 근거로 가장 적절한 어휘를 선택하는 유형을 문어체와 구어체로 나누어 측정합니다.

PART I **25문항**

Part I은 구어체로 되어 있는 A, B의 대화 중 빈칸에 가장 적절한 단어를 넣는 25문항으로 구성되어 있습니다. 단어의 단편적인 의미보다는 문맥에서 쓰인 상대적인 의미를 더 중요시합니다.

PART II **25문항**

하나 또는 두 개의 문장으로 구성된 글 속의 빈칸에 가장 적당한 단어를 골라 넣는 부분입니다. 어휘를 늘릴 때 한 개씩 단편적으로 암기하는 것보다는 하나의 표현으로, 즉 의미구로 알아놓는 것이 15분이라는 제한된 시간 내에 어휘 시험을 정확히 푸는 데 많은 도움이 될 것입니다.

Reading Comprehension

독해 ● 40문항

교양 있는 수준의 글(신문, 잡지, 대학 교양과목 개론 등)과 실용적인 글(서신, 광고, 홍보, 지시문, 설명문, 도표, 양식 등)을 이해하는 데 요구되는 총체적인 독해력을 측정하기 위해서 실용문 및 비전문적 학술문과 같은 독해 지문의 소재를 균형 있게 다루었습니다.

PART I 16문항

Part I은 빈칸 넣기 유형입니다. 한 단락의 글을 주고 그 안에 빈칸을 넣어 알맞은 표현을 고르는 16문항으로 이루어져 있습니다. 글 전체의 흐름을 파악하여 문맥상 빈칸에 들어갈 내용을 찾는 문제입니다.

PART II 21문항

Part II는 글의 내용 이해를 측정하는 문제로 21문항으로 구성되어 있습니다. 주제나 대의 혹은 전반적 논조 파악, 세부 내용 파악, 논리적 추론 등이 있습니다.

PART III 3문항

Part III은 한 문단의 글에서 내용의 흐름상 어색한 곳을 고르는 문제로 3문항으로 이루어져 있습니다. 전체 흐름을 파악하여 흐름상 필요 없는 내용을 고르는 문제입니다. 이런 유형의 문제는 응집력 있는 영작문 실력을 간접적으로 측정할 수도 있습니다.

Listening
rehension

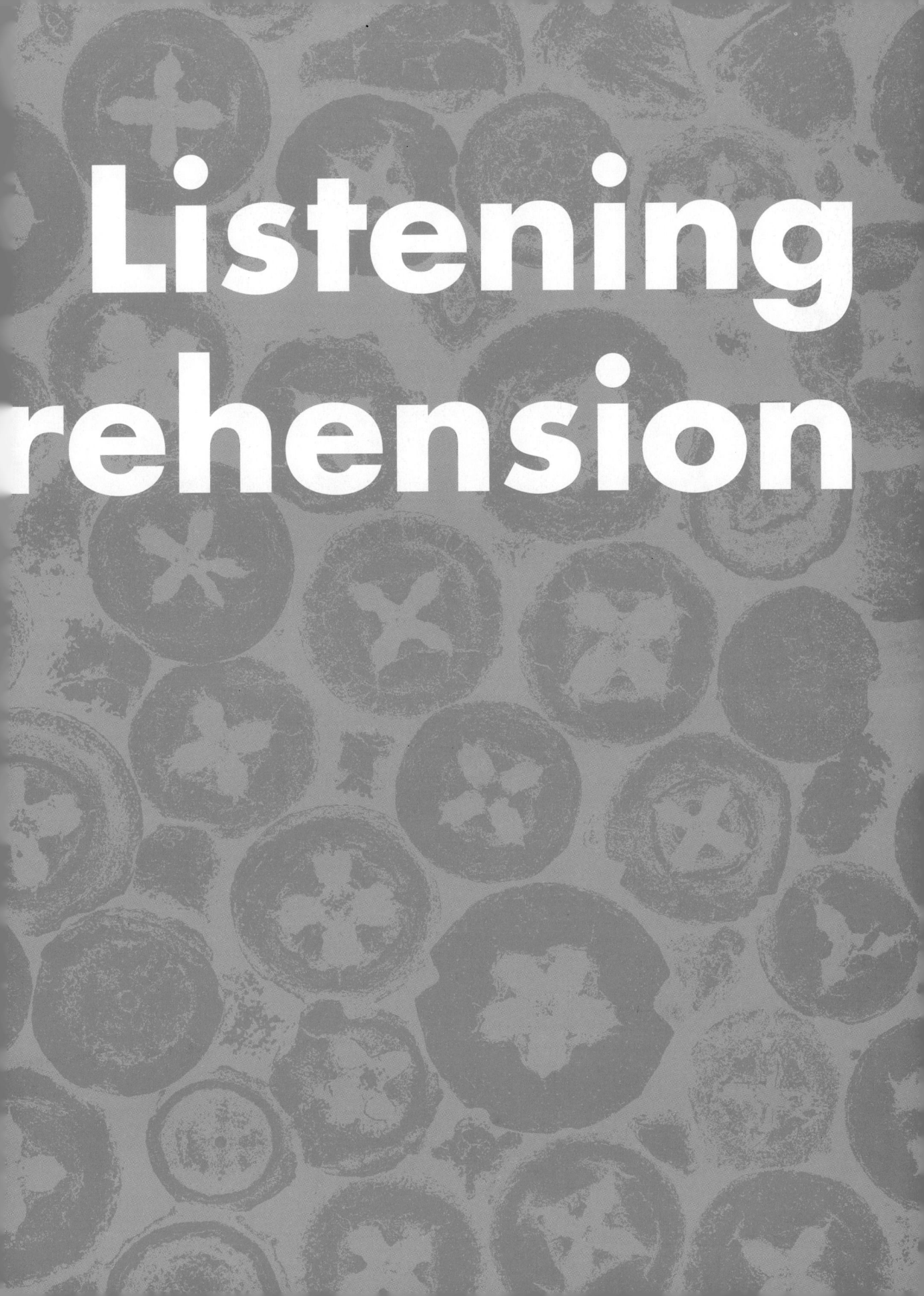

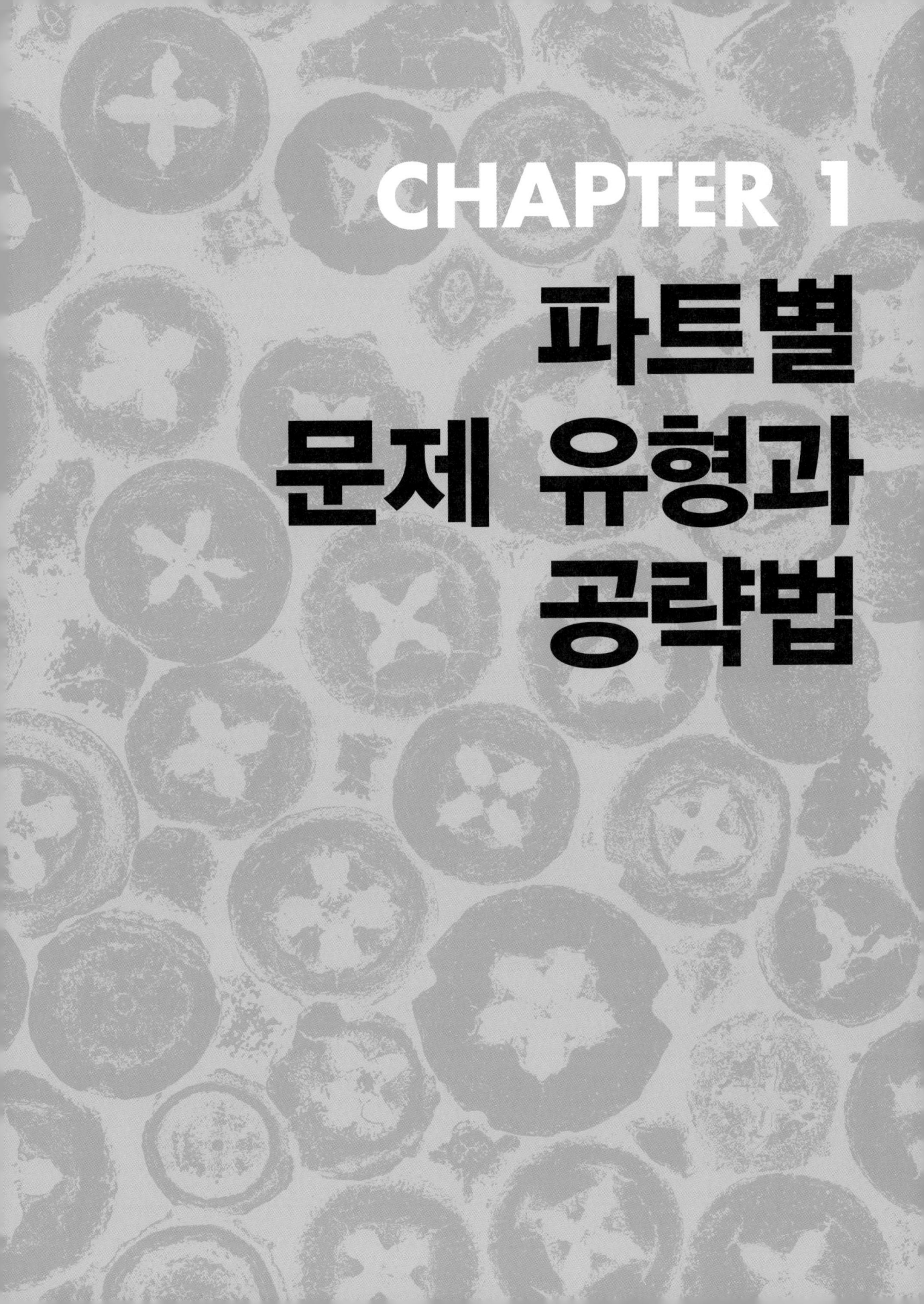

CHAPTER 1

파트별 문제 유형과 공략법

Part I 질의/응답

첫 단추부터 잘 채우자, 반사 능력을 키워라 ● ● ●

구성+특징

1 주어진 문장에 대한 적절한 응답 고르기로 총 15문제로 구성되어 있으며 단 1회만 들려 준다.

2 단순한 형태지만 Part I을 생각보다 어려워들 한다. 단문이므로 비교적 쉽게 생각하나 공부를 하면 할수록 그다지 만만치 않다는 것을 알게 되는 부분이다.

3 어떤 유형의 문제가 어떤 내용으로 나올지 전혀 감을 잡을 수가 없고 선택지도 순식간에 지나가므로 청해 네 개 Part 중에서 가장 순발력, 반사 능력, 순간 인지력을 필요로 한다.

공략법

1 전체 문장을 통째로 기억하라.
  – 질문과 같거나 유사한 소리가 있는 선택지는 답이 아닐 확률이 높기 때문이다.

2 앞부분부터 집중하면서 듣고 그 문장 안에서 키워드를 찾아내라.
  – 키워드의 위치는 유형별로 다르기 때문에 순간적으로 집중해서 찾아낸다.
  – 유형이 정해져 있으므로 키워드를 효과적으로 찾아낼 수 있도록 훈련을 한다.
  – 문제를 연속으로 풀면서 훈련하는 것이 중요하다.

  유형별 키워드 ● ●
  ▶ **평서문** – 동사가 키워드이다.
  ▶ **WH의문문** – 앞부분(의문사)과 본동사가 키워드이다. Yes, No로 대답할 수 없다.
  　(다만 Yes, No로 시작하는 선택지가 줄어들고 있다.)
  ▶ **일반의문문** – 본동사가 키워드이다. Yes, No로 대답할 수 있다.
  ▶ **선택의문문** – A or B 부분이 키워드이다.
  ▶ **부가의문문, 부정의문문** – 동사가 키워드이다.
  ▶ **간접의문문** – 중간에 나오는 의문사가 키워드이다.

3 찾아낸 키워드를 선택지 (a), (b), (c), (d)에 대입시키면서 답을 찾아낸다.

출제 함정

1 소리의 혼동을 유도한다.
　– 선택지에 지문에서 등장한 소리와 같은 소리나 유사한 소리가 있는 경우, 이때는 나머지 선택지가 답이 될 확률이 아주 높아진다.

2 의미적인 혼동을 유도한다.
　– 지문에 등장하는 단편적인 내용에서 파생되어 단순히 내용적인 혼동만을 유도하는 경우이다.

3 소리의 혼동과 의미적인 혼동을 동시에 유도한다.
　– 한 개의 선택지에는 앞에서 언급한 소리의 혼동을 일으키는 함정이, 다른 한 개는 같은 소리나 유사한 소리는 없지만 지문과 의미적인 혼동을 일으킬 수 있는 표현이 등장하는 경우이다.

Example

M　How was your Christmas shopping yesterday?
W　_____

(a) There was a lot of traffic.
(b) My mother was not well.
(c) There was no money in the ATMs.
(d) I finally got to buy everything on my list.

남: 어제 크리스마스 쇼핑은 어땠어요?
여: _____

(a) 차가 많이 막혔어요.
(b) 저희 어머니께서 편찮으셨어요.
(c) 현금출납기에 돈이 없었어요.
(d) 결국 제 목록에 적혀 있는 걸 모두 살 수 있었어요.

well 건강한　**ATM** 현금자동인출기(Automated Teller Machine)

Power Hint ●●●
의문사 how를 잘 들었어야 한다. (a)는 쇼핑에 대해 묻고 있지 교통 상황을 물은 게 아니므로 정답이 될 수 없다. (b)는 how에서 유추된 것으로 답변에 not well을 등장시켜 오답으로 유도하는 함정이다. (c)는 질문의 의도와 전혀 맞지 않다.

정답 (d)

파워총정리

❶ 각 문제의 유형별로 키워드를 찾아서 보기 (a), (b), (c), (d)에 대입하면서 답을 찾는다.

❷ 지문과 같은 소리나 유사한 소리가 나온 선택지는 답이 아닐 확률이 높다(단 선택의문문은 예외이다).

❸ 문제에 대한 대답은 의외로 다양할 수 있다(예를 들어 What time으로 시작하는 의문문일지라도 꼭 시각이 답이 되는 것은 아니다).

1 M I see you have a new hairstyle.

 W _____

(a) I'm going to try the new hairdresser.

(b) I'm not used to this condition.

(c) My sister says it's expensive.

(d) I was bored, so I had it cut.

Words

hairdresser 미용사, 미용실
be used to ~에 익숙해져 있다
have+sth+p.p sth이 p.p되게 하다
bored 지루한, 싫증나는

Power Hint

머리 모양이 바뀌었다고 하는 말에 적절한 답변은 지루해서 커트를 했다고 말하는 (d)이다. (a)는 미용실에서 이미 머리 모양을 바꾼 후이므로 맞지 않고 유사발음 hair-dresser가 소리의 혼동을 유도하고 있다. (b)의 이런 상태에 익숙하지 않다는 말은 질문의 의도와 맞지 않다. (c) 역시 머리 모양이 바뀌었다고 하는 질문에 적절한 답변이 아니다.

2 W Do you know where I can buy discounted tickets of *the Phantom of the Opera*?

M _____

(a) Your friend doesn't want to go.

(b) I can buy them for you.

(c) I think the talent agency is in the mall.

(d) I saw the show last year.

Words

travel agency 여행사
appointment (회합, 방문의) 약속

Power Hint

간접의문문으로 중간에 등장하는 의문사 where에 착안해야 한다. 일반적인 경우는 답변에 장소나 위치가 등장하면 답일 확률이 높으나 이 문제는 우회적인 답변이 등장한 것에 유의해야 한다. 저렴한 티켓을 구입할 수 있는 장소를 묻는 질문에 장소는 말하지 않고 사 주겠다고 말하는 (b)가 정답이다. (a)는 티켓 구입 장소를 묻는 질문에 적절한 답변이 아니다. (c)는 talent agency와 mall이란 장소가 등장하지만 티켓 구입 장소로 보기는 어려우므로 오답이다. (d)는 Opera에서 유추된 함정으로 적당한 답이 아니다.

3 W Where did you get such lovely shoes?

 M _____

(a) They are very cheap!

(b) The shoes do not suit you.

(c) They are the last pair in the store.

(d) They're a gift from my aunt.

Power Hint

의문사 where에 착안해야 한다. 이 문제 역시 직접적인 구입 장소가 답이 아니고 고모한테서 받은 선물이라는 2차적인 답변인 (d)가 정답이 된 것에 유의해야 한다. (a)는 장소가 등장하지 않으므로 맞지 않다. (b)는 같은 발음 shoes가 반복되어 있으므로 오답일 확률이 높고 실제로도 구입 장소가 등장하지 않으므로 함정이다. (c)에는 store라는 장소가 등장하므로 정답일 확률이 있었으나 시제가 서로 일치하지 않으므로 오답이다.

4 M You finally moved your house.

W _____

(a) We celebrated my birthday.

(b) I like houses with gardens.

(c) I am very happy in our new location.

(d) It rains a lot in the city.

Words

move house 이사하다
celebrate 축하하다
location 장소, 위치, 부지, 소재

Power Hint

집을 이사한 것에 대한 적절한 답변은 새로 이사 간 곳의 위치가 마음에 든다고 말하는 (c)이다. (a)는 celebrated가 새집으로 이사 간 것에 대한 축하의 의미로 볼 수 있도록 유도하는 함정이다. (b)는 정답인 (c)보다 의미상 자연스럽지 못한 답변이다. (d)의 city 역시 이사에 대한 의미적인 혼동을 유도하는 장치이다.

Part II 짧은 대화

흐름을 따라가다 키워드를 낚아채라 ● ● ●

구성+특징

1 짧은 대화문으로 A-B-A-B의 형태로 구성되어 있고 마지막 B에 들어갈 내용을 답으로 고르는 문제이다. Part I과 마찬가지로 총 15문제로 되어 있다.

2 Part II는 Part I 유형이 좀 더 길어진 것으로 생각하면 된다. Part II 역시 단 한 번밖에 들려 주지 않으므로 키워드를 찾아내 선택지에 대입시키면서 답을 찾아야 한다.

3 주로 두 번째 A의 내용이 핵심이 되는 경우가 많다. 하지만 대화문 전체의 내용을 이해해야 답을 찾을 수 있는 유형도 있으므로 키워드를 찾아내는 능력과 대화문 전체의 흐름을 파악하는 것이 중요하다.

공략법

1 전체 문장을 통째로 기억하도록 노력한다.
   – 질문과 같거나 유사한 소리가 있는 선택지는 답이 아닐 확률이 높기 때문이다.

2 대화문의 흐름을 파악한다.

3 A-B-A-B의 두 번째 A가 핵심인 경우는 키워드를 반드시 찾아내서 선택지에 대입하며 답을 찾아야 한다.

출제함정

1 의미나 쓰임은 다른데 발음이 비슷한 유사 소리 함정에 주의한다. Part I에 비해서 다소 길어진 대화문이므로 흐름을 따라가야 하며, 특히 한 번만 들려 주기에 집중해서 들어야 한다.

2 A-B-A-B로 구성되어 있는 Part II는 보통 세 번째 문장이 핵심이지만 의문사로 시작하지 않는 이상 반드시 세 번째 문장이 핵심이 되는 것은 아님에 유의해야 한다.

3 전체를 이해해야 풀 수 있는 문제가 늘고 있다. 일부 지엽적인 내용 함정에 빠지지 말고 전체적인 내용을 파악해라.

—| Example |—

M Let me help you wash dishes tonight.

W It's okay, I can manage.

M But you made such a great meal, so I wan to help.

W _____

(a) How dare you insist?

(b) I'm happy you enjoyed it.

(c) These dishes are expensive.

(d) Maybe next time.

남: 오늘밤 설거지하는 거 도와줄게요.
여: 괜찮아요. 내가 할 수 있어요.
남: 하지만 당신이 그런 맛있는 요리를 준비해 줘서 내가 돕고 싶어요.
여: _____

(a) 감히 어떻게 고집을 피우죠?
(b) 맛있게 드셨다니 기뻐요.
(c) 이 접시들은 비싸요.
(d) 다음에요.

insist 우기다, 주장하다 dish 접시, 요리

Power Hint ●●●
저녁 식사를 맛있게 먹은 남자가 여자의 설거지를 도와주려는 상황에 이어지는 말로 가장 자연스러운 것은 (d)이다.

정답 (d)

파워총정리

❶ 전체 문장을 통째로 기억하라.

❷ 대화문의 흐름을 파악하고 세 번째 말에서 키워드를 찾아내야 한다.

❸ 지엽적인 내용 함정에 빠지지 말고 전체적인 내용을 파악해라.

1　M　Does this elevator go to the roof garden?

W　I am not sure, you can ask the guard.

M　There's no one at the desk.

W　_____

(a) The elevators are always crowded.

(b) The guards here are all male.

(c) I wish I could help, but I'm new here.

(d) I know the lobby is very big.

Words

male 남성

Power Hint

엘리베이터가 옥상 정원까지 올라가느냐고 묻는 남자 말에 수위에게 물어보라고 말하고 있고 도움을 줄 사람도 데스크에 없는 상황이므로 그에 이어질 여자 말로 적절한 것은 (c)이다. (a)와 (b)에는 지문에 등장한 소리가 등장하므로 유의해야 한다.

2　M　When did you get back from Hong Kong?

W　The other day.

M　Was it already cold?

W　_____

(a) Sometimes I had to wear a jacket.

(b) It was always cloudy.

(c) My favorite food was hot soup.

(d) I almost got sick.

Words

get back 돌아오다

Power Hint

남자의 마지막 말이 핵심이다. 홍콩의 날씨가 벌써 춥냐는 질문에 적절한 답변은 재킷을 입었어야 했다고 말하는 (a)이다. (c)의 hot은 지문의 cold에서 유추된 것으로 의미적인 혼동을 유도하는 장치이므로 유의해야 한다.

3   W   Your father called and wants you to return his call.

M   What time did he call?

W   About an hour ago.

M   _____

(a) Was he using his cell phone?

(b) I was still at lunch break.

(c) Did it sound urgent?

(d) How do you know it was my father?

Power Hint

남자가 부재 중일 때 남자의 아버지가 전화
한 것에 대한 대화이다. 마지막에 가장 자
연스럽게 이어지는 것은 (c)이다. (a)의 cell
phone은 의미적인 혼동을 유도하는 장치
이다. (d)의 father 또한 지문에 등장한 소
리가 반복되어 있는 함정이다.

4   M   I feel bad about flunking math.

W   Well, you can always take it again.

M   Yes, but it would not look good in my school
record.

W   _____

(a) Is your father strict?

(b) You could study after class.

(c) Next time try harder.

(d) I'm careful about my grades.

Power Hint

수학 시험에 낙제한 남자를 여자가 위로해
주는 상황이므로 그 다음에 이어질 여자 말
로 가장 자연스러운 것은 다음에 좀 더 열
심히 하라고 말하는 (c)이다.

대화의 내용과 문제별 목표 청취가 중요하다 ● ● ●

구성+특징

1 Part III은 긴 대화문으로 A–B–A–B–A–B 또는 A–B–A–B–A–B–A–B의 형태로 구성되어 있고 총 15문제이다.

2 Part I, II와의 큰 차이점은 지문–질문–지문–질문과 선택지의 흐름으로 대화와 질문을 두 번씩 들려 준다는 것이다.

3 처음 들을 때는 대화의 전체 내용을 파악하고 두 번째 들을 때는 뾰족하게 날을 세워 문제에 해당되는 부분에 집중할 필요가 있다.

4 문제의 유형으로는 주제, 세부 내용, 논리적 추론, 태도, 장소, 관계 등이다.

공략법

1 대화문 전체의 대략적인 내용을 파악해야 한다.
  – 아직 해당 문제를 모르는 단계이므로 중요한 사항(연도, 수치, 시간, 요일, 금액)은 메모를 하면서 대략적인 내용을 파악한다.

2 질문을 정확히 이해해야 한다.
  – 주제, 세부 내용, 논리적 추론, 태도, 장소, 관계 등의 질문 내용을 명확히 파악해야 한다.

3 질문에 대해 목표 청취를 해야 한다.
  – 대략적인 정보가 아닌 질문에 따른 구체적인 정보를 알아내기 위해 해당 부분에 집중해서 답을 찾아야 한다.

출제함정

3 소리 함정의 폭이 넓어진다.
  – 대화문의 내용이 늘어난 만큼 유사소리로 오답을 유도할 확률이 높아진다.

2 대화의 세부 사항에 유의해야 한다.
  – 대화문의 내용이 Part II에 비해 2배로 늘어나므로 끝까지 집중해야 한다.

3 여러 가지 정보 중에 꼭 필요한 사항을 들었는지 확인한다.
  – 대화문의 흐름뿐 아니라 질문에도 유의해야 한다.

| Example |

W   Could you help me look for the Insular Life Building?

M   That's about five blocks south.

W   Is there some transportation I could take?

M   You could take the subway.

W   But it's so crowded!

M   Well, this is rush hour so you'll really have to decide.

W   You're right. I have a 9 am appointment and I'm already running late.

M   I suggest you take a cab, then.

Q   What can be inferred from the conversation?

(a) The man is in a hurry.

(b) The woman is new to the area.

(c) Taxis are expensive.

(d) They know each other.

여: 인설라 생명(Insular Life) 건물 찾는 것 좀 도와주시겠어요?
남: 남쪽으로 다섯 블록 정도 가면 있어요.
여: 이용할 수 있는 교통수단이 있나요?
남: 전철을 타고 가면 돼요.
여: 그렇지만 너무 만원이에요.
남: 지금이 붐비는 시간이니까 결정은 당신이 해야죠.
여: 맞아요. 저는 오전 9시 약속이 있고 벌써 늦기 시작했으니까요.
남: 그렇다면 택시를 타고 가세요.

Q. 이 대화에서 유추할 수 있는 것은?
(a) 이 남자는 서두르고 있다.
(b) 이 여자는 이 지역이 낯설다.
(c) 택시비는 비싸다.
(d) 그들은 서로 아는 사이다.

look for 찾다 transportation 교통수단 run late 늦어지다

Power Hint ●●●
대화문의 흐름과 세부 사항을 기억해야 한다. 특정 건물의 위치를 남자에게 물어보고 있는 상황이므로 여자가 이 지역에 낯설다는 것을 유추할 수 있다. 서두르는 사람은 여자이므로 (a)는 맞지 않다. (c)는 대화문에 등장하지 않는 정보이다. (d)는 대화문만으로는 알 수 없는 내용이므로 맞지 않다.

정답 (b)

파워총정리

❶ 대화문 전체의 대략적인 내용을 파악하라.
  – 중요한 사항(연도, 수치, 시간, 요일, 금액)은 메모를 하며 들어라.

❷ 문제를 정확히 이해하라.
  – 주제, 세부 내용, 논리적 추론, 태도, 장소, 관계 등의 질문 내용을 명확히 기억하라.

1 M Can you join me Saturday after lunch? There's something I want to show you.

W What is it all about?

M It's a new product you put into water to make it alkaline.

W Liquid or powder?

M Neither. It's a gadget filled with minerals.

W Sounds interesting. Let me look at my schedule.

M I really want you to see it, because you can make a business out of it.

W Well, I'm busy at the moment, but I'll take a look anyway.

Q What is the man trying to tell the woman?

(a) The product will make her well.

(b) He wants to see her for lunch.

(c) She would have a new source of income.

(d) He's convincing her to buy the product.

2 M Miss, someone has taken my seat.

W May I see your boarding pass, please?

M Here it is.

W Well, you're right. I'll see what I can do. In the meantime, you can sit here.

M This is awful. This is the first time this has happened to me.

W Sir, you'll have to be patient. Our flight is full.

M Well, make sure I get my seat!

W We'll do the best we can.

Q What can be inferred from the conversation?

(a) The flight attendant is harassed.

(b) The passenger is harassed.

(c) The flight attendant is tired.

(d) The passenger is glad he has a different seat.

Words

liquid 액체
powder 가루
gadget 장치

Power Hint

질문의 주어가 남자이므로 남자의 말에 좀 더 집중할 필요가 있는데, 마지막에 남자가 새로운 장치로 사업도 할 수 있다고 말하고 있으므로 여자가 새로운 수입원을 갖게 될 것이라고 한 (c)가 정답이다.

Words

boarding pass 탑승권
in the meantime 그러는 동안
harass 괴롭히다

Power Hint

대화의 흐름과 세부 정황들을 기억해야 한다. 본인의 좌석에 다른 사람이 앉아 있다고 불평하는 승객과 참아 달라며 좌석을 찾아 주겠다고 하는 승무원 간의 대화이므로 가장 적절한 답변은 (a)이다.

3

M Can you help me? I'd like to buy a birthday present for my wife.

W Do you have anything in mind?

M She has enough perfumes and bags.

W What about some jewelry?

M That's a good idea. I could get her a watch.

W We have many styles to choose from.

M Why don't you choose one for me?

W I would be happy to do so!

Q What is the conversation mainly about?

(a) The man's wife is hard to please.

(b) He doesn't know what to get for his wife.

(c) He hates shopping.

(d) Money is no problem.

Words

have+sth+in mind 마음에 두다
perfume 향수

Power Hint

아내의 생일 선물을 고르는 남자 손님과 여자 점원 간의 대화이다. 남자가 점원과의 대화를 통해 시계를 고르는 정황이므로 정답은 (b)이다.

4

M Good morning, my name is Mr. Bonds and I have reservations for a room.

W Let me check. When did you make the reservations, sir?

M Just yesterday before I got here.

W Did you get a confirmation?

M I was told to check when I got here.

W Well, we're sorry sir, but we are full at the moment.

M Could you put me on the waiting list?

W Yes, we could, but for your convenience, we could book you at another hotel close by.

Q What is the conversation about?

(a) The man came to the wrong hotel.

(b) The man is trying to get a room.

(c) The hotel clerk refuses to confirm a room.

(d) The hotel clerk is calling security.

Words

make a reservation 예약하다
get a confirmation 확인을 받다
book 예약하다
convenience 편리
close by 근처의
security 경비

Power Hint

대화의 내용에 대해서 묻는 문제이다. 남자의 호텔 예약에 착오가 있어 예약이 되어 있지 않은 상황으로 남자가 대기자 명단에 올려줄 것을 호텔 직원에게 부탁하고 있으므로 정답은 (b)이다.

Part IV 담화문

담화문 내용 흐름과 핵심어를 파악해야 한다 ●●●

구성+특징

1 15~37초 정도의 담화문으로 총 15문제로 구성되어 있다. Part III에 비해서 다소 딱딱한 내용이 등장하므로 청해에서 가장 어려운 파트일 수 있다.

2 Part IV는 Part III과 마찬가지로 담화―질문―담화―질문과 선택지의 흐름으로 담화와 질문을 두 번씩 들려 준다.

3 Part III과 마찬가지로 처음 들을 때는 담화문의 전체 내용을 파악하고 두 번째 들을 때는 뾰족하게 날을 세워 문제에 해당되는 부분에 집중할 필요가 있다.

4 담화문의 내용으로는 주로 광고, 안내, 뉴스보도, 직장, 학술, 학교, 연설, 조언 등이 출제된다.

5 문제의 유형으로는 대의 파악, 세부 내용 파악, 논리적 추론, 어조, 태도, 장소 등을 묻는다.

공략법

1 담화문 전체의 대략적인 내용을 파악해야 한다.
  – 아직 해당 문제를 모르는 단계이므로 중요한 사항(연도, 수치, 시간, 요일, 금액)은 메모를 하면서 대략적인 내용을 파악한다.

2 질문을 정확히 이해해야 한다.
  – 대의, 세부 내용, 논리적 추론, 어조, 태도, 장소 등의 질문 내용을 명확히 파악해야 한다.

3 질문에 대해 목표 청취를 해야 한다.
  – 대략적인 정보가 아닌 질문에 따른 구체적인 정보를 알아내기 위해 해당 부분에 집중해서 답을 찾아야 한다.

출제함정

1 소리 함정은 끝까지 괴롭힌다.
  – 대화문이 아닌 일반 담화문에서도 소리의 함정은 늘 유의해야 한다.

2 생소한 내용도 메모를 통해 최대한 기억을 해내야 한다.
  – 지문이 다소 길어지더라도 집중력을 잃지 않고 메모를 통해 세부 정보를 파악해야 한다.

┤ Example ├

Ascorbic acid is essential for the stimulation of the production of collagen, which is the most abundant protein covering and protecting all mucosa linings and tissues necessary in maintaining all organs chiefly the heart and blood vessels. Vitamin C is required to perform 300 metabolic functions of the body. Being a potent anti-oxidant, it effectively fights free radicals and their harmful effects in the body.

Q   What is the speaker mainly talking about?

(a) The formation of collagen

(b) The different types of protein

(c) The benefits of collagen and vitamin C

(d) The different organs of the body

아스코르브산은 가장 풍부한 단백질인 콜라겐의 생성에 아주 중요한 자극이 된다. 또한 콜라겐은 모든 점막층과 모든 장기, 주로 심장과 핏줄 같은 장기를 유지시키는 데 필요한 조직을 감싸고 보호한다. 비타민 C는 인체의 300개의 신진대사 기능에 필요하다. 효능 있는 산화 방지제로서 비타민 C는 몸 속에서 활성 산소와 그들의 해로운 영향에 맞서 효과적으로 싸운다.

Q. 화자는 주로 무엇에 대해 말하고 있는가?
(a) 콜라겐의 생성
(b) 여러 종류의 단백질
(c) 콜라겐과 비타민 C의 이로운 점
(d) 인체의 여러 가지 장기

ascorbic acid 아스코르브산(비타민 C) stimulation 자극 abundant 풍부한 protein 단백질
mucosa 점막 lining 안감, 내면, 층 tissue 조직 metabolic 신진대사의 potent 세력 있는, 효능 있는
anti-oxidant 항산화의 free radical 활성 산소, 유해 산소

Power Hint ●●●
주제를 묻는 문제이다. 콜라겐은 모든 점막층과 모든 장기, 주로 심장과 핏줄 같은 장기를 유지시키는 데 필요한 조직을 감싸고 보호하며, 비타민 C는 인체에서 항산화 작용을 한다는 내용이 등장하므로 주제로 알맞은 것은 (c)이다. 나머지는 단편적인 정보들이므로 맞지 않다.

정답 (c)

파워총정리

❶ 담화문 전체의 대략적인 내용을 파악하라.
  – 중요한 사항(연도, 수치, 시간, 요일, 금액)은 메모를 하며 들어라.

❷ 문제를 정확히 이해하라.
  – 대의 파악, 세부 내용 파악, 논리적 추론, 어조, 태도, 장소 등의 질문 내용을 명확히 기억하라.

❸ 소리 함정은 끝까지 괴롭힌다.
  – 대화문이 아닌 일반 담화문에서도 소리의 함정은 늘 유의해야 한다.

1 Moblocks is a learning toy for preschoolers that develops problem-solving skills and promotes reflective thinking. It introduces kids to programming by using tangible objects instead of a computer. This is because kids are naturally sensory-dependent and are not yet ready to use a desktop computer for learning.

Q What is the main function of the Moblocks?

(a) To keep the child occupied

(b) To teach the child different shapes

(c) To teach the child how to use the computer

(d) To develop the child's skills in task-solving

Words

preschooler 미취학 아동
tangible 만져서 알 수 있는, 실체적인
sensory-dependent 감각 의존적인

Power Hint

지문의 세부 내용을 묻는 문제이다. 모블록의 주요 기능에 대해서 묻고 있으므로 지문 가운데 모블록이 등장하는 부분에 집중해야 한다. 지문의 초반부에 모블록은 문제 해결력을 발전시키며 사고력을 향상시킨다는 내용이 등장하므로 정답은 (d)이다.

2 Given that a healthy and competent workforce could be a firm's best advantage, employers should find ways to improve workers' well-being, morale and productivity, by improving their workstations as well. According to Tchi, when space is tight and many employees are working in cubicles, it is more important to maximize space so as to create a conducive and healthy workplace.

Q What is the news report about?

(a) The crowded employment situation

(b) Health hazards in the office

(c) Methods to improve work in the office

(d) The most stylish office design

Words

competent 유능한
morale 사기, 근로의욕
cubicle 칸막이한 작은 방
maximize 극대화하다
conducive 도움이 되는, 이바지하는
hazard 해로운 것, 위험 요소

Power Hint

주제를 묻는 문제이다. 고용주들은 생산성을 향상시킬 수 있는 방법을 찾아야 하고 그 방법 중 하나가 작업장 개선이라고 말하고 있으므로 주제로 적합한 것은 (c)이다.

3 One of the most common questions facing practitioners of integrative medicine is "what if the therapy does not work or is unsuccessful." For someone in crisis, perception is often the most important factor. If the officer or other first responder is confident of the benefits of the technique being applied and they are doing something that conveys this to the patient and reduces their fear and anxiety, then it has worked for that important purpose.

Q What is the main topic of the talk?

(a) How to help those in crisis situations.

(b) First responders have to be trained.

(c) Skills are important when dealing with crisis situations.

(d) How one is to respond effectively in a crisis situation.

Words

practitioner 개업의
integrative 통합하는
therapy 치료, 요법
perception 지각, 인식

Power Hint

주제를 묻는 문제이다. 치료의 효능 여부와 관계 없이 의사들은 환자에게 확신을 주어야 하고, 그러한 행위 자체가 환자들의 두려움과 근심을 감소시킬 수 있다고 했으므로 정답으로 (d)가 가장 적절하다. 나머지 선택지들도 지문에 등장하는 소리로 구성되어 혼동하기 쉬우므로 유의해서 답을 찾아야 한다.

4 The King Institute was founded in 1990 and is a non-profit Christian-operated organization involved in health research, therapy and education. Our overall mission is to provide knowledge and help to all people suffering with health problems. Through our comprehensive treatment programs, we can address most injuries or illnesses effectively without the use of surgery or pharmaceuticals.

Q What makes the King Institute different from other health therapy groups?

(a) They are non-Christian.

(b) They have a special school.

(c) The treatments are non-invasive and do not use pharmaceuticals.

(d) They are involved with the different aspects of health.

Words

non-profit 비영리의
comprehensive 이해력이 있는, 포괄적인
treatment 치료
surgery 외과 수술
pharmaceutical 약
invasive 침략적인

Power Hint

지문에서 세부적인 내용을 묻고 있다. 킹스 인스티튜트가 다른 건강 치료요법 단체들과 다른 점을 묻고 있는데, 마지막 부분에 부상이나 질병을 우리가 흔히 하는 수술이나 약 처방 없이 효과적으로 처리할 수 있다는 내용이 등장하므로 정답은 (c)이다.

30 STEPS

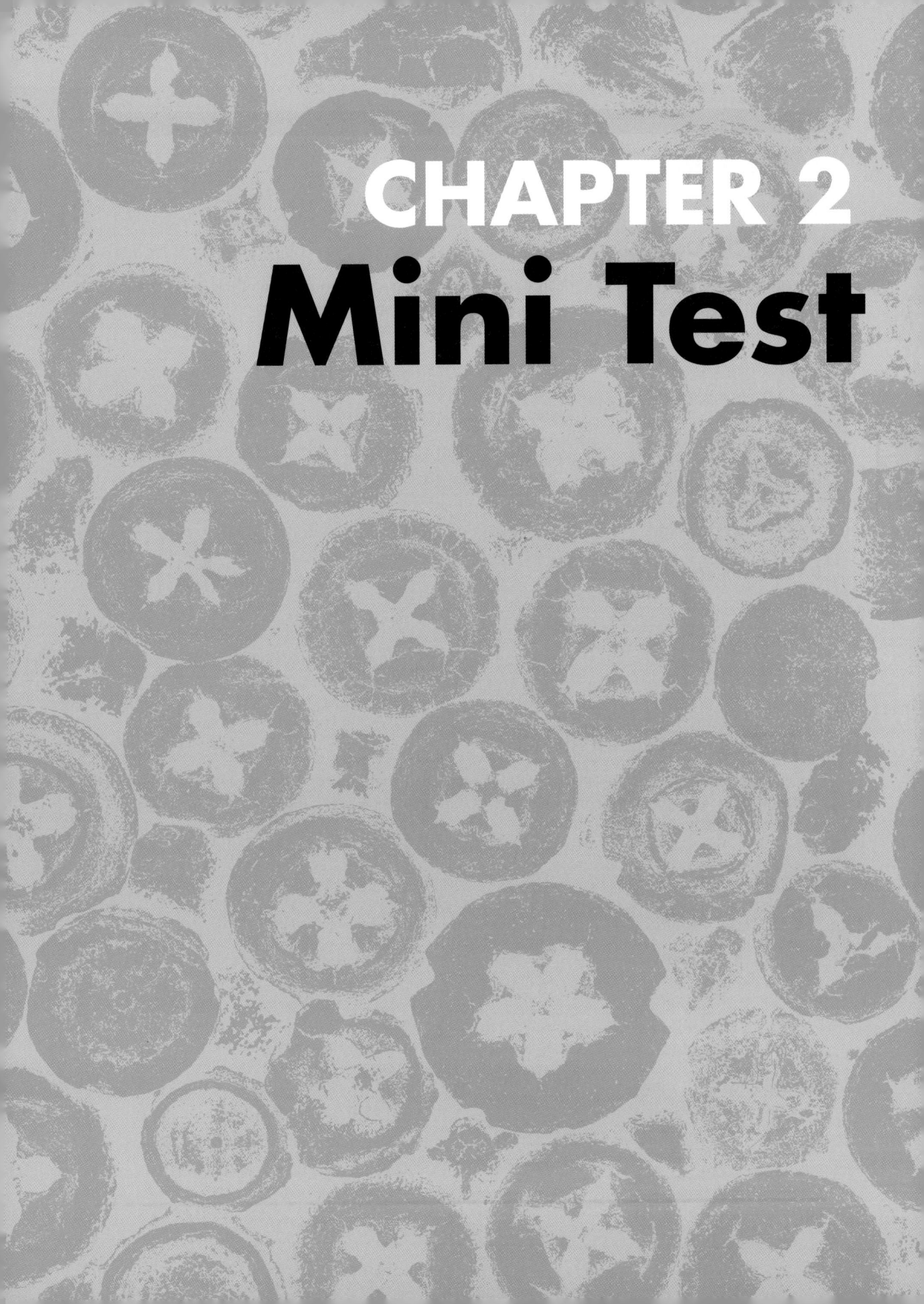

CHAPTER 2
Mini Test

Mini Test 1

Part I Questions 1 - 5 🎧

You will now hear five items, each made up of a single spoken statement followed by four spoken responses. Choose the most appropriate response to the statement.

1 (a) (b) (c) (d)

2 (a) (b) (c) (d)

3 (a) (b) (c) (d)

4 (a) (b) (c) (d)

5 (a) (b) (c) (d)

Part II Questions 6 - 10 🎧

You will now hear five conversation fragments, each made up of three spoken statements followed by four spoken responses. Choose the most appropriate response to complete the conversation.

6 (a) (b) (c) (d)

7 (a) (b) (c) (d)

8 (a) (b) (c) (d)

9 (a) (b) (c) (d)

10 (a) (b) (c) (d)

Part III   **Questions 11 - 15** 🎧

You will now hear five complete conversations. For each item, you will hear a conversation and its corresponding question which will be read twice. Then you will hear four options which will be read only once. Choose the option that best answers the question.

11 (a) (b) (c) (d)

12 (a) (b) (c) (d)

13 (a) (b) (c) (d)

14 (a) (b) (c) (d)

15 (a) (b) (c) (d)

Part IV   **Questions 16 - 20** 🎧

You will now hear five spoken monologues. For each item, you will hear a monologue and its corresponding question which will be read twice. Then you will hear four options which will be read only once. Choose the option that best answers the question.

16 (a) (b) (c) (d)

17 (a) (b) (c) (d)

18 (a) (b) (c) (d)

19 (a) (b) (c) (d)

20 (a) (b) (c) (d)

Mini Test 2

Part I Questions 1 - 5 🎧

You will now hear five items, each made up of a single spoken statement followed by four spoken responses. Choose the most appropriate response to the statement.

1 (a) (b) (c) (d)

2 (a) (b) (c) (d)

3 (a) (b) (c) (d)

4 (a) (b) (c) (d)

5 (a) (b) (c) (d)

Part II Questions 6 - 10 🎧

You will now hear five conversation fragments, each made up of three spoken statements followed by four spoken responses. Choose the most appropriate response to complete the conversation.

6 (a) (b) (c) (d)

7 (a) (b) (c) (d)

8 (a) (b) (c) (d)

9 (a) (b) (c) (d)

10 (a) (b) (c) (d)

Part III   **Questions 11 - 15** 🎧

You will now hear five complete conversations. For each item, you will hear a conversation and its corresponding question which will be read twice. Then you will hear four options which will be read only once. Choose the option that best answers the question.

11   (a)   (b)   (c)   (d)

12   (a)   (b)   (c)   (d)

13   (a)   (b)   (c)   (d)

14   (a)   (b)   (c)   (d)

15   (a)   (b)   (c)   (d)

Part IV   **Questions 16 - 20** 🎧

You will now hear five spoken monologues. For each item, you will hear a monologue and its corresponding question which will be read twice. Then you will hear four options which will be read only once. Choose the option that best answers the question.

16   (a)   (b)   (c)   (d)

17   (a)   (b)   (c)   (d)

18   (a)   (b)   (c)   (d)

19   (a)   (b)   (c)   (d)

20   (a)   (b)   (c)   (d)

Mini Test 3

Part I   **Questions 1 - 5** 🎧

You will now hear five items, each made up of a single spoken statement followed by four spoken responses. Choose the most appropriate response to the statement.

1   (a) (b) (c) (d)

2   (a) (b) (c) (d)

3   (a) (b) (c) (d)

4   (a) (b) (c) (d)

5   (a) (b) (c) (d)

Part II   **Questions 6 - 10** 🎧

You will now hear five conversation fragments, each made up of three spoken statements followed by four spoken responses. Choose the most appropriate response to complete the conversation.

6   (a) (b) (c) (d)

7   (a) (b) (c) (d)

8   (a) (b) (c) (d)

9   (a) (b) (c) (d)

10 (a) (b) (c) (d)

Part III   **Questions 11 - 15** 🎧

You will now hear five complete conversations. For each item, you will hear a conversation and its corresponding question which will be read twice. Then you will hear four options which will be read only once. Choose the option that best answers the question.

11   (a)   (b)   (c)   (d)

12   (a)   (b)   (c)   (d)

13   (a)   (b)   (c)   (d)

14   (a)   (b)   (c)   (d)

15   (a)   (b)   (c)   (d)

Part IV   **Questions 16 - 20** 🎧

You will now hear five spoken monologues. For each item, you will hear a monologue and its corresponding question which will be read twice. Then you will hear four options which will be read only once. Choose the option that best answers the question.

16   (a)   (b)   (c)   (d)

17   (a)   (b)   (c)   (d)

18   (a)   (b)   (c)   (d)

19   (a)   (b)   (c)   (d)

20   (a)   (b)   (c)   (d)

Mini Test 4

Part I Questions 1 - 5 🎧

You will now hear five items, each made up of a single spoken statement followed by four spoken responses. Choose the most appropriate response to the statement.

1 (a) (b) (c) (d)

2 (a) (b) (c) (d)

3 (a) (b) (c) (d)

4 (a) (b) (c) (d)

5 (a) (b) (c) (d)

Part II Questions 6 - 10 🎧

You will now hear five conversation fragments, each made up of three spoken statements followed by four spoken responses. Choose the most appropriate response to complete the conversation.

6 (a) (b) (c) (d)

7 (a) (b) (c) (d)

8 (a) (b) (c) (d)

9 (a) (b) (c) (d)

10 (a) (b) (c) (d)

Part III **Questions 11 - 15** 🎧

You will now hear five complete conversations. For each item, you will hear a conversation and its corresponding question which will be read twice. Then you will hear four options which will be read only once. Choose the option that best answers the question.

11 (a) (b) (c) (d)

12 (a) (b) (c) (d)

13 (a) (b) (c) (d)

14 (a) (b) (c) (d)

15 (a) (b) (c) (d)

Part IV **Questions 16 - 20** 🎧

You will now hear five spoken monologues. For each item, you will hear a monologue and its corresponding question which will be read twice. Then you will hear four options which will be read only once. Choose the option that best answers the question.

16 (a) (b) (c) (d)

17 (a) (b) (c) (d)

18 (a) (b) (c) (d)

19 (a) (b) (c) (d)

20 (a) (b) (c) (d)

Mini Test 5

Part I   Questions 1 - 5 🎧

You will now hear five items, each made up of a single spoken statement followed by four spoken responses. Choose the most appropriate response to the statement.

1   (a)   (b)   (c)   (d)

2   (a)   (b)   (c)   (d)

3   (a)   (b)   (c)   (d)

4   (a)   (b)   (c)   (d)

5   (a)   (b)   (c)   (d)

Part II   Questions 6 - 10 🎧

You will now hear five conversation fragments, each made up of three spoken statements followed by four spoken responses. Choose the most appropriate response to complete the conversation.

6   (a)   (b)   (c)   (d)

7   (a)   (b)   (c)   (d)

8   (a)   (b)   (c)   (d)

9   (a)   (b)   (c)   (d)

10   (a)   (b)   (c)   (d)

Part III   Questions 11 - 15 🎧

You will now hear five complete conversations. For each item, you will hear a conversation and its corresponding question which will be read twice. Then you will hear four options which will be read only once. Choose the option that best answers the question.

11   (a)   (b)   (c)   (d)

12   (a)   (b)   (c)   (d)

13   (a)   (b)   (c)   (d)

14   (a)   (b)   (c)   (d)

15   (a)   (b)   (c)   (d)

Part IV   Questions 16 - 20 🎧

You will now hear five spoken monologues. For each item, you will hear a monologue and its corresponding question which will be read twice. Then you will hear four options which will be read only once. Choose the option that best answers the question.

16   (a)   (b)   (c)   (d)

17   (a)   (b)   (c)   (d)

18   (a)   (b)   (c)   (d)

19   (a)   (b)   (c)   (d)

20   (a)   (b)   (c)   (d)

CHAPTER 3
Actual Test

DIRECTIONS

1. In the Listening Comprehension section, all content will be presented orally rather than in written form.

2. This section contains 4 parts. In parts I and II, each passage will be read only once. In parts III and IV, each passage and its corresponding question will be read twice. But in all sections, the options will be read only once. After listening to the passage and question, listen to the options and choose the best answer.

3. More specific directions will be given at the beginning of each part of this section.

Actual Test 1

Part I   Questions 1 - 15 🎧

You will now hear fifteen items, each made up of a single spoken statement followed by four spoken responses. Choose the most appropriate response to the statement.

1 (a) (b) (c) (d)	**6** (a) (b) (c) (d)	**11** (a) (b) (c) (d)
2 (a) (b) (c) (d)	**7** (a) (b) (c) (d)	**12** (a) (b) (c) (d)
3 (a) (b) (c) (d)	**8** (a) (b) (c) (d)	**13** (a) (b) (c) (d)
4 (a) (b) (c) (d)	**9** (a) (b) (c) (d)	**14** (a) (b) (c) (d)
5 (a) (b) (c) (d)	**10** (a) (b) (c) (d)	**15** (a) (b) (c) (d)

Part II   Questions 16 - 30 🎧

You will now hear fifteen conversation fragments, each made up of three spoken statements followed by four spoken responses. Choose the most appropriate response to complete the conversation.

16 (a) (b) (c) (d)	**21** (a) (b) (c) (d)	**26** (a) (b) (c) (d)
17 (a) (b) (c) (d)	**22** (a) (b) (c) (d)	**27** (a) (b) (c) (d)
18 (a) (b) (c) (d)	**23** (a) (b) (c) (d)	**28** (a) (b) (c) (d)
19 (a) (b) (c) (d)	**24** (a) (b) (c) (d)	**29** (a) (b) (c) (d)
20 (a) (b) (c) (d)	**25** (a) (b) (c) (d)	**30** (a) (b) (c) (d)

Part III　**Questions 31 - 45** 🎧

You will now hear fifteen complete conversations. For each item, you will hear a conversation and its corresponding question which will be read twice. Then you will hear four options which will be read only once. Choose the option that best answers the question.

31 (a) (b) (c) (d)	**36** (a) (b) (c) (d)	**41** (a) (b) (c) (d)
32 (a) (b) (c) (d)	**37** (a) (b) (c) (d)	**42** (a) (b) (c) (d)
33 (a) (b) (c) (d)	**38** (a) (b) (c) (d)	**43** (a) (b) (c) (d)
34 (a) (b) (c) (d)	**39** (a) (b) (c) (d)	**44** (a) (b) (c) (d)
35 (a) (b) (c) (d)	**40** (a) (b) (c) (d)	**45** (a) (b) (c) (d)

Part IV　**Questions 46 - 60** 🎧

You will now hear fifteen spoken monologues. For each item, you will hear a monologue and its corresponding question which will be read twice. Then you will hear four options which will be read only once. Choose the option that best answers the question.

46 (a) (b) (c) (d)	**51** (a) (b) (c) (d)	**56** (a) (b) (c) (d)
47 (a) (b) (c) (d)	**52** (a) (b) (c) (d)	**57** (a) (b) (c) (d)
48 (a) (b) (c) (d)	**53** (a) (b) (c) (d)	**58** (a) (b) (c) (d)
49 (a) (b) (c) (d)	**54** (a) (b) (c) (d)	**59** (a) (b) (c) (d)
50 (a) (b) (c) (d)	**55** (a) (b) (c) (d)	**60** (a) (b) (c) (d)

Actual Test 2

You will now hear fifteen items, each made up of a single spoken statement followed by four spoken responses. Choose the most appropriate response to the statement.

1 (a) (b) (c) (d)	**6** (a) (b) (c) (d)	**11** (a) (b) (c) (d)
2 (a) (b) (c) (d)	**7** (a) (b) (c) (d)	**12** (a) (b) (c) (d)
3 (a) (b) (c) (d)	**8** (a) (b) (c) (d)	**13** (a) (b) (c) (d)
4 (a) (b) (c) (d)	**9** (a) (b) (c) (d)	**14** (a) (b) (c) (d)
5 (a) (b) (c) (d)	**10** (a) (b) (c) (d)	**15** (a) (b) (c) (d)

Part II   **Questions 16 - 30**

You will now hear fifteen conversation fragments, each made up of three spoken statements followed by four spoken responses. Choose the most appropriate response to complete the conversation.

16 (a) (b) (c) (d)	**21** (a) (b) (c) (d)	**26** (a) (b) (c) (d)
17 (a) (b) (c) (d)	**22** (a) (b) (c) (d)	**27** (a) (b) (c) (d)
18 (a) (b) (c) (d)	**23** (a) (b) (c) (d)	**28** (a) (b) (c) (d)
19 (a) (b) (c) (d)	**24** (a) (b) (c) (d)	**29** (a) (b) (c) (d)
20 (a) (b) (c) (d)	**25** (a) (b) (c) (d)	**30** (a) (b) (c) (d)

Part III   Questions 31 - 45 🎧

You will now hear fifteen complete conversations. For each item, you will hear a conversation and its corresponding question which will be read twice. Then you will hear four options which will be read only once. Choose the option that best answers the question.

31 (a) (b) (c) (d)		**36** (a) (b) (c) (d)		**41** (a) (b) (c) (d)
32 (a) (b) (c) (d)		**37** (a) (b) (c) (d)		**42** (a) (b) (c) (d)
33 (a) (b) (c) (d)		**38** (a) (b) (c) (d)		**43** (a) (b) (c) (d)
34 (a) (b) (c) (d)		**39** (a) (b) (c) (d)		**44** (a) (b) (c) (d)
35 (a) (b) (c) (d)		**40** (a) (b) (c) (d)		**45** (a) (b) (c) (d)

Part IV   Questions 46 - 60 🎧

You will now hear fifteen spoken monologues. For each item, you will hear a monologue and its corresponding question which will be read twice. Then you will hear four options which will be read only once. Choose the option that best answers the question.

46 (a) (b) (c) (d)		**51** (a) (b) (c) (d)		**56** (a) (b) (c) (d)
47 (a) (b) (c) (d)		**52** (a) (b) (c) (d)		**57** (a) (b) (c) (d)
48 (a) (b) (c) (d)		**53** (a) (b) (c) (d)		**58** (a) (b) (c) (d)
49 (a) (b) (c) (d)		**54** (a) (b) (c) (d)		**59** (a) (b) (c) (d)
50 (a) (b) (c) (d)		**55** (a) (b) (c) (d)		**60** (a) (b) (c) (d)

Actual Test 3

You will now hear fifteen items, each made up of a single spoken statement followed by four spoken responses. Choose the most appropriate response to the statement.

1 (a) (b) (c) (d)	**6** (a) (b) (c) (d)	**11** (a) (b) (c) (d)
2 (a) (b) (c) (d)	**7** (a) (b) (c) (d)	**12** (a) (b) (c) (d)
3 (a) (b) (c) (d)	**8** (a) (b) (c) (d)	**13** (a) (b) (c) (d)
4 (a) (b) (c) (d)	**9** (a) (b) (c) (d)	**14** (a) (b) (c) (d)
5 (a) (b) (c) (d)	**10** (a) (b) (c) (d)	**15** (a) (b) (c) (d)

Part II Questions 16 - 30 🎧

You will now hear fifteen conversation fragments, each made up of three spoken statements followed by four spoken responses. Choose the most appropriate response to complete the conversation.

16 (a) (b) (c) (d)	**21** (a) (b) (c) (d)	**26** (a) (b) (c) (d)
17 (a) (b) (c) (d)	**22** (a) (b) (c) (d)	**27** (a) (b) (c) (d)
18 (a) (b) (c) (d)	**23** (a) (b) (c) (d)	**28** (a) (b) (c) (d)
19 (a) (b) (c) (d)	**24** (a) (b) (c) (d)	**29** (a) (b) (c) (d)
20 (a) (b) (c) (d)	**25** (a) (b) (c) (d)	**30** (a) (b) (c) (d)

Part III   Questions 31 - 45 🎧

You will now hear fifteen complete conversations. For each item, you will hear a conversation and its corresponding question which will be read twice. Then you will hear four options which will be read only once. Choose the option that best answers the question.

31 (a) (b) (c) (d)	**36** (a) (b) (c) (d)	**41** (a) (b) (c) (d)
32 (a) (b) (c) (d)	**37** (a) (b) (c) (d)	**42** (a) (b) (c) (d)
33 (a) (b) (c) (d)	**38** (a) (b) (c) (d)	**43** (a) (b) (c) (d)
34 (a) (b) (c) (d)	**39** (a) (b) (c) (d)	**44** (a) (b) (c) (d)
35 (a) (b) (c) (d)	**40** (a) (b) (c) (d)	**45** (a) (b) (c) (d)

Part IV   Questions 46 - 60 🎧

You will now hear fifteen spoken monologues. For each item, you will hear a monologue and its corresponding question which will be read twice. Then you will hear four options which will be read only once. Choose the option that best answers the question.

46 (a) (b) (c) (d)	**51** (a) (b) (c) (d)	**56** (a) (b) (c) (d)
47 (a) (b) (c) (d)	**52** (a) (b) (c) (d)	**57** (a) (b) (c) (d)
48 (a) (b) (c) (d)	**53** (a) (b) (c) (d)	**58** (a) (b) (c) (d)
49 (a) (b) (c) (d)	**54** (a) (b) (c) (d)	**59** (a) (b) (c) (d)
50 (a) (b) (c) (d)	**55** (a) (b) (c) (d)	**60** (a) (b) (c) (d)

Actual Test 4

You will now hear fifteen items, each made up of a single spoken statement followed by four spoken responses. Choose the most appropriate response to the statement.

1 (a) (b) (c) (d)	6 (a) (b) (c) (d)	11 (a) (b) (c) (d)
2 (a) (b) (c) (d)	7 (a) (b) (c) (d)	12 (a) (b) (c) (d)
3 (a) (b) (c) (d)	8 (a) (b) (c) (d)	13 (a) (b) (c) (d)
4 (a) (b) (c) (d)	9 (a) (b) (c) (d)	14 (a) (b) (c) (d)
5 (a) (b) (c) (d)	10 (a) (b) (c) (d)	15 (a) (b) (c) (d)

Part II   Questions 16 - 30 🎧

You will now hear fifteen conversation fragments, each made up of three spoken statements followed by four spoken responses. Choose the most appropriate response to complete the conversation.

16 (a) (b) (c) (d)	21 (a) (b) (c) (d)	26 (a) (b) (c) (d)
17 (a) (b) (c) (d)	22 (a) (b) (c) (d)	27 (a) (b) (c) (d)
18 (a) (b) (c) (d)	23 (a) (b) (c) (d)	28 (a) (b) (c) (d)
19 (a) (b) (c) (d)	24 (a) (b) (c) (d)	29 (a) (b) (c) (d)
20 (a) (b) (c) (d)	25 (a) (b) (c) (d)	30 (a) (b) (c) (d)

Part III   Questions 31 - 45 🎧

You will now hear fifteen complete conversations. For each item, you will hear a conversation and its corresponding question which will be read twice. Then you will hear four options which will be read only once. Choose the option that best answers the question.

31 (a) (b) (c) (d)	**36** (a) (b) (c) (d)	**41** (a) (b) (c) (d)
32 (a) (b) (c) (d)	**37** (a) (b) (c) (d)	**42** (a) (b) (c) (d)
33 (a) (b) (c) (d)	**38** (a) (b) (c) (d)	**43** (a) (b) (c) (d)
34 (a) (b) (c) (d)	**39** (a) (b) (c) (d)	**44** (a) (b) (c) (d)
35 (a) (b) (c) (d)	**40** (a) (b) (c) (d)	**45** (a) (b) (c) (d)

Part IV   Questions 46 - 60 🎧

You will now hear fifteen spoken monologues. For each item, you will hear a monologue and its corresponding question which will be read twice. Then you will hear four options which will be read only once. Choose the option that best answers the question.

46 (a) (b) (c) (d)	**51** (a) (b) (c) (d)	**56** (a) (b) (c) (d)
47 (a) (b) (c) (d)	**52** (a) (b) (c) (d)	**57** (a) (b) (c) (d)
48 (a) (b) (c) (d)	**53** (a) (b) (c) (d)	**58** (a) (b) (c) (d)
49 (a) (b) (c) (d)	**54** (a) (b) (c) (d)	**59** (a) (b) (c) (d)
50 (a) (b) (c) (d)	**55** (a) (b) (c) (d)	**60** (a) (b) (c) (d)

CHAPTER 4
Script & Answer Key

Sample Questions

Part I

1 남: 머리 모양이 바뀌었네요.
여: _____

(a) 새로운 미용실에 가 보려고 해요
(b) 이런 상태에는 익숙지 않아요.
(c) 제 동생이 비싸다고 그러더군요.
(d) 지루해서 커트를 했어요.

정답 (d)

2 여: 〈오페라의 유령〉 할인표를 어디서 살 수 있는지 아세요?
남: _____

(a) 당신의 친구는 가기 싫대요.
(b) 제가 당신을 위해 사 드릴 수 있어요
(c) 그 배우 사무실은 백화점에 있는 것 같아요.
(d) 저는 그 쇼를 작년에 봤어요.

정답 (b)

3 여: 그런 예쁜 신발을 어디서 사셨어요?
남: _____

(a) 이거 아주 싸요!
(b) 신발이 당신에게 어울리지 않네요.
(c) 상점에 마지막 하나 남은 신발이에요.
(d) 이건 제 고모가 준 선물이에요.

정답 (d)

4 남: 결국 이사하셨네요.
여: _____

(a) 제 생일을 축하했어요.
(b) 정원이 있는 집을 좋아해요.
(c) 새로 이사간 곳의 위치가 너무 마음에 들어요.
(d) 시내에는 비가 많이 와요.

정답 (c)

Part II

1 남: 이 엘리베이터가 옥상 정원까지 가나요?
여: 잘 모르겠어요. 수위한테 물어보세요.
남: 데스크에 아무도 없어요.
여: _____

(a) 엘리베이터는 언제나 만원이에요.
(b) 이곳 수위들은 모두 남자예요.
(c) 제가 도울 수 있으면 좋겠는데 이곳이 처음이라서요.
(d) 로비가 매우 크다는 거 알아요.

정답 (c)

2 남: 홍콩에서 언제 돌아왔어요?
여: 며칠 전에요.
남: 그곳은 벌써 춥던가요?
여: _____

(a) 때때로 재킷을 입어야 했어요.
(b) 날씨가 언제나 흐렸어요.
(c) 제가 제일 좋아하는 음식은 뜨거운 수프였어요.
(d) 거의 아플 뻔했어요.

정답 (a)

3 여: 당신 아버지께서 전화하셨는데 답신 전화 달라세요.
남: 언제 전화 왔었죠?
여: 약 한 시간 전에요.
남: _____

(a) 그녀가 그 남자의 핸드폰을 썼나요?
(b) 전 아직 점심 시간 중이었어요.
(c) 급한 것 같았나요?
(d) 제 아버지인지 당신이 어떻게 알죠?

정답 (c)

4 남: 수학 낙제한 것 때문에 기분이 안 좋아.
여: 뭐 언제나 다시 볼 수는 있잖아.
남: 그래. 그렇지만 학교 성적표에 좋아 보이진 않겠지.
여: _____

(a) 아버지가 엄격하시니?
(b) 방과 후에 공부할 수 있잖아.
(c) 다음 시험에서는 더 열심히 해.
(d) 난 성적에 신경 많이 써.

정답 (c)

Part III

1 남: 토요일 점심 후에 저와 만날 수 있어요? 뭔가 보여 주고 싶은 게 있어요.
여: 뭔데요?
남: 물에 넣으면 물이 알칼리성으로 변하는 새로운 제품이에요.
여: 액체예요, 가루예요?
남: 둘 다 아니에요. 이건 미네랄이 채워져 있는 장치예요.
여: 흥미로운데요. 제 일정 좀 확인하구요.
남: 당신이 물건을 봤으면 정말 좋겠어요. 이것으로 사업도 할 수 있어요.
여: 음, 지금은 제가 바쁘지만 어쨌든 한번 볼게요.

Q. 남자가 여자에게 말하고자 하는 것은?
(a) 이 제품이 여자를 건강하게 할 것이다.
(b) 점심 때 그녀를 만나고 싶어 한다.
(c) 여자가 새로운 수입원을 갖게 될 것이다.
(d) 제품을 사라고 여자를 설득하고 있다.

정답 (c)

2 남: 아가씨, 누군가가 제 자리에 앉아 있어요.
여: 탑승권 좀 보여 주시겠어요?
남: 여기요.
여: 그렇네요. 제가 도울 수 있는지 알아보겠습니다. 그동안 여기에 앉아 계세요.
남: 불쾌하군요. 저한테는 처음 있는 일이에요.
여: 손님, 참고 기다리셔야 할 것 같군요. 비행기가 만원이라서요.
남: 그럼 제 좌석을 확실히 찾아 주세요.
여: 최선을 다하겠습니다.

Q. 대화에서 추론할 수 있는 것은?
(a) 승무원이 애를 먹고 있다.
(b) 탑승객이 애를 먹고 있다.
(c) 승무원이 피곤하다.
(d) 탑승객이 다른 좌석을 받은 것에 대해 기뻐한다.

정답 (a)

3 남: 제 아내 생일 선물을 사고 싶은데요. 도와줄 수 있나요?
여: 생각하고 계신 것이 있으세요?
남: 향수와 가방은 충분히 있어요.
여: 그렇다면 장신구는 어떨까요?
남: 좋은 생각이군요. 시계를 사 줘야겠어요.
여: 고를 수 있는 다양한 스타일이 있답니다.
남: 하나 골라 줄 수 있나요?
여: 물론이지요.

Q. 대화는 주로 무엇에 대한 것인가?
(a) 남자의 아내는 만족시키기 어렵다.
(b) 이 남자는 아내에게 무엇을 사 줄지 모른다.
(c) 남자는 쇼핑을 싫어한다.
(d) 돈은 문제가 되지 않는다.

정답 (b)

4 남: 안녕하세요, 제 이름은 본즈이고 방 하나를 예약해 놓았는데요.
여: 확인해 보겠습니다. 손님, 언제 예약하셨죠?
남: 여기 오기 전, 어제 했습니다.
여: 확인을 받으셨습니까?
남: 여기 와서 확인하라고 들었습니다.
여: 죄송합니다, 손님. 지금 모든 방이 꽉 차 있습니다.
남: 대기자 명단에 올려 줄 수 있습니까?
여: 네, 가능합니다. 그렇지만 가까운 다른 호텔에 예약해 드리는 것이 손님에게 좋을 것 같군요.

Q. 대화는 무엇에 대한 것인가?
(a) 남자가 잘못된 호텔에 왔다.
(b) 남자가 방을 하나 구하려고 한다.
(c) 호텔 직원이 룸 확인을 거부하고 있다.
(d) 호텔 직원이 경비를 부르고 있다.

정답 (b)

Part IV

1 미취학 아동들을 위한 학습 장난감 모블록은 문제 해결력을 발전시키며 사고력을 향상시킵니다. 모블록은 아이들에게 컴퓨터 대신에 직접 만질 수 있는 물체들을 이용한 프로그램을 소개합니다. 이는 아이들이 천성적으로 감각에 의존적이며 학습을 위한 컴퓨터 사용에 아직 준비가 되어 있지 않기 때문입니다.

Q. 모블록의 주요 기능은?
(a) 아이들의 마음을 끌게 하는 것
(b) 아이들에게 여러 모양을 가르치는 것
(c) 아이들에게 컴퓨터 쓰는 법을 가르치는 것
(d) 아이들의 문제 해결력을 발전시키는 것

정답 (d)

2 건강하고 유능한 근로자가 회사의 가장 유리한 이점이라고 본다면, 고용주들은 근로자의 복지, 근로 의욕, 그리고 생산성을 향상시킬 수 있는 방법을 찾아야 한다. 그 방법 중 하나가 그들의 작업장을 개선해 주는 것이다. 티치에 따르면, 공간이 비좁고 많은 직원들이 칸막이에서 일하는 경우엔 도움이 되고 쾌적한 작업장을 위해 공간을 최대화하는 것이 보다 중요하다.

Q. 이 기사는 무엇에 관한 것인가?
(a) 혼잡한 고용 상태
(b) 사무실 안에서 건강에 해로운 것들
(c) 사무실 안에서 작업을 향상시킬 수 있는 방법들
(d) 가장 멋있는 사무실 디자인

정답 (c)

3 통합의료(동·서양의 의료를 통합한)에 종사하는 사람들이 직면하는 가장 흔한 질문 중 하나는 "만약 치료법이 듣지 않거나 실패한다면?"이다. 위기에 처한 사람들에게 있어 인식은 종종 가장 중요한 요소가 된다. 만약 의사나 책임자가 사용하는 기술의 이점에 대하여 확신을 가지고 있고 그 확신감을 환자에게 전달하려

고 하며 또한 환자들의 두려움과 근심을 감소시키려 한다면 그것만으로도 중요한 목적을 달성한 것이다.

Q. 이 글의 주제는 무엇인가?
(a) 위기 상황에 놓인 사람들을 어떻게 도울 수 있는가.
(b) 첫 번째 책임자들은 훈련받아야 한다.
(c) 위기 상황에 대처할 땐 기술이 중요하다.
(d) 위기 상황에 어떻게 대처해야 하는가

정답 (d)

4 "킹스 인스티튜트"는 1990년에 창립되었으며 건강 연구, 치료요법, 그리고 교육과 관련된 비영리 기독교 단체이다. 우리의 전반적인 임무는 건강 문제로 인해 고통받는 모든 사람들에게 정보와 도움을 주는 것이다. 우리는 종합 치료 프로그램을 이용해서 대부분의 부상이나 질병을 수술이나 약 처방 없이도 효과적으로 처리할 수 있다.

Q. "킹스 인스티튜트"는 다른 건강 치료요법 단체들과 무엇이 다른가?
(a) 그들은 기독교인들이 아니다.
(b) 특별한 학교를 가지고 있다.
(c) 치료들은 수술하지 않고 약도 쓰지 않는다.
(d) 그들은 건강에 대해 다른 관점을 가지고 있다.

정답 (c)

Mini Test 1

Answer Key

Part I	1 (b)	2 (d)	3 (c)	4 (c)	5 (c)
Part II	6 (d)	7 (d)	8 (c)	9 (c)	10 (c)
Part III	11 (c)	12 (d)	13 (c)	14 (c)	15 (a)
Part IV	16 (c)	17 (b)	18 (c)	19 (b)	20 (d)

Part I

1 M Can you come help me at the bazaar?
W _____

(a) There are always so many people.
(b) My schedule won't allow it.
(c) Sometimes the air-conditioner does not work.
(d) I'll see if my brother can come.

남: 바자회 때 오셔서 저를 도와주실 수 있으세요?
여:

(a) 언제나 너무 많은 사람들이 있어요.
(b) 제 스케줄이 안 될 거예요.
(c) 가끔 에어컨이 작동하지 않아요.
(d) 제 동생이 올 수 있는지 알아볼게요.

bazaar 시장, 바자회

Power Hint ●●●

본동사 help에 착안해야 한다. 도와줄 수 있는가를 묻는 질문에 일정 때문에 곤란하다고 답하는 (b)가 정답이다. (a)는 bazzar에서 유추된 것으로 의미적인 혼동을 유도하는 함정이다. (c) 역시 질문의 도와달라는 것과 에어컨이 작동하지 않는 것에 대한 의미적인 혼동을 유도하는 오답이다. (d)는 같은 발음 come이 반복되어 있고 바자회에 오는 주체도 일치하지 않으므로 맞지 않다.

정답 (b)

2 W You really should see that show, it's so good.
M _____

(a) I don't know the story.
(b) I do the laundry on weekends.
(c) Maybe we can have lunch one day.
(d) I hope I can watch it before it closes.

여: 당신 정말 그 쇼를 봐야 해요. 정말 좋아요.
남:

(a) 난 그 이야기를 몰라요.
(b) 주말에 빨래를 해요.
(c) 우리 언젠가 점심 먹을 수도 있겠네요.
(d) 막을 내리기 전에 볼 수 있으면 좋겠네요.

do the laundry 빨래를 하다

Power Hint ●●●

쇼를 보도록 권유하는 말에 적절한 답변은 막이 내리기 전에 보고 싶다고 답하는 (d)이다. (a)는 '쇼의 내용을 모른다' 라고 넓은 의미로 해석을 하더라도 자연스럽지 못한 답변이다. (b)는 특정 시간을 언급하지 않았으므로 오답이다. (c)는 쇼 보기를 권유하는 것이지 점심 식사 제안이 아니므로 내용상 맞지 않다.

정답 (d)

3 M Have you met her boyfriend?
W _____

(a) She's always late for appointments.
(b) I can't leave the company.
(c) I couldn't find time for that.
(d) Maybe one day I can go to her office.

남: 그녀의 남자 친구를 만나본 적 있나요?
여:

(a) 그녀는 언제나 약속에 늦어요.
(b) 저는 회사를 그만둘 수 없어요.
(c) 그럴 시간이 없었어요.
(d) 언젠가 그녀 사무실에 제가 갈 수도 있겠네요.

late for ~에 늦다 leave the company 회사를 그만두다

Power Hint ●●●

그녀의 남자 친구를 만나 봤냐는 질문에 대해 네 개의 선택지에서 가장 적절한 것은 시간을 낼 수 없었다고 말하는 (c)이다. (a)는 지문이 그녀의 남자 친구라고 했고 답에서는 그녀가 주어로 등장하므로 서로 일치하지 않는다. (b)는 leave the company가 '회사를 그만두다'의 의미이지 '퇴근하다'의 의미가 아닌 것에 유의해야 한다. '퇴근하다'의 의미일 때는 leave the office란 표현을 쓰는 것도 기억해 두자. (d)는 her office를 등장시켜 의미적인 혼동을 유도하는 함정이다.

정답 (c)

4 **M** The news on the radio says it will rain tomorrow.

W _____

(a) People have to get away from floods.
(b) My car won't start when the battery's wet.
(c) I'll bring my new umbrella to work.
(d) The TV is not working.

남: 라디오 뉴스에서 내일 비가 온다고 하네요.
여: _____

(a) 홍수가 나면 사람들은 대피해야 해요.
(b) 제 차는 배터리가 젖으면 시동이 안 걸려요.
(c) 제 새 우산을 회사에 가져와야겠네요.
(d) 텔레비전이 고장났어요.

flood 홍수

Power Hint ●●●
내일 비가 올 거라는 말에 적절한 답변은 새 우산을 가져올 것이라고 답변하는 (c)이다. (a)는 rain에서 유추된 floods를 등장시켜 의미적인 혼동을 유도하는 함정이다. (b) 역시 rain에서 유추된 wet이 의미적인 혼동을 유도하는 오답이다. (d)에도 radio에서 유추된 TV가 의미적인 혼동을 유도하고 있으므로 속지 말아야 한다.

정답 (c)

5 **M** Here's a book you might like.

W _____

(a) The library books are all old.
(b) You have to return the book you borrowed.
(c) Does it have a happy ending?
(d) There's a new bookstore at the mall.

남: 당신이 좋아할 만한 책이에요.
여: _____

(a) 도서관 책들은 전부 오래된 것들이에요.
(b) 당신이 빌린 책을 돌려줘야 해요.
(c) 해피 엔딩인가요?
(d) 쇼핑몰에 새로운 서점이 생겼어요.

bookstore 서점

Power Hint ●●●
좋아할 만한 책이라고 추천해 주는 말에 적절한 답변은 해피 엔딩이냐고 되묻는 (c)이다. (a)는 같은 발음 books가 반복되어 있다. (b)에도 같은 발음 book이 반복되어 있는 소리 함정이다. (d)에도 유사 발음 bookstore가 소리의 혼동을 유도하고 있다.

정답 (c)

Part II

6 **M** Where did you learn to play the piano so well?
W My mother taught me when I was a child.
M Was she a piano teacher?
W _____

(a) She had five children.
(b) She comes from a family of musicians.
(c) My mother was always a housewife.
(d) When I was very small, she gave piano lessons to the neighbors.

남: 어디서 피아노를 그렇게 잘 치는 걸 배웠어요?
여: 제가 어릴 때 어머니께서 가르쳐 주셨어요.
남: 어머니께서 피아노 선생님이셨나요?
여: _____

(a) 그녀는 아이가 다섯이었어요.
(b) 음악가 집안 출신이세요.
(c) 저희 어머니께서는 언제나 집에 계셨어요.
(d) 제가 아주 어릴 때 이웃 사람들에게 피아노 레슨을 해 주셨어요.

musician 음악가 housewife 주부
give a lesson 레슨을 해 주다

Power Hint ●●●
피아노를 잘 치는 여자에게 어머니가 피아노 선생님이셨냐고 묻는 질문에 적절한 답변은 여자가 어릴 때 이웃 사람들에게 피아노 레슨을 해 주셨다고 말하는 (d)이다. (b)는 질문에 대한 구체적인 답변이 아니므로 맞지 않다. (c)는 지문에서 여자가 어머니로부터 피아노를 배웠다고 했으므로 질문의 답변으로 맞지 않다.

정답 (d)

7 **M** What would you like to order for lunch?
W Let me look at the menu first.
M The specialty of the restaurant is seafood.
W _____

(a) I have to be careful about germs.
(b) It is not important.
(c) I had allergies as a child.
(d) I prefer something else.

남: 점심으로 무엇을 시킬 건가요?
여: 메뉴 먼저 보고요.
남: 이 식당은 해물요리가 전문이에요.
여: _____

(a) 난 세균을 조심해야 돼요.

(b) 별로 중요하지 않아요.
(c) 어릴 때 알레르기가 있었어요.
(d) 저는 다른 것이 좋은데요.

specialty 전문요리 **germ** 세균

Power Hint ●●●
음식점에서 이루어지는 대화이다. 메뉴를 보고 해물요리가 전문
이라고 말하는 남자 말 다음에 이어져야 하는 자연스러운 대답은
다른 것으로 하겠다고 말하는 (d)이다.

정답 (d)

8 M Can I give you a ride home?
   W I have some paperwork to do.
   M I can wait.
   W _____

(a) How dare you wait for me?
(b) It's going to rain tonight.
(c) Are you sure it's okay?
(d) I don't get paid overtime.

남: 집까지 태워 드릴까요?
여: 해야 할 서류 작업이 있어요.
남: 기다릴 수 있어요.
여:

(a) 어떻게 감히 나를 기다려요?
(b) 오늘밤에 비가 올 거예요.
(c) 정말 괜찮겠어요?
(d) 저는 초과 근무 수당이 없어요.

give a ride 탈 것을 제공하다

Power Hint ●●●
잔업이 있는 여자를 남자가 태워다 주려고 하는 상황이므로 그
다음에 이어질 말로 자연스러운 것은 그렇게 기다려도 괜찮겠냐
고 말하는 (c)이다.

정답 (c)

9 M I hear your sister has a new car.
   W Yes, she got it just last week.
   M Is it economical on the gas?
   W _____

(a) The car is red, her favorite color.
(b) She gets her gas at special rates.
(c) That's why she bought it.
(d) She learned to drive only last year.

남: 언니께서 새 차 뽑으셨다면서요.
여: 네, 바로 지난주에 뽑았어요.
남: 자동차 연비가 좋은가요?

여:
_____

(a) 차는 언니가 가장 좋아하는 빨간색이에요.
(b) 언니는 기름을 특별가에 살 수 있어요.
(c) 그 차를 산 이유가 그거예요.
(d) 언니는 겨우 작년에 운전을 배웠어요.

economical 경제적인, 실속 있는

Power Hint ●●●
새 차를 구입한 여자의 언니의 차 연비에 대해서 묻고 있으므로
그에 적절한 답변은 연비가 좋아서 샀다고 말하는 (c)이다. (a)는
질문의 의도와 전혀 맞지 않고 (b)는 같은 발음 gas가 반복되어
있을 뿐 맞는 답변이 아니다.

정답 (c)

10 W Do you know anyone who might want to
       buy my house?
    M Why are you selling it?
    W We're moving to another town.
    M _____

(a) I'm not a sales agent.
(b) Next year the prices will go up.
(c) I'll ask my friends.
(d) Condominiums are not cheap.

여: 혹시 제 집을 살 만한 사람 좀 아시나요?
남: 왜 집을 팔아요?
여: 다른 지방으로 이사를 가요.
남:

(a) 난 판매 사원이 아니에요.
(b) 내년에 가격이 오를 거예요.
(c) 제 친구들에게 물어볼게요.
(d) 아파트는 싸지 않아요.

sales agent 판매사원 **go up** 가격이 오르다

Power Hint ●●●
다른 지방으로 이사를 가기 때문에 집을 살 사람을 찾고 있으므
로 그 다음에 이어질 말로 가장 자연스러운 남자의 말은 친구들
에게 물어보겠다고 하는 (c)이다. (a)는 무례한 대답이므로 정답
이 되기 어렵다. (b)는 대화의 흐름상 자연스럽지 않고 (d)의
condominiums는 의미적인 혼동을 유도하는 장치일 뿐 맞지
않다.

정답 (c)

Part III

11 M What are your plans for summer next

year?

W　Nothing yet. Why?

M　I was wondering whether my daughter could come and visit you.

W　That sounds like a great idea.

M　Yes, I think so, too. She's excited about it.

W　Well, I look forward to it.

Q　Which is correct about the man according to the conversation?

(a) The man called to say hello.

(b) His daughter lives abroad.

(c) He wants his daughter to visit the woman.

(d) The man wants to know how much the country has changed.

남: 내년 여름에 계획 있으세요?
여: 아니요, 왜요?
남: 제 딸이 당신을 방문해도 될지 생각 중이었어요.
여: 좋은 생각 같아요.
남: 저도 그렇게 생각해요. 제 딸이 아주 흥분해 있어요.
여: 그럼, 기대하고 있을게요.

Q. 대화에 따르면 남자에 관해 옳은 것은?
(a) 안부 전화를 하려고 전화했다.
(b) 남자의 딸은 외국에 산다.
(c) 남자는 자신의 딸이 여자를 방문하기를 원한다.
(d) 남자는 시골이 얼마나 바뀌었는지 알고 싶어 한다.

look forward to ~을 고대하다

Power Hint ●●●
남자에 관해 알맞은 것을 묻고 있으므로 남자의 말에 집중해서 답을 찾아야 한다. 남자는 자신의 딸이 여자를 방문해도 될지에 관해서 생각 중이라고 했으므로 정답은 (c)이다.

정답 (c)

12　W　The boss assigned me to take care of the Christmas giveaways.

M　Do you have a budget?

W　Not yet. He'd asked me to do some checking the shops first.

M　I think you ought to be given the budget first, so you'll know what you can buy.

W　That's a good idea. But I'm a bit shy to ask him.

M　I could help you? He listens to me most of the time.

W　Thanks a lot! That would really help.

Q　What best describes the attitude of the man?

(a) Aggressive

(b) Indifferent

(c) Inquisitive

(d) Compassionate

여: 상관이 제게 크리스마스 경품을 맡으라고 했어요.
남: 예산은 받았어요?
여: 아직요. 먼저 시장 조사를 하라고 했어요.
남: 제 생각엔 먼저 예산을 받아야 무엇을 살지 알 수 있을 것 같군요.
여: 좋은 생각이에요. 그렇지만 제 상관에게 물어보기 좀 어렵네요.
남: 제가 도와줄 수 있어요. 제 얘기는 거의 다 들어주거든요.
여: 정말 고마워요! 그러면 정말 많은 도움이 될 것 같아요.

Q. 남자의 태도를 가장 잘 설명하고 있는 것은?
(a) 진취적인
(b) 무관심한
(c) 탐구적인
(d) 인정 많은

assign (임무, 일 따위를) 부여하다
giveaway 경품, 선물 budget 예산
inquisitive 질문을 좋아하는 compassionate 인정 많은

Power Hint ●●●
남자의 태도에 대해 묻고 있으므로 남자의 말에 집중해야 한다. 크리스마스 선물을 위해 예산 확보를 해야 하는 여자에게 남자가 도움을 주겠다고 하는 상황이므로 정답은 (d)이다.

정답 (d)

13　M　I've just seen the baby, and he looks just like his grandpa!

W　How can you tell? He's only three days old.

M　I recognized him the minute I saw him.

W　That's because they have names on the bassinets.

M　So when are you coming home?

W　Maybe the day after tomorrow.

M　We can hardly wait!

W　I know. Everyone has been expecting the baby!

Q　What is the probable relationship between the two speakers?

(a) Doctor and patient

(b) Doctor and nurse

(c) Siblings

(d) Spouses

남: 방금 아기를 보았는데 할아버지를 꼭 빼닮았어.
여: 어떻게 알아? 아직 3일밖에 안 되었는데.

남: 아기를 본 순간 알 수 있었지.
여: 그건 아기 요람에 이름이 씌어 있어서겠지.
남: 그래서 언제 집에 오는 거야?
여: 아마 모레쯤?
남: 빨리 왔으면 좋겠어.
여: 알아. 모두가 아기를 기다려 왔잖아.

Q. 두 화자의 적절한 관계는?
(a) 의사와 환자
(b) 의사와 간호사
(c) 남매
(d) 부부

bassinet 요람 **sibling** 형제, 자매 **spouse** 배우자

Power Hint ●●●
화자의 관계를 묻는 문제이다. 신생아가 할아버지를 닮았다는 것과 집으로 빨리 오라고 하는 정황으로 보아 부부는 아니고 가족이나 인척 관계임을 알 수 있으므로 정답은 (c)이다.

정답 (c)

---

14 W Thank you for that very informative talk.
M You're welcome. It always makes me glad to know I have touched some minds.
W Have you any plan to give a speech?
M Yes, I have received and accepted some invitations from schools.
W It is my hope that more and more people are aware of issues.
M Thank you for your concern.

Q What best describes the tone of the conversation?
(a) Informative
(b) Critical
(c) Appreciative
(d) Unaffected

여: 유익한 대화 감사해요.
남: 천만에요. 사람들의 마음을 감동시킨다는 건 언제나 즐거운 일이죠.
여: 다른 곳에서 강의할 계획은 없으세요?
남: 있어요. 학교에서 초청이 와서 승낙했습니다.
여: 더 많은 사람들이 문제점을 인식하길 바라요.
남: 관심 가져 주셔서 감사합니다.

Q. 이 대화의 어조로 가장 알맞은 것은?
(a) 유익한
(b) 비판적인
(c) 감사하고 있는
(d) 꾸밈없는

informative 유익한 **touch** 감동시키다
be aware of ~을 알아차리다, ~을 알다

Power Hint ●●●
대화문의 어조를 묻는 문제이다. 연설자인 남자에게 여자가 감사를 표하고 있고, 또 그에 대해 남자도 여자에게 감사를 표하고 있으므로 정답은 (c)이다.

정답 (c)

---

15 M I saw the movie you recommended, but I thought it wasn't so great.
W That's funny, because other people I talked to liked it.
M There was too much dialogue and little action.
W But it's the theme that made it exciting, and also the great cast!
M You may be right, but perhaps I was expecting too much because my favorite actor was in the film.
W Did you know he also directed it?

Q What best describes the conversation?
(a) Both speakers enjoy watching movies.
(b) The speakers are having an argument.
(c) The movie was no good.
(d) The movie was popular.

남: 당신이 추천한 영화를 봤는데 그렇게 좋지는 않았어요.
여: 희한하네요. 다른 사람들은 다 괜찮다고 했거든요.
남: 대화가 너무 많고 액션은 적었어요.
여: 그렇지만 주제도 흥미롭고 배우들도 훌륭했어요.
남: 당신 말이 맞을 수도 있죠. 그렇지만 제가 좋아하는 배우가 그 영화에 나와서 기대를 너무 많이 했었나 봐요.
여: 그 배우가 감독한 것도 알고 있었어요?

Q. 이 대화를 가장 잘 설명하고 있는 것은?
(a) 둘 다 모두 영화 보기를 좋아한다.
(b) 두 사람이 다투고 있다.
(c) 영화가 형편없었다.
(d) 인기 있는 영화였다.

recommend 추천하다 **cast** 캐스팅

Power Hint ●●●
여자가 추천한 영화에 대해서 이야기를 하고 있다. 영화가 남자의 기대에 미치지 못한 부분이 있지만 남녀 모두 영화에 대해서 관심이 많다는 것을 알 수 있으므로 정답으로 (a)가 가장 적절하다.

정답 (a)

Part IV

16 Fat is an important part of a healthy diet.

There's more and more evidence that many fats are good for us and actually reduce the risk of heart attack and stroke. They also help our sugar and insulin metabolism and therefore contribute to our goals of long-term weight loss and weight maintenance. And because good fats make good foods taste better, they help us enjoy the journey to a healthier lifestyle. But not all fats are created equal-there are good fats and bad fats.

Q What does this say in general about fats in the diet?
(a) Most fats are good for the body.
(b) There is no need to worry about one's fat intake.
(c) Fats that are good have benefits.
(d) All fats taste good.

지방은 건강한 식단에 있어 중요한 요소이다. 많은 종류의 지방이 몸에 좋고, 실제로 심장마비나 뇌졸중의 위험을 줄여 준다는 수많은 증거가 있다. 지방은 또한 설탕과 인슐린의 물질대사를 도와서 장기적으로 체중 감소와 체중 유지에 많은 도움이 되기도 한다. 그리고 좋은 지방은 음식의 맛을 더 좋게 하며 건강한 생활을 즐기도록 해 준다. 그러나 모든 지방이 다 똑같은 것은 아니다. 지방엔 좋은 지방과 나쁜 지방이 있다.

Q. 대체로 식단에 있어서 지방의 무엇을 말하고 있는가?
(a) 대부분의 지방은 몸에 좋다.
(b) 지방 섭취량에 대해서 걱정할 필요가 없다.
(c) 좋은 지방은 이로운 점이 많다.
(d) 모든 지방은 맛있다

evidence 증거 heart attack 심장마비 stroke 뇌졸중 metabolism 신진대사 weight loss 체중 감소 weight maintenance 체중 유지 intake 섭취

Power Hint ●●●
식이요법에서 지방에 대한 대체적인 내용을 묻는 문제이다. 좋은 지방은 심장마비나 뇌졸중의 위험을 줄여 주고, 설탕과 인슐린의 물질대사를 도와주며, 체중 유지에 도움이 된다고 말하고 있으므로 정답은 (c)이다.

정답 (c)

17 Most fast foods fall into the 'avoid' category. They are dripping with saturated fats, trans fats, sugars, and empty calories. But there are ways to eat wisely, even at a fast-food restaurant: Choose broiled or grilled food over deep-fried foods, and choose burgers without all the toppings and special sauces. Look for the salad bar. When you go out for pizza, choose thin-crust vegetarian pizza.

Q What is the main objection to fast foods?
(a) There are too many foods to choose from.
(b) They usually contain ingredients useless to the body.
(c) Vegetarians cannot eat there.
(d) They use toppings on all the food.

대부분의 패스트푸드는 '피해야' 할 항목으로 가득 차 있다. 패스트푸드는 포화 지방과 트랜스 지방, 설탕 그리고 영양가 없는 열량으로 넘친다. 하지만 패스트푸드 전문점에서도 현명하게 먹는 법이 있다. 즉 튀긴 음식보다는 구운 음식을 고르고 모든 토핑과 특유의 소스를 뺀 버거를 선택하라. 샐러드 바를 찾아보라. 피자를 먹으러 갔다면 얇은 크러스트 야채 피자를 시켜라.

Q. 패스트푸드에 반대하는 주된 이유는?
(a) 선택할 수 있는 음식이 너무 많다.
(b) 대체적으로 몸에 쓸모 없는 성분들이 들어 있다.
(c) 채식주의자들은 거기서 먹을 수 없다.
(d) 모든 음식에 소스를 쓴다.

drip with ~로 넘치다 saturated fate 포화 지방 broil 굽다 grill 굽다

Power Hint ●●●
패스트푸드에 반대하는 이유를 묻는 문제이다. 지문의 초반부에 패스트푸드는 포화 지방과 트렌스 지방, 설탕, 영양가 없는 열량으로 넘친다는 내용이 등장하고, 뒤이어 패스트푸드를 현명하게 먹는 방법에 대해서 말하고 있으므로 정답은 (b)이다.

정답 (b)

18 India, with its thousands of miles of coastline, is suited to wind power. Its wind-power potential is estimated at 45,000 megawatts-about a third of total energy consumption. There is also little of the concern in India seen in the West over wind turbines ruining scenic vistas-scores can be seen, for example, outside Jaisalmer's ancient fort in Rajasthan, one of India's most popular tourist sites.

Q According to the news report, why is India ideal for installing wind power?
(a) India experiences frequent storms.
(b) The residents mind having their scenery ruined.
(c) India has a very extensive coastline.
(d) It is not against their religion.

몇 천 마일의 해안을 갖고 있는 인도는 풍력 발전에 적당한 곳이다. 이곳의 풍력 잠재력은 약 4만 5천 메가와트로 전체 에너지 소비량의 3분의 1에 해당한다. 서구에서 볼 때는 아름다운 경치

를 자랑하는 이곳 인도의 풍력 터빈(원동기)에 대해 약간의 우려
도 있다. 예를 들면 인도의 제일 유명한 관광지 중 하나인 라자
스탄에 있는 자이살머의 고대 요새 밖에는 긁힌 상처가 있다.

Q. 위의 보도에 따르면 인도가 왜 풍력 발전기를 설치하는 데 이
    상적인가?
(a) 인도는 잦은 태풍이 있다.
(b) 주민들이 경치가 망가지는 것을 우려하고 있다.
(c) 인도에는 긴 해안이 있다.
(d) 그들의 종교에 위배되지 않는다.

be suited to ~에 적합하다 wind-power 풍력
consumption 소비 vista 경치, 조망 score 긁힌 자국

Power Hint ●●●
풍력 발전기를 설치하는 데 인도가 왜 이상적인가에 대해 묻는
문제이다. 질문과 지문에 공통적으로 등장하는 풍력 발전(wind
power)이 초반부에 등장하는 것과 질문의 ideal과 지문의
suited to에 착안하면 어렵지 않게 답을 찾을 수 있다. 인도가 풍
력 발전에 적당한 이유는 몇 천 마일의 해안을 가지고 있기 때문
이므로 정답은 (c)이다 .

정답 (c)

19 Renamed in 2005 after the mobile company
O2, the Millennium Dome was then
converted into a multifunctional sports and
entertainment complex worth 75 million
pounds sterling. Within the complex are a
number of buildings used for many different
events, including concerts. According to
plans, the dome will be used in the 2012
Olympics as the venue for gymnastics,
basketball and handball finals.

Q Which is correct according to the article?
(a) The Millennium Dome is a complex for
    business activities.
(b) The Dome houses buildings for multiple
    events.
(c) The Dome still has to be completed in
    time for the 2012 Olympics.
(d) The Dome originally was a mobile phone
    company.

2005년 통신사 O2의 이름을 따서 명명된 밀레니엄 돔은 7억 5
천만 파운드 가치의 다용도 스포츠 그리고 연회 시설로 전환되었
다. 시설 안에는 콘서트를 포함해 많은 다양한 행사에 사용되는
몇몇 건물이 있다. 계획에 따르면 이 돔은 2012년 올림픽 때 체
조, 농구 그리고 핸드볼 결승전 장소로 사용될 것이다.

Q. 이 기사에 따를 때 맞는 것은?
(a) 밀레니엄 돔은 비즈니스 활동을 위한 시설이다.
(b) 이 돔은 다양한 행사를 위한 건물들을 수용하고 있다.

(c) 이 돔은 2012 올림픽을 위해서 아직도 건축되고 있다.
(d) 이 돔은 원래는 이동 통신 회사였다.

name after ~의 이름을 따서 짓다
convert into ~로 전환되다 multifunctional 다기능의
complex 시설, 복합건물 sterling 파운드 gymnastic 체조의

Power Hint ●●●
보도 내용으로 옳은 것을 묻는 문제이므로 지문에 등장하는 세부
내용을 기억해야 한다. 밀레니엄 돔은 여러 행사에 사용되는 건
물들로 이루어져 있다고 했으므로 정답은 (b)이다. (a)는 비즈니
스 활동을 위한 복합건물이란 내용은 없으므로 맞지 않다. (c)는
이미 완공이 된 건물이므로 틀리다. (d)는 지금 현재 이동 통신사
인 O2의 이름을 따서 지었다고 했으므로 역시 맞지 않다.

정답 (b)

20 Cleaning a six-foot sofa can cost anywhere
from $40 to $100, depending on where you
live and whom you hire. Replacing a
damaged sofa with a new one can cost
between $600 to $6,000, so price shouldn't
be the most important criterion when you're
hiring a professional; competence should be.

Q What is the most important aspect of this
    piece?
(a) Price does not matter.
(b) Sofas are expensive.
(c) Living in the city can make cleaning
    expensive.
(d) Hire a reliable cleaner.

6피트의 소파를 세탁하는 것은 어디에 사느냐와 누구를 고용하느
냐에 따라 어디서나 40달러에서 100달러가 소요된다. 손상된 소
파를 새 것으로 바꾸는 데 드는 비용은 약 600달러에서 6천 달러
이기 때문에 전문가를 고용할 때 가격은 가장 중요한 기준이 되어
서는 안 된다. (전문가의) 능력이 가장 중요한 기준이 되어야 한다.

Q. 윗글의 가장 중요한 관점은?
(a) 가격은 상관없다.
(b) 소파는 비싸다.
(c) 도시에서는 세탁이 비싸다.
(d) 믿음직한 세탁 기술자를 고용해야 한다.

depend on ~에 달려 있다 criterion 표준, 기준
competence 적성, 자격, 능력

Power Hint ●●●
지문에서 제일 중요한 관점이 무엇인지를 묻고 있다. 지문의 내
용은 맡기는 사람에 따라 소파 세탁 비용이 차이가 나고 소파를
수리하는 것도 차이가 나는데, 고려해야 할 것은 가격이 아니라
능력이라는 것이 핵심이므로 정답은 (d)이다.

정답 (d)

Mini Test 2

Part I

1　**M**　I'm sorry I did not call you back.
　　W　_____

(a) I have to complain about my phone not working.
(b) Where were you last Sunday?
(c) That's okay, it wasn't urgent.
(d) You can use wireless phones now.

남: 답신 전화 못 드려서 죄송해요.
여: _____

(a) 제 전화가 불통인 것에 대해 불만을 제기해야겠어요.
(b) 지난 일요일에 어디에 있었죠?
(c) 괜찮아요, 급한 일은 아니었어요.
(d) 이제 무선 전화기를 사용할 수 있어요.

call back 답신 전화하다　complain 불평하다
urgent 긴급한　wireless phone 무선 전화기

Power Hint ● ● ●
전화하지 못한 것에 대한 사과의 말에 적절한 답변은 괜찮다고 답하는 (c)이다. (a)의 phone, not working 등이 의미적인 혼동을 유도하고 있으므로 속지 말아야 한다. (b)는 문맥상 맞지 않는 답변이다. (d)의 wireless phones도 의미적인 혼동만을 유도할 뿐 정답으로 자연스럽지 못하다.

정답 (c)

2　**W**　What a cute dog you have!
　　M　_____

(a) The building where I live does not allow pets.
(b) Her shampoo is not available.
(c) I'm still trying to get used to her.
(d) I've always wanted to have one.

여: 강아지가 너무 귀여워요!
남: _____

(a) 제가 사는 건물에서는 애완동물을 키우지 못해요.
(b) 강아지 샴푸를 안 팔아요.
(c) 강아지에 익숙해지려고 노력 중이에요.
(d) 늘 강아지를 갖고 싶어 했어요.

cute 귀여운　pet 애완동물　get used to ~에 익숙하게 되다

Power Hint ● ● ●
강아지가 너무 귀엽다는 말에 적절한 답변은 (d)이다. (a)는 dog에서 유추된 pets가 의미적인 혼동을 유도하고 있다. (b)는 문맥상 전혀 맞지 않다. (c)도 대화문의 답변으로 적절하지 않다.

정답 (d)

3　**W**　Did you hear about the earthquake in Indonesia?
　　M　_____

(a) I was in the shower when my mom called.
(b) Indonesia is near the equator.
(c) Indonesia has many islands.
(d) I just saw it in the papers.

여: 인도네시아 지진에 대해서 들었어요?
남: _____

(a) 저희 엄마가 전화했을 때 샤워하고 있었어요.
(b) 인도네시아는 적도 가까이에 있어요.
(c) 인도네시아에는 섬들이 많아요.
(d) 신문에서 방금 봤어요.

earthquake 지진　equator 적도

Power Hint ● ● ●
인도네시아의 지진에 대해서 들었냐고 묻는 질문에 신문에서 봤다고 말하는 (d)가 가장 적절한 답변이다. (a)는 질문의 답변으로 문맥상 전혀 맞지 않다. (b)와 (c)에는 지명인 Indonesia가 반복되어 소리의 혼동을 유도하고 있다.

정답 (d)

4　**M**　The price of gas keeps going up.
　　W　_____

(a) My car uses up so much gas in traffic.

(b) The advertising companies are having a hard time.
(c) I will have to budget my gasoline allowance.
(d) There are so many gas stations near my house.

남: 기름 값이 계속 오르고 있어요.
여: _____

(a) 제 차는 주행 중에 기름을 많이 먹어요.
(b) 광고업체들이 요즘 어려운 상황이에요.
(c) 기름 경비 예산을 세워야겠어요.
(d) 저희 집 근처에 주유소가 정말 많아요.

go up 오르다 use up 다 써버리다 budget 예산
allowance 수당, 급여, 한도, 정량

Power Hint ●●●
기름 값이 계속 오르고 있다는 말에 기름 값 예산을 세워야겠다고 답하는 (c)가 정답이다. (a)는 같은 발음 gas가 반복되어 있다. (b)는 having a hard time이 의미적인 혼동을 유도하고 있다. (d)는 gas에서 유추된 gas stations가 소리 및 의미적인 혼동을 유도하는 함정이다.

정답 (c)

---

5 W Are you going to your parents for the holidays?
   M _____

(a) My mother never calls me.
(b) I'll finish my shopping this week.
(c) My sister wants to join me.
(d) It's a tradition that we are all together during the holidays.

여: 휴일에 부모님 방문할 거예요?
남: _____

(a) 저희 어머니는 저에게 절대 전화하지 않으세요.
(b) 이번 주에 쇼핑을 끝낼 거예요.
(c) 제 여동생이 함께 가고 싶어해요.
(d) 휴일 동안 모두 함께 하는 것이 전통이랍니다.

tradition 전통

Power Hint ●●●
휴일에 부모님을 방문할 거냐는 질문에 적절한 답변은 모두가 모이는 것이 전통이라고 말하는 (d)이다. (a)는 mother가 등장하긴 하지만 질문의 의도와 전혀 맞지 않다. (b)는 holidays에서 유추된 shopping이 의미적인 혼동을 유도하고 있다. (c) 역시 질문의 의도와 맞지 않는 부자연스러운 답변이다.

정답 (d)

Part II

6 M I'm trying to find an exit to this building. Can you help?
   W You can go down this corridor.
   M I already did, but there was no exit.
   W _____

(a) You can use the elevator to go to the ground floor.
(b) Let me call the information desk.
(c) There are ten rooms on this floor.
(d) I just got here myself.

남: 이 건물의 출구를 찾고 있어요. 좀 도와주시겠어요?
여: 이 복도를 계속 따라가시면 돼요.
남: 벌써 가 봤는데 출구가 없었어요.
여: _____

(a) 일층으로 가는 엘리베이터를 사용하셔도 돼요.
(b) 안내데스크에 전화해 볼게요.
(c) 이 층에는 열 개의 방이 있어요.
(d) 여기에 나 혼자 왔어요.

exit 출구 corridor 복도

Power Hint ●●●
출구를 찾고 있는 남자에게 여자가 도움을 주고 있는 상황이다. 복도를 따라가 본 곳에는 출구가 없다는 남자의 말에 이어질 여자의 말로 가장 자연스러운 것은 엘리베이터를 타고 1층으로 가라고 하는 (a)이다.

정답 (a)

---

7 M Can you work part-time for our company?
   W Let me look at my schedule.
   M It won't use too much of your time, just three times a week.
   W _____

(a) How many are you in the office?
(b) It depends on how far it is from my home.
(c) My computer is not working.
(d) I live with my parents.

남: 저희 회사에서 파트타임으로 일해 줄 수 있어요?
여: 제 스케줄 좀 확인하구요.
남: 많은 시간은 아니에요. 일주일에 세 번이면 돼요.
여: _____

(a) 회사에 몇 번 나오세요?
(b) 저희 집에서 얼마나 먼가에 달려 있죠.
(c) 제 컴퓨터가 고장 났어요.
(d) 저는 저희 부모님과 함께 살아요.

depend on ~에 달려 있다

Power Hint ●●●
남자가 일주일에 세 번 정도 파트타임으로 일해 줄 것을 부탁하
는 상황으로 가장 자연스럽게 이어질 여자의 말은 회사가 집에서
얼마나 먼가에 달려 있다고 말하는 (b)이다.

정답 (b)

8 M Your hair looks so nice. What do you use?

W It's a special shampoo.

M What is it made of?

W _____

(a) Organic cosmetics are hard to find.
(b) The ingredient is imported.
(c) I'm not sure.
(d) Thank you for noticing.

남: 머릿결이 너무 좋군요. 어떤 제품을 쓰세요?
여: 특별한 샴푸요.
남: 무엇으로 만든 샴푸인데요?
여: _____

(a) 유기농 화장품은 찾기 힘들어요.
(b) 그 원료는 수입된 것이에요.
(c) 저도 잘 모르겠어요.
(d) 관심 가져 줘서 고마워요.

organic 유기의 cosmetic 화장품
ingredient 성분, 원료

Power Hint ●●●
머릿결이 좋은 여자에게 어떤 샴푸를 쓰냐며 재료를 묻는 질문에
적절한 답변은 수입 원료로 만들어졌다고 말하는 (b)이다.

정답 (b)

9 M I know you like ice cream, so I brought you a new flavor.

W Thanks, where did you get it?

M At the store around the corner.

W _____

(a) Sometimes they open late.
(b) How much is it?
(c) Who are the owners of the store?
(d) Now I know where to go.

남: 당신이 아이스크림을 좋아해서 새로운 맛으로 사 왔어요.
여: 고마워요. 어디서 샀어요?
남: 모퉁이에 있는 가게에서요.
여: _____

(a) 그 가게 어떨 땐 늦게 열어요.
(b) 얼마예요?
(c) 가게 주인이 누구예요?
(d) 이제 어디서 사야 할지 알았네요.

flavor 맛, 풍미

Power Hint ●●●
남자가 여자를 위해 모퉁이에 있는 가게에서 새로운 맛의 아이스
크림을 사 온 상황에 이어질 여자의 말로 자연스러운 것은 맛있
는 아이스크림을 어디서 사야 할지 알았다고 말하는 (d)가 가장
적절한다.

정답 (d)

10 M I just missed my flight. I want the earliest possible flight to Chicago.

W Let me check the flights.

M What about my baggage, where is it?

W _____

(a) You can put it in the locker.
(b) Let me check it for you.
(c) Passengers are supposed to check in two hours before the flight.
(d) Security is very strict.

남: 방금 비행기를 놓쳤어요. 시카고행 제일 빠른 비행기를 타고
싶은데요.
여: 비행기가 있는지 확인해 보죠.
남: 제 짐요? 제 짐은 어디 있는 거죠?
여: _____

(a) 라커에 두실 수 있어요.
(b) 확인해 보겠습니다.
(c) 탑승객들은 비행기 시간 두 시간 전에 탑승 수속을 밟아야 해
요.
(d) 보안이 굉장히 엄격해요.

Power Hint ●●●
비행기를 놓친 남자가 본인의 짐이 어디 있는가를 묻는 질문에
가장 적절한 답변은 확인해 보겠다고 말하는 (b)이다.

정답 (b)

Part III

11 M Please open your suitcase.

W Of course.

M What's inside these jars? Something to eat?

W Yes, they are jams from local fruits back

home.

M Why so many? You have six jars.

W Two are gifts to me, and the rest are for my relatives.

M How much do they cost?

W A little over a dollar per jar.

Q What can be inferred from this conversation?

(a) The country of destination is strict about bringing in food.

(b) The customs officer wants a jar of jam.

(c) Arriving passengers can bring in only two jars each.

(d) The customs officer is being difficult.

남: 가방 좀 열어 주세요.
여: 그러죠.
남: 이 병 안에 든 게 뭐죠? 먹는 건가요?
여: 네, 고향 특산물로 만든 과일 잼이에요.
남: 왜 이렇게 많죠? 여섯 개나 있네요.
여: 두 개는 제가 받은 선물이고, 나머지는 제 친지들께 드리는 선물이에요.
남: 가격은 얼마나 하나요?
여: 한 병에 1달러가 조금 넘어요.

Q. 이 대화에서 추론할 수 있는 것은?
(a) 도착한 나라가 음식 반입에 대해 엄격하다.
(b) 세관 직원은 잼 한 병을 갖고 싶어 한다.
(c) 도착하는 승객들은 한 명당 두 병씩밖에 가져올 수 없다.
(d) 세관 직원은 어려움을 겪고 있다.

jar 항아리, 단지 relative 친척
destination 목적지 customs 세관

Power Hint ●●●
추론 문제이므로 대화의 흐름과 세부 내용을 기억해야 한다. 세관 직원이 가방 검사를 하는 상황인데, 음식물로 보이는 병 안의 내용물을 확인하고 수량과 가격에 대해서 질문을 하고 있으므로 네 개의 선택지에서 가장 적절한 것은 (a)이다. 나머지는 대화문의 내용만으로는 추론할 수 없는 것들이므로 맞지 않다.

정답 (a)

12 M I am told your country has many beautiful beaches.

W Yes, but only few are accessible.

M Why is that?

W Many are located in the typhoon belt, and half the year it rains.

M So when is the best time to go?

W Before the rainy season, in the summer.

M Is it easy to get transport?

W Oh, yes. Most of our fishermen have boats that can take you across.

Q Which is correct about the man according to the conversation?

(a) He wants to know the weather there.

(b) He wants to buy an island.

(c) He's interested in visiting a beach.

(d) He's going fishing there.

남: 당신 나라에는 아름다운 해변이 많다고 들었어요.
여: 네, 그런데 몇 곳만 이용이 가능해요.
남: 왜 그런 거죠?
여: 여러 곳이 태풍 지대에 위치해 있어 일 년의 반은 비가 내리죠.
남: 그럼 언제 가는 것이 가장 좋을까요?
여: 장마철이 시작되기 전, 여름에 가세요.
남: 교통편은 좋은가요?
여: 오, 그럼요. 우리나라 어부들은 대부분 당신을 태울 수 있는 배를 갖고 있어요.

Q. 대화로 미루어 볼 때 남자에 관해서 옳은 것은?
(a) 그는 그곳의 날씨를 알고 싶어 한다.
(b) 그는 섬을 사고 싶어 한다.
(c) 그는 해변에 가고 싶어 한다.
(d) 그는 그곳에 낚시하러 갈 것이다.

accessible 접근하기 쉬운, 가기 쉬운 rainy season 우기

Power Hint ●●●
질문의 주어가 남자이므로 남자 말에 좀더 집중해야 한다. 남자는 여자의 나라에 있는 해변에 대해서 묻고 있으나 해변의 날씨나 섬을 구입하고 싶어서나 낚시를 하고 싶어 하기 때문이 아니다. 따라서 정답으로 가장 적절한 것은 (c)이다.

정답 (c)

13 W I have a few errands this morning. Could you watch the baby for me while I'm away?

M Sure, as long as you'll be back by noon because I have somewhere to go.

W Thanks. I won't be long.

M Does the baby need to be fed while you're out?

W Oh, yes. The bottle is ready.

M Fine. Can I watch TV?

W Sure, make yourself at home.

M Thanks!

Q What best describes the above situation?

(a) The mother is neglecting her baby.

(b) The babysitter is lazy.

(c) The mother is asking a favor.

(d) The mother and the babysitter dislike
   each other.

여: 내가 오늘 아침에 일이 좀 있어. 내가 없는 동안 아기를 봐줄
   수 있어?
남: 네, 저 어디 좀 다녀올 곳이 있으니까 12시까지는 돌아와야
   해요.
여: 고마워. 오래 걸리지 않을 거야.
남: 안 계신 동안 아기에게 먹을 것을 줘야 하나요?
여: 아, 그래. 우유병은 준비되어 있어.
남: 알겠어요. 텔레비전을 봐도 됩니까?
여: 물론이지. 편히 있으렴.
남: 감사합니다.

Q. 위의 상황을 가장 잘 설명한 것은?
(a) 아기 엄마는 아기에게 소홀히 하고 있다.
(b) 아기를 돌봐주는 사람이 게으르다.
(c) 아기 엄마가 부탁을 하고 있다.
(d) 아기 엄마와 아기를 돌보는 사람의 사이가 안 좋다.

errand 심부름, 용건, 볼일
neglect 게을리 하다, 무시하다, 방치하다 babysitter 보모

Power Hint ●●●
아기를 맡기는 여자와 보모로 보이는 남자 사이의 대화임을 착안
하면 어렵지 않게 답을 찾을 수 있다. 대화의 초반부터 여자가
남자에게 아기를 봐줄 것을 부탁하고 있고 돌아오기까지 여러 가
지 사항들을 알려주고 있으므로 정답은 (c)이다.

정답 (c)

14 M So how was your holiday?
   W Fine, except we didn't realize there were
     going to be so many people.
   M That's to be expected at this time of the
     year.
   W We were lucky my cousin has a house
     there.
   M But I am sure it was worth going.
   W Yes, but I prefer somewhere less
     crowded.
   M You'll have to go to an island in the
     middle of the Pacific!
   W You sound like the planet is
     overpopulated!

   Q What can be inferred from the
     conversation?
   (a) She went on vacation to an island in the
     middle of the Pacific Ocean.
   (b) There are always too many visitors.
   (c) The island is crowded all year.
   (d) It's hard to get accommodations during
     summer vacation.

남: 휴가는 어떻게 보냈어요?
여: 좋았어요. 사람들이 그렇게 많이 있을 줄 몰랐다는 것만 빼면요.
남: 이 시기엔 그럴 거라 예상해야죠.
여: 거기에 저희 사촌 집이 있다는 게 다행이었어요.
남: 그래도 갈 만한 가치가 분명 있었을 거예요.
여: 네, 그래도 저는 사람이 적은 곳이 더 좋아요.
남: 태평양 한가운데의 섬으로 가야겠네요!
여: 지구 전체에 사람이 너무 많다고 말하는 것 같군요!

Q. 대화에서 추론할 수 있는 것은?
(a) 여자는 휴가로 태평양 한가운데 있는 섬에 갔다.
(b) 항상 너무 많은 방문자들이 있다.
(c) 그 섬은 일 년 내내 사람이 많다.
(d) 여름 휴가 기간 동안 숙박할 곳을 찾는 것은 어렵다.

worth ~ing ~할 가치가 있다
overpopulate ~에 사람을 과밀하게 살게 하다, 인구과잉이 되게
하다 accommodation 숙박시설

Power Hint ●●●
휴가지에 사람들이 너무 많았지만 그곳에 사촌집이 있어서 다행
이었다는 것과 사람들이 적은 곳이 좋다는 내용이므로 추론 가능
한 것은 (d)이다. (a)는 지문에 나온 단어들로 혼동을 주기 위한
함정이다. (b)는 사람들이 항상 많다고 했으나 궁극적인 불편함은
숙박이므로 맞지 않다. (c)는 섬에 사람들이 많다는 것이므로 역
시 맞지 않다.

정답 (d)

15 M Your mom tells me you were accepted to
   two good universities.
   W Yes, and I still have to decide which one.
     I need some advice.
   M Well, if both of them offer the course you
     want, I suggest you choose the one that
     has a good, beautiful environment, and is
     not too far away from where your aunt
     lives.
   W Sounds good, anything else?
   M It would also be a good idea to check how
     many students from your country are
     enrolled. That way you won't feel too
     homesick.
   W That's really good advice. Thank you so
     much!

   Q What details were included in the advice
     given?
   (a) Ask the aunt what school to enroll in.
   (b) The school population
   (c) A campus set in natural surroundings
   (d) The distance from the city

남: 너희 어머니께서 네가 좋은 대학교 두 곳에 붙었다고 하시더라.
여: 네, 어느 대학을 갈지 결정해야 해요. 조언이 좀 필요해요.
남: 글쎄다, 만약 두 대학 모두에 네가 원하는 학과가 있다면, 좋고 아름다운 주위 환경과 너희 고모님이 사는 곳에서 너무 멀지 않은 학교를 선택하도록 해.
여: 좋은 생각이에요. 또 다른 것은요?
남: 너희 나라 학생이 몇 명이나 그 학교를 다니고 있는지 알아보는 것도 좋겠지. 그래야 향수병에 심하게 걸리지 않을 테니 말이야.
여: 참 좋은 말씀이에요. 정말 고마워요!

Q. 조언에 어떤 내용이 포함되어 있는가?
(a) 이모에게 어느 학교에 가야 하는지 물어보아라.
(b) 학교 학생 수
(c) 자연 환경 속에 있는 대학교
(d) 도시로부터의 거리

homesick 향수병 걸린 enroll in 등록하다
surrounding 환경

Power Hint ●●●
남자가 여자에게 조언하는 학교의 조건은 여자가 원하는 학과가 있는지 여부, 아름다운 환경에 있는지 여부, 고모네 집과의 거리 그리고 모국 학생들의 수인데 선택지에서 이에 해당되는 것은 자연 환경 속에 있는 대학교밖에 없으므로 정답은 (c)이다.

정답 (c)

Part IV

16 The best guide on how to clean a fabric is the care label, which by law must be sewn into all articles of clothing. If the label says a garment must be dry-cleaned, take the advice, or you will have no recourse with the manufacturer or retailer should something go wrong. If the label permits handwashing, you have to decide how to wash it.

Q Which is correct about fabrics according to this article?
(a) The law says clothes must be hand-sewn.
(b) The law requires care labels on clothes.
(c) Dry cleaning is always the best way.
(d) The garment factory can be sued if your clothing shrinks.

직물의 가장 좋은 세탁 방법은 법적으로 모든 의류에 꿰매져 있어야 하는 취급 표시 라벨이다. 만약에 취급 표시 라벨에 이 옷은 드라이클리닝해야 한다고 쓰여 있다면 그 지침에 따라야 한다. 지침을 따르지 않은 경우에는 만약 옷이 잘못되었을 때 소매상이나 제조업체에 상환 청구를 하지 못하게 된다. 라벨이 손세탁을 허용하고 있다면 당신 스스로 어떻게 세탁할 것인지 결정해야 한다.

Q. 이 기사에 따를 때 직물에 대해 옳은 것은?
(a) 법에서는 모든 옷은 손바느질되어야 한다고 되어 있다.
(b) 모든 옷에 취급 표시 라벨이 있어야 한다고 법으로 규정되어 있다.
(c) 드라이클리닝이 제일 좋은 방법이다.
(d) 옷이 줄어들 경우에 의류 공장은 법적으로 고소당할 수 있다.

fabric 직물 garment 의류 recourse 상환 청구(권)
manufacturer 제조업체 retailer 소매업자
sue 고소하다 shrink 줄다

Power Hint ●●●
직물에 대해 옳은 것을 묻는 문제이다. 지문의 초반부에 직물을 세탁할 때는 옷에 부착되어 있는 취급 표시 라벨에 나와 있는 대로 하는 것이 좋다고 했으며, 이러한 라벨은 법적으로 모든 의류에 꿰매져 있어야 한다고 했으므로 정답은 (b)이다.

정답 (b)

17 People in all age groups are losing fewer teeth and suffering less tooth decay and gum disease than they did a generation ago. Half the nation's schoolchildren have no cavities at all; in the early 1970s, only about one-fourth were cavity-free.

Q Which is correct according to the report?
(a) People are getting better dental care.
(b) Most people brush their teeth once a day.
(c) Senior people use artificial dentures.
(d) There is no calcium in the diet.

모든 연령대의 사람들이 한 세대 전보다 이가 적게 빠지고 충치와 잇몸 질병이 줄고 있다. 전국의 절반 정도 학생들이 충치가 전혀 없다. 1970년대에는 4분의 1 정도의 아이들만이 충치가 전혀 없었다.

Q. 보고서에 의하면 옳은 것은?
(a) 사람들은 보다 나은 치과 치료를 받고 있다.
(b) 대부분의 사람들이 하루에 한 번 양치한다.
(c) 노약자들은 틀니를 사용한다.
(d) 식단에 칼슘이 없다.

decay 충치 gum disease 잇몸 질환 cavity 충치
dentures 틀니 artificial 인공적인

Power Hint ●●●
보고서 내용으로 옳은 것을 묻는 문제이다. 한 세대 전보다 이가 적게 빠지고 충치와 잇몸 질환이 줄었다는 것과, 학생들 중 절반이 충치가 전혀 없다는 것 등으로 미루어 사람들이 보다 나은 치과 치료를 받고 있다는 (a)가 정답이다.

정답 (a)

18 To lose weight, water is the best way to go—

drink water all the time and lose weight without much dieting. Also, you will not eat excessively when you feel hungry but are in fact only thirsty for water.

Q What can be inferred about drinking water all the time?
(a) You'll always go to the bathroom.
(b) Bottled water is best for dieting.
(c) You will reduce naturally and also not feel hungry.
(d) Don't eat before drinking.

체중을 감량하기 위해서 물은 최고의 방법이다. 많은 다이어트를 할 필요 없이 물을 제때 먹고 체중 감량을 하라. 또한 배가 고플 때 과식을 하지 말라. 단지 목이 마를 뿐이다.

Q. 제때 물을 마시는 것에 대해서 추정할 수 있는 것은?
(a) 항상 화장실에 갈 것이다.
(b) 다이어트에는 생수가 제일 좋다.
(c) 자연적으로 체중 감량이 되며 배도 고프지 않을 것이다.
(d) 마시기 전에 먹지 말라.

excessively 과도하게

Power Hint ●●●
제때 물을 마시는 것에 대해서 추정해 볼 수 있는 것이 무엇인지를 묻는 문제이다. 많은 다이어트를 할 필요 없이 제때 물을 마시는 것만으로도 체중 감량을 할 수 있다는 내용이 등장하므로 정답은 (c)가 된다.

정답 (c)

19 'The House of Shen' is under the management of Tommy Shen whose years of experience make it one of the most reputable jewelers in Hong Kong. Master craftsmen create distinctive jewelry from the finest materials with assurance of high quality.

Q What can you conclude as to this type of establishment?
(a) They have reduced sales once a year.
(b) Their customers are the rich and famous.
(c) They sell costume jewelry.
(d) Tommy Shen is not a real person, but a business name.

'더 하우스 오브 셴'은 홍콩에서 제일 명성 높은 보석 세공인 중에 한 명인 토미 셴이 운영하고 있다. 마스터 장인은 일류의 자신감과 최고의 재료로 색다른 장신구를 만들어 낸다.

Q. 이런 종류의 회사에 관해 내릴 수 있는 결론은?
(a) 일 년에 한 번 세일을 한다.

(b) 손님들은 부자고 유명인들이다.
(c) 의상과 보석류를 판다.
(d) 토미 셴은 사람 이름이 아니라 사업명이다.

management 경영, 운영 reputable 평판 좋은
craftsman 장인 distinctive 독특한, 구별이 분명한
assurance 보증, 보장, 확신, 자신감

Power Hint ●●●
홍콩에서 제일 명성 높은 보석 세공인 중의 한 명인 토미 셴이 운영하는 '더 하우스 오브 셴'이라는 회사에 대해서 결론지을 수 있는 것이 무엇인지를 묻는 질문이므로 선택지에 좀더 집중할 필요가 있다. 지문의 정황상 가장 적절한 것은 회사의 유명세로 인해 손님들이 부자이고 유명인이라고 한 (b)가 가장 적절하다.

정답 (b)

20 Many organic balances are necessary for good health: those between activity and rest, inhalation and exhalation, venous and arterial blood, energy intake and expenditure, and the production and elimination of toxins.

Q What can be inferred from this statement?
(a) Extremes are not healthy.
(b) It is acceptable to indulge.
(c) You can do anything you like when healthy.
(d) Overeating is good.

건강을 위해서는 많은 조직적 균형들이 중요하다. 즉 활동과 휴식, 숨 들이쉬기와 내쉬기, 정맥과 동맥 피, 에너지 섭취와 소비 그리고 생산과 독소 분해 사이의 조직적 균형이 필요하다.

Q. 이 글에서 추정할 수 있는 것은?
(a) 극단적인 것은 건강에 해롭다.
(b) 탐닉하는 것은 허용된다.
(c) 건강할 때는 좋아하는 것은 뭐든 할 수 있다.
(d) 과식은 좋은 것이다.

organic 조직적인 inhalation 숨 들이쉬기
exhalation 숨 내쉬기 venous 정맥의
arterial 동맥의 intake 섭취 expenditure 소비
elimination 제거 toxin 독소

Power Hint ●●●
지문에서 추론할 수 있는 것을 묻는 문제이다. 지문의 초반부에 건강을 위해서는 조직적 균형이 중요하다고 했으므로 정답은 (a)이다. (b), (c), (d)는 상식적으로도 건강 유지와는 관계없는 내용들이므로 선택지만 잘 들어도 어렵지 않게 답을 찾을 수 있다.

정답 (a)

Mini Test 3

Answer Key

Part I   1 (c)   2 (d)   3 (b)   4 (b)   5 (d)
Part II 6 (c)   7 (a)   8 (a)   9 (c)   10 (c)
Part III 11 (b) 12 (c) 13 (d) 14 (d) 15 (d)
Part IV 16 (a) 17 (c) 18 (d) 19 (d) 20 (c)

Part I

1 M It seems that most restaurants in the city are expensive.
W _____

(a) Well, I don't think it.
(b) I don't know it.
(c) I don't think so.
(d) Sure, it is!

남: 그 도시에 있는 대부분의 레스토랑이 비싼 것 같아.
여:

(a) 글쎄, 그것을 생각하지 않아.
(b) 그건 잘 모르겠어.
(c) 그렇게 생각하지 않아.
(d) 정말 그래!

seem ~으로 보이다, ~(인 것) 같다

Power Hint ●●●
이런 유형의 문제는 내용은 어렵지 않으나 순간 집중하지 않으면 답을 찾기 어렵다. 그 도시의 대부분의 레스토랑이 비싼 것 같다는 말에 적절한 답변은 그렇게 생각하지 않는다고 답한 (c)이다.

정답 (c)

2 M I look forward to seeing Mike.
W _____

(a) He is at school.
(b) It's eight o'clock in the morning.
(c) You'll see him after school.
(d) Yes, I know how you miss him.

남: 나는 마이크를 만나길 고대하고 있어.
여:

(a) 그는 학교에 있어.
(b) 아침 8시야.
(c) 너는 방과 후에 그를 만날 거야.
(d) 그래, 네가 그를 얼마나 그리워하는지 알아.

look forward to ~ing ~하기를 고대하다

Power Hint ●●●
마이크란 사람을 만나길 고대한다는 말에 가장 자연스럽게 연결되는 것은 그를 얼마나 그리워하는지 알고 있다고 답한 (d)이다. (a)와 (b)는 문맥상 자연스럽지 못하고 (c)는 같은 발음 see가 반복되어 소리의 혼동을 유도하는 함정이다.

정답 (d)

3 M Can you help me do my homework?
W _____

(a) You can study with John.
(b) Sure, I'm done with mine.
(c) In about an hour I will be there.
(d) You wait for me in front of your house.

남: 내 숙제 좀 도와줄 수 있어?
여:

(a) 너는 존과 같이 공부할 수 있어.
(b) 물론이지, 내 숙제는 다 끝냈거든.
(c) 대략 한 시간 후에 거기에 있을 거야.
(d) 너의 집 앞에서 나를 기다려.

do homework 숙제하다

Power Hint ●●●
숙제하는 것을 도와줄 수 있는가에 대한 질문에 적절한 답변은 본인의 숙제를 다 끝냈으므로 도와줄 수 있다고 말하는 (b)이다.

정답 (b)

4 M Our trip to Brightstone was very exciting!
W _____

(a) How nice.
(b) Really! I wish I had gone with you.
(c) That's good.
(d) I am very busy.

77

남: 브라이트스톤으로의 여행이 너무 재미있었어.
여: _____

(a) 얼마나 멋진가.
(b) 정말! 너와 함께 갈 수 있었다면 좋았을텐데.
(c) 좋으네.
(d) 너무 바빠.

exciting 흥분시키는

Power Hint ●●●
일종의 시제 문제이다. 브라이트스톤에 다녀온 여행이 좋았다고
말하고 있으므로 가장 자연스러운 답변은 같이 갔었으면 좋았을
것이라고 답한 (b)이다.

정답 (b)

5 M That picture was taken in 1960.
W _____

(a) It's a picture of Jane.
(b) There are seven pictures in all.
(c) About four days ago she gave me that picture.
(d) Oh, it still looks very good despite the years.

남: 저 사진은 1960년에 찍은 겁니다.
여: _____

(a) 제인 사진이랍니다.
(b) 모두 일곱 장의 사진이 있어요.
(c) 약 나흘 전에 그녀가 저 사진을 주었어요.
(d) 오, 세월이 흘렀는데도 불구하고 여전히 좋아 보이는군요.

despite ~에도 불구하고

Power Hint ●●●
1960년에 찍은 사진이라는 말에 가장 자연스러운 답변은 세월이
많이 지났어도 여전히 좋아 보인다고 말하는 (d)이다.

정답 (d)

Part II

6 W Good morning, Luke.
M Hi, there!
W Why do you look like that?
M _____

(a) I don't look good.
(b) The morning doesn't look good.
(c) Oh, I don't feel so good.

(d) The look is not good.

여: 루크, 좋은 아침이야.
남: 안녕!
여: 모습이 왜 그런 거야?
남: _____

(a) 나는 좋아 보이지 않아.
(b) 아침이 좋아 보이지 않아.
(c) 오, 별로 몸이 안 좋아.
(d) 모양새가 별로야.

feel good 건강하다

Power Hint ●●●
루크에게 모습이 왜 그렇게 보이냐는 말은 안색이 좋아 보이지
않는다는 뜻이므로 그 이유에 대해서 말한 (c)가 정답이다. (a),
(b), (d)는 대화문에서 등장하는 look이 반복되어 소리의 혼동을
유도하고 있으므로 함정에 빠지지 말아야 한다.

정답 (c)

7 M The singer is good.
W He is Peter's father.
M Does Peter sing, too?
W _____

(a) Yes, he's a good tenor.
(b) Yes, his father is a tenor.
(c) Peter doesn't like his father.
(d) Peter practices a lot these days.

남: 저 가수 노래 잘한다.
여: 그는 피터의 아버지셔.
남: 피터도 노래 잘 불러?
여: _____

(a) 응, 그는 훌륭한 테너 가수야.
(b) 응, 그의 아버지는 테너 가수야.
(c) 피터는 그의 아버지를 좋아하지 않아.
(d) 피터는 요즘 연습을 많이 해.

sing 노래를 좀 하다

Power Hint ●●●
피터도 아버지처럼 노래를 잘하느냐는 질문에 적절한 답변은 훌
륭한 테너라고 말하는 (a)이다. (b)는 주어가 일치하지 않는다.

정답 (a)

8 W Noah's ark must have been large.
M It was tremendously big!
W Was it bigger than the Titanic?
M _____

(a) It was much, much bigger than the

Titanic.
(b) It was not like the Titanic.
(c) The ark is the Titanic.
(d) Noah's ark and the Titanic are alike.

여: 노아의 방주는 틀림없이 컸을 거야.
남: 엄청나게 컸을 거야!
여: 타이타닉호보다 더 컸을까?
남: _____

(a) 타이타닉호보다도 훨씬 컸을 거야.
(b) 방주는 타이타닉호 같지가 않았어.
(c) 그 방주는 타이타닉호야.
(d) 노아의 방주와 타이타닉호는 비슷해.

ark 방주 must have p.p ~였음에 틀림없다
tremendously 엄청나게

Power Hint ●●●
남녀가 노아의 방주가 상당히 컸을 거라는 데 의견을 함께 하고
있다. 타이타닉호보다 컸을 거라는 여자의 말에 가장 자연스럽게
이어지는 것은 훨씬 더 컸을 것이라고 말하는 (a)이다.

정답 (a)

9 M Our new neighbor is inviting us to dinner.
   W Oh, what time are they expecting us?
   M The invitation is for seven o'clock.
   W _____

(a) The invitation is good.
(b) I like our new neighbors.
(c) Tell them to expect us for the dinner.
(d) I hope the dinner will be fine.

남: 새 이웃이 우리를 저녁 식사에 초대했어.
여: 오, 우리 몇 시에 가야 해?
남: 초대는 일곱 시야.
여: _____

(a) 초대하는 건 좋은 거야.
(b) 나는 새 이웃들을 좋아해.
(c) 그들에게 우리가 저녁 식사에 응한다고 말해 줘.
(d) 저녁 식사가 훌륭하길 바라.

neighbor 이웃 expect 기대하다, 기다리다

Power Hint ●●●
여자는 저녁 식사 초대 시각에 대해서 묻고 있고 남자가 초대는
일곱 시라고 말하고 있으므로 위 내용과 가장 자연스럽게 연결되
는 것은 저녁 식사에 가겠다고 말하는 (c)이다.

정답 (c)

10 W I am going to the grocery after work.

M I will go with you.
W Alright, where do we meet?
M _____

(a) It's okay to pick you up.
(b) The grocery is very near your office.
(c) At the entrance of the grocery at five
    thirty.
(d) I don't have time right now.

여: 나는 일 끝나고 식품점에 가려고 해.
남: 나도 같이 갈게.
여: 좋아, 어디서 만날까?
남: _____

(a) 널 데리러 가도록 할게.
(b) 식품점은 사무실에서 매우 가까워.
(c) 5시 30분에 식품점 입구에서 만나자.
(d) 지금은 시간이 없어.

grocery 식품점 after work 퇴근 후에
pick up 데리러 가다 entrance 입구

Power Hint ●●●
퇴근 후에 함께 식료품점에 가려고 하는 상황으로, 함께 가기를
원하는 남자에게 여자가 만날 장소에 대해서 묻고 있으므로 선택
지에서 장소나 위치가 등장하면 답일 확률이 높다.

정답 (c)

Part III

11 W Would you like some homemade
      cookies?
   M Thank you. Yes, I would.
   W These are chocolate, and those are
      lemon-flavored.
   M I guess, I'll try the chocolate one first.
   W Alright, but you should also try the lemon-
      flavored one.
   M Are they hard to make?
   W No, they're really quite easy. I'll give you
      the recipe and the directions.

   Q What is the main topic of the
      conversation?
(a) The chocolate cookies
(b) The homemade cookies
(c) The baking directions of the cookies
(d) The lemon-flavored cookies

여: 집에서 만든 과자 좀 드실래요?
남: 고마워요. 주세요.
여: 이것들은 초콜릿이에요. 그리고 저건 레몬 맛이고요.
남: 초콜릿 쿠키를 먼저 먹어 보죠.
여: 좋아요. 하지만 레몬 맛도 꼭 드셔 보셔야 해요.
남: 만들기 어렵나요?
여: 아니요, 정말 쉬워요. 재료와 요리법을 알려드릴게요.

Q. 이 대화의 주제는 무엇인가?
(a) 초콜릿 쿠키들
(b) 집에서 만든 쿠키들
(c) 쿠키 굽는 방법
(d) 레몬 맛 쿠키

homemade 집에서 만든
flavor 맛을 내다, ~에 풍미를 곁들이다 recipe 조리 비결

Power Hint ●●●
대화문의 주제를 묻는 문제이다. 초반부에 집중해야 하고 대화문 전체를 아우르는 주제를 찾아내야 한다. 집에서 만든 쿠키와 조리방법에 관해서 이야기를 하고 있으므로 주제를 나타내는 가장 적절한 답변은 (b)이다.

정답 (b)

12 M I haven't seen you for a while.
W Well, I was out of town for a couple of weeks.
M I thought you were sick.
W Don't worry. I'm in good shape for my age.
M Did you hear about Mrs. Tined?
W No, what about her?
M She was taken to the hospital due to a bad case of the flu.

Q What happened to Mrs. Tined?
(a) She has been sick for a couple of weeks.
(b) She was laid off last week.
(c) She is in the hospital.
(d) She needs to exercise regularly.

남: 요즘 안 보이던데요.
여: 음, 몇 주 동안 출장 갔다왔어요.
남: 난 당신이 아픈 줄 알았어요.
여: 걱정 마세요. 나는 나이에 비해 건강해요.
남: 티네드 부인 소식 들었어요?
여: 아뇨, 무슨 일인데요?
남: 악성 독감으로 병원에 실려갔대요.

Q. 티네드 부인에게 무슨 일이 일어났는가?
(a) 그녀는 몇 주간 아팠다.
(b) 그녀는 지난주에 해고됐다.
(c) 그녀는 병원에 입원해 있다.
(d) 그녀는 주기적으로 운동을 해야 한다.

be out of town 출장 가다 be in good shape 건강하다
flu 독감 lay off 해고되다

Power Hint ●●●
대화문의 세부 정보를 묻는 문제이다. 티네드 부인이 독감으로 병원에 실려갔다는 내용이 등장하므로 정답은 (c)이다. (a)는 대화문의 여자가 몇 주간 출장을 갔다왔다는 내용에서 유추된 것이므로 맞지 않는다. (b)는 대화문에 전혀 언급되지 않은 내용이고 (d) 역시 대화문의 내용만으로는 알 수 없는 정보이다.

정답 (c)

13 M Shall we take a taxi or a bus to the meeting?
W We'd better take a bus. It's impossible to find a taxi during rush hour.
M The bus stop is over there.
W Oh, there's the bus now.
M Come on, we have to run to catch it.
W Let's go!
M Oh, no! We just missed it.

Q What are the speakers discussing?
(a) The meeting
(b) The taxi
(c) The bus stop
(d) Whether to take a bus or a taxi to the meeting.

남: 회의에 택시를 타고 갈까 버스를 타고 갈까?
여: 버스가 낫겠어. 출퇴근 시간대에 택시 잡기란 불가능해.
남: 버스 정거장이 저기 있다.
여: 오, 저기 버스가 있다.
남: 어서 가자, 저걸 타려면 뛰어야 해.
여: 가자!
남: 오, 안 돼! 우리 방금 버스 놓쳤어.

Q. 무엇에 대해 이야기하고 있는가?
(a) 회의
(b) 택시
(c) 버스 정거장
(d) 회의에 버스를 타고 갈 것인지 택시를 타고 갈 것인지

had better ~하는 편이 더 낫다 miss (차 따위를) 타지 못하다

Power Hint ●●●
대화문의 주제를 묻는 문제이다. 대화문의 초반부에서 무엇을 타고 갈지 이야기하다가 결국 버스로 의견을 모으고 있는 상황이므로 주제로 가장 적절한 것은 (d)이다. 나머지 선택지들은 대화문에서 등장하는 단편 정보일 뿐 주제로 보기는 어렵다.

정답 (d)

14 W Can I help you?

M Yes, I'm looking for a pair of white shoes.

W The shoe section is over here, please.

M Oh, this one is nice. I need a size 6.

W I'll get a new stock for you, sir.

M Are you a size 6? Can you try them on?

W All right, sir. It fits.

Q What are the speakers talking about?

(a) The new stock of shoes

(b) The size of the shoes

(c) The pair of white shoes

(d) The fitting of the shoes

여: 도와드릴까요?
남: 네, 흰색 구두를 찾고 있어요.
여: 구두 코너는 이쪽 편에 있어요.
남: 오, 이거 괜찮네요. 사이즈 6이 필요해요.
여: 새 것으로 가져오겠습니다. 손님.
남: 당신 사이즈가 6인가요? 한번 신어 봐 주시겠어요?
여: 네, 손님. 꼭 맞네요.

Q. 무엇에 대해 이야기하고 있는가?
(a) 새 구두 상품
(b) 구두 사이즈
(c) 흰색 구두 한 켤레
(d) 구두 신어 보기

stock 물건 try on 신어 보다, 입어 보다 fit 꼭 맞다

Power Hint ●●●

구두 가게에서의 대화이다. 대화문에서 단편 정보를 제거하면 주제로 가장 적합한 것은 (d)이다.

정답 (d)

15 M This cake tastes different.

W You are correct. I don't like the flavor.

M It's not just the flavor but also the texture.

W This is not fresh.

M I think it's best to complain to the management.

W Let's do that.

Q What are the two people complaining about?

(a) The management

(b) The different taste

(c) The fresh cake

(d) The freshness of the cake

남: 이 케이크는 맛이 좀 다르네요.
여: 맞아요, 맛이 별로네요.
남: 맛뿐만이 아니라 감촉도요.

여: 이건 신선하지 못하군요.
남: 지배인에게 항의하는 게 최선이겠어요.
여: 그렇게 해요.

Q. 두 사람이 무엇에 대해 불평하고 있는가?
(a) 지배인
(b) 다른 맛
(c) 신선한 케이크
(d) 케이크의 신선도

flavor 맛, 풍미 texture (외면적인) 느낌
complain 불평하다 management 경영진, 경영자

Power Hint ●●●

대화문에 등장하는 남녀가 불평하는 것이 무엇인지를 묻고 있다. 화자들은 신선하지 못한 케이크와 이상한 맛에 대해서 지배인에게 항의를 하려고 하는 상황이므로 적절한 답변은 (d)이다.

정답 (d)

Part IV

16 Several foreign lawmakers are in town to visit impoverished sites in the Philippines and check on the status of poverty. The last thing that the people want to hear from them is to keep on echoing that we have a problem with poverty. We are very much aware of it. I hope whatever these foreign lawmakers report (and I pray they find something new) won't fall on deaf ears with our government leaders and the rest of the world who perceive this country of 7,107 islands (low tide) and with over 100 ethno-linguistic groups as a dumping ground of their surplus junk.

Q Which of the following is the speaker's main point?

(a) That our government leaders do something to solve the problem of poverty.

(b) The people are aware that poverty exists in the country.

(c) We don't need the foreign lawmakers to keep echoing our poverty.

(d) That the country won't be used as a dumping ground of surplus and junks.

몇몇 외국인 국회의원들이 필리핀 빈민가를 방문하여 빈곤 상태를 점검한다. 국민들은 계속 우리가 빈곤 문제를 겪고 있다고 반

복해서 얘기하는 국회의원들의 말은 듣고 싶어 하지 않는다. 우리는 그것을 깊이 인식하고 있다. 나는 이 외국인 국회의원들이 어떤 내용을 보고하든지 간에(그들이 뭔가 새로운 것을 알아내길 기도한다.) 7,107개의 섬(낮게 잡아)과 마치 잡동사니들로 가득한 쓰레기 하치장과 같이 100개가 넘는 언어들로 이루어진 이 나라에 대해 잘 알고 있는 이 나라 지도자들과 세계의 지도자들에게 무시당하지 않기를 바랄 뿐이다.

Q. 화자가 말하고자 하는 요점은?
(a) 우리의 지도자들은 빈곤을 퇴치하기 위해 뭔가를 해야 한다.
(b) 국민들은 이 나라에 산재하는 빈곤에 대해 인식하고 있다.
(c) 우리는 우리의 빈곤을 알리기 위해 외국인 국회의원들이 필요치 않다.
(d) 이 나라는 잉여 농산물과 고물의 쓰레기 하치장으로 사용되지 않을 것이다.

lawmaker 입법자, (국회)의원
impoverished 가난해진 status 상태 poverty 빈곤
fall on deaf ears 무시당하다 ethno-linguistic 민족어학의
surplus 나머지의, 과잉의; 잉여 농산물 junk 쓰레기

Power Hint ●●●
지문의 요점을 묻는 문제는 주제를 묻는 문제로 접근해야 한다. 외국 국회의원들이 필리핀 빈민가를 방문하여 빈곤 상태를 점검하는데, 단순한 점검이 아닌 빈곤 문제에 귀를 기울여 달라는 것을 요구하고 있으므로 요점으로 가장 적절한 것은 빈곤 해결책을 제시하라는 (a)이다.

정답 (a)

17 The overt goal of our schools is to enhance knowledge, skills, and values development for our children. Unfortunately these goals are, more often than not, top down, authoritarian, and promote passivity. These goals therefore seem to be driven by the ultimate goal of preparing our youth for the world of work. This is a 'realistic' goal for schools, but should not be the driving force. Ultimately, we must prepare children for active participation as global citizens, and this means that we have a responsibility to teach for social efficacy.

Q What is the speaker talking about?
(a) The enhancement of knowledge
(b) The overt goals of schools
(c) The importance of teaching social efficacy to children
(d) The realistic goal for schools

우리 학교의 뚜렷한 목표는 아이들의 지식, 기술, 그리고 가치 개발을 강화하는 것이다. 불행하게도 이 목표들은 너무나 자주 상의하달식이고 권위주의적이며 강제적이었다. 그리하여 이 목표들

은 우리 젊은이들을 직업 세계에 대비해 준비시키는 것이 궁극적 목표인 것처럼 여겨졌다. 이것이 학교의 '현실적인' 목표이다, 그러나 강요되어서는 안 된다. 궁극적으로 우리는 아이들을 세계인으로서 능동적으로 참여시켜야만 한다, 그리고 이것은 사회적 효용성을 가르칠 책임이 있음을 의미한다.

Q. 화자는 무엇에 대해 이야기하고 있는가?
(a) 지식의 강화
(b) 학교의 뚜렷한 목표
(c) 아이들에게 사회적 효용성을 가르치는 것의 중요성
(d) 학교의 현실적인 목표

overt 명백한 goal 목표 enhance 향상하다, 높이다
authoritarian 권위주의의 passivity 수동(성), 복종
participation 참여 responsibility 책임, 의무
efficacy 효험, 효력, 유효

Power Hint ●●●
지문의 주제를 묻는 문제이다. 아무리 좋은 목표일지라도 명령하달식이거나 권위적이거나 강제적인 방법이어서는 안 되고, 사회적 효용성을 가르치고 능동적인 참여를 유도하는 것이 중요하다는 것이 주제이므로 정답은 (c)이다.

정답 (c)

18 Trust is the psychological state in which one party willingly defers to the actions of another party (e.g. a person or organization), willingly accepting a certain level of vulnerability, based on his or her beliefs about the intentions of the other in an uncertain situation. In other words, before one is willing to depend on another person, he or she is likely to form a belief that the person will behave in an acceptable manner and perform particular actions that are important to him or her.

Q What is the main idea of the speaker?
(a) The level of vulnerability
(b) Meaning of a psychological state
(c) Dependence of a person on another
(d) The definition of trust

신뢰라고 하는 것은 하나가(사람이 될 수도 있고, 조직이 될 수도 있다) 또 다른 하나를 불확실한 상태에서 믿음을 바탕으로 취약함을 기꺼이 수용하면서 그 사람의 반응에 기꺼이 응해 주는 심리학적 상태를 일컫는다. 달리 말해, 한 사람이 다른 이에게 자진해서 의지하기에 앞서, 그 사람이 수용할 만한 태도로 행동할 것이라는 것과 서로에게 중요한 각별한 행위들이 이루어질 것이라는 믿음이 형성되는 것이다.

Q. 위의 글이 말하고자 하는 요지는?
(a) 취약성의 정도

(b) 심리 상태의 뜻
(c) 다른 사람에게 의지함
(d) 신뢰의 정의

psychological 심리학의 willingly 기꺼이 ~하는
defer 따르다 vulnerability 취약성
be willing to 기꺼이 ~하다 be likely to ~할 것 같다

Power Hint ●●●
지문의 주제를 묻는 문제이다. 지문의 초반부에 신뢰(trust)라는
말을 제시하며 그에 대한 정의를 하고 있으므로 정답은 (d)이다.

정답 (d)

19 Use of the Internet provides students with access to millions of sources of information, and classrooms provide the structure to help students learn to discriminate between useful and frivolous sources. Additionally, students who learn the necessary skills for designing and composing hypertext not only become more competitive in terms of future job opportunities, but they also acquire the skills needed to publish their writing on the Web.

Q What is the topic of this passage?
(a) The classroom structure
(b) Skills for designing
(c) The future job opportunities
(d) The importance of Internet to students

인터넷 사용은 학생들에게 수많은 정보들을 제공하고, 교실은 유
용한 것과 그렇지 않은 것들을 학생들로 하여금 구별하도록 가르
칠 수 있는 구조물을 제공한다. 덧붙여서, 학생들은 장래의 직업
을 위해서 더욱 경쟁력 있는 사람이 되도록 하이퍼텍스트를 구성
하고 밑그림을 만드는 데 필요한 기술을 배울 뿐만 아니라, 인터
넷의 정보 공간에 그들의 글을 발표하는 데 필요한 기술 또한 취
득하게 한다.

Q. 이 글은 무엇에 관한 이야기인가?
(a) 교실의 구조
(b) 디자인 기술
(c) 장래 직업의 기회
(d) 학생에게 있어 인터넷의 중요성

access 접속하다 discriminate 구별하다, ~의 차이를 나타내다
frivolous 경솔한, 하찮은 additionally 부가적으로, 추가적으로
hypertext 하이퍼텍스트 competitive 경쟁의
in terms of ~에 의하여, ~에 관하여

Power Hint ●●●
지문의 주제를 묻는 문제이다. 인터넷에 접속함으로써 유용한 정
보의 구별, 장래 직업을 위한 정보 및 필요한 기술을 습득하고
인터넷 공간에서 글로써 의견을 나타낼 수 있다고 말하고 있으므

로 정답은 (d)이다.

정답 (d)

20 The classroom is a large, rectangular space, about the size of two standard classrooms. It is furnished with several two-person lab tables placed end to end and arranged in two long rows. Each row is two tables wide and seven tables long. There is an aisle between the two rows. Each lab table is a work station with one computer, and a work space providing room for the student to refer to books or to place handwritten drafts or notebooks. Each work station is equipped with a dictionary, a grammar book, and two literature anthologies used by teachers who teach in this room.

Q What is the main idea of this essay?
(a) It discusses the laboratory.
(b) It describes the working room of the teachers.
(c) It gives a vivid description of the classroom.
(d) The classroom used as a workstation.

두 개의 표준 교실의 크기에 대해 말하자면, 그 교실은 크고 네모
난 공간이다. 몇 개의 두 사람용 실습 책상들이 길게 두 줄로 갖
추어져 있다. 각각은 두 개의 넓은 책상과 일곱 개의 길다란 책상
으로 되어 있다. 두 줄 사이에는 통로가 있다. 각각의 실험 테이블
은 한 대의 컴퓨터가 있는 작업 공간이자, 학생들이 책을 참고하
거나 손으로 그린 도안이나 공책을 놓아둘 수 있는 장소이기도
하다. 각각의 작업 공간은 사전, 문법책, 그리고 이 방에서 가르치
는 선생님들이 사용하는 두 개의 명시 선집이 갖추어져 있다.

Q. 이 글의 주제는 무엇인가?
(a) 실험실에 대한 논의
(b) 선생님들의 작업실의 묘사
(c) 교실에 대한 생생한 묘사
(d) 작업 공간으로 쓰이는 교실

rectangular 직사각형의 row 줄, 열
aisle 복도, 통로 draft 도안, 초안
be equipped with ~로 시설을 갖추다 literature 문학
anthology 명문집

Power Hint ●●●
지문의 주제를 묻는 문제이다. 책상, 그 사이의 통로, 실험 테이
블, 컴퓨터, 수납 공간 그리고 명시 선집이 갖춰진 교실에 대해
묘사하고 있으므로 선택지에서 주제로 가장 적절한 것은 (c)이다.

정답 (c)

Mini Test 4

Part I

1 M What were you doing late last night?
     W _____

(a) I am asleep.
(b) I slept.
(c) I am about to sleep.
(d) I was sleeping.

남: 어젯밤 늦게 뭐하고 있었니?
여: _____

(a) 자고 있어.
(b) 잤어.
(c) 거의 잠들려고 해.
(d) 자고 있었어.

asleep 잠들어

Power Hint ●●●
시제 문제이다. 어젯밤에 뭐하고 있었느냐는 질문에 가장 적당한
답은 (d) 자고 있었다는 것이다.

정답 (d)

2 M The postman delivered the mail late this morning.
     W _____

(a) It was nine o'clock in the morning.
(b) The letter is addressed to Jane.
(c) I will mail the letters after school.
(d) Yes, that's because his van broke down.

남: 우체부가 오늘 아침 편지를 늦게 배달했어요.
여: _____

(a) 아침 아홉 시였습니다.
(b) 편지는 제인에게 온 것입니다. .
(c) 저는 방과 후에 편지를 부칠 겁니다.
(d) 네, 그의 차가 고장 나서 그랬답니다.

postman 우편집배원 addressed to ~에게 편지하다
mail (우편물을) 부치다 van 소형 운반차

Power Hint ●●●
우체부가 배달을 아침 늦게 했다는 사실에 대해서 왜 그런지 이
유를 설명하는 (d)가 알맞은 답이다.

정답 (d)

3 M What are you going to do after work?
     W _____

(a) I will have dinner with my friends.
(b) I'll go sunbathing.
(c) I won't stroll along the beach.
(d) I will choose the dress to wear.

남: 퇴근 후에 뭘 할거니?
여: _____

(a) 친구들과 저녁 먹을 거야.
(b) 일광욕하러 갈 거야.
(c) 해변을 거닐지 않을 거야.
(d) 입을 드레스를 고를 거야.

sunbathing 일광욕 stroll 한가로이 거닐다

Power Hint ●●●
퇴근 후의 계획을 묻는 질문에 가장 자연스러운 대답은 친구들과
저녁 식사를 한다는 것이다. (b)는 가능한 일이지만 퇴근 후의 일
이므로 부자연스럽다.

정답 (a)

4 M I like chicken more than turkey.
     W _____

(a) Red meat is not good for your health.
(b) He likes turkey sandwich.
(c) You can have roast chicken in the oven.
(d) He's very busy with his turkey farm.

남: 칠면조보다 닭을 더 좋아합니다.
여: _____

(a) 붉은색 육류는 당신 건강에 좋지 않아요.
(b) 그는 칠면조 샌드위치를 좋아해요.
(c) 오븐에 구운 닭이 있어요.
(d) 그는 칠면조 농장 일로 매우 바빠요.

roast 구운; 굽다 fried 튀긴

Power Hint ●●●
(a)는 chicken과 turkey를 넣은 함정이다. (b)와 (d)는 문제에서 언급되지 않은 제삼자를 일컫고 있다. 화자의 취향에 맞는 고기가 오븐에 있다고 답하는 (c)가 가장 적절한 답이다.

정답 (c)

5 **W** Can you connect me to the front desk?
M _____

(a) Yes, Ma'am. A moment, please.
(b) Just a while.
(c) I will connect you later.
(d) I am busy right now.

남: 프론트에 연결해 주시겠어요?
여: _____

(a) 네, 손님. 잠깐만 기다려 주세요.
(b) 잠깐만요.
(c) 나중에 연락드릴게요.
(d) 지금 바쁩니다.

connect 연결하다 Ma'am 아주머니, 아가씨

Power Hint ●●●
생활 영어이다. 프론트에 연결해 달라는 부탁에 응하겠다는 의사를 담은 (a)가 답이다.

정답 (a)

Part II

6 **W** Good morning! Breakfast is ready.
M What's for breakfast?
W Brewed coffee, bacon and eggs.
M _____

(a) I am in a hurry.
(b) I will eat later.
(c) Fix me two sandwiches and a cup of coffee, please.
(d) Brewed coffee and sandwiches go well together.

여: 좋은 아침! 아침 식사가 준비됐어.
남: 아침 메뉴가 뭐야?

여: 끓인 커피와 베이컨, 계란이야.
남: _____

(a) 난 서둘러야 해.
(b) 나중에 먹을게.
(c) 샌드위치 두 개와 커피 한 잔 부탁해.
(d) 끓인 커피와 샌드위치는 궁합이 잘 맞지.

brewed 양조한, 끓인 fix 만들다, 제조하다

Power Hint ●●●
아침 식사를 주제로 한 대화이다. (c)는 대화의 흐름상 자연스럽지 못한 요구를 나타내고, (d) 또한 문제에서 언급되지 않은 샌드위치에 대한 언급을 하여 정답이 아니다. 아침 메뉴를 듣고 이에 응하는 적절한 답은 음식을 나중에 먹겠다고 한 (b)이다.

정답 (b)

7 **M** This is a nice book.
W Yes, and I love that book, too.
M Where did you buy this?
W _____

(a) I will return the book.
(b) That was a birthday gift from my mother.
(c) The nice book is sold in the bookstore.
(d) I will lend you the book.

남: 이 책 좋네.
여: 그래, 나도 그 책을 좋아해.
남: 어디서 샀어?
여: _____

(a) 나는 그 책을 돌려줄 거야.
(b) 어머니께서 생일 선물로 주셨어.
(c) 좋은 책은 서점에서 팔아.
(d) 그 책을 너에게 빌려줄게.

sold sell의 과거분사 lend 빌려주다

Power Hint ●●●
남자의 마지막 질문에 나오는 this가 무엇을 가리키는지 알아야 한다. 여자가 언급한 책은 바로 어머니로부터 선물로 받은 책이라고 하는 (b)가 정답이다. (a)와 (d)는 자연스럽지 못한 답변이며 (c)는 nice book이라는 말을 반복하는 함정이다.

정답 (b)

8 **W** Hi! How are you?
M Fine, thanks and you?
W Just fine. Where are you going?
M _____

(a) To the library.
(b) I will lend books.
(c) I am just fine.

(d) I'll go ahead.

여: 안녕, 어떻게 지내?
남: 잘 지내. 너는?
여: 좋지 뭐. 어디 가려고?
남: _____

(a) 도서관에.
(b) 책을 빌려줄게.
(c) 그럭저럭 괜찮아.
(d) 계속할 거야.

Power Hint ●●●
어디를 가냐는 질문에 대한 답변을 찾아야 한다. (a)를 제외한 나머지 답변들은 질문에 대한 적절한 답이 아니다.

정답 (a)

9 M   I have to mail these letters and I don't have stamps.
  W   Oh, I have some.
  M   Can you let me have two airmail stamps?
  W   _____

(a) No problem with the stamps.
(b) Are you sure two is enough?
(c) I am not sure how many I have.
(d) It's just fine.

남: 이 편지들을 보내야 하는데 우표가 없어.
여: 오, 내게 좀 있어.
남: 나한테 항공 우표 두 개 줄 수 있어?
여: _____

(a) 우표라면 문제없지.
(b) 정말 두 개면 돼?
(c) 몇 개 갖고 있는지 잘 모르겠어.
(d) 괜찮아.

airmail 항공 우편

Power Hint ●●●
(a)는 stamps라는 단어를 문장에 포함시킨 함정이다. (c)와 (d)는 대화의 흐름상 어색한 답변이다. 그러므로 빌려주겠다는 의사를 암시하고 있는 (b)가 정답이다.

정답 (b)

10 M   Guess what! Ana and Paolo are engaged!
   W   Really? When did that happen?
   M   A week ago.
   W   _____

(a) What happened with the engagement?
(b) Have they set a date for the wedding?
(c) They just met last summer.

(d) What a good guess!

남: 있잖아, 애나와 파올로가 약혼했대!
여: 정말? 언제 했대?
남: 일주일 전에.
여: _____

(a) 약혼에 무슨 문제 있어?
(b) 결혼 날짜 잡았대?
(c) 지난 여름에 만났대.
(d) 대단한 추측인데!

engaged 약혼하다 happened 어떤 사건이 일어나다

Power Hint ●●●
약혼을 일주일 전에 했다는 화자의 말에 흐름상 맞는 답은 결혼식을 언제 할 것인지 묻는 (b)이다. (a), (b), (d) 모두 부자연스럽다.

정답 (b)

Part III

11 W   Listen! Somebody's playing the piano.
   M   It sounds nice, doesn't it?
   W   How I wish I could play a musical instrument.
   M   I can teach you. I play the violin.
   W   Really! I'd love to learn how to play it.
   M   Haven't you tried playing any instrument before?
   W   I took flute lessons when I was young.

   Q   Which is correct according to the dialogue?
(a) Speakers never played any musical instrument.
(b) One of the speakers plays the violin.
(c) Playing the violin is very hard.
(d) Playing is not a challenge.

여: 들어 봐! 누군가 피아노를 치고 있어.
남: 멋지다, 그렇지 않아?
여: 나도 악기를 다룰 수 있다면 얼마나 좋을까?
남: 내가 가르쳐 줄게. 나는 바이올린을 연주할 수 있어.
여: 정말! 진짜 배우고 싶다.
남: 전에 악기 연주해 본 적 있어?
여: 어렸을 때 플루트를 배웠어.

Q. 대화의 내용과 일치하는 것은?
(a) 두 사람은 어떤 악기도 연주해 본 적이 없다.
(b) 둘 중 한 사람이 바이올린을 연주한다.
(c) 바이올린 연주는 매우 힘들다.
(d) 연주는 도전이 아니다.

instrument 악기

Power Hint ●●●

남자가 여자에게 바이올린을 가르쳐 주겠다고 한 제안이 관건이다. (a)는 사실과 다른 내용이고, (c)와 (d)는 위에서 언급한 내용과 동떨어진 주제를 다루고 있는 문장들이다. 화자 중 한 사람이 바이올린을 연주할 줄 안다는 사실을 나타낸 (b)가 정답이다.

정답 (b)

12 W   I feel I am neglecting my kids.
    M   They are old enough to take care of themselves.
    W   I am the mother. It's my duty to take care of them.
    M   Now, what do you have in mind?
    W   I plan to quit my job.
    M   But you are very good in your line of work.
    W   I know, but the feeling of guilt will always hound me.

    Q   Why does the woman want to quit her job?
    (a) She doesn't like her job.
    (b) She's not good with her work.
    (c) She's neglecting her kids.
    (d) Because of the feeling of guilt that she's neglecting her kids.

여: 내가 우리 애들에게 소홀한 것 같아요.
남: 그들은 스스로 돌볼 수 있을 만큼 컸어요.
여: 난 엄마예요. 그들을 돌보는 것은 나의 의무라고요.
남: 지금 무슨 생각하고 있는 거죠?
여: 직장을 그만두려고요.
남: 하지만 당신은 일을 잘하잖아요.
여: 알아요, 하지만 항상 죄책감에 시달려요.

Q. 여자는 왜 직장을 그만두려고 하는가?
(a) 그녀는 자신의 일을 좋아하지 않다.
(b) 그녀는 자신의 일에 무능하다.
(c) 그녀는 아이들에게 소홀하다.
(d) 아이들에게 무관심했다는 죄책감 때문이다.

neglect 소홀히 하다   duty 책임   quit 그만두다
hound (사람을) 집요하게 괴롭히다

Power Hint ●●●

아이들은 자신들을 돌볼 수 있는 나이라고 남자가 말했으므로 (c)는 오답이다. (a)는 다루어지지 않은 내용을, (b)는 대화에서 나타난 사실과 다른 내용을 다루고 있어 정답이 될 수 없다.

정답 (d)

13 W   Mr. Nelsons, I am Dr. Noel Diaz.
    M   How do you do, Dr. Diaz.
    W   How do you do, sir.
    M   I heard that you are writing a book on international trade?
    W   It is in line with my duty as an economist in the United Nations.
    M   Oh, that's my field, too.
    W   Yes, I've read your articles in the newspaper. They're excellent.

    Q   What can be inferred from the conversation?
    (a) The speakers are both holding high positions.
    (b) The speakers are both economists.
    (c) The speakers are newspaper columnists.
    (d) Dr. Diaz is a surgeon.

여: 넬슨 씨, 저는 노엘 디아즈 박사입니다.
남: 처음 뵙겠습니다.
여: 안녕하세요.
남: 나는 당신이 국제 무역에 관한 책을 집필 중이시라고 들었습니다.
여: 유엔 경제학자의 한 사람으로서 당연한 일이지요.
남: 오, 그건 제 전공 분야이기도 합니다.
여: 네, 신문에서 당신 기사를 읽었습니다. 대단하더군요.

Q. 이 대화에서 유추할 수 있는 것은 무엇인가?
(a) 두 사람 모두 높은 위치의 사람들이다.
(b) 모두 경제학자들이다.
(c) 둘 다 신문 칼럼니스트이다.
(d) 디아즈 박사는 외과 의사이다.

international trade 국제 무역
United Nations 국제 연합, 유엔   field 전공 분야

Power Hint ●●●

유엔에서 경제학자로 근무한다는 여자에게 남자는 같은 분야에 종사한다고 말하고 있으므로 (b)가 정답이다. (a), (c)와 (d)는 대화의 내용만으로는 결론 내리기 힘든 사실을 나타내고 있다.

정답 (b)

14 M   I want you to mail these letters for me.
    W   I will drop by the post office after I bring your son to school.
    M   No, you have to mail these first.
    W   But your son might be late for school.
    M   I don't care. Just do as I say.
    W   You're impossible!
    M   I don't want to hear any single complaint from you.

Q Which of the following best describes the man's attitude?
(a) The man is understanding.
(b) The man is a loving father.
(c) The man is very demanding.
(d) The man is a disciplinarian.

남: 이 편지들을 좀 부쳐 주시겠어요?
여: 당신 아들을 학교에 데려다 주고 우체국에 들를게요.
남: 아니요, 이것들을 먼저 부쳐 주세요.
여: 하지만 당신 아들이 학교에 늦을 텐데요.
남: 괜찮아요. 제가 말한 대로만 해 주세요.
여: 당신은 구제불능이군요.
남: 당신한테 어떤 불평도 듣고 싶지 않아요.

Q. 남자의 태도에 대해 가장 잘 표현한 것은?
(a) 남자는 분별 있는 사람이다.
(b) 남자는 사랑스러운 아버지다.
(c) 매우 자기 요구가 강한 사람이다.
(d) 규율에 엄격한 사람이다.

drop by ~에 들르다
impossible 불가능하다, 구제불능이다, 대단히 어렵다
disciplinarian 엄격한 사람

Power Hint ●●●
I don't care. Just do as I say.라는 남성의 말이 그의 태도를 잘 나타내고 있다. 여자의 설명에도 불구하고 남성은 자신의 의도만을 고집하고 있다. (a)와 (b)는 대화의 흐름상 맞지 않는 답이며 (d)는 대화에서 다루어지지 않은 주제를 나타내고 있다.

정답 (c)

15 W You look happy today!
M I am happy. I just heard I passed my bar exams.
W Congratulations! You are now a full-fledged lawyer.
M Thank you. I have to tell my parents about the news.
W Don't forget to invite me to your party!
M All the neighbors and friends are invited.
W Let me know the date, counselor.
M Of course, I will.

Q What can be inferred from the dialogue?
(a) Success should be shared with everybody.
(b) The friends and neighbors will be invited to the party.
(c) Bar exams passers are happy people.
(d) Parents are behind their child's success.

여: 오늘 행복해 보이네요.

남: 행복해요. 방금 사시에 합격했다는 통보를 받았거든요.
여: 축하해요! 이제 진짜 변호사가 되었네요.
남: 감사합니다. 이 소식을 부모님께 전해야겠어요.
여: 파티에 절 초대하는 거 잊지 마세요.
남: 이웃 모두와 친구들을 초대할 거예요.
여: 날짜를 알려 주세요, 변호사님.
남: 물론이죠.

Q. 이 대화에서 유추할 수 있는 것은?
(a) 성공은 모든 이들과 함께 나누는 것이다.
(b) 친구와 이웃들은 파티에 초대될 것이다.
(c) 사시 합격자는 행복한 사람들이다.
(d) 부모는 자식 성공의 후견인이다.

bar exam 변호사 시험 full-fledged 자격을 제대로 갖춘
counselor 법정 변호사

Power Hint ●●●
(a)와 (d)는 다루어지지 않은 주제를 나타내고 있다. (c)는 bar exam이라는 말을 사용한 함정이다. 가장 확실히 확인할 수 있는 것은 대화상에서 남성이 말한 대로 친구와 이웃을 초대한다는 사실이므로 (b)가 정답이다.

정답 (b)

Part IV

16 My role as the teacher is to enable students to obtain a historical context through which they can understand the motivations behind the decisions made by historical figures, critically evaluate those motivations, and assess the significance of the actions taken as they analyze the events themselves. More importantly, I want my students to understand, intellectually and emotionally, that their present lives are the result of these historical events, events created by imperfect beings very much like themselves who often did not completely understand the implications of nor foresaw the consequences which resulted from the actions they undertook.

Q What is the main point of the speaker?
(a) The decisions made by historical figures
(b) The actions taken by the students
(c) The important role of a teacher
(d) The consequences of the actions of the students

교사로서의 내 역할은 학생들로 하여금 그들이 역사적 사건들의 결단 뒤에 숨은 동기들을 이해하고 그 동기들을 비판적으로 평가하여, 그들 스스로가 그 역사적 사건들을 분석함으로써 얻어지는 의의를 평가함에 의해 역사적 배경을 알아낼 수 있도록 하는 것입니다. 더욱 중요한 것은, 나는 학생들이 그들의 현재 삶이 이러한 역사적 사건들의 결과물이고, 그들이 겪었던 사건들로부터 귀결된 결론을 예견하지 못했던 역사적 사건들은 그들 자신처럼 불완전한 인간에 의해 만들어진다는 것을 지적이면서도 감정적으로 이해하기를 바랍니다.

Q. 이 글에서 말하고자 하는 것은?
(a) 역사적 사건들의 결단들
(b) 학생들이 얻는 것들
(c) 교사 역할의 중요성
(d) 학생들이 얻는 결론

context 배경, 문맥 critically 비평적으로
evaluate 평가하다 foresaw 예지했던, 선견지명이 있었던

Power Hint ●●●
글의 주제는 첫 문장에서 나타나 있다. 화자는 선생님으로서, 자신의 역할이 무엇인지를 설명하고 그 역할에 대한 세부적인 설명을 이어감으로써 글을 완성한다. (a)는 일부 내용을 언급한 함정이고 (b)와 (d)는 부자연스러운 답변들이다.

정답 (c)

17 Relationships between adults and adolescents are always powerful. Precisely for that reason, they can either erode teenagers' development into strong and confident people or create small and large occasions for growth and connection. Miscommunication and silence can tilt the balance of these relationships. Parents and other adults longing to connect with a teenager often find themselves groping in the dark. Most adolescents don't talk much to adults, even when they think about them a lot.

Q   What is the main idea of the talk?
(a) Why adolescents don't talk much to adults.
(b) The development of teenagers.
(c) Importance of parents to children.
(d) The importance of communication between adults and adolescents.

어른과 청소년의 관계는 서로가 항상 영향력이 크다. 바로 그렇기 때문에 이 관계는 십대들이 강하고 자신감 있는 사람으로 발전하는 데 해로운 영향을 줄 수도 있고, 성장과 인간 관계에 작고 큰 계기를 형성하기도 한다. 서로에 대한 오해와 침묵은 이 관계를 깨뜨릴 수 있다. 십대들과의 친교를 갈망하는 부모와 그

밖의 어른들은 스스로가 암흑 속에서 헤매고 있는 것을 종종 발견한다. 대부분의 청소년들은 어른들과 많은 대화를 하지 않는다, 어른들에 대해 생각을 많이 하고 있을 때조차도 말이다.

Q. 이 이야기의 주제는?
(a) 왜 청소년들은 어른과 많은 이야기를 나누지 않는가
(b) 십대들의 발달
(c) 아이들에게 있어서 부모들의 중요성
(d) 어른과 청소년의 대화의 중요성

precisely 정밀하게, 정확하게 erode 망가지다, 부식되다
miscommunication 잘못된 의사소통
groping 암중모색하는

Power Hint ●●●
(a)와 (b)는 이 글에서 다루어지지 않는 내용을 나타내고 있다. (c)는 청소년 대신 children을 주제로 삼은 함정이다. (d)는 이 글의 첫 문장에서 다루어지고 있는 어른과 청소년 사이의 관계, 그리고 점차적으로 나타나는 의사소통 관계의 중요성을 핵심적으로 담고 있으므로 정답으로 볼 수 있다.

정답 (d)

18 Grand Turk is a small island that caters to diving and not much else ... If you're not a diver you wouldn't like Grand Turk ... It's a world class dive location, but there's not much else to do except lay in the sun ... Grand Turk needs to keep that small town charm that divers enjoy.

Q   Which of the following is true according to the report?
(a) Grand Turk is a lousy place.
(b) Grand Turk is a big island.
(c) Grand Turk is a charming island ideal for diving.
(d) Grand Turk isn't ideal for diving.

그랜드 턱은 다이빙 외에는 그리 즐길 만한 것이 없는 조그마한 섬이다. 만약 당신이 다이버가 아니라면 그랜드 턱을 좋아하지 않을 것이다. 이곳은 다이빙을 즐길 수 있는 최적의 장소이지만 그 외는 태양 아래 누워 있는 것 말고는 특별히 할 만한 게 별로 없다. 그랜드 턱은 다이버들이 즐겨 찾는 매력적인 조그마한 마을로 보존되어야만 한다.

Q. 위의 내용에 비추어 사실인 것은?
(a) 그랜드 턱은 험오스러운 장소이다.
(b) 그랜드 턱은 큰 섬이다.
(c) 그랜드 턱은 다이빙을 하기에는 더할 나위 없이 매력 넘치는 섬이다.
(d) 그랜드 턱은 다이빙에 이상적인 곳이 아니다.

caters to ~에 맞추다, 제공하다
world class 세계적인 수준의 charm 매력

것을 나타내므로 (a)는 정답이 될 수 없다. (b)는 팀과 함께 글을 쓰며 얻었던 경험과 느꼈던 보람에 대한 필자의 말과 반대되는 사실을 나타낸다. (c)는 글을 다시 쓰겠다는 의지를 담은 마지막 문장과 반대되는 사실을 나타냈기 때문에 오답이다. 글 쓰는 과정을 긍정적인 경험으로 보는 필자의 느낌을 가장 잘 나타낸 (d)가 정답이다.

정답 (d)

19 What I enjoyed most about the process of making the story was meeting other people and hearing about their lives. I was amazed at the variety of experiences which we came up with, despite being a small group. We formed a real bond over the days we worked together to create our stories. At the end of a tiring weekend I felt a great sense of achievement when my story was complete and was shown in front of the group. I've never had any desire to make a film before but having completed my story I can't wait to get started on another

Q Which is correct according to this narrative?
(a) How easy it is to create stories.
(b) The disadvantages of working as a group.
(c) This is the first and last story to be written by the speaker.
(d) The happiness felt by the speaker upon the completion of his or her story.

이야기를 만들어가는 데 있어 가장 즐거운 점은 여러 사람들을 만나고 그들의 삶에 대한 이야기를 듣는 일이었다. 비록 작은 그룹이었지만 우리가 나누었던 다양한 경험들에 나는 놀라움을 금치 못했다. 우리들의 이야기를 창작하기 위해 함께 일했던 기간 동안 우리는 진정한 유대감을 형성했다. 지친 주말의 끝자락에서 나의 이야기를 완성해서 그룹 앞에서 보여 주었을 때 나는 큰 성취감을 느꼈다. 전에는 영화를 만들겠다는 의욕이 전혀 없었지만 내 이야기를 완성시켰을 땐 또 다른 이야기를 시작하지 않을 수 없었다.

Q. 이 이야기에 비추어 사실인 것은?
(a) 이야기를 창작하는 일은 정말 쉽다.
(b) 그룹으로 일하는 것의 단점
(c) 이것은 화자가 처음이자 마지막으로 쓴 이야기다.
(d) 화자가 자신의 이야기를 완성시켰을 때 느꼈던 행복감

process 과정 **variety** 다양함, 종류, 갖가지

Power Hint ●●●
tired weekend라는 말은 글을 쓰는 시간이 쉽지만은 않았다는

20 Blogging is helping students to think and write more critically, says an Australian researcher, and can help draw out people who would otherwise not engage in debate. "The students are thinking more critically," she says. "They are learning to be responsible and they're communicating outside the boundaries of the classroom and the institution, and they like that."

Q What is surprising about blogging in this passage?
(a) It's too much for the students.
(b) Can't be understood by the students.
(c) It helped students become responsible and think and write more critically.
(d) Prevents students from engaging in debates.

한 호주 출신 연구원은 블로그를 만드는 일은 학생들이 비판적으로 생각하고 쓸 수 있도록 도와준다고 말한다. 그리고 스스로는 논쟁에 참여하려 들지 않는 학생들을 앞으로 끌어낼 수 있게 해준다고 한다. "학생들이 좀 더 비판적 사고를 하고 있다."고 그녀는 말한다. "그들은 책임감을 배우고 있으며, 또한 교실 경계 밖은 물론 학교와도 의사소통을 하고 있고, 그것을 좋아한다."라고 말한다.

Q. 이 글은 블로그에 대해 무엇이 놀랍다고 하나?
(a) 그것은 학생들에게 너무 지나치다.
(b) 학생들에 의해 이해될 수 없다.
(c) 학생들을 책임감 있게 만들며 좀더 비판적으로 생각하고 쓸 수 있게 도와준다.
(d) 논쟁적인 학생들을 보호한다.

blogging 인터넷상에서 자신의 생각이나 일상을 글로 표현하는 활동. 주로 블로그나 웹사이트에 표기한다.
Institution 단체, 기관, 학교

Power Hint ●●●
(a)와 (b)는 글의 내용상 자연스럽지 못한 답이다. (c)는 선생님이 직접 말하고 있는 사실을 나타냈으므로 정답이다. (d)는 블로그가 아니면 논쟁을 하지 않을 학생들까지도 끌어낼 수 있다는 선생님의 말과 반대되는 사실을 나타내므로 오답이다.

정답 (c)

Mini Test 5

Answer Key

Part I	1 (a)	2 (a)	3 (d)	4 (d)	5 (d)
Part II	6 (c)	7 (b)	8 (b)	9 (c)	10 (a)
Part III	11 (c)	12 (d)	13 (c)	14 (c)	15 (d)
Part IV	16 (b)	17 (a)	18 (a)	19 (c)	20 (c)

Part I

1 M You have to persuade John to join the team.

W _____

(a) Alright, give me two days to convince him.
(b) I will do just that.
(c) His two friends are joining.
(d) That's easy.

남: 당신은 존이 팀에 합류하도록 설득해야만 해요.
여: _____

(a) 알았어요, 그를 설득하도록 저에게 이틀을 주세요.
(b) 그것만 하겠습니다.
(c) 그의 두 친구들은 합류하고 있어요.
(d) 쉬운 일이죠.

persuade 설득하다
convince 확신시키다, 납득시키다, 수긍하게 하다, 설득하다

Power Hint ●●●
존을 설득하라는 말에 알았다는 대답과 그 설득이 이루어지기까지 필요한 시간을 언급한 (a)가 가장 자연스러운 답변이다. (c)는 대화의 내용과 무관한 사실을, (b)와 (d)는 부자연스러운 반응을 다루고 있어 오답이다.

정답 (a)

2 M I think the street repair will start today.

W _____

(a) It will cause traffic.
(b) About two streets will be closed.
(c) No, and I heard there's a rerouting to ease the traffic.
(d) How's the traffic?

남: 도로 공사가 오늘 시작할 것 같아요.
여: _____

(a) 교통체증을 야기시키겠군요.
(b) 약 두 개의 도로가 차단될 것입니다.
(c) 아뇨, 교통 체증을 완화시키기 위한 도로 변경이라고 들었습니다.
(d) 교통 체증은 어떻습니까?

repair 수선, 수리하다 reroute 도로 변경

Power Hint ●●●
도로 공사가 시작될 경우의 결과를 나타낸 (a)가 가장 자연스러운 답이다. (b)는 street이라는 말을 넣은 함정이다. (c)와 (d)는 부자연스러운 답변이다.

정답 (a)

3 M Do you have any favorite subject?

W _____

(a) I like to swim.
(b) I love to read books.
(c) We went to the laboratory.
(d) I am very interested with Chemistry.

남: 선호하는 과목이 있나요?
여: _____

(a) 수영을 좋아합니다.
(b) 독서를 좋아합니다.
(c) 우리는 실험실에 갔습니다.
(d) 화학 과목에 매우 관심이 많습니다.

subject 과목

Power Hint ●●●
좋아하는 과목을 묻는 질문에 대한 알맞은 답변은 화학이라는 과목에 흥미를 가지고 있다는 (d)이다. (a), (b)는 엄밀히 따지면 과목이 아니고, (c)는 전혀 동떨어진 내용의 문장이다.

정답 (d)

4 M When was the last time you joined an English Camp?

W _____

(a) Today.
(b) Tomorrow.
(c) Now.
(d) It was last summer.

남: 최근 영어 캠프에 참가한 때가 언제입니까?
여: _____

(a) 오늘이요.
(b) 내일이요.
(c) 지금이요.
(d) 지난 여름이에요.

English Camp 영어를 배울 수 있는 캠프

Power Hint ●●●
시제 문제이다. (d)가 가장 자연스럽다.

정답 (d)

5 M When did you say your next interview is?
W _____

(a) Last Tuesday.
(b) I didn't say so.
(c) The interview went well.
(d) At the beginning of next month.

남: 다음 면접이 언제라고 했죠?
여: _____

(a) 지난 주 화요일이요.
(b) 저는 그렇게 말하지 않았어요.
(c) 면접은 잘 됐어요.
(d) 다음 달 초에요.

go well 잘 되다

Power Hint ●●●
다음 면접이 언제라고 했느냐는 질문이므로 시점이 나오면 되지만, (a)는 과거시제이므로 맞지 않고 미래 시점으로 적절한 것은 (d)이다.

정답 (d)

Part II

6 W What do you do in your free time?
M Oh, nothing special. I read, watch TV and go to movies.
W Don't you have any hobbies?
M _____

(a) How about you?
(b) I don't like that.
(c) I have just one-stamp collecting.
(d) I just like to read.

여: 여가 시간에 뭐해?
남: 특별한 거 없어. 책을 보거나 TV를 보거나 영화 보러 가.
여: 취미 같은 거 없어?
남: _____

(a) 너는 어때?
(b) 그거 안 좋아해.
(c) 단지 하나의 취미가 있지-우표 수집
(d) 단지 독서가 좋을 뿐이야.

free time 여가 시간

Power Hint ●●●
질문에 대한 가장 자연스러운 대답은 (c)이다. (a), (b), (d)는 여성의 질문에 대한 답을 제시하고 있지 않다.

정답 (c)

7 W I think this dress is much prettier than that, don't you?
M Well, I like them both. Why do you like that one better?
W The design is more interesting and the colors are brighter.
M _____

(a) You better like that one.
(b) Oh, I see what you mean.
(c) I like the prettier one.
(d) I don't know what to choose.

여: 이 드레스가 저것보다 훨씬 예쁜 것 같은데, 그렇지 않아?
남: 글쎄, 난 둘 다 괜찮은데. 너는 왜 그게 더 좋다고 생각하는 거야?
여: 디자인이 더 좋고 색깔이 더 환하잖아.
남: _____

(a) 너는 저걸 더 좋아하는구나.
(b) 오, 무슨 말인지 알겠어.
(c) 나는 더 예쁜 걸 좋아해.
(d) 나는 뭘 골라야 할지 모르겠어.

Power Hint ●●●
여자가 더 좋아하는 드레스에 대한 설명을 하면서 대화가 끝났으므로 남자가 할 알맞은 대답은 그 설명에 대한 반응이다. (a), (c), (d)는 설명에 대한 반응을 나타내고 있지 않다.

정답 (b)

8 M That's a beautiful canary. I wonder who it

belongs to.

W It belongs to the Martins. They also have three beautiful cats.

M They certainly must like pets!

W _____

(a) They are selling pets.
(b) I think so, too.
(c) The Martins have a pet shop.
(d) The canary is not a pet.

남: 아름다운 카나리아네. 누구의 것일까?
여: 마틴네 거야. 그들은 또한 아름다운 세 마리 고양이도 키우고 있지.
남: 그들은 확실히 애완동물을 좋아하는구나.
여: _____

(a) 그들은 애완동물들을 팔고 있어.
(b) 나도 그렇게 생각해.
(c) 마틴네는 애완동물 가게를 해.
(d) 그 카나리아는 애완동물이 아니야.

canary 카나리아(새의 한 종류) belongs to ~누구의 것

Power Hint ●●●
역시 남성의 마지막 말에 대한 반응을 찾아야 한다. (a), (c), (d) 모두 의견을 나타내고 있지 않고 사실(fact)에 근거를 둔 답변들이다. (b)만이 유일하게 반응을 나타낸 답변이다.

정답 (b)

9 M Excuse me. I wonder if you can help me.

W Sure. What is it?

M I want to have my hair cut, but I can't find a barbershop.

W _____

(a) I went to the barbershop yesterday.
(b) I don't know a barbershop.
(c) I know where one is, I'll show you.
(d) I can't help you.

남: 실례합니다. 절 도와주실 수 있을까요?
여: 물론이죠. 무엇을 도와드릴까요?
남: 이발을 하고 싶은데, 도대체 이발소를 찾을 수가 없어서요.
여: _____

(a) 저는 어제 이발소에 갔습니다.
(b) 이발소는 모릅니다.
(c) 한 군데 알고 있어요. 가르쳐 드리죠.
(d) 도와드릴 수 없습니다.

barbershop 이발소

Power Hint ●●●
이발소를 찾을 수 없다는 남자의 말에 적절한 답변은 (c)이다.

(b)와 (d)는 자연스럽지 못한 답변이다.

정답 (c)

10 W Is it true that you're taking a vacation next month?

M Yes, my family and I are going to Baguio for a week.

W I envy you. I wish I could get away for a while.

M _____

(a) Why not take a vacation and come with us?
(b) You can go to Baguio anytime.
(c) You should get away.
(d) The vacation is just for a week.

여: 다음 달에 휴가를 간다는 게 사실이야?
남: 응, 가족들과 함께 일주일 동안 바기오에 가려고 해.
여: 부럽다. 나도 잠시나마 여행을 다녀온다면 얼마나 좋을까.
남: _____

(a) 우리와 함께 휴가를 가자.
(b) 넌 언제든지 바기오에 갈 수 있잖아.
(c) 넌 반드시 여행을 가야만 해.
(d) 휴가는 단 일주일뿐이야.

get away ~를 떠나다, 휴식을 취하다

Power Hint ●●●
남자를 부러워하는 여자의 한탄에 가장 자연스러운 답변은 초대를 하는 (a)이다. (c)와 (d)는 자연스럽지 못하고, (b)는 한탄하는 여자의 상황을 고려하지 않는, 대화의 흐름을 막는 답변이다.

정답 (a)

Part III

11 M Excuse me, is this seat taken?

W No, it isn't.

M Would you mind moving over one, so my friend and I can sit together?

W No, not at all.

M Is the play already in the middle of the story?

W It started just a few minutes ago.

M Thanks a lot.

Q Where is the dialogue most likely to take place?

(a) In an auditorium

(b) In a school playground
(c) In a theater
(d) In a movie house

남: 실례합니다. 이 자리 누가 있나요?
여: 아니요.
남: 저와 제 친구가 함께 앉을 수 있도록 자리를 좀 옮겨 주실 수 없나요?
여: 네, 그러죠.
남: 이미 연극이 시작했나요?
여: 방금 전에 시작했어요.
남: 대단히 감사합니다.

Q. 어디에서 이루어지는 대화인가?
(a) 강당
(b) 학교 운동장
(c) 극장
(d) 영화관

moving over one 옆자리로 이동하다

Power Hint ●●●
play라는 단어를 보면 (c) 극장이 정답임을 알 수 있다.

정답 (c)

12 W Are you ready to order now, sir?
M Yes, I'll have tomato soup, roast beef and mashed potatoes.
W How do you want the beef rare, medium, or well done?
M Well done, please.
W Anything to drink?
M Just water and fresh fruit for my dessert.
W Is that all, sir?
M I'll have coffee with my dessert.

Q Where would you most likely hear this dialogue?
(a) in the school
(b) in the office
(c) in the market
(d) in a restaurant

여: 손님, 주문하실 건가요?
남: 네, 토마토 수프, 소고기 구이와 으깬 감자로 하죠.
여: 소고기는 살짝, 중간, 바짝 익힌 것 중 어떻게 해 드릴까요?
남: 바짝 익혀 주세요.
여: 음료수는 어떤 것으로 하시겠어요?
남: 그냥 물과 디저트로 신선한 과일을 주세요.
여: 주문 다 끝나셨습니까?
남: 디저트에 커피도 함께 주세요.

Q. 이런 대화는 어디에서 들을 수 있는가?
(a) 학교

(b) 사무실
(c) 시장
(d) 식당

rare, medium, well-done 고기를 굽는 정도를 나타내는 말로 살짝, 중간 정도로, 매우 잘 익혀서의 강도를 나타내고 있다.

Power Hint ●●●
음식을 주문하는 곳은 (d) 식당이다.

정답 (d)

13 M Where did Mark go?
W He went to the drugstore.
M To the bookstore?
W No, I said he went to the drugstore.
M Oh, I misunderstood you. I thought you said bookstore.
W How could you make a mistake like that? Weren't you paying attention?
M Your music is too loud. I could hardly hear you.

Q How would you describe the woman's attitude to the man?
(a) The woman is very patient.
(b) The woman nags the man.
(c) The woman is a fault-finder.
(d) The woman shows impatience with the question of the man.

남: 마크 어디 갔어?
여: 그는 약국에 갔어.
남: 서점에?
여: 아니, 그가 약국에 갔다고 말했잖아.
남: 오, 잘못 알아들었군. 난 네가 서점이라고 말한 것으로 생각했지.
여: 어떻게 그렇게 잘못 들을 수가 있니? 귀 기울이지 않은 거지?
남: 음악 소리가 너무 커서 좀처럼 알아듣기가 힘들어.

Q. 여자의 남자에 대한 태도는 어떤가?
(a) 여자는 매우 참을성이 있다.
(b) 여자는 남자에게 잔소리가 심하다.
(c) 여자는 잘못을 꼬집어내는 사람이다.
(d) 남자의 질문에 조바심을 낸다.

drugstore 약국 (편의점을 가리켜 쓰는 말이기도 하다)
attention 주의를 기울이는 nag 성가시게 잔소리하다
fault-finder 흠잡는 사람, 탓하는 사람

Power Hint ●●●
알아듣지 못한 남성에게 여자는 어떻게 그런 실수를 할 수 있나고 대꾸하므로 (c)가 가장 자연스러운 대답이다.

정답 (c)

14 W There's the shoe store we've been looking for.

M It's just across the street and we went round and round.

W Well, at least, we saw new stores in the vicinity.

M Hurry up and choose the pair of shoes for our son.

W I will.

M Don't forget. He's waiting in the car.

Q What is the relationship between the speakers?

(a) They are brother and sister.
(b) They are friends.
(c) They are husband and wife.
(d) They are mother and son.

여: 우리가 찾았던 구두 가게가 있네요.
남: 바로 길 건너잖아. 빙글빙글 돌았었군.
여: 음, 적어도 가까이에 있는 새로운 상점들을 봤잖아요.
남: 어서 우리 아들 구두나 골라요.
여: 알았어요.
남: 잊지 말아요. 아들이 차에서 기다리고 있다는 걸.

Q. 두 사람은 어떤 관계인가?
(a) 남매이다.
(b) 친구이다.
(c) 남편과 아내이다.
(d) 엄마와 아들이다.

go round and round 빙글빙글 돌다 vicinity 근처, 부근

Power Hint ●●●
our son이라는 말을 들었다면 부부임을 나타내는 (c)가 정답임을 알 수 있다.

정답 (c)

15 M Hello. May I speak to Trish Weaver, please?

W May I know who's on the line?

M This is Paul.

W Hi, honey. This is Trish.

M Would you like to go to a movie tonight?

W Thanks, I'd love to. I haven't been to a movie for a long time.

M Good. I'll pick you up around seven-thirty, then. The movie starts at eight.

W Fine, I'll be ready.

Q How could you describe the relationship between the speakers?

(a) They are the best of friends.
(b) They are foes.
(c) They are officemates.
(d) They are a loving couple.

남: 안녕하세요. 트리시 위버와 통화할 수 있을까요?
여: 누구신가요?
남: 폴이라고 합니다.
여: 안녕, 자기야. 나 트리스야.
남: 오늘밤 영화 같이 보러 갈래?
여: 고마워. 좋고말고. 영화 본 지 꽤 오래됐거든.
남: 좋아. 7시 30분경에 데리러 갈게. 영화가 8시에 시작하거든.
여: 알았어. 준비할게.

Q. 두 사람의 관계는 무엇이라 말할 수 있는가?
(a) 친한 친구 사이다.
(b) 원수지간이다.
(c) 직장 동료이다.
(d) 연인 사이이다.

on the line 통화 중인 foe 적, 원수

Power Hint ●●●
honey라는 말은 연인끼리 쓰는 애칭이므로 (d)가 정답임을 알 수 있다.

정답 (d)

Part IV

16 The break-up of ancient land masses plunged the Earth into a freezing white hell that lasted millions of years, U.S. and French researchers suggest. This created 'Snowball Earth', where ice sheets covered continents and seas froze almost down to the equator, an event that occurred at least twice between 800 million and 550 million years ago. How these brutally protracted Ice Ages unfolded had always been a puzzle.

Q What can be inferred from this commentary?

(a) The possible mystery that resulted in an Ice Age.
(b) What a snowball earth is.
(c) The findings of the researchers
(d) The freezing of the earth

미국과 프랑스 연구가들은 고대의 큰 땅덩어리가 분리되면서 지구는 수백 년간의 기나긴 하얀 얼음 속 지옥의 세계로 들어가게 되었다고 말한다. 이것은 '눈덩이 지구' 이론을 만들어 냈는데,

큰 빙하가 대륙을 뒤덮고 적도 지방까지 내려와 바다를 거의 얼어붙게 했던 이 사건이 8억 년 전에서 5억 5천 년만 전 사이에 최소한 두 번은 일어났다고 하는 이론이다. 어찌하여 이러한 혹독하고도 기나긴 빙하시대가 시작되었는지는 언제나 미지수이다.

Q. 이 내용에서 유추할 수 있는 것은?
(a) 빙하기 생성에 관한 가능한 추리
(b) 눈덩이 지구(이론)가 무엇인지
(c) 연구가들이 발견한 것들
(d) 지구의 얼어붙음

break-up 끊어지는, 깨지는 **continent** 대륙
brutally 참혹하게, 혹독하게 **protracted** 오랜 시간을 거친, 긴

Power Hint ●●●
Snowball Earth에 대한 설명이 두 번째 문장에 나와 있으므로 확실한 정답은 (b)이다. 나머지 답변들은 함정이다.

정답 (b)

서, 사진 기자들은 사진의 내용 또한 변경할 수 있다. 수용할 수 없는 말이나 이미지들을 사진 속 티셔츠나 간판으로부터 제거할 수도 있다. 각각의 단어나 이미지들은 한 사진으로부터 다른 사진으로 옮겨질 수도 있다. 이것을 가리켜 사진 개조라고 부른다.

Q. 지문의 주제는 무엇인가?
(a) 사진의 질을 향상시킨 컴퓨터 공학의 놀라운 힘
(b) 컴퓨터 스크린의 효용성
(c) 이미지 포착에 있어서의 위성의 중요성
(d) 사진의 발달 과정

satellite 인공위성 **digitize** 디지털화하다 **alter** 변경시키다
undetectable 발견할 수 없는 **enhance** 향상시키다
contrast 대비 **makeover** 개조

Power Hint ●●●
컴퓨터에서 만들어지는 사진은 디지털화되면서 놀라운 기술적 변형이 가능하다는 것이 지문의 주제이므로 정답은 (a)이다.

정답 (a)

17 Today, many news photos are prepared on computer screens. Photos from news services are sent directly to newspapers over satellite and are captured on computers, which digitize the images. Local news photographers scan their photos into the computer. Once digitized, a photo can be electronically altered and the change is virtually undetectable. The computer allows the photographer to improve the photo by enhancing the color or altering the contrast, for example. However, the process also allows the photographer to alter the content of the photo. Unacceptable words or images can be removed from a t-shirt or sign in a photo. An individual can be moved from one photograph and placed in another. This is called photo makeover.

Q   What is the main subject of the talk?
(a) The amazing power of computer technology in the enhancement of photos.
(b) The efficiency of the computer screens.
(c) The importance of the satellite on the capture of images
(d) The improved process of photography.

오늘날 많은 뉴스 사진들은 컴퓨터 스크린에서 만들어진다. 기사보도 사진들은 위성을 통해 직접 신문에 전송되고 이미지를 디지털화시키는 컴퓨터에 기록된다. 지역 뉴스의 사진 기자들은 그들의 사진을 컴퓨터로 스캔한다. 한번 디지털화되면 사진은 컴퓨터로 수정이 가능하고, 그 수정은 사실상 알아볼 수 없다. 컴퓨터는 사진 기자가 사진의 질을 향상시키게 해 주는데 예를 들어 화질을 높이거나 혹은 명암 대비를 조절할 수 있게 한다. 여기에 더해

18 According to Samuel Johnson "Books have always a secret influence on the understanding; we cannot at pleasure obliterate ideas; he that reads books of science, though without any desire fixed on improvements, will grow more knowing; he that entertains himself with moral or religious treatises will imperceptibly advance in goodness; the ideas often offered to the mind will at last find a lucky moment when it is disposed to receive them."

Q   What is the tone of this passage?
(a) Influences a person to read books to better understand things.
(b) The ugliness of obliterating ideas.
(c) The goodness of religious treatises.
(d) The improvement in science.

사무엘 존슨에 따르면 "책은 언제나 이해력에 심원한 영향을 준다. 우리는 임의로 생각들을 지워버릴 수 없다. 과학책을 읽는 사람은 발전에 대한 욕구가 없다 할지라도 더욱 더 많은 지식을 넓혀갈 것이다. 도덕적이거나 종교적인 서적에 심취하는 사람은 보이지 않게 인격이 향상될 것이다. 마음 속에 자주 제시되는 생각들은 결국 그 생각들을 받아들이고 싶은 행운의 순간을 발견하게 될 것이다."

Q. 이 글의 의도는?
(a) 사물에 대한 이해력을 높이기 위해 책을 읽는 사람에게 끼치는 영향력
(b) 생각들을 말소시키는 추함
(c) 종교 서적들의 덕목
(d) 과학의 발달

influence 영향을 미치다 **obliterate** 제거하다

entertain ~행위로 자신을 즐겁게 하다 **moral** 도덕상, 윤리
imperceptibly 감지할 수도 없는 정도의

Power Hint ●●●
글의 첫 부분에서 책이 사람에게 미치는 영향, 즉 이 글의 핵심 주제를 다루고 있기 때문에 (a)가 답이다. (b), (c), (d)는 핵심 주제를 보충해 주기 위한 예시로 보면 된다.

정답 (a)

19 There is something in human nature that drives us to think 'hope' even as we feel despair tugging at us from behind. The nation continues to struggle to understand the devastating consequences of Hurricane Katrina. These consequences have taken different shapes, from the physical destruction of property to the deep and troubling issue of enduring inequality in America. But even at this difficult time, the ways people have come together to make a terrible situation just a bit better have inspired us and fanned the tiny flame, that whisper of 'hope.'

Q Where would you most likely find or hear this speech?
(a) In a businessmen's forum
(b) In a get-together occasion
(c) In a school commencement
(d) In a news commentary

인간의 본성에는, 비록 우리가 마음 뒤편에서 우리를 당기는 절망을 느낄 때조차 우리에게 '희망'을 생각하게 만드는 그 무엇인가가 있다. 국가는 허리케인 카트리나의 참혹한 결과들을 이해하려고 몸부림을 계속하고 있다. 이러한 결과들은 여러 가지 형태로 나타나는데, 물질적 재산의 심각한 손상과 미국이 오랫동안 골치를 앓아 온 불평등에 대한 문제 등으로 나타나고 있다. 그러나 이러한 힘든 상황에도 불구하고, 사람들이 조금이라도 이 가혹한 상황을 나아지게 하려고 서로 협동하는 태도는 우리를 고무시키며, 조그마한 '희망'의 속삭임에 불을 지핀다.

Q. 이 연설은 어디서 들을(찾을) 수 있는가?
(a) 경영인 토론회장
(b) 사교 모임 행사
(c) 학교 졸업식
(d) 시사 논평

tugging 당기다, 끌다 **devastating** 절망적인
inequality (평등, 또는 빈부의) 격차

Power Hint ●●●
희망을 주제로 다루고 있는 이 글은 졸업하는 학생들을 위한 글로 가장 적당하다고 볼 수 있다. (a), (b), (d) 모두 적절하지 못하다.

정답 (c)

20 Camp John Hay in Baguio City offers a dynamic, active lifestyle in pleasant surroundings and a mild climate. The camp has a total of 250,000 pine trees in a 246-hectare forest reserve that keeps the temperature comfortably low. It has a 2-km Eco-trail for those who enjoy walking. The Eco-trail leads right into the heart of the forest, with its pine trees, butterflies and birds. But there is also a fitness gym at the CJH Manor for those who want more vigorous physical activities. Other activities include horseback riding, rappelling, and, of course, golfing in the camp's 18-hole course.

Q What is the overall tone of the statement?
(a) Persuasion to experience physical activities
(b) Informing of the horseback riding activity
(c) Inviting tone used to see the beauty of the place
(d) Assuring the beauty of the Eco-trail

바기오 시에 있는 존 헤이 캠프장은 온화한 기후와 쾌적한 환경 속에서 역동적인 활동들을 제공한다. 이 캠프장은 항상 적당히 낮은 온도로 유지되는 246헥타르에 달하는 숲속에 25만 그루의 소나무를 보유하고 있다. 산책을 즐길 수 있는 2km의 자연생태 오솔길은 곧바로 소나무들과 나비 그리고 새들과 더불어 숲속 한가운데로 인도해 준다. 그러나 그곳엔 좀 더 정력적인 신체 활동을 원하는 이들을 위해 CJH Manor에 위치한 헬스클럽도 있다. 이 밖에 말타기, 라펠, 그리고 18홀 코스에서 펼쳐지는 골프도 물론 포함된다.

Q. 이 글의 전체적인 논조는?
(a) 신체적 활동들을 체험해 보라는 설득
(b) 말타기 활동에 대한 공고
(c) 아름다운 곳으로의 초대
(d) 자연 생태 오솔길의 아름다움에 대한 보장

dynamic 동적인, 역동적인
lifestyle 삶의 자세, 생활 패턴 **pine tree** 소나무
vigorous 강력한, 힘찬, 강도가 센
rappel 등산에서 이중 자일에 의한 현수 하강

Power Hint ●●●
첫 번째 문장을 보면 존 헤이 캠프장을 소개하는 글임을 알 수 있다. 먼저 캠프의 환경을 묘사한 후 캠프에서 제공하는 서비스를 소개한다. (a), (b), (d) 모두 글에서 집중적으로 다뤄지지 않은 특정 주제에 대해 논하고 있으므로 정답이 아니다. 글에서 다루어졌다고 해서 정답으로 고르면 안 되고, 전반적인 글의 의도가 무엇인지 먼저 파악해야 한다. 이 글은 어느 한 쪽으로 독자를 설득하거나 한 가지 주제에 관하여 집중적으로 논하고 있지 않다.

정답 (c)

Actual Test 1

Answer Key

Part I

1 (a)	2 (b)	3 (c)	4 (d)	5 (b)
6 (c)	7 (c)	8 (c)	9 (b)	10 (a)
11 (a)	12 (d)	13 (c)	14 (d)	15 (a)

Part II

16 (a)	17 (b)	18 (b)	19 (b)	20 (c)
21 (a)	22 (c)	23 (a)	24 (c)	25 (b)
26 (b)	27 (b)	28 (a)	29 (d)	30 (a)

Part III

31 (a)	32 (c)	33 (b)	34 (c)	35 (a)
36 (d)	37 (d)	38 (a)	39 (c)	40 (c)
41 (c)	42 (a)	43 (a)	44 (b)	45 (a)

Part IV

46 (c)	47 (c)	48 (a)	49 (b)	50 (b)
51 (c)	52 (a)	53 (b)	54 (b)	55 (b)
56 (a)	57 (a)	58 (d)	59 (d)	60 (d)

Part I

1 M How have you been lately?
W _____

(a) I've been quite well, thank you.
(b) I've been seeing a movie.
(c) I've been to Boston.
(d) I've taken the test already.

남: 요즘 어떻게 지내셨어요?
여: _____

(a) 잘 지냈어요. 고마워요.
(b) 영화를 보아 왔어요.
(c) 보스턴에 가 본 적 있어요.
(d) 시험은 벌써 봤어요.

lately 최근에

Power Hint ●●●
잘 지냈냐는 안부 인사에 적절한 답변은 (a)이다.

정답 (a)

2 M How long has it been?
W _____

(a) I guess, 11 times.
(b) It's been 10 years, I think.
(c) It's been a long trip.
(d) It's too long for me.

남: 얼마나 되었나요?
여: _____

(a) 아마도 열한 번일 거예요.
(b) 10년이 되어 가는 것 같아요.
(c) 긴 여행이었어요.
(d) 제겐 너무 길어요.

guess ~라고 생각하다

Power Hint ●●●
How long~?은 '얼마나 오래~'의 의미로 시간의 경과를 묻는
표현이다. 지문에 등장하는 어휘와 같은 발음들이 선택지에 나오
므로 혼동하지 않도록 주의해야 한다. 보기 (a)는 How many
times~?의 질문에 알맞은 답변이 된다.

정답 (b)

3 M Am I late?
W _____

(a) Better than ever.
(b) No one knows that.
(c) No, you're just in time.
(d) Yes, if you can.

남: 제가 늦었나요?
여: _____

(a) 그 어느 때보다 좋아요.
(b) 그건 아무도 모르죠.
(c) 아니요. 제시간에 왔어요.
(d) 네, 할 수 있다면요.

in time 때 맞추어

Power Hint ●●●

자기가 늦었냐는 상대방의 질문에 적절한 답변은 '아니요, 제시간에 왔어요.' 라고 말하는 (c)가 정답이다.

정답 (c)

Power Hint ●●●

약속 장소와 시간을 제시하면서 상대방의 의견을 묻는 질문이다. 가장 적절한 답변은 그때 그 장소에서 보자고 하는 (b)이다.

정답 (b)

4 M How can I reach you?
W _____

(a) Let's keep in touch.
(b) The line is busy.
(c) Just leave him a message.
(d) My secretary will give you my number.

남: 어떻게 연락하면 되죠?
여: _____

(a) 연락하며 지냅시다.
(b) 통화 중이에요.
(c) 그에게 메모 남겨 주세요.
(d) 제 비서가 제 전화번호를 드릴 겁니다.

reach 연락하다　secretary 비서

Power Hint ●●●

어떻게 연락하면 되냐는 질문에 알맞은 답변은 전화번호를 줄 것이라고 답한 (d)이다.

정답 (d)

5 M How about around seven, at the station?
W _____

(a) That depends on my availability.
(b) See you there, then.
(c) I don't think so.
(d) If you can.

남: 역에서 일곱 시쯤 어때요?
여: _____

(a) 제가 시간이 나느냐에 달렸죠.
(b) 그럼 그때 거기서 봐요.
(c) 그렇게 생각하지 않아요.
(d) 당신이 할 수만 있다면요.

availability 유용성, 여유 시간

6 M Who is this cake for?
W _____

(a) That's not for you.
(b) For eating.
(c) We're having a surprise party for Dr. Geller.
(d) Give him a slice.

남: 이 케이크의 주인공이 누구죠?
여: _____

(a) 당신 것은 아니에요.
(b) 먹을 거예요.
(c) 겔러 박사님을 위한 깜짝 파티를 할 거예요.
(d) 그분에게 한 조각 주세요.

a slice (of) (~) 한 조각

Power Hint ●●●

누구를 위한 케이크인지 대상이 나와야 한다. 겔러 박사님이라고 한 (c)가 정답이다.

정답 (c)

7 M Aren't you supposed to go to the bank?
W _____

(a) The bank is lined with willows.
(b) No, I decided to go to school.
(c) Yes, but I'm not done with the papers yet.
(d) No, not normally.

남: 은행에 가야 하는 거 아니에요?
여: _____

(a) 그 은행 앞에는 버드나무들이 줄지어 있어요.
(b) 아니요, 학교로 가기로 했어요.
(c) 네, 그런데 리포트 작성을 아직 못 했어요.
(d) 아니요, 보통은 아니에요.

willow 버드나무

Power Hint ● ● ●
은행에 가야 하는 거 아니냐는 말에 그렇지만 아직 리포트를 마무리하지 않았다고 답하는 (c)가 정답이다.

정답 (c)

8 M Can I count on you?
W _____

(a) You can't expect me to count them all.
(b) That's the last thing I'd do.
(c) Sure, you can.
(d) Just give me a chance.

남: 당신을 믿어도 되겠어요?
여: _____

(a) 내가 그것들을 다 셀 거라고 기대하지 마세요.
(b) 그런 일은 하지 않을 겁니다.
(c) 그럼요, 믿어도 돼요.
(d) 제게 기회를 주세요.

count on ~에 의지하다, 기대하다, 믿다

Power Hint ● ● ●
당신을 믿어도 되느냐는 질문에 그래도 된다라고 답하는 (c)가 정답이다. (a)는 같은 단어 count가 있지만 전혀 다른 뜻이므로 주의해야 한다.

정답 (c)

9 M Aren't you supposed to take these to Mr. Anderson?
W _____

(a) Only if I can.
(b) I'm sorry. It slipped my mind.
(c) Mr. Anderson is in his office.
(d) Take them to him.

남: 앤더슨 씨에게 이것들을 가져다 주어야 하는 거 아닙니까?
여: _____

(a) 제가 할 수만 있다면요.
(b) 죄송해요. 깜박했어요.
(c) 앤더슨 씨는 그의 사무실에 있습니다.
(d) 그에게 가져다 주세요.

be supposed to ~하기로 되어 있다, ~해야 한다
slip one's mind 잊어버리다

Power Hint ● ● ●
상대에게 이것들을 가져다 주어야 하는 게 아니냐는 질문에 깜박했다고 답하는 (b)가 적절하다.

정답 (b)

10 M Is the system up already?
W _____

(a) In a few minutes.
(b) Yes, it's a very difficult system.
(c) He will be up soon.
(d) Not anymore.

남: 시스템이 이미 작동되고 있나요?
여: _____

(a) 몇 분 안에요.
(b) 네, 참 어려운 시스템이에요.
(c) 그는 곧 일어날 거예요.
(d) 더 이상은 아닙니다.

up 작동하는, 가동 중인

Power Hint ● ● ●
시스템이 벌써 작동하냐는 질문에 적절한 답변은 몇 분 안에 작동할 거라고 답하는 (a)이다.

정답 (a)

11 M Where is Ms. Green's office?
W _____

(a) It's the next door to your right.
(b) Try to find your way out.
(c) Ms. Green has her ways.
(d) I'll take you to him.

남: 그린 씨의 사무실이 어디에 있습니까?
여: _____

(a) 당신 오른편 옆방입니다.
(b) 밖으로 나가는 길을 찾아 보세요.
(c) 그린 씨는 자유롭게 행동합니다.
(d) 그에게 안내해 드리겠습니다.

take A to B A를 B로 데려가다

Power Hint ● ● ●
그린 씨의 사무실 위치를 묻는 질문에 알맞은 답은 당신 오른편 옆방이라고 답하는 (a)이다.

정답 (a)

12 M Will you be there tonight?
W _____

(a) Tonight is fine.
(b) Yes, I think it's done.
(c) No, but I will.
(d) Don't expect me. I have tons of work.

남: 오늘밤 거기 가실 건가요?
여: _____

(a) 오늘밤 괜찮아요.
(b) 네, 다 된 것 같군요.
(c) 아니요, 그렇지만 그렇게 할 거예요.
(d) 절 기다리지 마세요. 일이 산더미처럼 쌓여 있거든요.

tons of 많은

Power Hint ●●●
오늘밤 거기 갈 거냐는 질문에 적절한 답은 할 일이 많다고 하면
서 갈 수 없을 거 같다고 말하는 (d)이다. (a)는 같은 발음이 있지
만 정답과는 거리가 먼 경우이다.

정답 (d)

13 M Isn't she Mr. Park's wife?
W _____

(a) Yes, she does. You just don't see her.
(b) No, she isn't. She's her daughter.
(c) Yes. She's a lucky woman.
(d) I don't have a wife.

남: 저분 파크 씨의 부인 아닙니까?
여: _____

(a) 네. 그렇습니다. 단지 당신이 그녀를 못 봤을 뿐입니다.
(b) 아닙니다. 그녀의 딸입니다.
(c) 네. 그녀는 정말 행운의 여인입니다.
(d) 저는 부인이 없습니다.

Power Hint ●●●
(a)는 be 동사로 대답하지 않기 때문에 일단 정답과는 거리가
멀고, (b)는 '그녀의 딸'이라고 한 것이 엉뚱한 답변으로 정답과
는 상관 없다. 행운의 여인이라고 답한 (c)가 적절한 답변이다.

정답 (c)

14 M Have the documents arrived already?
W _____

(a) I hope it arrives soon.
(b) It was taken to the garage.
(c) I'm afraid I didn't.
(d) They were unusually early today.

남: 서류들이 벌써 도착했나요?
여: _____

(a) 빨리 도착했으면 좋겠군요.
(b) 정비소로 보내졌습니다.
(c) 유감스럽게도 전 그러지 않았습니다.
(d) 평소와는 달리 오늘은 일찍 도착했네요.

document 문서, 서류 garage 차고, 정비소
unusually 평소와 다르게

Power Hint ●●●
서류들이 도착했냐는 질문에 (a)는 의미상으로 맞으나 단수인 it
이 문서들을 지칭할 수 없으므로 정답과는 거리가 멀다. 평소와
는 달리 일찍 왔다고 말하는 (d)가 정답이다.

정답 (d)

15 M Did she apologize?
W _____

(a) It isn't in her nature.
(b) It wasn't hard for me.
(c) It's just right for her.
(d) Take me to her.

남: 그녀가 사과했나요?
여: _____

(a) 그럴 성격이 아니죠.
(b) 저에게는 힘들지 않았어요.
(c) 그녀에게 딱 맞아요.
(d) 그녀가 있는 곳으로 데려다 주세요.

apologize 사과하다 nature 본성, 성질

Power Hint ●●●
그녀가 사과했느냐는 질문에 그럴 성격이 아니라고 하는 (a)가
정답이다.

정답 (a)

Part II

16 M I think you really did great.
W How kind of you to say so!
M Mr. Wisely was very impressed.
W _____

(a) Was he?
(b) Mr. Wisely was very impressive.
(c) I really know how to make impressions.
(d) So, he liked my impression.

남: 제 생각에 당신은 정말 훌륭하게 해냈어요.
여: 그렇게 말씀해 주시니 정말 고마워요!
남: 위즐리 씨가 무척 감동했어요.
여: _____

(a) 그랬어요?
(b) 위즐리 씨는 매우 인상적이었어요.

(c) 전 감동을 주는 방법을 제대로 알고 있어요.
(d) 그래서 그분이 제 인상을 좋아했어요.

be impressed 감동하다 impressive 인상적인
impression 인상, 감명

Power Hint ●●●
위즐리 씨가 감동했다는 말에 정말 감동받았는지 되묻는 (a)가
정답이다.

정답 (a)

17 M   Would you loan me some cash?
   W   How much do you need?
   M $1,000, if it's OK.
   W   _____

(a) I'm sorry. Better luck next time.
(b) I'm sorry. I don't have that kind of money.
(c) I'm sorry, but that's ridiculous.
(d) I'm sorry. I can't do that.

남: 현금 좀 빌려 주시겠습니까?
여: 얼마나 필요하십니까?
남: 괜찮다면 천 달러요.
여: _____

(a) 안됐네요. 다음 기회에는 더 좋은 행운이 있길 바랍니다.
(b) 죄송합니다만 그만한 돈은 없습니다.
(c) 죄송합니다만 터무니없는 말이군요.
(d) 죄송합니다만 그렇게 할 수 없습니다.

loan 빌려 주다 ridiculous 우스꽝스러운, 터무니없는

Power Hint ●●●
천 달러를 빌려 달라는 말에 가장 적절한 답변은 (b)이다.

정답 (b)

18 W   I'd like something cold to eat.
   M   What do you say we go get some ice cream?
   W   Isn't it a bit too late?
   M   _____

(a) No, I won't be late.
(b) No, they close at 10 pm.
(c) No, it's ok until tomorrow.
(d) No, I love it.

여: 차가운 게 먹고 싶다.
남: 아이스크림 먹는 거 어때?
여: 시간이 좀 늦지 않니?
남: _____

(a) 아니야, 늦지 않을 거야.
(b) 아니야, 그 가게는 10시에 닫아.
(c) 아니야, 내일까지는 괜찮아.
(d) 아니야, 난 그게 너무 좋아.

What do you say~? ~하는 게 어때요?

Power Hint ●●●
좀 늦지 않았냐는 질문에 10시에 문을 닫는다고 답한 (b)가 정답
이다.

정답 (b)

19 W   Would you give me a hand?
   M   What can I do for you?
   W   Would you help me carry some of these bags?
   M   _____

(a) But my hands are loaded.
(b) If I can.
(c) It's too heavy.
(d) Ok, but don't force it.

여: 좀 도와주시겠어요?
남: 무엇을 도와드릴까요?
여: 이 가방들 좀 들어 주실래요?
남: _____

(a) 하지만 제가 양손에 짐을 들고 있어서요.
(b) 제가 할 수 있으면요.
(c) 너무 무겁군요.
(d) 알겠어요. 하지만 강요하진 마세요.

give ~ a hand ~를 돕다 load 짐을 싣다 force 강요하다

Power Hint ●●●
가방 드는 걸 도와달라는 말에 할 수 있다면 돕겠다고 말한 (b)
가 정답이다.

정답 (b)

20 M   They look heavy.
   W   They sure are.
   M   Do you need any help?
   W   _____

(a) Thank you, but I'm full?
(b) I don't need them anymore.
(c) I think I can manage. Thanks anyway.
(d) One moment please.

남: 무거워 보이네요.
여: 정말 무거워요.
남: 도와드릴까요?

102

여: _____

(a) 고맙습니다. 그렇지만 전 배가 불러요.
(b) 더 이상 그들이 필요치 않아요.
(c) 제가 할 수 있을 것 같아요. 어쨌든 고마워요.
(d) 잠시만 기다려 주세요.

manage 그럭저럭 해내다

Power Hint ●●●
도움을 제안한 말에 정중히 거절한 (c)가 정답이다. (a)는 음식을
더 권할 때 적절한 응답이다.

정답 (c)

여: _____

(a) 그가 누군지 말해 주세요.
(b) 당신은 정말 천재군요.
(c) 고마워요. 내일 돌려드릴게요.
(d) 당신과 같이 차 타고 갈 거예요.

give back 돌려주다

Power Hint ●●●
우산을 빌려 주고 Jeff랑 차 타고 갈거라는 말에 대한 적절한 응
답은 고마움을 표현한 (c)이다.

정답 (c)

21 M Are you working late tonight.
    W I might need to.
    M I'll keep you company.
    W _____

(a) If it's ok with you.
(b) It's a big company.
(c) You can't keep it.
(d) Thanks for lending me a hand.

남: 오늘밤 늦게까지 일하시나요?
여: 그래야 할 것 같아요.
남: 제가 함께 있어 드릴게요.
여: _____

(a) 당신이 괜찮으시다면요.
(b) 그것은 큰 회사입니다.
(c) 당신은 그것을 지키지 못해요.
(d) 도와주셔서 감사합니다.

keep ~ company ~와 함께 가다, 동행하다

Power Hint ●●●
함께 있어 주겠다는 말에 적절한 답변은 (a)이다. (c)에도 같은
단어 company가 있지만 '회사' 라는 전혀 다른 의미로 쓰였다.

정답 (a)

23 M Would you mind if I smoke here?
    W This is a nonsmoking section.
    M I didn't know that.
    W _____

(a) The sign is big enough not to be noticed.
(b) It's because you don't care about us.
(c) Maybe, you know.
(d) That is not the point.

남: 여기서 담배 피워도 괜찮겠습니까?
여: 이곳은 금연 구역이에요.
남: 몰랐습니다.
여: _____

(a) 금연 표시가 큼지막해서 안 보일 리가 없을 텐데요.
(b) 그건 당신이 우리를 개의치 않기 때문이죠.
(c) 아마도 당신은 알고 있습니다.
(d) 그건 요점이 아닙니다.

notice 알아채다

Power Hint ●●●
금연 구역임을 잘 몰랐다는 말에 적절하고 자연스런 답변은 (a)
이다.

정답 (a)

22 M If you like, you can take this umbrella.
    W But how about you?
    M I'll ride with Jeff.
    W _____

(a) Tell me who he is.
(b) You're a real genius.
(c) Thanks. I'll give it back tomorrow.
(d) I will ride with you.

남: 원하신다면 이 우산 가지고 가셔도 돼요.
여: 그렇지만 당신은요?
남: 전 제프랑 같이 차 타고 갈게요.

24 W What does this word mean?
    M Look it up in the dictionary.
    W But I don't have one.
    M _____

(a) I think it is not important.
(b) I think you should get one.
(c) I think there's one in my drawer.
(d) I think I have one in my pocket.

여: 이 단어의 뜻이 뭘까?
남: 사전을 찾아보세요.
여: 하지만 전 사전이 없어요.

남: _____

(a) 그건 그렇게 중요치 않다고 생각해요.
(b) 하나 사셔야 할 것 같아요.
(c) 제 서랍 안에 하나 있는 것 같아요.
(d) 제 주머니 속에 하나 있는 것 같아요.

look up (사전 등을) 찾아보다

Power Hint ●●●
단어를 찾으려고 사전을 찾지만 없다는 말에 적절한 답변은 서랍 안에 하나 있다는 (c)이다.

정답 (c)

25 M What does ROK stand for?
W Republic of Korea.
M How about ROP?
W _____

(a) Why don't you just quit?
(b) That, I don't know.
(c) They don't even have the slightest idea.
(d) I don't think it can stand on its own.

남: ROK은 무엇을 의미합니까?
여: 대한민국입니다.
남: 그럼 ROP는요?
여: _____

(a) 그만 두시는 게 어때요?
(b) 그건 저도 모릅니다.
(c) 그들은 전혀 모릅니다.
(d) 그것은 혼자 힘으로는 안 될 것 같아요.

stand for 나타내다, 표상하다 quit 그만두다

Power Hint ●●●
ROP의 약자를 물어보는 데 대한 적절한 답변은 잘 모른다고 말하는 (b)이다.

정답 (b)

26 M So, were you able to do the write-up?
W It's very hard to put into words.
M You don't have to be very specific.
W _____

(a) Ok. I guess I'll have to do it over again.
(b) Ok. I guess I'll have to be more general.
(c) Sure. I'll give you the update tomorrow.
(d) Sure. I'll see to it that it's completed.

남: 그래서 그 기사를 쓸 수 있었어요?
여: 글로 표현하기란 참 어려운 것 같아요.
남: 너무 구체적으로 쓸 필요는 없어요.

여: _____

(a) 알았어요. 아마도 새로 다시 써야 할 것 같아요.
(b) 알았어요. 좀 더 개괄적으로 써야 할 것 같네요.
(c) 그럼요. 제가 내일 최신 정보를 드릴게요.
(d) 그럼요. 반드시 끝마치도록 하겠습니다.

write-up 기사 specific 명확한, 뚜렷한, 구체적인
general 개괄적인, 대체적인
see to it that ~ 반드시 ~하도록 하다

Power Hint ●●●
기사를 너무 구체적으로 쓸 필요는 없다고 말한 것에 대한 적절한 답변은 구체적이 아닌 개괄적으로 써야 할 거 같다고 답변한 (b)이다. 아직 쓰지 않았으므로 (a)는 정답과 거리가 멀다.

정답 (b)

27 M I'd like to reserve a table for ten at 8:00.
W Smoking or nonsmoking?
M Smoking please.
W _____

(a) That's nonsmoking, for 8, at 10:00.
(b) That's smoking, for 10, at 8:00.
(c) That's all, thank you.
(d) That's a great choice.

남: 여덟 시에 열 명 자리를 예약하고 싶은데요.
여: 흡연석으로 하시겠습니까, 금연석으로 하시겠습니까?
남: 흡연석이요.
여: _____

(a) 금연석, 여덟 명 자리, 열 시로 예약되셨습니다.
(b) 흡연석, 열 명 자리, 여덟 시로 예약되셨습니다
(c) 이상입니다. 감사합니다.
(d) 탁월한 선택이시군요.

reserve 예약하다

Power Hint ●●●
좌석을 예약하는 대화이다. 남자의 말이 핵심인데, 남자가 예약한 정보를 여자가 한 번 더 확인하는 (b)가 적절한 답변이다.

정답 (b)

28 M Do you have a reservation?
W No, but do you have a table for five available?
M We don't have one now, but one should be available soon.
W _____

(a) How long will we have to wait?
(b) How long do you need?

(c) How long is the table?
(d) How long are you staying here?

남: 예약하셨습니까?
여: 아니요, 하지만 다섯 명 자리 있나요?
남: 지금은 없습니다. 하지만 곧 자리가 날 겁니다.
여: _____

(a) 어느 정도 기다려야 하죠?
(b) 얼마나 필요하십니까?
(c) 테이블이 얼마나 깁니까?
(d) 이곳에 얼마나 계실 겁니까?

reservation 예약 available 유용한, 쓸모 있는

Power Hint ●●●
음식점에서 일어날 수 있는 대화 내용이다. 자리가 없지만 곧 날
거라고 하는 말에 대한 적절한 답변은 (a)이다. 모두가 How
long~으로 시작하는 질문이지만 (a)를 제외한 나머지는 대화 내
용과는 거리가 멀다.

정답 (a)

---

29 M Are you ready to order?
W Yes, A toast, two eggs, and tea, please.
M How would you like your eggs cooked?
W _____

(a) Delicious.
(b) Medium.
(c) With milk.
(d) Over easy.

남: 주문하시겠습니까?
여: 네, 토스트 하나, 계란 둘, 그리고 차 주세요.
남: 계란을 어떻게 요리해 드릴까요?
여: _____

(a) 맛있게요.
(b) 중간 정도로 익혀 주세요.
(c) 우유와 함께요.
(d) 뒤집어서 살짝 구워 주세요.

order 주문하다

Power Hint ●●●
계란을 어떤 식으로 요리하느냐에 대한 적절한 답변은 (d)이다.
(b)는 스테이크에 대한 답변이다.

정답 (d)

---

30 M I want this suit dry-cleaned.
W When will you pick it up?
M I need it in two days. How much will it be?
W _____

(a) That'll be $10.
(b) That'll be too much.
(c) That'll be easy.
(d) That'll be $10 an ounce.

남: 이 양복 드라이클리닝해 주세요.
여: 언제 찾으러 오시겠습니까?
남: 이틀 후에 양복이 필요해요. 얼마입니까?
여: _____

(a) 10달러입니다.
(b) 그건 너무한데요.
(c) 아주 쉽습니다.
(d) 온스당 10달러입니다.

suit 신사복

Power Hint ●●●
가격에 대해서 묻고 있다. 가격에 대해서 말하고 있는 것은 (a),
(d)인데 드라이클리닝은 온스 단위로 가격이 책정되지 않는다.

정답 (a)

Part III

31 M Mona said she would handle the
expenses this time.
W Oh, really?
M She also said she would prepare
giveaways for the guests.
W She said that too?
M Why does it seem like you're so much in
doubt?
W I don't want to tell you this, but ...
M But what?
W You've just been had.

Q What does the woman mean?
(a) The man was deceived.
(b) Mona had his heart.
(c) Mona will keep her promise.
(d) The man needs some reassurance.

남: 모나는 이번에 자기가 비용을 다 처리하겠다고 했어요.
여: 오, 정말요?
남: 손님들을 위해서 경품을 준비하겠다고도 말했어요.
여: 그것도 모나가 말했어요?
남: 당신이 너무 못 믿는 것 같은데 왜죠?
여: 당신한테 이런 말 하고 싶진 않지만….
남: 않지만 뭐요?
여: 보기 좋게 속았군요.

Q. 여자가 한 말의 의미는?
(a) 남자는 사기당했다.
(b) 남자는 모나에게 관심 있었다.
(c) 모나는 약속을 지킬 것이다.
(d) 남자는 재확인이 필요하다.

expense 비용 giveaway 경품
in doubt 의심하여, 불확실한 deceive 속이다
have one's heart ~의 사랑을 얻다
reassurance 재확인

Power Hint ●●●
You've been had.는 '속아 넘어가다' 라는 뜻이다. 이 뜻을 알면 쉽게 풀 수 있는 문제로 가장 적절한 답은 (a)이다.

정답 (a)

32 M Do they always deal with people like that?
    W Yes, normally.
    M And they normally talk that way too?
    W Almost always.
    M It'll be hard to come to an agreement with them.
    W They like to play hardball. That's just their way.

    Q What does the woman mean?
    (a) They are basketball players.
    (b) They are pathetic people.
    (c) They act aggressively and ruthlessly to achieve a goal.
    (d) They are hardball players.

남: 그들은 항상 사람들을 저렇게 대하나요?
여: 네, 보통 그래요.
남: 그리고 보통 저런 식으로 말하고요?
여: 거의 항상요.
남: 그들과 합의를 본다는 건 어렵겠는데요.
여: 그들은 공격적 태도를 취하길 좋아하죠. 그게 그저 그들의 방식이에요.

Q. 여자가 한 말의 의미는?
(a) 그들은 농구선수들이다.
(b) 그들은 감상적인 사람들이다.
(c) 그들은 목적을 위해서라면 공격적이며 인정사정없이 행동한다.
(d) 그들은 야구 선수들이다.

come to an agreement 합의를 보다
play hardball 공격적[강경한] 태도를 취하다 pathetic 감상적인 aggressively 공격적으로 ruthlessly 무자비하게

Power Hint ●●●
play hardball은 '공격적 또는 강경한 태도를 취하다' 라는 의미로서, 이 표현을 알고 있다면 쉽게 풀 수 있는 문제이다.

정답 (c)

33 M We need to do something before it's too late.
    W We are doing our best to come up with something new, boss.
    M Then show me results.
    W The team is trying really hard, boss.
    M You are not trying hard enough.
    W Give the team more time.
    M Time is a luxury we don't have.

    Q What does the man mean?
    (a) They don't have enough funds.
    (b) They are pressed for time.
    (c) They are not luxurious enough.
    (d) They don't live luxuriously.

남: 우리는 너무 늦기 전에 무엇인가 해야 해요.
여: 새로운 것을 생각해 내기 위해 최선을 다하고 있습니다, 사장님.
남: 그렇다면 결과를 보여 주세요.
여: 저희 팀이 정말 열심히 노력하고 있습니다, 사장님.
남: 충분히 노력하지 않고 있어요.
여: 저희 팀에게 시간을 조금 더 주세요.
남: 시간은 우리에겐 없는 사치입니다.

Q. 남자가 한 말의 의미는?
(a) 그들은 충분한 자금을 갖고 있지 않다.
(b) 그들은 시간에 쫓기고 있다.
(c) 그들은 충분히 호화스럽지 않다.
(d) 그들은 사치스럽게 살고 있지 않다.

come up with ~제안하다, 안출하다 luxury 사치
be pressed for time 시간이 급하다, 한시가 바쁘다

Power Hint ●●●
마지막에 남자가 '시간은 우리에겐 없는 사치' 라고 말한 것은 '시간이 급하다' 는 의미이다. (c), (d)의 유사한 발음의 단어들과 혼동하지 않도록 주의해야 한다.

정답 (b)

34 W Anything else, sir?
    M I was wondering. Do you also do alterations?
    W What do you want done.
    M It's too long for me. I'd like to have it shortened.
    W It'll take about 2 days.
    M Then two days it is. Thanks.
    W You're welcome.

    Q Where would you most likely hear this conversation?
    (a) At a supermarket
    (b) At a department store

(c) At a dry cleaners
(d) At a flea market

여: 다른 문의 사항은 없으신가요, 손님?
남: 궁금했는데 수선도 하시나요?
여: 어떤 수선을 원하시나요?
남: 이게 너무 길어서 줄였으면 좋겠어요.
여: 이틀 정도 걸립니다.
남: 아, 이틀이요! 고마워요.
여: 천만에요.

Q. 이 대화는 주로 어디에서 듣게 되는가?
(a) 슈퍼마켓
(b) 백화점
(c) 세탁소
(d) 벼룩시장

alteration 개조, 변경

Power Hint ● ● ●
옷 수선에 대한 내용으로 정답은 (c) 세탁소이다.

정답 (c)

35 M May I help you?
   W I need to get some medicine for my stomach.
   M Do you have a prescription.
   W Yes, here you are.
   M Take this three times a day after each meal.
   W Alright, thanks.

   Q Where would you most likely hear this conversation?
   (a) At a drug store
   (b) At a department store
   (c) At a restaurant
   (d) At a hospital

남: 무엇을 도와드릴까요?
여: 위장약 좀 주세요.
남: 처방전은 있으신가요?
여: 예, 여기요.
남: 이 약을 하루 세 번 식사 후에 드세요.
여: 알겠습니다. 고마워요.

Q. 이 대화는 어디에서 주로 듣게 되는가?
(a) 약국
(b) 백화점
(c) 레스토랑
(d) 병원

prescription 처방

Power Hint ● ● ●
'처방전을 가지고 약을 얻는다'는 내용으로 정답은 (a) 약국이다.

정답 (a)

36 M When are you due, Rachel?
   W I'm due 2 months from now.
   M I'm so excited for you.
   W I'm more nervous than excited.
   M It's a normal thing.
   W Easy for you to say.
   M Yeah, I guess I'll never know how it feels.

   Q What can be said about Rachel?
   (a) She is going abroad.
   (b) She is getting a new job.
   (c) She is getting married.
   (d) She is expecting.

남: 출산 예정일이 언제예요, 레이첼?
여: 두 달 후요.
남: 너무 흥분돼요.
여: 저는 흥분되기보다는 너무 떨려요.
남: (누구나 다 하는) 일상적인 일이잖아요.
여: 말은 쉽죠.
남: 맞아요, 난 그게 어떤 느낌인지 절대 알 수 없을 거예요.

Q. 레이첼에 대해서 말할 수 있는 것은?
(a) 그녀는 외국에 간다.
(b) 그녀는 새 직장을 구했다.
(c) 그녀는 결혼을 한다.
(d) 그녀는 출산을 앞두고 있다.

due 만기의, (~할) 예정인

Power Hint ● ● ●
첫 번째 남자의 말이 핵심이다. 이 말만 들어도 레이첼이 출산을 앞두고 있다는 것을 쉽게 알 수 있다.

정답 (d)

37 W You're in front of the TV again?
   M This is terrible.
   W What is it about now?
   M Have you seen the news?
   W You're the one watching, why?
   M Some janitor went postal and shot his boss.
   W Yeah, as if that's something new.

   Q What is true about the janitor?
   (a) The janitor was not happy with his job.
   (b) The janitor was told by his boss to pick up the mail.

(c) The janitor went to the post office.
(d) The janitor got really angry and violent.

여: 당신 또 TV 앞에 있는 거예요?
남: 이거 너무 끔찍해요.
여: 이번엔 뭐에 관한 건가요?
남: 뉴스 봤어요?
여: TV를 보고 있는 건 당신이잖아요. 왜요?
남: 어떤 건물 관리인이 화가 나 미쳐서 그의 상사를 총으로 쐈대요.
여: 네, 마치 새로운 소식 같군요.

Q. 건물 관리인에 관하여 사실인 것은?
(a) 건물 관리인은 그의 일이 즐겁지 않았다.
(b) 그의 상사가 건물 관리인에게 우편물을 찾아오라고 했다.
(c) 건물 관리인은 우체국에 갔다.
(d) 건물 관리인은 정말 화가 났고 폭력적이었다.

janitor 문지기, (건물) 관리인 go postal 미친 듯이 화내다

Power Hint ● ● ●
남자의 말에서 go postal은 '미친 듯이 화내다'라는 뜻으로 정답은 (d)이다. 보기 (a)는 우리가 알 수 없는 사실이며 (b), (c)는 postal이 '우편의, 우체국의'라는 뜻의 형용사로 쓰이기 때문에 정답과는 거리가 멀지만 정답으로 선택하도록 하는 함정이므로 유의해야 한다.

정답 (d)

38 M Monica is such a sweetheart.
W Yeah, I think so too.
M Abby as well, don't you think?
W Not as sweet as Monica though.
M She's real sweet too. But what do you think of Abby?
W Don't you think she's a bit too much?

Q What does the woman mean?
(a) Abby is excessively sweet.
(b) Abby is sweeter than Monica.
(c) Abby is more of a sweetheart than Monica.
(d) Abby is really not a sweet person.

남: 모니카는 정말 상냥한 사람이에요.
여: 네, 저도 그렇게 생각해요.
남: 에비도 마찬가지구요, 그렇지 않아요?
여: 모니카만큼 다정하지는 않죠.
남: 그녀도 정말 다정해요. 그런데 에비에 대해서는 어떻게 생각하나요?
여: 너무 지나치다고 생각하지 않아요?

Q. 여자가 한 말의 의미는?
(a) 에비는 지나치게 상냥하다.
(b) 에비는 모니카보다 상냥하다.
(c) 에비는 모니카보다 오히려 더 다정하다.
(d) 에비는 정말 다정하지 않은 사람이다.

sweetheart 기분 좋은[상냥한] 사람 excessively 과도하게

Power Hint ● ● ●
남자의 생각과는 달리 여자는 마지막 말에서 에비가 좀 지나치게 상냥하다고 생각한다는 것을 알 수 있다. 정답은 (a)이다.

정답 (a)

39 M What happened to Chandler? He looks dismal these days.
W Didn't you hear about it?
M I wouldn't have asked if I did.
W He lost a fortune at the casino last week.
M And I guess his wife had a lot to say about it.
W You guessed right.
M A fool and his money are soon parted.

Q What does the man mean?
(a) Chandler is a fool.
(b) Chandler will die soon.
(c) Chandler is so quick to spend money.
(d) Chandler will part with his wife.

남: 챈들러에게 무슨 일이라도 생겼나요? 요즘 우울해 보여요.
여: 소식 못 들으셨어요?
남: 들었다면 물어보지 않았겠죠.
여: 지난주에 카지노에서 돈을 많이 잃었어요.
남: 그렇다면 그의 아내가 할 말이 많았겠군요.
여: 맞아요.
남: 어리석은 자는 금방 돈을 잃는 법이죠.

Q. 남자가 한 말의 의미는?
(a) 챈들러는 바보이다.
(b) 챈들러는 곧 죽을 것이다.
(c) 챈들러는 너무 빨리 돈을 잃었다.
(d) 챈들러는 그의 아내와 헤어질 것이다.

dismal 음침한, 우울한 part with ~와 헤어지다

Power Hint ● ● ●
남자가 마지막에 말한 것은 '어리석은 자는 돈과 곧 결별한다'는 뜻으로 즉 쉽게 돈을 잃는다는 것을 의미한다.

정답 (c)

40 W Phoebe is in for big trouble.
M What gives?
W Mike is breaking up with her tonight.
M For real?
W Uh huh.

M Who told you that?
W A little bird told me.

Q What does the woman mean?
(a) She talked to a little bird.
(b) She can talk to birds.
(c) She doesn't want to tell who.
(d) She doesn't want to tell lies.

여: 피비가 큰 곤경에 빠질 것 같아요.
남: 무슨 일이 있었나요?
여: 마이크가 피비와 오늘 헤어진대요.
남: 정말요?
여: 네.
남: 누가 그래요?
여: 어떤 사람한테서 들었어요.

Q. 여자가 한 말의 의미는?
(a) 여자는 작은 새와 이야기했다.
(b) 여자는 새와 대화할 수 있다.
(c) 여자는 누가 얘기해 줬는지 말하고 싶어 하지 않는다.
(d) 여자는 거짓말하고 싶어 하지 않는다.

What gives ~? ~은 어찌 된 일인가?
break up with~ ~와 헤어지다

Power Hint ●●●
마지막 여자의 말 A little bird told me.는 '어떤 사람으로부터 들었다' 라는 의미로 정답은 (c)이다.

정답 (c)

41 M Please, I'm begging you.
    W I said no.
    M Is there anything that could change your mind?
    W There's absolutely nothing that could ever change my mind.
    M How about my new Mini Cooper?
    W No. I wouldn't give up my car, not for all the tea in China.

    Q What does the woman mean?
    (a) She'd give up her car if she were given Tea.
    (b) She'd never give up her car even if he takes her to China.
    (c) She'd never give up her car no matter what the price is.
    (d) She'd give up her car on one condition.

남: 제발 부탁이에요.
여: 이미 싫다고 했어요.
남: 어떻게 하면 당신 생각을 바꿀 수 있죠?

여: 제 생각을 바꿀 수 있는 건 없어요.
남: 제 새 미니 쿠퍼는 어때요?
여: 싫어요. 뭘 준다 해도 절대 제 차는 포기 못해요.

Q. 여자가 한 말의 의미는?
(a) (마시는) 차를 준다면 그녀의 자동차를 포기하겠다.
(b) 중국에 데리고 가 준대도 그녀의 차는 결코 포기하지 않을 것이다.
(c) 어떤 가격에도 그녀는 차를 포기하지 않을 것이다.
(d) 하나의 조건만 있다면 그녀는 차를 포기할 것이다.

condition 조건

Power Hint ●●●
마지막 여자의 말 not for all the tea in China는 '무엇을 준다 해도 절대로 ~하지 않는다' 는 의미로 정답은 (c)이다.

정답 (c)

42 M I need some new batteries for my alarm clock.
    W Aren't those batteries new?
    M I guess they're not.
    W But it's too late.
    M Let's drive to Macy's.
    W As if there were other options.

    Q What can be inferred about Macy's?
    (a) Macy's is open around the clock.
    (b) Macy's is a big store.
    (c) Macy's is a popular store.
    (d) Macy's house is nearby.

남: 알람 시계에 넣을 새 건전지가 필요해요.
여: 그 건전지들 새 거 아니에요?
남: 아닌 것 같아요.
여: 하지만 시간이 너무 늦었어요.
남: Macy's에 차로 갑시다.
여: 마치 다른 선택권이 있다는 듯이 말하는군요.

Q. Macy 가게에 대해 추론할 수 있는 것은?
(a) Macy 가게는 24시간 영업을 한다.
(b) Macy 가게는 대형 상점이다.
(c) Macy 가게는 인기 있는 가게이다.
(d) Macy 가게가 가까이에 있다.

around the clock 24시간 내내 nearby 가까이에

Power Hint ●●●
시간이 늦었는데도 차를 몰고 간다는 것은 Macy's라는 상점이 24시간 영업을 한다는 뜻이다.

정답 (a)

43 M What's the rush, Janice?
    W Ross, have you seen Prof. Gunther?

M I heard he's lunching with a client.
W That doesn't sound good.
M But he might still be at the lobby.
W Alright, thanks.
M But you have to get your skates on if you want to catch him.

Q What does the man mean?
(a) The woman has to move quickly.
(b) The woman forgot her skates.
(c) The woman might not catch Prof. Gunther.
(d) The woman is a good skater.

남: 제니스, 뭐가 그리 급해?
여: 로스, Gunther 교수님 못 봤어?
남: 손님과 점심 식사 중이시라고 들었는데.
여: 좋은 소식은 아닌데.
남: 아직 로비에 계실 수도 있어.
여: 알겠어. 고마워.
남: 하지만 만나려면 지금 빨리 가야 할 거야.

Q. 남자가 의미하는 것은 무엇인가?
(a) 여자는 빨리 가 봐야 한다.
(b) 여자가 스케이트를 깜박했다.
(c) 여자는 Gunther 교수를 못 만날 수도 있다.
(d) 여자는 훌륭한 스케이트 선수이다.

rush 분주; 서두르다 get one's skates on 서두르다

Power Hint ●●●
마지막 남자의 말 get one's skates on은 '서두르다'의 뜻으로 교수님을 만나기 위해서는 서둘러야 한다고 한 (a)가 정답이다.

정답 (a)

44 M If Joey doesn't make the deadline, we're doomed.
W Don't worry.
M That's easy for you to say. It's not your head on the chopping board.
W I know what kind of person he is. He won't let us down.
M That's what I like about you. You're very optimistic.
W Not necessarily.

Q What can be inferred about the woman?
(a) She is an optimistic person.
(b) She's also worried but she tries to stay calm.
(c) She thinks it's not necessary to be optimistic.

(d) She doesn't know what will happen.

남: 조이가 마감 시간을 지키지 않으면 우린 끝장이에요.
여: 걱정 말아요.
남: 말은 쉽죠. 도마 위에 있는 건 당신 머리가 아니니까.
여: 난 그 사람이 어떤 사람인지 알아요. 그는 우릴 실망시키지 않을 거예요.
남: 당신의 그런 점이 좋아요. 매우 낙천적이거든요.
여: 꼭 그렇지만은 않아요.

Q. 여자에 대하여 추론할 수 있는 것은?
(a) 그녀는 낙천주의자다.
(b) 그녀도 걱정하고 있지만 침착하려고 애쓴다.
(c) 그녀는 낙천적일 필요가 없다고 생각한다.
(d) 그녀는 앞으로 무슨 일이 일어날지 모른다.

make the deadline 마감일에 맞추다
doomed 불운한, 운이 다한 chopping board 도마
be on the chopping board 위기에 처하다
optimistic 낙천적인

Power Hint ●●●
마지막 여자의 말에서 여자도 걱정은 하지만 침착하려고 애쓴다는 것을 알 수 있다.

정답 (b)

45 M Who do you think is best model for our next project?
W Danny Stevens.
M Didn't I tell you we need an Asian man?
W How about Richard Lee?
M He looks good on screen, but I think he's in bad shape these days.
W Now that you've mentioned it.

Q What can be inferred from the conversation?
(a) Richard Lee won't get the project.
(b) The woman was happy that Richard Lee was mentioned.
(c) They found the perfect model.
(d) Richard Lee is a popular model.

남: 다음 프로젝트에 맞는 최고의 모델이 누구라고 생각해요?
여: 대니 스티븐스요.
남: 아시아 남자가 필요하다고 말씀드렸는데요.
여: 리처드 리는 어때요?
남: 화면에서는 좋게 보이지만 요즘 몸매가 좋지 않은 것 같아요.
여: 그렇게 말씀하신다면요.

Q. 이 대화로 추론할 수 있는 것은?
(a) 리처드 리는 프로젝트에 참여하지 못할 것이다.
(b) 여자는 리처드 리가 거론되어 기쁘다.
(c) 그들은 완벽한 모델을 찾았다.

(d) 리처드 리는 인기 있는 모델이다.

mention 언급하다

Power Hint ●●●
다음 프로젝트 모델을 선정하는 과정에서 Richard Lee가 언급되었으나, 마지막 여자의 말에서 그는 그 프로젝트 모델이 되지 않을 것으로 보인다.

정답 (a)

Part IV

46 Dry cleaning is a process of using non-water-based solvents in removing dirt and stains from clothes. The possibility of using petroleum based solvents as cleaning agents was first discovered in the mid-19th century by French dye-works owner Jean Baptiste Jolly. He noticed after his maid spilled kerosene on his tablecloth, it became cleaner. From this observation, he developed a service to clean other people's clothes in this manner, which he termed 'nettoyage a sec,' or 'dry cleaning' in English.

Q   What is the passage about?
(a) The other uses of petroleum
(b) How Jean Baptiste Jolly rose to fame.
(c) The history of dry cleaning
(d) The dry cleaning process

드라이클리닝은 유성 용매를 이용해 옷의 때와 얼룩을 지우는 과정을 말한다. 19세기 중반 프랑스 염색 공장 주인인 장 밥티스트 졸리는 유성 용매를 세탁제로 이용할 수 있는 가능성을 처음으로 발견했다. 그는 그의 가정부가 식탁보에 등유를 엎지른 후에 더 깨끗해졌다는 것을 알게 되었다. 이 사건 이후, 그는 다른 사람들의 옷을 이와 같은 방법으로 세탁해 주는 서비스를 개발하게 되었는데, 이것을 그는 'nettoyage a sec' 혹은 영어로 '드라이클리닝' 이라 명명하였다.

Q. 이 지문은 무엇에 관한 것인가?
(a) 석유의 다른 사용법
(b) 장 밥티스트 졸리가 어떻게 유명해졌는지
(c) 드라이클리닝의 역사
(d) 드라이클리닝의 과정

solvent 용제, 용매 stain 얼룩 petroleum 석유
dye 물감, 염료 kerosene 등유

Power Hint ●●●
19세기 중반 프랑스 염색 공장 주인이 유성 용매를 세탁제로 이용할 수 있는 가능성을 발견했다. 우연히 그의 가정부가 식탁보에 등유를 엎지른 후에 더 깨끗해졌다는 것을 알게 된 이후, 같은 방법으로 세탁해 주는 서비스를 개발한 드라이클리닝의 역사에 대해서 말하고 있으므로 정답은 (c)이다.

정답 (c)

47 For centuries, man has consumed camel meat. Greek writers recorded it as an existing dish in ancient Persia, usually roasted whole at banquets. In ancient Rome, Emperor Heliogabalus enjoyed camel's heel. Camel meat has had a long cultural history in certain arid regions where alternative sources of protein are scarce. Camel meat is the rarest and most prized source of pastirma in the Middle East. Not only is the meat consumable, camel blood is also a valuable item in northern Kenya, where it is a source of iron, vitamin D, salts and minerals.

Q   What is true about camel meat according to the passage?
(a) Camel meat is a popular kind of meat world wide.
(b) Camel meat out-fames beef in the Middle East.
(c) Camel meat has long been consumed by people.
(d) Camel meat was loved by the ancient Greeks.

수세기 동안 인간은 낙타 고기를 섭취하였다. 그리스 작가들은 낙타 요리가 고대 페르시아 시대 연회 때 보통 통째로 구워져 나왔다고 기록했다. 고대 로마에서는 헬리오가발루스 황제가 특히나 낙타의 뒷발을 좋아했다고 한다. 낙타 고기는 주로 건조한 지역에서 긴 문화적 역사를 가지고 있는데, 이 지역은 다른 단백질 공급원이 충분하지 못한 곳이다. 낙타 고기는 중동에서 가장 드물고 귀중한 파스트르마 공급원이기도 하다. 살코기만 먹는 것이 아니라 케냐 북부 지역에서는 낙타 피 또한 매우 귀한 것으로 철분, 비타민 D, 염분 그리고 미네랄의 공급원이기도 하다.

Q. 이 지문에 따를 때 낙타 고기에 대해 옳은 것은?
(a) 낙타 고기는 세계적으로 인기 있는 고기이다.
(b) 낙타 고기는 중동에서 쇠고기를 능가하는 인기를 얻고 있다.
(c) 오래전부터 사람들은 낙타 고기를 먹었다.
(d) 고대 그리스인들은 낙타 고기를 좋아했다.

consume 소비하다 dish 요리 roast 굽다
banquet 연회 arid 건조한, 불모의
alternative 대신의, 선택적인 scarce 부족한

48 A term coined by John Wall in 1983, Cryptozoology is the search for animals that are believed to exist, but for which conclusive evidence is missing. The field also includes the search for known animals believed to be extinct. Legitimacy is what many cryptozoologists strive for as until now, their field is yet to be fully accepted as a legitimate science. Cryptozoology is often considered a pseudoscience by mainstream zoologists and biologists. Most disapproval from the mainstream scientific community is directed at advocates of the existence of creatures like the Bigfoot and the Loch Ness Monster, creatures whose existence still remain unverified and is considered highly improbable by conventional scientists.

Q   Why do cryptozoologists strive for legitimacy?
(a) Because the field is considered a pseudoscience.
(b) Because they want to be known like legitimate scientists.
(c) Because they want their efforts to be recognized.
(d) Because they are also doing their job for the betterment of mankind.

1983년 존 월에 의해 만들어진 용어인 '신비 동물학'은 존재하고 있다고 믿는 동물들에 대한 연구이지만 결정적인 증거는 없다. 이 분야에는 이미 멸종되었다고 잘 알려진 동물들에 관한 연구도 포함되어 있다. 그들의 정당함은 아직까지 많은 신비 동물학자들이 그들의 분야를 타당성 있는 학문으로서 완전히 자리매김하도록 부단히 노력하고 있다는 것이다. 신비 동물학은 정통파 동물학자와 생물학자들에 의해 줄곧 사이비 학문으로 간주되어 왔다. 정통 과학계가 퍼붓는 대부분의 비난은 빅풋(Bigfoot)과 네스호의 괴물과 같은 동물들의 존재를 지지하는 사람들을 향한 것이다. 그들의 존재는 여전히 검증되지 않았고 기존의 과학자들은 그들의 존재를 전혀 인정하고 있지 않다.

Q. 왜 신비 동물학자들은 정당성을 얻기 위해 애쓰는가?
(a) 이 분야가 사이비 과학이라고 간주되고 있기 때문에

(b) 정당성 있는 과학자들이라고 알려지기를 원하기 때문에
(c) 그들의 노력이 인정될 수 있도록
(d) 그들이 인류의 개선을 위해서도 일하고 있기 때문에

coin (신어, 신표현을) 만들어 내다
cryptozoology 신비 동물학, 미확인 생물 연구
conclusive 결정적인 legitimacy 정당성, 합법성
disapproval 불찬성, 반대 의견 verify 진실임을 증명하다
improbable 있을 법하지 않은

49 First published in 1982, the *Forbes* 400 or 400 Richest Americans is a list published by *Forbes* Magazine of the 400 wealthiest Americans ranked by net worth. The list is published annually in September. As of 2007, there are 946 billionaires on this list altogether. On April 11th, 2007, *Forbes* reported that telecommunications tycoon Carlos Slim Helu had become the world's second richest man. Later, on August 4th, 2007, the *Wall Street Journal*, and on August 6th, 2007, *Fortune* Magazine reported that Carlos Slim Helu had surpassed Bill Gates' position as the wealthiest person in the world. However, because of exchange rates and stock valuations the real ranking is changing everyday.

Q   Which is correct about the billionaire ranking according to the passage?
(a) Anyone can be in the rank.
(b) The rank changes every day.
(c) The rank doesn't change much anymore.
(d) Bill Gates is still the richest man in the world.

1982년 처음으로 발표된 《포브스》 지 선정 400인 혹은 400명의 미국 갑부들은 《포브스》 지에서 순자산을 바탕으로 순위를 매긴 400명에 해당하는 미국 최고 갑부들의 명단이다. 이 명단은 매해 9월에 발표된다. 2007년 현재, 이 명단에는 모두 946명의 억만장자들이 있다. 2007년 4월 11일, 《포브스》 지는 통신회사의 거물 칼로스 슬림 헬루가 세계에서 두 번째인 갑부가 되었다고 보고하였다. 그 후 2007년 8월 4일의 《월스트리트 저널》과

2007년 8월 6일의 《포춘》 지는 칼로스 슬림 헬루가 빌 게이츠를 제치고 세계 제일의 갑부가 되었다고 보고하였다. 그러나 환율과 주식 가치 평가로 인해 진짜 순위는 날마다 바뀌고 있다.

Q. 지문에 따르면 억만장자의 순위에 대한 내용으로 옳은 것은?
(a) 아무나 그 순위에 들 수 있다.
(b) 순위는 매일 바뀐다.
(c) 순위는 그다지 바뀌지 않는다.
(d) 빌 게이츠가 여전히 세계 최고 갑부이다.

publish 발표하다, 발간하다 billionaire 억만장자
rank (계급, 지위 등이) 위치하다 tycoon (실업계의) 거물
surpass ~을 능가하다

Power Hint ●●●

지문의 마지막 부분에 환율과 주식 가치 평가로 인해 순위는 날마다 바뀐다고 했으므로 정답은 (b)이다. 나머지 선택지들도 지문에 등장하는 단편 정보로 구성된 것이므로 유의해야 한다.

정답 (b)

50 iPhone's 3.5 liquid crystal display HVGA touch screen is topped with optical-quality, scratch-resistant glass. It is specifically created for use with a finger, or multiple fingers for multi-touch sensing. One needs no stylus, nor can use one because the screen is a capacitive touch screen. Since it requires bare skin, unless wearing electrically conductive gloves, one has to remove his gloves to use the touchpad.

Q   What is the passage about?
(a) The features of an iPhone
(b) Criticism of iPhone's touchpad
(c) Why one needs an iPhone
(d) The significance of an iPhone

아이폰의 3.5 액정 화면 HVGA 터치스크린은 광학적 우수성과 긁힘 방지 유리로 정상에 섰다. 이것은 손가락 하나 또는 여러 개를 사용하도록 멀티 터치 감지 기능으로 특별히 제작되었다. 사용자는 터치스크린이 넓어서 터치펜이 필요 없으며, 사용할 수도 없다. 전기 전도력이 있는 장갑을 끼지 않는 이상 맨살이어야 하기 때문에 터치패드를 사용하기 위해서는 장갑을 벗어야 한다.

Q. 이 지문은 무엇에 관한 내용인가?
(a) 아이폰의 특징
(b) 아이폰 터치패드에 대한 비평
(c) 왜 아이폰이 필요한지
(d) 아이폰의 중요성

liquid crystal 액정 be topped with ~로 정상에 서다
scratch-resistant 긁힘 방지의 specifically 명확하게
stylus 자동 기록계 capacitive 널찍한
conducive 도움이 되는

Power Hint ●●●

지문의 주제를 묻는 문제이다. 지문에서 아이폰의 여러 기능 중 터치스크린의 우수한 기능과 장점 등을 평가하고 있으므로 주제로 적절한 것은 (b)이다.

정답 (b)

51 In a French book *Louis Vuitton, A French Saga* by journalist Stephanie Bonvicini, the members of the Vuitton family are told to have actively aided the puppet government led by Marshal Philippe Petain and have increased their wealth from their business affairs with the Germans. During the German occupation of France in the Second World War, Louis Vuitton collaborated with the Nazis. During the Second World War, a sign at the entrance of the main Louis Vuitton storefront in Paris read "No dogs. No Jews." A spokesman for LVMH said as a response to the book's release in 2004, "This is ancient history. The book covers a period when it was family-run and long before it became part of LVMH. We are diverse, tolerant and all the things a modern company should be."

Q   What can be said about the spokesman's response?
(a) The response was highly defensive.
(b) The company apologizes for their mistakes in the past.
(c) The company doesn't deny what was written in the book.
(d) The response showed that the spokesman knows what he's saying.

스테파니 폰비치니 기자가 저술한 프랑스 책 《루이뷔통, 프랑스 이야기》에는 루이뷔통 일가가 마샬 필립 페테인이 이끄는 괴뢰 정부에 적극적으로 협조하며 독일과 관련된 사업으로 그들의 부를 증식시켰다고 말하고 있다. 제2차 세계대전 당시 독일의 프랑스 점령 기간 동안 루이뷔통은 나치에 협력하였다. 제2차 세계대전 동안, 파리 루이뷔통 가게 정문에는 "개, 유대인 출입 금지"라는 표시가 있었다. LVMH의 대변인은 2004년 발간된 이 책에 대한 반응으로 "이것은 오래전의 지나간 이야기이다. 이 책은 LVMH로 바뀌기 훨씬 전의 루이뷔통 일가 체제였을 때를 다루고 있다. 우리는 다양하고 관대하다. 그리고 현대적인 회사가 갖춰야 할 모든 자질을 갖추었다."라고 말했다.

Q. 이 대변인의 반응에 대해 말할 수 있는 것은?
(a) 이 반응은 매우 방어적이다.
(b) 이 회사는 과거의 실수에 대해 사과하고 있다.
(c) 이 회사는 이 책에 쓰여진 내용을 부인하지 않는다.
(d) 이 반응은 대변인 자신이 무엇에 대해 말하는지를 알고 있음

을 보여 주었다.

saga 전설 puppet 꼭두각시, 괴뢰 collaborate 협력하다 storefront 점포의 정면 diverse 다양한 LVMH (루이뷔통 모엣 헤네시) 6백여 개의 명품 회사들로 이뤄진 세계 최대의 명품 기업

Power Hint ●●●
LVMH의 대변인이 책에 나와 있는 루이뷔통의 이야기에 대해서 있는 그대로 말을 하고 있고, 또한 지금은 현대적인 회사가 갖춰야 할 모든 자질을 갖췄다고 했으므로 정답은 (c)이다.

정답 (c)

---

52 Adam Smith entered the University of Glasgow at the age of fifteen, where he studied moral philosophy under Francis Hutcheson. Smith developed his strong passion for liberty, reason, and free speech. He was awarded the Snell Exhibition and entered Balliol College, Oxford in 1740, and left the university in 1746. In Book V of The Wealth of Nations, Smith comments on how low the quality of instruction and how meager the intellectual activity is at English universities when compared to their counterparts in Scotland. He attributed this both to the rich endowments of the colleges at Oxford and Cambridge.

Q Which is correct about Adam Smith according to the passage?
(a) He was well educated.
(b) He rose to fame because of his education.
(c) He wrote so many books.
(d) He criticized a lot during his time.

아담 스미스는 15세의 나이로 글래스고 대학에 입학했다. 그는 그곳에서 프란시스 허치슨의 지도하에 윤리 철학을 공부했다. 스미스는 자유, 이성 그리고 언론의 자유에 대해 강한 열정을 갖게 되었다. 그는 Snell Exhibition 상을 받고 1740년 옥스퍼드 대학의 베일럴 칼리지에 입학하였으나 1746년 자퇴하였다. 《국부론》 제5편에서 스미스는 영국 대학들의 빈약한 지적 활동과 낮은 강의의 질에 대하여 스코틀랜드의 대학들과 비교하여 논평하였다. 그는 이러한 문제점이 옥스퍼드 대학 및 캠브리지 대학 내 칼리지들의 풍족한 기부금 때문이라고 하였다.

Q. 지문에 따를 때 아담 스미스에 대해서 옳은 것은?
(a) 그는 높은 교육을 받았다.
(b) 그는 그의 교육 때문에 유명해졌다.
(c) 그는 수많은 책을 썼다.
(d) 그의 시대에 많은 비평을 했다.

liberty 자유 be awarded 수상하다

---

instruction 교육 meager 빈약한, 야윈 attribute A to B A를 B의 탓으로 돌리다 endowment 기부(금)

Power Hint ●●●
아담 스미스에 대한 세부 정보를 묻는 문제이다. 지문의 초반부에 아담 스미스는 15세의 나이로 글래스고 대학에 입학해서 윤리 철학을 공부했고 나중에 자퇴를 했으나 옥스퍼드에서도 수학을 했다는 내용이 등장하므로 정답은 (a)이다.

정답 (a)

---

53 Baseball is also known as America's pastime, but fans can be found in several other countries as well. The history of baseball in Canada has remained closely connected with that of the sport in the United States. The first formal baseball league outside of the United States and Canada was founded in 1878 in Cuba. Between the world wars, professional baseball leagues began to form in other countries, including the Netherlands(1922), Australia(1934), Japan(1936), and Puerto Rico(1938). After World War II, professional leagues were founded in Italy(1948) and in many Latin American nations, most prominently Venezuela(1945), Mexico(1945), and the Dominican Republic(1951). In Asia, Korea(1982), Taiwan(1990), and China(2003) all have professional leagues. Many European countries have pro leagues as well. The most successful are the Dutch and the Italian leagues founded in 1948. Since the early 1970s, the annual Caribbean Series has matched the league-winning clubs from Puerto Rico, Venezuela, Mexico, and the Dominican Republic.

Q What is the passage about?
(a) The history of baseball
(b) How baseball became global.
(c) Why baseball is known as America's pastime.
(d) Contributions of other countries in baseball.

야구는 또한 미국의 오락 경기로 알려져 있으나 야구팬들은 미국 뿐만이 아니라 다른 나라에서도 찾아볼 수 있다. 캐나다 야구의 역사는 미국 야구와 밀접하게 관련되어 있다. 미국과 캐나다 외의 첫 정식 야구 리그는 1878년 쿠바에서 열렸다. 제1, 2차 세계

대전 사이에 네덜란드(1922), 호주(1934), 일본(1936) 그리고 푸에르토 리코(1938)를 비롯한 다른 나라들에서 프로 야구 연맹이 창단되었다. 제2차 세계대전이 끝난 후엔, 이탈리아(1948), 라틴 아메리카 국가들, 가장 두드러지게는 베네수엘라(1945), 멕시코(1945), 그리고 도미니카 공화국(1951)에서 프로 리그가 창단되었다. 아시아에서는 한국(1982), 대만(1990), 중국(2003) 모두에서 프로 야구 연맹이 창설되었다. 많은 유럽 국가들도 마찬가지로 프로 연맹이 있다. 가장 성공적인 것으로는 1948년 창설된 네덜란드와 이탈리아 연맹을 들 수 있다. 1970년대 이후, 매년 캐러비안 야구 대회에서 푸에르토 리코, 베네수엘라, 멕시코 그리고 도미니카 공화국이 대결하여 우승팀을 겨룬다.

Q. 이 지문은 무엇에 대한 것인가?
(a) 야구의 역사
(b) 야구가 어떻게 세계적인 경기로 발전하였는지
(c) 왜 야구가 미국의 오락 경기라고 불리는지
(d) 야구에 대한 다른 나라들의 기여

found 설립하다 **annual** 매년의 **match** 겨루다, 경쟁시키다

Power Hint ●●●
지문의 주제를 묻는 문제이다. 미국에서 시작된 야구는 캐나다를 거쳐 세계 여러 나라로 전파되었고 그 나라에 각각 프로 리그가 만들어졌다는 내용이므로 정답은 (b)가 가장 적절하다. (a)는 야구 자체의 역사라고 보기는 어려우므로 맞지 않다.

정답 (b)

54 George Carlin has often denounced the idea of God in interviews and performances most notably with his *Invisible Man in the Sky* and *There Is No God* routines. He invented the parody religion Frisbeetarianism, the belief that when one dies "his soul gets flung onto a roof, and just stays there", and cannot be retrieved, to mock existing religions. Carlin jokes about worshiping the Sun, because he can actually see it, but prays to Joe Pesci because 'he's a good actor', and 'looks like a guy who can get things done!' Moreover, Carlin introduced the "Two Commandments", a revised 'pocket-sized' list of the Ten Commandments in his HBO special Complaints and Grievances, ending with the additional commandment of "Thou shalt keep thy religion to thyself." Carlin was born and raised in the catholic faith.

Q What can be inferred from the passage about Carlin?
(a) He is a practicing Roman Catholic.
(b) He is an atheist.
(c) He is a famous comedian.
(d) He is loved by many.

조지 캘린은 인터뷰나 공연들에서 신에 대한 관념에 대해 자주 비난해 왔다. 특히나 〈하늘에 있는 보이지 않는 사람〉이란 공연과 〈하나님은 없다〉란 공연을 통해서였다. 그는 종교를 패러디한 프리스비타리아니즘을 만들었다. 거기에 따르면 사람이 죽으면 "그의 영혼이 지붕에 내던져지게 되고 그냥 거기에 머문다."는 것이다. 그리고 기존의 종교를 비웃기라도 하듯이 다시 회복될 수 없다고 한다. 캘린은 태양은 실제 눈으로 볼 수 있기 때문에 태양을 숭배하는 것을 조롱한다. 그러나 그는 조 페시에게는 기도를 하는데 그가 '훌륭한 배우'이며 '일 끝마무리를 잘 처리할 수 있는 사람으로 보이기' 때문이다. 게다가 캘린은 HBO 채널의 특별 프로그램 《불평과 불만》에서 10계명의 개정 축소판인 "2계명"을 소개하였는데, 여기에 덧붙여 "너는 너 자신을 위한 너만의 종교를 가질지어다."라는 계명으로 이 프로그램을 마쳤다. 캘린은 카톨릭 신앙 속에서 태어나 성장했다.

Q. 이 지문에서 캘린에 대하여 추론할 수 있는 것은?
(a) 그는 로마 가톨릭을 따른다.
(b) 그는 무신론자다.
(c) 그는 유명한 코미디언이다.
(d) 그는 많은 이에게 사랑받는다.

denounce 비난하다 **notable** 주목할 만한
invisible 눈에 보이지 않는 **fling** 던지다
retrieve 만회하다, 수선하다, 정정하다
grievance 불만, 불평하기 **atheist** 무신론자

Power Hint ●●●
캘린에 대해서 추론할 수 있는 것을 묻는 문제이므로 지문에서 캘린에 관한 세부 정보를 기억해야 한다. 조지 캘린은 《하나님은 없다》란 공연을 하고 신에 대한 관념에 비난을 해 왔다는 내용이 등장하므로 조지 캘린이 무신론자임을 유추해 볼 수 있다.

정답 (b)

55 Color Symbolism refers to the use of color as a symbol throughout cultures and religions, while Color Psychology refers to a field of psychology devoted to analyzing the effect of color on human behavior and feeling. It is important not to confuse Color Psychology with Color Symbolism. For example, symbolically, red may be used to indicate danger, largely because reds have the illusion of appearing nearer than other colors and, therefore have greater impact. On the other hand, in Color Psychology, the colors of danger are yellow and black. In Color Symbolism, green means envy in many cultures, while in Color Psychology, it is linked with balance.

Q Which is correct about Color Psychology according to the passage?
(a) It is a new science.

(b) It is a field of psychology.
(c) It has been studied extensively.
(d) It has many practical uses.

색채 상징주의란 문화와 종교를 상징하는 수단으로 색깔을 이용하는 것을 뜻하는 반면, 색채 심리학이란 색깔이 인간의 행동과 감정에 미치는 영향을 분석하는 심리학의 한 분야를 뜻한다. 색채 심리학을 색채 상징주의로 혼동하지 말아야 하는 것은 매우 중요하다. 예를 들어, 상징주의에서는 빨간색은 위험을 나타내는 데 흔히 사용된다. 이것은 대개 빨간색이 다른 색보다 더 가까워 보이는 착시를 불러일으키기 때문에 더 큰 효과를 갖기 때문이다. 반면 색채 심리학에서 위험을 나타내는 색깔은 노랑과 검정이다. 색채 상징주의에서 녹색은 여러 문화들에서 질투를 뜻하지만, 색채 심리학에서 녹색은 균형과 연관성이 있다.

Q. 지문에 따를 때 색채 심리학에 관한 내용으로 옳은 것은?
(a) 색채 심리학은 근대 과학이다.
(b) 심리학의 한 분야이다.
(c) 광범위하게 연구되어 왔다.
(d) 여러 가지 실용적인 용도가 있다.

psychology 심리학 confuse A with B A와 B를 혼동하다
indicate 가리키다 illusion 환영

Power Hint ●●●
색채 심리학과 색채 상징주의의 내용을 혼동하지 말아야 한다. 색채 심리학은 색깔이 인간의 행동과 감정에 미치는 영향을 분석하는 심리학의 한 분야라는 내용이 지문의 초반부에 등장하므로 정답은 (b)이다.

정답 (b)

56 Unlike in modern Western culture where kissing is commonly viewed as an expression of affection, in many parts of the world kissing is viewed as a means of respecting others. Kissing was only considered proper when between two men, two women, or parents kissing their children in Middle Eastern countries, and was not looked upon as a sexual expression. In Native American, African, and Polynesian cultures, kissing was not known until it was introduced by European and Western influence. Until recently, in Eastern European countries, kissing between two men on the lips as a greeting or a farewell was as normal as the modern Western handshake. However, this custom has nearly died out because of Western influence.

Q Which is correct about kissing according to the passage?

(a) Kissing means different things in different countries.
(b) It is ok to kiss a person of the same gender.
(c) Kissing is a sign of affection.
(d) Kissing is a normal human activity.

입맞춤이 보통 애정 표현으로 인식되는 현대 서구 문화와는 달리 세계 여러 곳에서 입맞춤은 상대방에 대한 존경의 표현이다. 중동 국가에서는 두 남자 혹은 두 여자끼리 또는 부모가 자식에게 하는 입맞춤만이 정당하다고 여겼으며, 입맞춤을 성적인 표현으로는 보지 않았다. 인디언 문명과 아프리카 문명, 그리고 폴리네시아 문명에서 입맞춤은 유럽과 서구의 영향으로 소개되기 전까지는 알려져 있지 않았다. 최근까지도 동유럽국가에서는 입맞춤이 두 남자가 만났을 때나 헤어질 때 입술에 하는 것으로서, 현대 서구의 악수와 마찬가지로 일반적인 것으로 받아들여졌다. 하지만 이 관습은 서구의 영향으로 인해서 거의 사라져가고 있다.

Q. 지문에 따르면 입맞춤에 관한 내용으로 옳은 것은?
(a) 입맞춤은 여러 나라에서 다른 의미가 있다.
(b) 같은 성의 사람에게 입맞춤해도 괜찮다.
(c) 입맞춤은 애정의 표현이다.
(d) 입맞춤은 정상적인 인간의 행동이다.

influence 영향 greeting 인사 farewell 작별

Power Hint ●●●
지문의 초반부에 입맞춤이 애정 표현으로 인식되는 현대 서구 문화와는 다르게 세계 여러 곳에서 입맞춤은 상대방에 대한 존경의 표현이라는 내용이 등장하며, 세계 여러 나라에서의 입맞춤의 의미 차이를 예를 들고 있으므로 정답은 (a)이다.

정답 (a)

57 A red tide may be pretty, but it's highly disastrous. When toxins are present in the water, massive fish kills occur. Humans swimming in a red tide can also experience eye and skin irritations. Immense fish kills have been reported in California, the Gulf of Mexico, Japan, Peru, Africa, and Australia. Another effect of red tide is shellfish poisoning. Mollusks, such as clams, scallops, and mussels, are filter feeders; they eat plankton and filter the cells out of the water. When shellfishes eat toxic plankton, the toxins are collected in a special organ and this does not pose any threat against them. However, the problem comes when humans consume the poisoned shellfish. Within an hour, the poison affects the nervous system, and the victim experiences a numbing of the lips, tongue, and fingertips. Eventually

respiratory failure occurs. If kept alive by
artificial respiration, the victim can be treated.
Unfortunately, the symptoms of shellfish
poisoning resemble drunkenness, and are
usually not diagnosed and treated until it is
too late.

Q What happens when humans eat
    poisoned shellfish?
(a) They might die if untreated.
(b) They should be taken to the nearest
    hospital.
(c) They might spread the infection.
(d) Their nervous system is affected but they
    will get better after a few hours.

적조는 예쁠지는 모르지만 엄청난 재앙이다. 물에 독이 있으면
물고기가 떼죽음을 당한다. 사람이 적조 때 수영을 해도 눈이나
피부에 염증이 생길 수 있다. 대량의 물고기 떼죽음은 캘리포니
아, 멕시코만, 일본, 페루, 아프리카와 호주에서 보고되고 있다.
적조의 또 다른 결과는 조개류 중독이다. 대합조개, 가리비와 홍
합 같은 연체동물은 여과 섭식동물이다. 여과 섭식동물은 플랭크
톤을 먹고 물 속에서 세포들을 여과한다. 조개가 독소가 있는 플
랭크톤을 먹을 경우 특별한 기관에 독소가 모이게 되지만 이것은
조개에게 그리 위협적이지는 않다. 문제는 인간이 중독된 조개류
를 섭취했을 때 생긴다. 독은 한 시간 이내에 신경계에 영향을
주며 피해자는 입술과 혀 그리고 손끝 등의 감각이 없어지는 경
험을 하게 되고 결국엔 호흡기 장애가 생긴다. 인공호흡으로 생
존하게 되고 그제서야 그 희생자는 치료를 받게 될 것이다. 불행
하게도 조개 중독의 증상은 술에 취한 것과 흡사해서 대부분 제
때 진단되지 않고 치료 시기를 놓치게 된다.

Q. 사람이 중독된 조개를 먹으면 어떻게 되는가?
(a) 치료하지 않으면 죽을 수도 있다.
(b) 가까운 병원으로 옮겨야 한다.
(c) 전염시킬 수 있다.
(d) 신경계에 영향이 오지만 몇 시간 후에 다시 괜찮아진다.

red tide 적조 disastrous 비참한, 재난의
massive 부피가 큰, 육중한 immense 막대한
skin irritation 피부 염증 shellfish 조개, 갑각류
poisoning 중독 mollusk 연체동물 clam 조개
scallop 가리비 mussel 홍합 nervous 신경의
numb 감각이 없어지는 respiratory 호흡의 symptom 증상

Power Hint ●●●
사람이 중독된 조개를 먹었을 때의 증상을 묻고 있다. 질문에 해
당되는 내용은 지문 중반 이후에 등장하는데, 인간이 중독된 조개
류를 섭취했을 때 독은 한 시간 이내에 신경계에 영향을 주며 환
자는 입술과 혀 그리고 손끝 등의 감각이 없어지는 것을 경험하
고 호흡기 장애가 생기는데, 증상이 즉시 나타나지 않으므로 치료
시기를 놓칠 수도 있다는 내용이 등장하므로 정답은 (a)이다.

정답 (a)

58 A future theme park will be constructed in the
vicinity of Seoul, Universal Studios South
Korea. Upon its projected opening in 2012,
the park would become the sixth Universal
Studios theme park in the world, and the
fourth in Asia, after Universal Studios Japan
and the future Universal Studios Dubai and
Universal Studios Singapore. The park will
be constructed by a group that includes
Universal Parks and Resorts, USKOR and
Associates, and POSCO Engineering.

Q Which is correct about Universal Studios
    South Korea according to the passage?
(a) It will be the sixth of its kind in Asia.
(b) It will be the biggest of its kind in the
    world.
(c) It will attract many visitors.
(d) It will be constructed somewhere near
    Seoul.

미래 테마파크인 한국 유니버셜 스튜디오가 서울 근처에 세워질
것이다. 2012년에 오픈이 계획된 이 테마파크는 세계에서 여섯
번째, 아시아에서는 네 번째의 유니버셜 스튜디오 테마파크가 될
것이다. 일본 유니버셜 스튜디오와 앞으로 생길 두바이, 그리고
싱가폴 유니버셜 스튜디오 다음으로 말이다. 테마파크는 유니버
셜 파크와 리조트, 한국유스코(USKOR)와 관련 업체, 그리고 (주)
포스코건설에 의하여 건설될 것이다..

Q. 지문에 따르면 한국 유니버셜 스튜디오에 대하여 옳은 것은?
(a) 아시아에서 여섯 번째일 것이다.
(b) 유니버셜 스튜디오 중 세계에서 가장 클 것이다.
(c) 많은 관람객을 끌어모을 것이다.
(d) 서울 근처에 세워질 것이다.

vicinity 근처, 부근 be constructed 건설되다

Power Hint ●●●
지문의 초반부에 한국 유니버셜 스튜디오의 미래 테마 공원이 서
울 근처에 세워질 것이라는 내용이 등장하므로 정답은 (d)이다.

정답 (d)

59 Instant noodles have become a popular food
in different corners of the globe, though they
have gone through changes in flavor to fit
local tongues. Because of the recent Chinese
immigration wave, instant noodles are
gaining popularity in Argentina. In Germany,
there are two types of ramen. The first,
generally called Instant-Nudeln, is the
westernized version. The second type is
actually called Ramen, and it is similar to

traditional ramen in Asia. In the Philippines, instant noodles are usually eaten by the poor people together with porridges and dried fish. Some other citizens also buy instant noodles for snacks, and breakfast. In the same light, despite the wide availability of the instant noodles, it is a common belief in Russia that instant noodles are food for poor people.

Q Which is correct about instant noodles in some parts of the world?
(a) Instant noodles are highly-priced.
(b) Instant noodles are not well accepted.
(c) Instant noodles are staple foods in China.
(d) Instant noodles are considered food for poor people in the Philippines.

인스턴트 라면은 현지인의 입맛에 따라 여러 가지 맛으로 변화되긴 했어도 세계 여러 곳에서 인기 있는 음식이 되었다. 최근의 중국 이민 열풍으로 인해 인스턴트 국수는 아르헨티나에서 인기를 얻고 있다. 독일에는 두 가지 종류의 라면이 있다. 첫번째 것은 일반적으로 인스턴트-누들이라고 불리는 것으로 서구식으로 변형된 라면이다. 두 번째 종류는 실제로 라면이라고 불리며, 아시아의 전통적인 라면과 비슷하다. 필리핀에서 라면은 죽, 마른 생선과 더불어 주로 가난한 사람들이 먹는 음식이다. 또 다른 사람들은 라면을 간식이나 아침 식사로 먹는다. 라면이 널리 유용하게 이용되고 있음에도 불구하고 같은 시각에서 러시아에서는 라면이 가난한 사람들을 위한 음식이라는 생각이 일반화되어 있다.

Q. 세계 여러 곳의 라면에 대하여 옳은 것은?
(a) 라면은 가격이 높다.
(b) 라면은 잘 받아들여지지 않고 있다.
(c) 중국에서 라면은 주식이다.
(d) 라면은 필리핀에서 가난한 사람들을 위한 음식이라고 생각되고 있다.

immigration 이민 popularity 인기, 대중성
westernize 서구화되다
porridge 포리지(오트밀을 물이나 우유로 끓인 죽)
availability 이용도, 유용성 staple 주요 산물

Power Hint ●●●
필리핀에서 라면은 죽, 마른 생선과 더불어 주로 가난한 사람들이 먹는 음식이라는 내용이 등장하므로 정답은 (d)이다. (a)는 라면 가격에 관한 내용이 언급되어 있지 않으므로 맞지 않다. (b)는 라면이 세계 곳곳에서 인기가 있다는 내용이 등장하므로 반대이다. (c)는 중국이 등장하기는 하지만, 아르헨티나에서의 중국 이민 열풍으로 라면이 인기가 있다는 내용만 등장할 뿐 중국에서 라면이 주식인지 여부는 알 수 없다.

정답 (d)

60 A power-nap is a short sleep which terminates before the occurrence of deep sleep or Slow-Wave-Sleep(SWS), intended to invigorate the subject from sleepiness quickly. The term power-nap was coined by Cornell University social psychologist James Maas. In modern society, napping is often ridiculed and sneered at because it is associated with laziness. However, the power nap depicts an opposite picture, bringing clarity, energy and concentration for those who practice it. Very busy and effective people practice it regularly, including for example the former French president Jacques Chirac.

Q Which is correct about power napping according to the report?
(a) It is a good way to relax.
(b) It is intended for famous people only.
(c) It is a good alternative to sleep.
(d) It invigorates people from drowsiness.

Power-nap(원기 회복 낮잠)이란 깊은 수면이나 서파수면이 일어나기 전에 끝내는 짧은 수면을 말하며, 잠이 부족한 사람들의 원기를 빠르게 회복시켜 주기 위한 것이다. 원기 회복 낮잠이란 용어는 코넬 대학교의 사회 심리학자 제임스 마스에 의하여 만들어졌다. 현대 사회에서 낮잠은 늘 게으름과 함께 연상되어 조롱과 비웃음의 대상이 되어 왔다. 하지만 원기 회복 낮잠은 정반대의 현상을 나타내고 있는데 즉 이 낮잠을 즐기는 사람들의 정신을 더 맑게 해 주고 힘과 집중력을 더 높여 준다는 것이다. 전 프랑스 대통령 자크 시라크의 예를 포함해서 매우 바쁘고 유능한 사람들이 이 낮잠을 규칙적으로 취하고 있다.

Q. 보고서에 따르면 원기 회복 낮잠에 대하여 옳은 것은?
(a) 긴장을 풀기에 좋은 방법이다.
(b) 유명한 사람들만을 위한 것이다.
(c) 수면을 대신할 수 있는 좋은 방법이다.
(d) 사람들을 졸음으로부터 원기 회복시킨다.

terminate 끝내다, 종결시키다 invigorate 원기를 돋우다
coin (신어, 신표현을) 만들어 내다
psychologist 심리학자 ridicule 조롱하다
sneer 비웃다 be associated with ~와 관계가 있다
depict 그리다, 묘사하다

Power Hint ●●●
지문의 초반부에 원기 회복 낮잠은 짧은 수면으로 잠이 부족한 사람들의 원기를 아주 빠르게 회복시켜 준다는 내용이 등장하므로 정답은 (d)이다.

정답 (d)

Actual Test 2

Answer Key

Part I

1 (a)	2 (b)	3 (c)	4 (a)	5 (d)
6 (a)	7 (b)	8 (a)	9 (a)	10 (d)
11 (c)	12 (d)	13 (a)	14 (a)	15 (a)

Part II

16 (b)	17 (a)	18 (b)	19 (a)	20 (b)
21 (b)	22 (d)	23 (b)	24 (b)	25 (b)
26 (c)	27 (a)	28 (a)	29 (d)	30 (a)

Part III

31 (b)	32 (a)	33 (a)	34 (b)	35 (c)
36 (a)	37 (b)	38 (c)	39 (a)	40 (a)
41 (c)	42 (c)	43 (d)	44 (a)	45 (c)

Part IV

46 (a)	47 (d)	48 (c)	49 (c)	50 (b)
51 (a)	52 (c)	53 (c)	54 (a)	55 (d)
56 (d)	57 (d)	58 (d)	59 (a)	60 (a)

Part I

1 M　I ache all over. Do you have any aspirin?
　 W　_____

(a) Yes, I think I have some in the first-aid kit.
(b) Yes, I think I can have some too.
(c) Yes, I think it is in the car.
(d) Yes, I think you're right.

남: 온 몸이 쑤셔요. 아스피린 좀 있으세요?
여: _____

(a) 네, 구급약 상자에 좀 있는 것 같아요.
(b) 네, 저도 좀 먹을 수 있을 것 같군요.
(c) 네, 그건 차 안에 있는 것 같아요.
(d) 네, 당신이 옳은 것 같아요.

ache 아프다 first-aid kit 구급약 상자

Power Hint ●●●
아스피린이 있냐는 질문에 적절한 답변은 구급약 상자에 있다고 말한 (a)이다. (c)의 경우는 any aspirin을 it으로 받을 수 없으므로 정답이 될 수 없다.

정답 (a)

2 M　Do you like any sport in particular?
　 W　_____

(a) I love to dance.
(b) I'm a soccer fan.
(c) I went bowling with Greg.
(d) I don't play soccer.

남: 특별히 좋아하는 스포츠가 있나요?
여: _____

(a) 춤추는 것을 좋아해요.
(b) 저는 축구 팬이에요.
(c) 저는 그렉과 함께 볼링 치러 갔어요.
(d) 저는 축구 안 해요.

in particular 특별히

Power Hint ●●●
특별히 좋아하는 스포츠를 묻는 질문에 축구 팬이라고 답하는 것이 적절하다.

정답 (b)

3 M　What did the weatherman say today?
　 W　_____

(a) I think it's going to be a lovely day today.
(b) I think winter is going to come early this year.
(c) He said it would be colder.
(d) He said it would affect the company's stocks.

남: 기상 캐스터가 오늘 뭐라고 했나요?
여: _____

(a) 저는 오늘 날씨가 아주 좋을 거라고 생각해요.
(b) 저는 올해 겨울이 빨리 올 거라고 생각해요.
(c) 더 추울 거라고 그가 말했어요.
(d) 그것이 회사의 주식에 영향을 줄 거라고 그가 말했어요.

weatherman 일기예보 아나운서, 기상 캐스터
affect 영향을 미치다 **stock** 주식, 주

Power Hint ●●●
기상 캐스터가 뭐라고 했는지에 대한 답변이므로 (c)가 적절하다.

정답 (c)

4 M Isn't it very hot?
   W _____

(a) Yes, I'm all soaked.
(b) Yes, let's ask them.
(c) Yes, but it still looks good on me.
(d) Yes, but it still works.

남: 정말 덥지 않아요?
여: _____

(a) 네, 완전 땀에 젖었어요.
(b) 네, 그들에게 물어봅시다.
(c) 네, 하지만 이거 아직도 저한테 잘 어울려요.
(d) 네, 하지만 아직 작동해요.

soak 적시다

Power Hint ●●●
정말 덥지 않냐는 질문에 대한 적절한 답변은 완전히 땀에 젖었다고 말하는 (a)이다.

정답 (a)

5 M How is your business doing?
   W _____

(a) I'm back in the pink.
(b) It has been renovated.
(c) I'm putting up my own business.
(d) It has been in the red lately.

남: 사업은 잘 돼요?
여: _____

(a) 저는 다시 건강해졌어요.
(b) 새롭게 단장되었어요.
(c) 제가 사업을 시작하려구요.
(d) 요즘 계속 적자예요.

in the pink 아주 건강하여 **renovate** 새롭게 하다, 수리하다
in the red 적자를 내고 있는

Power Hint ●●●
사업이 잘 되는 질문에 대한 적절한 답변은 사업에 대해서 말하고 있는 (d)이다. be in the red는 '적자를 내고 있다' 또는 '빚을 지고 있다' 라는 표현이다.

정답 (d)

6 M Are you serious about resigning?
   W _____

(a) Yes, I'm moving to the US next month.
(b) Yes, I'm signing the contract.
(c) Yes, I'm in a serious relationship.
(d) Yes, I'm serious about my demands.

남: 정말 사임하실 거예요?
여: _____

(a) 예, 다음 달에 미국으로 떠납니다.
(b) 예, 그 계약 체결할 겁니다.
(c) 예, 진지하게 사귀는 관계입니다.
(d) 예, 제 요구 사항에 대해 진지해요.

resign 사임하다

Power Hint ●●●
정말 사임할 거냐는 질문에 적절한 답변은 (a)이다. 선택지 (d)는 serious about 소리가 나오지만 정답과는 거리가 멀다.

정답 (a)

7 M Who do you work for?
   W _____

(a) I work for 6 straight hours.
(b) I work for Dr. Geller.
(c) I work very efficiently.
(d) I work 24 hours a day.

남: 어느 분 밑에서 일하나요?
여: _____

(a) 저는 6시간 내리 일해요.
(b) 겔러 박사님 아래서 일해요. .
(c) 저는 아주 효율적으로 일해요.
(d) 저는 하루 24시간 일해요.

efficiently 효과가 있는, 유능한

Power Hint ●●●
누구 밑에서 일하냐는 질문에 대한 적절한 답변은 (b)이다.

정답 (b)

8 M What time do you usually get off work?
   W _____

(a) At around 6 in the evening.
(b) Usually, until 7 in the evening.
(c) I'm afraid I can't get off early today.
(d) 5 o'clock is fine.

남: 대개 몇 시에 퇴근하세요?

여: _____

(a) 저녁 6시쯤이에요.
(b) 대개 저녁 7시까지요.
(c) 오늘은 일찍 퇴근하지 못할 것 같네요.
(d) 5시가 괜찮아요.

get off work 퇴근하다

Power Hint ●●●
퇴근 시간을 묻는 질문에 적절한 답변은 (a)이다.

정답 (a)

9 M　What's your height?
W　_____

(a) I'm five feet three inches.
(b) I'm 150 lbs.
(c) I'm leaving at 5 in the afternoon.
(d) Your height is 130 cm.

남: 당신 키가 얼마죠?
여: _____

(a) 5피트 3인치요. (160cm요.)
(b) 150파운드 나가요.
(c) 저는 오후 5시에 떠나요.
(d) 당신 키는 130cm예요.

height 고도, 키　lb(s) 파운드

Power Hint ●●●
키를 묻고 있으므로 정답은 (a)이다.

정답 (a)

10 M　What did you major in?
W　_____

(a) Agriculture is a major source of revenue.
(b) My major is theoretical physics.
(c) I'm majoring in applied linguistics.
(d) I majored in political science.

남: 당신의 전공은 무엇이었나요?
여: _____

(a) 농업은 수입의 주요 근원입니다.
(b) 저의 전공은 이론물리학입니다.
(c) 저는 응용언어학을 전공하고 있습니다.
(d) 정치학을 전공했습니다.

major in ~를 전공으로 하다　agriculture 농업
revenue 세입, 수입　theoretical 이론의
linguistics 언어학　political science 정치학

Power Hint ●●●
시제 문제이다. 과거에 전공한 것을 묻고 있으므로 majored가
쓰인 (d)가 정답이다.

정답 (d)

11 M　Don't you think it's time for you to settle down?
W　_____

(a) I plan to settle down in the future.
(b) Yes, but the chances are slim.
(c) I haven't found Mr. Right yet.
(d) No, I can't give up now.

남: 결혼해서 자리를 잡아야 할 때라고 생각지 않아요?
여: _____

(a) 앞으로 정착할 계획이에요.
(b) 예, 하지만 가망이 거의 없어요.
(c) 아직 좋은 사람을 못 찾았어요.
(d) 아뇨, 아직 포기할 수 없어요.

settle down 결혼하여 자리를 잡다
The chances are slim. 가망이 거의 없다.
Mr. Right 이상형, 알맞은 짝

Power Hint ●●●
결혼해서 자리 잡을 때가 아니냐는 질문에 아직 알맞은 배우자를
만나지 못했다고 말하는 (c)가 정답이다.

정답 (c)

12 M　How old do I look?
W　_____

(a) I think you're nice.
(b) I think you're single.
(c) I'd say you look like my dad.
(d) I'd say you're about 30.

남: 제가 몇 살 같아 보여요?
여: _____

(a) 당신은 좋은 분 같아요.
(b) 당신은 싱글 같아요. (애인이 없는 것 같아요.)
(c) 당신은 저희 아버지와 닮은 것 같아요.
(d) 당신은 서른 살 정도 된 것 같아요.

single 혼자의

Power Hint ●●●
몇 살처럼 보이냐는 질문에 적절한 답변은 (d)이다.

정답 (d)

13 M　Do you have any children?
W　＿＿＿＿＿＿＿＿＿＿＿＿

(a) I have three.
(b) I love children.
(c) I have my way with children.
(d) I don't know.

남: 아이는 있으신가요?
여: ＿＿＿＿＿＿＿＿＿＿

(a) 아이가 셋 있어요.
(b) 저는 아이들을 사랑해요.
(c) 아이들에 관해선 나름대로의 제 방식이 있어요.
(d) 잘 모르겠어요.

have a way with ~ ~를 잘 다루다

Power Hint ●●●
자녀가 있냐는 질문에 적절한 답변은 (a)이다.

정답 (a)

14 M　Do you live with your parents?
W　＿＿＿＿＿＿＿＿＿＿＿＿

(a) No, just with my mom.
(b) I lost my parents early in life.
(c) No, they don't live there anymore.
(d) I love both my parents.

남: 부모님들과 함께 살고 있나요?
여: ＿＿＿＿＿＿＿＿＿＿

(a) 아뇨, 어머니와만 같이 살아요.
(b) 저는 부모님을 일찍 여의었어요.
(c) 아뇨, 그들은 거기 더 이상 살지 않으세요.
(d) 저는 부모님 모두를 사랑해요.

lose 잃다

Power Hint ●●●
부모님과 함께 살고 있냐는 질문에 적절한 답변은 (a)이다. 질문에 등장하는 소리들이 선택지에 골고루 분포되어 있으므로 소리의 혼동에 빠지지 않도록 유의해야 한다.

정답 (a)

15 M　Where was I, Dr. Green?
W　＿＿＿＿＿＿＿＿＿＿＿＿

(a) You were talking about the prescription.
(b) You are at the meeting.
(c) You were here a couple of minutes ago.
(d) You can't be where I am.

남: 그린 박사님, 제가 어디까지 말했죠?
여: ＿＿＿＿＿＿＿＿＿＿

(a) 처방전에 대해서 말씀하고 계셨어요.
(b) 회의에 참석 중이십니다.
(c) 몇 분 전에 여기 계셨는데요.
(d) 당신은 제가 있는 곳에 있을 수 없어요.

prescription 처방전

Power Hint ●●●
대화나 강의 중에 '어디까지 말했죠?'라고 할 때도 Where를 쓴다.

정답 (a)

Part II

16 M　I have something to tell you.
W　What is it about?
M　Please, listen carefully.
W　＿＿＿＿＿＿＿＿＿＿＿＿

(a) If you don't mind.
(b) I'm all ears.
(c) I know.
(d) I will try.

남: 당신께 말씀드릴 것이 있어요.
여: 뭔데요?
남: 잘 들어 보세요.
여: ＿＿＿＿＿＿＿＿＿＿

(a) 당신이 괜찮으시다면요.
(b) 귀기울이고 있어요.
(c) 알아요.
(d) 노력하겠어요.

be all ears 열심히 귀를 기울이다

Power Hint ●●●
주의 깊게 들어 보라는 말에 대하여 가장 적절한 답변은 열심히 귀를 기울인다고 말하는 (b)이다.

정답 (b)

17 M　So, you wanna know about it?
W　Come on. Give.
M　Rumor has it that Mr. Richardson is going to be fired.
W　＿＿＿＿＿＿＿＿＿＿＿＿

(a) That's terrible.

(b) What's that again?
(c) I heard he got fired.
(d) So are you.

남: 그래서 그것에 대해 알고 싶어요?
여: 네, 말해 봐요.
남: 소문에 의하면 리처드슨 씨가 해고될 거예요.
여: _____

(a) 그것 참 안됐군요.
(b) 뭐라구요?
(c) 그가 해고됐다고 들었어요.
(d) 당신도 마찬가지예요.

fire 해고하다

Power Hint ●●●
리처드슨 씨가 해고될 거라는 소문을 들은 여자의 가장 적절한 응답은 (a)이다. 선택지 (c)는 이미 해고되었다는 것을 들었다로 아직 해고된 것은 아니기 때문에 정답이 아니다.

정답 (a)

18 W I heard Mr. Lee is going to give us all a raise.
   M That's great. But how true is this?
   W He told me. But don't tell anyone yet.
   M _____

(a) Alright. I can't do that.
(b) Alright. My lips are sealed.
(c) Alright. I will let you know.
(d) Alright. He won't.

여: 이 사장님이 우리 모두에게 임금 인상을 해 준다고 들었어요.
남: 그거 잘됐군요. 하지만 이거 진실성이 있는 얘긴가요?
여: 그가 제게 말해 줬어요. 하지만 아직 아무에게도 얘기하지 말아요.
남: _____

(a) 좋아요. 저는 그것을 할 수 없어요.
(b) 좋아요. 비밀 지킬게요.
(c) 좋아요. 알려 드릴게요.
(d) 좋아요. 그는 하지 않을 거예요.

raise 임금 인상 My lips are sealed. 비밀로 하겠다.

Power Hint ●●●
누구에게도 말하지 말라는 말에 가장 적절한 답변은 비밀을 지키겠다는 (b)이다.

정답 (b)

19 W May I see your passport please?
   M Here you are.
   W What's the purpose of your visit?

M _____

(a) I'm here for business.
(b) I'll be visiting a lot of places this time.
(c) I hope to have a good time here.
(d) Wish me luck.

여: 여권 좀 볼 수 있을까요?
남: 여기요.
여: 방문 목적이 무엇인가요?
남: _____

(a) 사업상의 목적으로 왔어요.
(b) 이번에 많은 곳을 방문할 거예요.
(c) 저는 이곳에서 좋은 시간을 갖길 바라요.
(d) 저에게 행운을 빌어 주세요.

purpose 목적

Power Hint ●●●
여행 목적을 묻고 있는데 적절한 답변은 사업차 왔다고 답하는 (a)이다.

정답 (a)

20 M Would you like a round-trip ticket?
   W No, just a one-way ticket.
   M Which type of seat do you prefer?
   W _____

(a) Thanks for the seat.
(b) A window seat, please.
(c) It's all up to you.
(d) Which do you think would look good?

남: 왕복 항공권을 원하십니까?
여: 아뇨, 그냥 편도 티켓으로 주세요.
남: 어떤 좌석이 더 좋으세요?
여: _____

(a) 자리를 주셔서 고마워요.
(b) 창문 쪽 자리요.
(c) 당신에게 달려 있어요.
(d) 어떤 것이 멋있어 보일 것 같나요?

round-trip ticket 왕복 티켓 one-way ticket 편도 티켓

Power Hint ●●●
어떤 좌석을 선호하냐는 질문에, 좌석에 대해서 언급하고 있는 (b)가 정답이다.

정답 (b)

21 M Please put your baggage on the scale.
   W Alright.
   M Your baggage exceeds the limit. The

extra charge is $20.

W _____

(a) That's terrible.
(b) OK. Here you go.
(c) You're lying. It can't be true.
(d) I can't give you that kind of money.

남: 저울 위에 짐을 올려놔 주십시오.
여: 알겠어요.
남: 짐이 한도 무게를 초과했습니다. 초과 요금은 20달러입니다.
여: _____

(a) 그거 참 끔직하군요.
(b) 예, 여기요.
(c) 거짓말이에요. 사실일 리가 없어요.
(d) 저는 당신께 그런 돈을 드릴 수 없어요.

baggage 수화물 scale 저울 exceed ~을 넘다
extra charge 초과 요금, 할증료

Power Hint ●●●
수화물 무게가 한도를 초과하여 초과 요금에 대해서 말하는 것에
대한 적절한 답변은 (b)이다.

정답 (b)

22 W May I help you?
   M I'd like to buy a mechanical pencil.
   W You can choose from these.
   M _____

(a) I'll take this one. And here is my phone
    number.
(b) I'll take this one. How about you?
(c) I'll take this one. Bye!
(d) I'll take this one. How much is it?

여: 도와드릴까요?
남: 샤프를 사고 싶은데요.
여: 이것들 중에 고르시면 됩니다.
남: _____

(a) 이것으로 하죠. 여기 제 전화번호예요.
(b) 이것으로 하죠. 당신은요?
(c) 이것으로 하죠. 안녕히 계세요!
(d) 이것으로 하죠. 얼마예요?

mechanical pencil 샤프

Power Hint ●●●
샤프를 고른 후에 가격을 묻는 (d)가 정답이다.

정답 (d)

23 M Do you have that book called *Seven*

Ways?
W I'm sorry, but we're sold out.
M How soon do you expect it?
W _____

(a) I don't expect him to leave so soon.
(b) Please come back on Saturday.
(c) On my desk. Tomorrow afternoon.
(d) I've been expecting it to arrive.

남: 《일곱 가지 방법》이라는 책이 있나요?
여: 죄송하지만 벌써 다 팔렸습니다.
남: 언제쯤 살 수 있을까요?
여: _____

(a) 그가 그렇게 빨리 떠날 것이라고는 생각되지 않아요.
(b) 토요일에 다시 와 주세요.
(c) 제 책상 위에요. 내일 오후에요.
(d) 도착하길 기다리고 있어요.

sold out 매진된

Power Hint ●●●
언제쯤 그것을 다시 살 수 있을까에 대한 적절한 응답은 (b)이다.
선택지 (a), (d)는 질문에 나온 소리와 동일한 단어들이 나오지만
혼동해서는 안 된다.

정답 (b)

24 M How long does the paper have to be?
   W Ten pages at the least.
   M When is it due?
   W _____

(a) You are due for a raise.
(b) You must hand in your paper by next
    Friday.
(c) Your May installment was due.
(d) You must hand in your papers before the
    baby's due in May.

남: 그 서류는 얼마나 길어야 하나요?
여: 적어도 10장이요.
남: 언제까지 내면 되죠?
여: _____

(a) 당신 임금 인상이 있을 예정이에요.
(b) 다음 주 금요일까지는 제출해야 해요.
(c) 당신의 5월 할부금 납부일이 지났어요.
(d) 5월 출산 예정일 전에 서류를 제출해야 해요.

due 만기일의 hand in 제출하다
installment 할부금

Power Hint ●●●
보고서 마감 기한에 대해 말한 선택지를 골라야 한다. (d)는 대화에서 언급되지 않은 내용이므로 답이 아니다.

정답 (b)

25 M How are Dr. Steel's lectures?
W Very mediocre.
M How does he give grades?
W _____

(a) He gave me an A for my thesis last semester.
(b) He grades students by how many pages we write.
(c) He does all the grading at home.
(d) He does all the grading in his office.

남: 스틸 박사님의 강의는 어떤가요?
여: 매우 평범해요.
남: 점수는 어떻게 주시나요?
여: _____

(a) 지난 학기에 제 논문에 A학점을 주셨어요.
(b) 페이지 수에 따라서 점수를 주세요.
(c) 교수님은 모든 채점을 집에서 하세요.
(d) 교수님은 모든 채점을 다 사무실에서 하세요.

mediocre 평범한 thesis 논문

Power Hint ●●●
점수를 어떻게 주느냐고 묻는 데 대한 적절한 답변은 (b)이다. 혼동을 주려고 질문과 동일한 소리가 곳곳에 나오므로 유의해야 한다.

정답 (b)

26 M How did you get to know him?
W We both worked at Samsung a few years back.
M Did you two get along well?
W _____

(a) We worked alongside with the law.
(b) He couldn't work for he was ill.
(c) We actually became good friends.
(d) I don't really remember him.

남: 그를 어떻게 알게 되었나요?
여: 몇 년 전에 삼성에서 함께 근무했어요.
남: 두 분이 친하셨어요?
여: _____

(a) 우리는 합법적으로 일했어요.
(b) 그는 아파서 일을 못 했어요.
(c) 우리는 사실 좋은 친구가 되었어요.
(d) 그가 잘 기억나지 않아요.

get along well 잘 지내다

Power Hint ●●●
둘 사이가 좋았냐는 질문에 가장 적절한 답변은 (c)이다.

정답 (c)

27 M Thinking about the result of the exam is making me so anxious.
W Just relax. Let's do something else just to keep your mind off it.
M So, what do you suggest?
W _____

(a) Let's get some coffee.
(b) Let's see the results.
(c) Let's find him right away.
(d) Let's wait and see.

남: 시험 결과를 생각하면 너무 불안해져.
여: 긴장을 풀어. 시험 결과를 잊어버릴 수 있는 다른 뭔가를 해보는 게 어때?
남: 추천을 해 봐.
여: _____

(a) 커피 마시러 가자.
(b) 결과를 보자.
(c) 그를 바로 찾자.
(d) 기다려 보자.

anxious 걱정하는

Power Hint ●●●
시험 결과에 대해 걱정하고 있는 남자에게 여자가 긴장을 풀고 잊어버리라고 한다. 남자가 묻는 질문에 적절한 답변은 (a)이다.

정답 (a)

28 M May I please speak to Mr. Kent?
W He hasn't checked in yet.
M Do you happen to know how I can get in touch with him?
W _____

(a) You can ask his assistant.
(b) Sorry, we're not allowed to do that.
(c) Around 10 am.
(d) I don't really remember him.

남: 켄트 씨와 통화할 수 있을까요?
여: 아직 호텔에 체크인하지 않으셨습니다.
남: 켄트 씨와 어떻게 하면 연락할 수 있는지 혹시 아세요?
여: _____

(a) 켄트 씨 비서에게 물어보시죠.
(b) 죄송합니다. 저희가 할 수 있는 일이 아닙니다.
(c) 오전 10시쯤에요.
(d) 저는 그가 잘 기억나지 않아요.

get in touch with ~와 연락하다, 접촉하다 assistant 조수

정답 (a)

29 M Were there any calls for me?
　　W Your boss called.
　　M Did he say anything?
　　W _____

(a) I'll be right back.
(b) She says she's ill.
(c) I'm not sure.
(d) I wrote it on a piece of paper.

남: 저한테 온 전화 있었나요?
여: 당신 상사가 전화했었어요.
남: 뭐라고 하시던가요?
여:

(a) 곧 돌아오겠어요.
(b) 그녀 말이 아프다고 하더군요.
(c) 잘 모르겠어요.
(d) 종이에 써 놨어요.

ill 아픈

정답 (d)

30 M Is she the new head of human resources?
　　W She is Ms. Tomika Smith.
　　M How is she?
　　W _____

(a) I haven't got to talk to her yet.
(b) She's fine, Thank you.
(c) They say that he's very strict.
(d) She's a friend of mine.

남: 그녀가 인사과의 새 과장인가요?
여: 토미카 스미스 씨예요.
남: 그녀는 어떤 사람인가요?
여:

(a) 아직 얘기해 본 적이 없어요.
(b) 그녀는 잘 지내고 있어요, 고마워요.
(c) 사람들이 그러는데 그가 아주 엄격하대요.
(d) 그녀는 제 친구예요.

human resources 인사과 strict 엄격한

정답 (a)

Part III

31 M Do you have anything planned for tonight?
　　W Let me check my planner. Give me a sec.
　　M Sure, take your time.
　　W Did you plan anything special?
　　M I was hoping that we both could see a movie if you're free.
　　W Well, what do you know! You just got lucky.

Q What does the woman mean?
(a) The man is very lucky.
(b) She's doesn't have any previous appointments.
(c) She might not be able to go out with the man.
(d) She is asking the man a question about being lucky.

남: 오늘밤에 계획해 놓은 일 있어?
여: 스케줄 좀 확인해 볼게. 잠시만.
남: 그래, 천천히 해.
여: 특별한 계획이라도 있어?
남: 시간이 있다면 같이 영화 보러 가고 싶어서.
여: 놀라운데 당신 운 좋은 줄 알아.

Q. 여자가 한 말의 의미는?
(a) 남자는 아주 운이 좋다.
(b) 여자는 예정된 약속이 없다.
(c) 여자는 남자와 함께 나갈 수 없을지도 모른다.
(d) 여자는 운이 좋은 것에 관하여 남자에게 질문하고 있다.

what do you know 놀랍군요, 설마
appointment 약속

운이 좋다고 말한다. 즉 시간이 되니 함께 영화 보러 가자는 의미이다.

정답 (b)

32 M Have you been to that new restaurant on 5th avenue?
W No, not yet.
M Me neither.
W The people from human resources went there last night.
M And.
W And I heard they really liked it.
M Let's give it a shot.

Q What does the man mean?
(a) He wants to go to the new restaurant.
(b) He suggests they take a shot of whiskey.
(c) He wants to take a picture of the new restaurant.
(d) He is not interested about the new restaurant.

남: 5번가에 있는 새로 생긴 레스토랑에 가 보셨어요?
여: 아뇨, 아직 못 가 봤어요.
남: 저도요.
여: 인사과 직원들이 어젯밤에 그 레스토랑에 갔었대요.
남: 그런데요?
여: 아주 좋았다는 얘길 들었어요.
남: 한 번 가 봅시다.

Q. 남자가 한 말의 의미는?
(a) 남자는 새로 생긴 레스토랑에 가고 싶어 한다.
(b) 남자는 위스키를 마시자고 제안한다.
(c) 남자는 새 레스토랑의 사진을 찍고 싶어 한다.
(d) 남자는 새 레스토랑에 관심이 없다.

give it a shot 한 번 시도하다

Power Hint ●●●
새로 생긴 레스토랑에 대해서 이야기하다가 마지막에 남자가 한번 가 보자고 하는 것은 가고 싶어 한다는 것을 의미한다.

정답 (a)

33 M You look uneasy. What's up?
W I hope Lex isn't mad at me.
M Why would he get mad at you?
W I stood him up last night.
M So what if he is?
W He might do something stupid again.
M I think it's too late for that.

Q What does the man mean?

(a) Lex had already done something stupid.
(b) Lex flew into a rage.
(c) Lex arrived late for work today.
(d) Lex is not intelligent.

남: 불편해 보여요. 무슨 일이에요?
여: 렉스가 제게 화나 있지 않길 바라요.
남: 렉스가 왜 당신한테 화가 나요?
여: 어젯밤에 제가 렉스를 바람 맞혔어요.
남: 그래서 만약 화가 나 있다면요?
여: 그는 틀림없이 또 바보 같은 행동을 할 거예요.
남: 이미 너무 늦은 것 같네요.

Q. 남자가 한 말의 의미는?
(a) 렉스는 벌써 바보 같은 행동을 했다.
(b) 렉스는 화가 많이 났다.
(c) 렉스는 오늘 일에 늦게 나왔다.
(d) 렉스는 이해심이 많은 남자다.

uneasy 불안한, 걱정되는 stand ~ up ~를 바람 맞히다
fly into a rage 벌컥 화를 내다

Power Hint ●●●
렉스가 바람을 맞아 화가 나서 바보 같은 행동을 할 거 같다는 말에 늦은 거 같다는 대꾸는 이미 그런 행동을 했다는 뜻이다.

정답 (a)

34 M Am I late already?
W The meeting has already started.
M Great!
W You have a lot of explaining to do.
M Is he angry?
W No, he's not. He's furious.

Q What does the woman mean?
(a) Mr. Scott is not angry.
(b) Mr. Scott is more than angry.
(c) Mr. Scott is a furious person.
(d) Mr. Scott is waiting for him.

남: 제가 이미 늦었나요?
여: 회의가 벌써 시작했어요.
남: 큰일이군.
여: 설명해야 할 것이 많을 거예요.
남: 그가 화났나요?
여: 화가 아니라 격분하고 있죠.

Q. 여자가 한 말의 의미는?
(a) 스캇 씨는 화가 나지 않았다.
(b) 스캇 씨는 매우 화가 나 있다.
(c) 스캇 씨는 다혈질이다.
(d) 스캇 씨는 남자를 기다리고 있다.

furious 노하며 펄펄 뛰는

35 M So, I guess it's all over.

W Suit yourself.

M Do you mean it?

W Yeah, take whatever you want.

M Can I have the car key?

W Don't even think about it.

Q What can be inferred from the conversation?

(a) The man can't think about anything.

(b) The man can't really get anything done.

(c) The man can get anything except for the car.

(d) The man can get anything except for the car key.

남: 자, 이제 끝인 것 같네요.
여: 당신 편할 대로 하세요.
남: 진심이에요?
여: 네, 갖고 가고 싶은 거 다 가져가요.
남: 자동차 열쇠 가져가도 돼요?
여: 그건 꿈도 꾸지 말아요!

Q. 이 지문에서 추론할 수 있는 것은?
(a) 남자는 어떤 것도 생각할 수 없다.
(b) 남자는 어떤 것도 잘 해낼 수 없다.
(c) 남자는 어떤 것이든 가져갈 수 있지만 자동차는 제외이다.
(d) 남자는 어떤 것이든 가져갈 수 있지만 자동차 열쇠는 제외이다.

Suit yourself. 마음대로 하세요. except for ~을 제외하고

36 M So, how did it go?

W I couldn't feel any better.

M Whew! you got me all worried.

W I'm sorry about that.

M So what did the doctor say?

W It's non-malignant.

M Thank God!

Q What can be inferred from the conversation?

(a) The woman's tumor is not cancerous.

(b) The woman is very ill.

(c) The woman is suffering from cancer.

(d) The woman will need to be operated on soon.

남: 그래서 어떻게 됐어요?
여: 나아진 걸 별로 못 느끼겠어요.
남: 휴, 당신 걱정을 얼마나 했는지 몰라요.
여: 걱정시켜서 미안해요.
남: 의사 선생님은 뭐라고 하시던가요?
여: 악성이 아니래요.
남: 천만다행이네요!

Q. 이 지문에서 추측할 수 있는 것은?
(a) 여자의 종기는 암이 아니다.
(b) 여자가 매우 아프다.
(c) 여자는 암에 걸렸다.
(d) 여자는 곧 수술 받아야 한다.

malignant 악성의 tumor 종기, 종양
cancerous 암의 operate (on) 수술하다

37 M I had the best time.

W Same here.

M Will we ever see each other again?

W Of course, we will.

M So, I guess this is goodbye.

W Goodbyes aren't forever.

Q What does the woman mean?

(a) Goodbyes are but momentary.

(b) They are going to see each other someday.

(c) They are not going to see each other forever.

(d) The woman will always remember the man.

남: 정말 좋은 시간이었어요.
여: 저도요.
남: 다시 만날 수 있을까요?
여: 당연히 다시 만날 거예요.
남: 이제 이별이네요.
여: 이별이란 영원한 게 아니에요.

Q. 여자가 한 말의 의미는?
(a) 이별이란 잠시일 뿐이다.
(b) 그들은 언젠가 다시 만나게 될 것이다.
(c) 그들은 영원히 만나지 않을 것이다.
(d) 여자는 남자를 언제나 기억할 것이다.

momentary 순간적인

남녀가 만난 다음 여자가 마지막에 이별이란 영원한 게 아니라고 말하는 것은 언젠가는 다시 만날 거라는 의미이다.

정답 (b)

38 W Is everyone ready?

M I guess.

W Have you checked on the breaks?

M Positive. I made sure everything is in place.

W What about Ken?

M He's at the back with the kids.

W So, what are we waiting for?

M Let's hit the road.

Q What does the man mean?
(a) They can't wait any longer for the others.
(b) They should punch the road.
(c) They should get going.
(d) They should get into their car.

여: 모두 준비되었나요?
남: 그런 것 같아요.
여: 브레이크 확인하셨어요?
남: 확인했어요. 모든 게 제자리에 있는지 확인했어요.
여: 켄은요?
남: 아이들과 함께 뒤에 있어요.
여: 그렇다면 뭘 기다리고 있는 거죠?
남: 출발합시다.

Q. 남자가 한 말의 의미는?
(a) 다른 사람들을 더 이상 기다릴 수 없다.
(b) 길을 주먹으로 쳐야 한다.
(c) 출발해야 한다.
(d) 차에 타야 한다.

in place 제자리에 hit the road 출발하다
get going 떠나다, 출발하다

남자의 마지막 말 hit the road의 의미를 알면 쉽게 풀 수 있다. 여행 같은 것을 떠날 때 이런 표현을 사용한다.

정답 (c)

39 M So what do you think of this restaurant?

W This place is amazing.

M Didn't I tell you?

W Yes, and you were right about the whole thing.

M But, don't you think it's too far?

W Even so. I'll never get tired of coming back here.

Q What does the woman feel about the restaurant?
(a) She loves it very much.
(b) She is unsatisfied.
(c) She is disappointed.
(d) She thinks it's too far.

남: 이 레스토랑 어때요?
여: 너무 좋아요.
남: 제가 좋을 거라고 했잖아요.
여: 예, 당신 말이 전부 맞았어요.
남: 그런데 너무 멀다고 생각하지 않으세요?
여: 그렇다 해도 다시 오는 게 절대 싫지 않을 것 같아요.

Q. 여자는 레스토랑에 대해 어떻게 생각하는가?
(a) 레스토랑이 너무 맘에 든다.
(b) 만족하지 못했다.
(c) 실망했다.
(d) 너무 멀다고 생각한다.

even so 그렇다 하더라도

여자가 음식점이 비록 거리가 멀지만 다시 오는 게 절대 싫지 않을 거라고 말한 뜻은 음식점이 아주 마음에 든다는 것이다.

정답 (a)

40 M Excuse me. Where's the nearest convenience store from here.

W You can find it just around the corner from that news stand over there.

M Thank you.

W No problem.

M And... one more thing. How about the laundromat?

W It's just across from the convenience store.

M Thanks again.

Q Which of the following is NOT true?
(a) The man is not a stranger to the place.
(b) The man is not familiar with the place.
(c) The man is looking for a convenience store.
(d) The man is looking for a laundromat.

남: 실례합니다. 여기서 가장 가까운 편의점이 어디인가요?
여: 저기 있는 신문 가판대에서 모퉁이를 돌면 바로 찾을 수 있어요.
남: 고맙습니다.
여: 별말씀을요.
남: 아, 그리고 한 가지 더요. 세탁소는 어디죠?
여: 편의점 바로 건너편에 있어요.
남: 정말 고맙습니다.

Q. 다음 중 사실이 아닌 것은?
(a) 남자는 이 지역을 모르는 사람이 아니다.
(b) 남자는 이 지역이 낯설다.
(c) 남자는 편의점을 찾고 있다.
(d) 남자는 세탁소를 찾고 있다.

laundromat 세탁소 be familiar with ~을 잘 알다

Power Hint ●●●
대화 내용을 보면 남자는 이 지역을 잘 모르는 사람이고 편의점
과 세탁소를 찾고 있다.

정답 (a)

41 M It's 9 am and I'm feeling awful already.
W Why is that?
M It's our boss.
W What is it about him?
M It's awful having to work with a boss who's breathing down your neck the whole time.
W Oh, tell me about it

Q What does the woman mean?
(a) She has had the same experience.
(b) She wants to know more.
(c) She is sympathizing with the man.
(d) She loves the boss.

남: 아침 9시밖에 안 됐는데 기분이 정말 안 좋아요.
여: 왜 그러시죠?
남: 저희 상사 때문에요.
여: 상사가 어쨌길래요?
남: 항상 감시하는 상사와 일한다는 것은 정말 끔찍해요.
여: 오, 두말하면 잔소리죠.

Q. 여자가 한 말의 의미는?
(a) 그녀는 같은 경험을 했었다.
(b) 그녀는 더 알고 싶어 한다.
(c) 그녀는 그 남자에게 공감하고 있다.
(d) 그녀는 그 상사를 사랑한다.

awful 지독한 breathe down one's neck 철저히 감시하다
sympathize with (사람 · 생각 등에) 공감하다

Power Hint ●●●
남자는 항상 감시하고 있는 자신의 상사에 대해서 불평하고 있
고, 여자는 거기에 동의하고 있다.

정답 (c)

42 W How are you feeling now?
M I haven't had any sleep yet.
W I feel sorry for you.
M Don't be. I'm going to be fine.

W How did it go with the investigators?
M Not good. That's one big problem.
W Why?
M They say my explanations are completely far-fetched.

Q What does the man mean?
(a) He was fetched by the investigators from a far place.
(b) He's a convincing person.
(c) The inspectors didn't believe him.
(d) The explanations were impressive.

여: 몸은 좀 어때요?
남: 아직 한숨도 못 잤어요.
여: 유감이군요.
남: 걱정 말아요. 곧 괜찮아질 거예요.
여: 수사관들과는 어땠어요?
남: 안 좋았어요. 그게 큰 문제죠.
여: 왜요?
남: 제 설명이 완전히 억지스러웠대요.

Q. 남자가 한 말의 의미는?
(a) 수사관들이 먼 곳에서 그를 데리고 왔다.
(b) 그는 설득력 있는 사람이다.
(c) 수사관들은 그를 믿지 않았다.
(d) 그 설명은 인상 깊었다.

investigator 조사자, 수사관
far-fetched 빙 둘러서 말하는, 억지의
convincing 설득력 있는 inspector 검사자

Power Hint ●●●
남자가 마지막에 자기의 설명이 완전히 억지라고 수사관들이 말했
다고 한 것은 수사관들이 믿지 않았다는 뜻이다.

정답 (c)

43 W Have you decided yet?
M It's really hard to decide.
W How about this one instead?
M I really want this one, but the price is still outrageous.
W I'm sorry. That's as far as I can go.
M How about a little bit more?
W No can do, sir.

Q What can be inferred from the conversation?
(a) They are having a meeting.
(b) The man is asking for a higher price.
(c) The woman thinks the price is outrageous.
(d) The woman can't give anymore discount.

여: 결정하셨어요?
남: 결정하기 참 어렵군요.
여: 대신 이건 어떠세요?
남: 맘에는 쏙 들지만 가격이 여전히 너무 높군요.
여: 죄송하지만 더는 깎아 드릴 수가 없네요.
남: 조금만 더 깎아 주시면 안 돼요?
여: 안 됩니다, 손님.

Q. 대화로 추정할 수 있는 것은?
(a) 그들은 회의 중이다.
(b) 이 남자는 더 높은 가격을 요구하고 있다.
(c) 여자는 그 가격이 터무니없이 비싸다고 생각한다.
(d) 여자는 더 이상 할인해 줄 수 없다.

outrageous 부당한

Power Hint ● ● ●
남자와 여자가 가격 흥정을 하는 대화 내용이다. 남자가 가격을 더 깎으려고 하지만 여자는 더 이상은 안 된다고 말한다.

정답 (d)

44 W Be a bit more conscientious.
  M Can't you see that I am?
  W You are, but it won't hurt to be just a little bit more.
  M Are you trying to say that I'm not doing my job well enough?
  W I didn't say that.
  M That's just your opinion.

Q What does the man mean?
(a) He really is a conscientious man.
(b) The woman's opinion doesn't matter.
(c) He doesn't want to listen to other people's opinions.
(d) He doesn't care whether he's conscientious or not.

여: 조금만 더 신중해 보세요.
남: 제가 신중하다는 걸 모르겠어요?
여: 신중하기는 하시죠. 하지만 조금 더 신중해진다고 나쁠 거 없잖아요.
남: 지금 내가 일을 충분히 잘하고 있지 않다고 말하려는 건가요?
여: 그렇게 말하진 않았어요.
남: 당신 생각일 뿐이에요.

Q. 남자가 한 말의 의미는?
(a) 그는 정말로 신중한 남자다.
(b) 여자의 의견은 상관없다.
(c) 그는 다른 사람의 의견을 듣고 싶어 하지 않는다.
(d) 그는 자신이 신중하든 아니든 상관하지 않는다.

conscientious 진중한, 진지한, 신중한

Power Hint ● ● ●
여자가 남자에게 더 신중해 달라고 하지만 남자는 자신이 충분히 신중하다고 말하고 있다.

정답 (a)

45 W When are these deliveries due?
  M Let me check.
  W So?
  M Records say not for another day.
  W And when is that?
  M On Thursday.
  W You mean today?
  M Oh my, I lost track of the date.

Q What is true about the conversation?
(a) The deliveries won't be due for another day.
(b) The papers needed to be delivered ASAP.
(c) The deliveries are due today.
(d) The deliveries won't make it on time.

여: 언제 배달될 예정이죠?
남: 확인해 볼게요.
여: 언제로 되어 있어요?
남: 기록상으로 하루 더 걸리겠는데요.
여: 그럼 언제죠?
남: 목요일이요.
여: 오늘이라는 말이에요?
남: 오 이런, 날짜를 잊었어요.

Q. 대화에 대하여 사실인 것은?
(a) 배달은 다음날까지 도착 예정이 아니다.
(b) 그 문서들은 최대한 빨리 배달되어야 했다.
(c) 배달은 오늘까지 해야 한다.
(d) 정시에 배달되지 못할 것이다.

delivery 배달물 ASAP 가능한 빨리(=as soon as possible)
on time 시간에 맞게, 정각에

Power Hint ● ● ●
배달물은 목요일까지 배달이 되어야 하는데, 남자는 오늘이 목요일인 줄 모르고 있는 대화 내용이다.

정답 (c)

Part IV

46 Turkish miniatures made during the Ottoman Empire give evidence of the existence of male belly dancers. These young men and boys called 'kochecks' are shown doing public performances. In addition to a troupe of female dancers, the Sultan employed a troupe of these male dancers because of their popularity. It has long been assumed that these dancers were female impersonators because they performed in wide flamboyant skirts. A comparison with the female dancers however, shows that this was merely a costume worn for the dramatic effect caused by the swirling fabric. The female dancers did not wear specialized costumes at this time, but the ordinary dress of all women, which consisted of a pair of 'harem pants', a long shirt, tight fitting vest covered by a flowing robe tied at the waist by a belt or shawl.

Q   What is the main idea of the passage?
(a) The evidence of the existence of male belly dancers
(b) Male belly dancing in the Ottoman Empire
(c) Turkish miniatures
(d) Turkish traditional dances

오스만 제국 시절 동안 만들어진 터키의 세밀화는 남자 벨리 댄서들의 존재를 증명해 주고 있다. 이 'Kochecks' 라고 불리는 젊은 남자와 소년들은 일반 대중을 위한 공연을 했다. 터키 황제는 여성 무용단뿐만 아니라 이 남성 무용단도 고용했는데, 이는 그들의 대중적 인기 때문이었다. 이 무용수들은 오랫동안 여장 남자들이라고 추정되어 왔다. 왜냐하면 넓고 화려한 치마를 입고 공연했기 때문이었다. 이들은 여성 무용수들과 비교되지만 극적 효과를 위해서 소용돌이치는 듯한 천으로 된 옷을 입었던 것으로 보인다. 이 시대의 여성 무용수들은 특별한 의상을 입지 않고 일반 여성들의 평상복인 '하렘 바지'와, 벨트나 숄로 허리를 묶은 흘러내리는 긴 옷과 그 위에 긴 셔츠의 꽉 끼는 상의를 입었다.

Q. 지문의 요지는?
(a) 남성 벨리 댄서들의 존재에 대한 증거
(b) 오스만 제국 시절의 남성 벨리 댄스
(c) 터키 세밀화
(d) 터키의 전통 춤

miniature 세밀화 existence 존재
troupe (배우, 곡예사 등의) 일단 popularity 인기, 대중성
impersonate ~의 역할을 맡아 하다, ~으로 분장하다
flamboyant 현란한, 화려한 consist of ~로 구성되다
robe 의복 shawl 숄

Power Hint ●●●
지문의 요지를 묻는 문제이다. 초반부에 핵심 내용이 등장하는데, 터키에 남자 벨리 댄서들의 존재를 증명하는 세밀화가 있었다는 내용이 나오고 그에 대한 세부 내용으로 이어지고 있으므로 지문

의 요지로 적절한 것은 (a)이다.

정답 (a)

47 Foie gras, French for 'fat liver', is the liver of a duck or a goose that has been specially fattened. Foie gras is one of the most popular delicacies in French cuisine and its flavor is described as rich, buttery, and delicate, unlike that of a regular duck or goose liver. Foie gras can be sold whole, or prepared into mousse, parfait, or pt which is the lowest quality, and is typically served as an accompaniment to another food item, such as toast or steak.

Q   Which is correct about Foie gras according to the passage?
(a) Foie gras is a popular English delicacy.
(b) Foie gras is made from fattened duck or goose.
(c) Foie gras comes with butter.
(d) Foie gras can be served as an accompaniment to other dishes.

프랑스 말로 '살찐 간' 이라고 불리는 푸아그라는 특별히 살찌운 거위나 오리의 간이다. 푸아그라는 프랑스 요리에서 제일 인기 있는 음식 중 하나이며, 보통 오리나 거위 간과는 다르게 영양이 풍부하고 버터가 함유된 부드러운 맛이라고 알려져 있다. 푸아그라는 통째로 판매되거나 혹은 무스, 파르페 또는 질이 떨어지는 빠르떼로 조리된다. 그리고 전형적으로 토스트나 스테이크 같은 음식에 딸려서 또 다른 음식 메뉴로 소개되기도 한다.

Q. 푸아그라에 관한 내용으로 옳은 것은?
(a) 푸아그라는 인기 있는 영국 요리이다.
(b) 푸아그라는 살찌운 오리나 거위로 만들어진다.
(c) 푸아그라는 버터와 곁들여 나온다
(d) 푸아그라는 다른 음식에 딸려서 나올 수도 있다.

liver 간 fatten 살찌우다 delicacy 진미
cuisine 요리법 accompaniment 부속물, 딸린 것

Power Hint ●●●
푸아그라에 관한 세부 내용을 묻는 문제이다. 푸아그라는 토스트나 스테이크 같은 음식에 딸려서 나오기도 한다는 내용이 등장하므로 정답은 (d)이다. (a)는 프랑스 요리이므로 맞지 않고, (b)는 살찌운 오리나 거위의 간으로 만드는 음식이므로 맞지 않다. (c)는 버터 맛이 나는 것이지 버터와 곁들여 나온다는 것은 아니므로 역시 정답이 아니다.

정답 (d)

48 Boyz II Men is an American R&B/soul singing

group from Philadelphia, Pennsylvania. They started originally as a quintet in 1988. However, they found fame as a quartet with members Nathan Morris, Michael McCary, Shawn Stockman, and Wanya Morris, as Marc Nelson left the group. Boyz II Men is the most successful R&B male vocal group of all time. Between 1992 and 1997, the group recorded five #1 R&B hits and has since sold more than 60 million records. Three of its #1 hits, "End of the Road", "I'll Make Love to You", and "One Sweet Day" with Mariah Carey, set and broke records for the longest period of time a single remained at #1 on the Billboard Hot 100. Although "On Bended Knee" did not break any records it was still an immensely popular song that reached #1 and made Boyz II Men the third artists, behind Elvis and The Beatles, to replace themselves at the number one spot of the Billboard Hot 100.

Q Which is correct according to the passage?
(a) Boyz II men is a very successful Hiphop group.
(b) The members of Boyz II Men are from all over the country.
(c) Boyz II Men did a duet with Mariah Carey.
(d) Boyz II Men sold over 100 million records.

보이즈투맨은 펜실베이니아 주, 필라델피아 출신의 미국 R&B/소울 음악 가수 그룹이다. 이들은 원래 1988년 5인조 그룹으로 시작하였다. 그러나 Marc Nelson이 그룹을 떠나면서 Nathan Morris, Michael McCary, Shawn Stockman 그리고 Wanya Morris로 구성된 4인조로서 유명세를 타게 되었다. 보이즈투맨은 사상 최고로 성공한 R&B 남성 그룹이다. 1992년에서 1997년 사이에 이 그룹은 다섯 번이나 R&B 부문 1위를 차지했고 지금까지 6천만 장의 레코드를 팔았다. 1위를 차지했던 것 중 세 곡인 "End of the Road", "I'll Make Love to You" 그리고 머라이어 캐리와 함께 부른 "One Sweet Day"는 빌보드 차트 100위 안에 싱글로서 최장기 1위 기록을 갱신하였다. "On Bended Knee"는 비록 아무 기록도 깨지는 못했지만 큰 인기를 누리며 1위를 했던 곡으로 보이즈투맨을 엘비스와 비틀즈에 이어 세 번째로 빌보드 차트 100위의 1위에 자리매김하도록 하였다.

Q. 지문의 내용으로 옳은 것은?
(a) 보이즈투맨은 아주 성공적인 힙합 그룹이다.
(b) 보이즈투맨의 멤버들은 전국에서 모였다.
(c) 보이즈투맨은 머라이어 캐리와 듀엣을 했다.
(d) 보이즈투맨은 1억만 장의 레코드를 팔았다.

quintet 5중창단 quartet 4중창단 immense 막대한

49 The iMac is a desktop Macintosh computer designed and built by Apple, Inc. It has been a large part of Apple's consumer desktop offerings since its introduction in 1998 and has evolved through three distinct forms. In its original form, the G3, the iMac was egg-shaped with a CRT monitor and was mainly enclosed by colored, translucent plastic. The second major revision, the G4, moved to a design of a hemispherical base containing all the main components and an LCD monitor on a freely-moving arm attached to the top of the base. The iMac G5 and the Intel iMac placed all the components immediately behind the monitor, creating a slim design which tilts only up and down on a simple metal base. The current iMac shares the same form as the previous models but is now thinner and uses aluminum and glass for its case.

Q What can be said about the iMac according to the article?
(a) The iMac is popular world wide.
(b) The iMac is not as popular as the PC.
(c) The iMac gives strong emphasis to design.
(d) The iMac has a large fan base.

아이맥은 애플사가 디자인하고 만든 맥킨토시 데스크톱 PC다. 이것은 1998년 소개된 이래 애플의 개인용 데스크탑 컴퓨터 공급에 큰 부분을 차지해 왔으며, 세 개의 전혀 다른 모양으로 발전되었다. 맨 처음 모양인 G3의 아이맥은 달걀 모양의 CRT 모니터였고, 대부분 착색한 반투명 플라스틱으로 둘러져 있었다. 크게 바뀐 두 번째 G4는 모든 주요 구성요소들을 담고 있는 반구체의 베이스와 이 베이스 위에 LCD모니터를 자유롭게 움직이도록 하는 연결 부위가 있는 구성으로 바뀌었다. 아이맥 G5와 인텔 아이맥은 간단한 금속 베이스에서 위아래로만 기울어지는 얇은 디자인을 고안해 모니터 바로 뒤에 모든 주요 구성요소들을 배치하였다. 현재의 아이맥은 그전 모델들과 같은 모양이지만 두께가 더 얇고 겉 케이스로는 알루미늄과 유리를 사용한다.

Q. 위 기사에 따를 때 아이맥에 대해 말할 수 있는 것은?
(a) 아이맥은 세계적으로 인기 있다.
(b) 아이맥은 개인용 컴퓨터만큼이나 인기 있지는 않다.
(c) 아이맥은 디자인에 많은 강조를 한다.
(d) 아이맥은 커다란 fan 베이스가 있다.

consumer 소비자 introduction 소개
evolve 발전시키다, 진화시키다 distinct 독특한
enclose 둘러싸다 translucent 반투명의
hemispherical 반구의

Power Hint ●●●

아이맥은 세 개의 형태로 발전했고 그에 대한 진보된 디자인에 대해서 이야기를 하고 있으므로 정답은 (c)이다. 나머지 내용은 언급되지 않은 정보들이다.

정답 (c)

50 The operation of a yo-yo comes from rotational inertia causing the string to be wound in the opposite direction returning the yo-yo. When the string is connected to the shaft with a loop, the yo-yo will continue to spin at the end of the string instead of returning, unless the yo-yo is jerked slightly allowing the slack string to bind and allowing return. Patents have been issued to create more complicated mechanisms to allow tension control and an adjustable mechanism.

Q   What is the main idea of the passage?
(a) Yo-yo patents
(b) How a yo-yo operates
(c) How to play a yo-yo
(d) How the yo-yo was invented

요요가 움직이는 원리는 요요 줄이 반대 방향으로 감겨 요요를 다시 돌아오게 하는 회전 관성에서 비롯된다. 줄이 자루에 고리로 연결되면 요요는 급히 약간 움직여 느슨한 줄이 감기게 하여 되돌아오게 하지 않는 이상 줄의 끝에서 계속 돌게 될 것이다. 팽팽함 등을 조절할 수 있는 더욱 복잡한 기계 장치가 발명되어 특허를 받았다.

Q. 이 지문의 주제는?
(a) 요요 특허권
(b) 요요가 움직이는 원리
(c) 요요를 하는 법
(d) 요요의 발명 과정

rotational 회전하는 inertia 관성 shaft 자루, 샤프트
loop 고리 jerk 홱 움직이게 하다, 급히 흔들다 slack 느슨한
patent 특허 tension 팽팽함 adjustable 조절할 수 있는

Power Hint ●●●

지문의 주제를 묻는 문제이다. 지문의 핵심은 초반부에 등장하는데, 요요가 움직이는 원리는 요요 줄이 반대 방향으로 감겨 요요를 다시 돌아오게 하는 회전 관성에서 비롯된다는 내용이 나오고 그에 대한 설명으로 이어지고 있으므로 정답은 (b)이다.

정답 (b)

51 I have written to you several times over the past three months requesting an explanation on why you have failed to bring your account with us current. By ignoring these requests, you are damaging the excellent credit record you had previously maintained with our company. In addition, you are incurring additional expense to yourself and to us. Unless I hear from you within ten days, I will have no other choice but to turn your account over for collection. I am sorry that we must take such drastic action but I am afraid you leave us no alternative. You can preserve your credit rating by remitting your check today for the amount stated above.

Q   What is the letter about?
(a) Notice on delinquent accounts
(b) Money-back guarantee
(c) 10-day warranty service
(d) 10-day notice before disconnection

저는 귀하께 현재 저희에게 청구서를 지불하시지 않는 이유에 대해서 해명을 요청하는 편지를 지난 3개월 동안 여러 번에 걸쳐 발송하였습니다. 이러한 요청을 무시함으로써 귀하께서는 저희 회사와 유지되어 왔던 우수 신용 기록을 훼손하고 계십니다. 또한, 귀하 자신과 저희 회사 모두에게 추가되는 비용이 늘어나고 있습니다. 열흘 안에 귀하께서 아무런 연락도 주지 않는다면, 할 수 없이 저희는 귀하의 청구서를 미수금 처리 대행사로 넘길 수 밖에 없습니다. 이렇게 극단적인 조치를 하게 되어 유감스럽게 생각합니다만 다른 선택의 여지가 없습니다. 귀하께서 상기된 금액의 수표를 송금해 주시면 귀하의 신용 등급을 유지하실 수 있습니다.

Q. 편지는 무엇에 관한 것인가?
(a) 체납 청구서에 대한 통보
(b) 환불 보증
(c) 10일 보증 서비스
(d) 서비스 중단 10일 전 경고

explanation 설명, 해명 incur (빚을)지다
additional 추가적인 expense 비용 drastic 격렬한
alternative 대안 credit rating 신용 등급
remit 보내다, 우송하다

52 Creatures at the bottom of the sea do not know what light is. They have neither eyes nor ears. For them there is no day or night. There are no seasons, no sun, no moon, and no stars. It is as if being locked in a dark empty room. How different our own life is! Sight shows us the world and everything in it and around it - the sun, moon, and stars, shooting stars, lightning, and the sunset. It shows us day and night. Through our ears, we hear voices of the people we love, the sound of the sea, and music. We feel, we taste, and we smell. How fortunate we are!

Q   What is the talk about?
(a) Creatures at the bottom of the sea
(b) Human senses
(c) How wonderful our lives are
(d) The world and its components

해저에 살고 있는 생물들은 빛이 무엇인지 모릅니다. 그 생물들은 눈도 없고 귀도 없습니다. 해저 생물들에게는 낮도 없고 밤도 없습니다. 계절도 없고 해도 달도 별도 없습니다. 캄캄한 빈 방에 갇혀 있는 것과 같습니다. 우리의 생활은 너무나 다르지 않습니까! 시각은 우리에게 세상과 그 안의 모든 것, 그리고 주위의 모든 것들 즉 해, 달, 별, 혜성, 번개와 저녁노을 등을 보여 줍니다. 시각으로 인해 우리는 낮과 밤을 봅니다. 귀를 통해서는 우리가 사랑하는 사람들의 목소리를 듣고 바다의 소리와 음악을 듣습니다. 우리는 느끼고 맛을 보며 냄새를 맡습니다. 이 얼마나 행운입니까!

Q. 이 지문은 무엇에 관한 것인가?
(a) 해저 바닥에 살고 있는 생물들
(b) 인간의 감각
(c) 우리들의 삶이 얼마나 굉장한 것인지
(d) 세상과 세상의 구성요소

creature 생물 lightning 번개
sunset 노을 fortunate 운이 좋은

53 North America has four great slopes - one slope that rivers flow down toward the Atlantic Ocean, one slope that rivers flow down toward the Hudson Bay and Arctic Ocean, one slope that rivers flow down toward the Gulf of Mexico, and one slope that rivers flow down toward the Pacific Ocean. Land also slopes toward the Great Lakes, but water there empties into the St. Lawrence River and goes on into the Atlantic Ocean.

Q   What is the main idea of the passage?
(a) North American rivers
(b) The importance of slopes
(c) The sources of rivers in North America
(d) The waters of North America

북미에는 네 개의 거대한 경사지가 있습니다. 하나는 대서양으로 강이 흐르고, 또 하나는 허드슨 만과 북극해로 강이 흐르며, 또 하나는 멕시코 만으로 강이 흐르고, 다른 하나는 태평양으로 강이 흐릅니다. 지면이 오대호로 기울어져 있지만 물은 모두 세인트로렌스 강으로 흘러들어 대서양으로 흘러갑니다.

Q. 이 지문의 요지는?
(a) 북미의 강들
(b) 구릉지대의 중요성
(c) 북미에 있는 강들의 원천
(d) 북미의 유수

slope (대양을 향해 경사진) 대륙 내의 지역
Atlantic Ocean 대서양

54 Some American Indians grow corn, sunflowers, squash, beans, and pumpkins in garden plots. In order to prepare a garden plot, they must first kill the trees in certain areas by means of cutting. Then they raze the ground with a stone hoe or with the bone of a deer or buffalo. They sometimes use a fire-sharpened stick to dig. Some Indians put a dead fish into the hole where they plant the corn in order to provide food for the corn plant.

Q   What is the main idea of the lecture?
(a) American Indian agriculture
(b) American Indian aquaculture
(c) American Indian hunting

(d) American Indian vegetables

일부 인디언들은 정원 부지에 옥수수, 해바라기, 늙은 호박, 콩, 그리고 호박 등을 키웁니다. 정원 부지를 만들기 위해서 인디언들은 먼저 그 지역에 있는 나무들을 벌목하여 제거해야 합니다. 그런 다음 그들은 돌호미나 사슴뼈 또는 물소뼈를 사용하여 땅을 일굽니다. 그들은 땅을 파기 위해 불로 뾰족하게 만든 막대기를 사용하기도 합니다. 어떤 인디언들은 옥수수에 영양을 주기 위해 옥수수를 재배하는 곳에 구멍을 만들어 죽은 생선을 넣기도 합니다.

Q. 이 강의의 주제는?
(a) 미국 인디언의 농업
(b) 미국 인디언의 수산 양식업
(c) 미국 인디언의 사냥
(d) 미국 인디언의 채소

squash 늙은 호박 bean 콩 pumpkin 호박
plot 구획, 부지 plant 심다 hoe 괭이, 호미
agriculture 농업 aquaculture 수산 양식업

Power Hint ●●●
강의의 주제를 묻는 문제이다. 인디언들이 경작하는 옥수수, 해바라기, 늙은 호박, 콩, 호박 등에 관한 강의이므로 정답은 (a)이다.

정답 (a)

55 At any beach you can see the water rise up toward high tide. Something is pulling the water up. Did you know that the moon is responsible for it? "How can it pull?" You might ask. The answer is gravity. All matter everywhere pulls all other matter everywhere. The bigger the object, the greater the pull. The moon is big enough to pull the earth, and it pulls the water on the earth. The moon pulls the water facing the moon. Whenever you see high tide, you know that the moon is pulling the water up.

Q According to the lecture, what affects everything?
(a) The moon
(b) The Earth
(c) Tides
(d) Gravity

여러분은 해변에서 흔히 물이 만조 쪽으로 높게 올라가는 것을 볼 수 있을 겁니다. 무언가가 물을 당기고 있는 거죠. 여러분은 그 원인이 달이라는 것을 알고 있습니까? 어떻게 당길 수 있냐고 물어보실 수 있습니다. 해답은 중력에 있습니다. 사방의 모든 물체는 어디서나 모든 다른 물체를 끌어당깁니다. 물체가 클수록 끌어당기는 힘도 강하죠. 달은 지구를 끌어당길 만큼 크기 때문에 지구의 물을 끌어당깁니다. 달은 달 쪽을 향해 있는 물을 당깁니다. 만조를 볼 때마다 여러분은 달이 물을 끌어 당기고 있다

는 것을 알 수 있습니다.

Q. 강의 내용에 따르면 이 모든 것에 영향을 주는 것은?
(a) 달
(b) 지구
(c) 조류
(d) 중력

tide 조수 high tide 만조 responsible ~의 탓인
gravity 중력 face 직면하다, 대하다

Power Hint ●●●
강의에 따르면 중력은 모든 물체를 끌어당기고 물체가 클수록 당기는 힘이 강하며 달과 지구의 끌어당기는 힘으로 조수가 생기므로 정답은 (d)이다.

정답 (d)

56 Investigators found two black boxes, the flight data recorder and the cockpit voice recorder, during the afternoon of the day of the crash. Weather conditions were reported to be good at the time of the flight, with a visibility of 12 kilometers, and the aircraft had no known technical issues. The pilots were experienced and had just come out of a routine training session a few days before the accident, as reported by the Anatolian News Agency. Speculation on the quality of technical attention the aircraft received by World Focus Airlines has received major attention by the Turkish media.

Q What is the article about?
(a) The investigation made by Turkish media about a plane crash
(b) A plane crash in turkey and it's implications
(c) Details concerning a plane crash in Turkey
(d) Findings of an investigation regarding a plane crash in Turkey

조사자들은 비행기가 추락한 당일 오후에 비행 자료 기록기와 조종실 음성 녹음기인 두 개의 블랙박스를 발견했다. 비행 당시 가시거리는 12킬로미터로 기상 조건은 좋았다고 보고되었고 항공기는 아무런 기술적 문제도 없었다. 아나톨리안 뉴스에 따르면 조종사들은 숙련된 사람들이었으며, 사고 며칠 전 조종사들은 정기적인 훈련을 마친 상태였다고 한다. World Focus Airline에 대한 기술적 문제에 대한 검토가 터키 매스컴에게 주목을 받고 있다.

Q. 지문은 무엇에 관한 기사인가?
(a) 항공기 사고에 대한 터키 매스컴의 조사
(b) 터키의 항공기 사고와 그의 따른 예상되는 결과.

(c) 터키에서의 비행기 사고에 대한 세부 사항
(d) 터키에서 일어난 비행기 사고에 관한 조사 결과

investigator 조사자 visibility 가시거리
speculation 사색, 숙고, 추측, 이론

Power Hint ●●●
기사에 관한 요지를 묻는 문제이다. 사고 발생 비행기의 비행 자료, 조종실 음성 녹음기인 블랙박스를 발견했다는 내용 등 비행기 사고와 조사 결과에 관해 터키 매스컴을 인용한 기사이므로 정답은 (d)이다.

정답 (d)

57 Jens of Greenland of the Arctic Region, complained, "This isn't our weather. It belongs to somebody else", as he knelt on his dogsled, as it bumped through the glinting ruins of a frozen sea. He called out, "Haru, Haru(Go left, Go left)." "Atsuk, Atsuk(Go right, Go right)." His voice carried a note of urgency. Then the 13 dogs in his team moved warily on their way. Jens further complained, "The Sea Ice used to be 3 feet thick. Now, it's only 4 inches."

Q What does the paragraph state?
(a) The condition of Greenland
(b) The difficulty of life in Greenland
(c) A weather change in Greenland
(d) Weather changes make it difficult to live in Greenland

북극 지방 그린랜드의 젠스는 "이건 우리 날씨답지가 않아. 다른 지역 날씨 같아."라고 불평을 했다. 그는 개썰매에 무릎을 꿇었고, 그 개썰매는 얼어붙은 바다의 반짝거리는 잔해에 부딪혔다. 그는 "하루, 하루(왼쪽으로, 왼쪽으로)", "아축, 아축(오른쪽으로 오른쪽으로)"이라고 외쳤다. 그의 목소리는 절박했다. 그러자 그의 13마리의 개들은 조심해서 움직이기 시작했다. 젠스가 또 한 번 불평하길, "바다 얼음의 두께는 예전엔 3피트였지만 지금은 4인치밖에 되지 않는다."고 했다.

Q. 지문은 무엇을 서술하고 있는가?
(a) 그린랜드의 상태
(b) 그린랜드에서의 삶의 어려움
(c) 그린랜드의 기후 변화
(d) 그린랜드에서의 생활을 어렵게 하는 기후의 변화

kneel 무릎을 꿇다 dogsled 개썰매 bump 부딪히다
glint 반짝이다 wary 경계하는

Power Hint ●●●
지문이 서술하고 있는 것이 무엇인지를 묻는 문제이다. 지문에서 북극 그린랜드의 젠스라는 사람은 ""이건 우리 날씨답지가 않아.

다른 지역 날씨 같아."라고 불평을 했다. 녹는 얼음과 사투를 벌이며 개썰매를 끌고 가는 상황이고, 이러한 어려움의 궁극적인 이유는 기후 변화로 인해 얼음이 얇아지기 때문이므로 정답은 (d)이다.

정답 (d)

58 To Elie Wiesel, a Nobel Peace Prize Lauriate, those who are indifferent are as guilty as the murderers. He said, "The tragedy I know best because I was personally involved in it. The holocaust, made no distinction between the murderers and the bystanders. How can you be a bystander? We Jews, suffered not just from what was inflicted on us by the perpetrators but also by the indifference of our friends. If those of us in the camps had known at the time that our friends were not ignorant but indifferent, we'd have gone beyond despair."

Q Which is the best idea emphasized here?
(a) The Jews became understood because of Elie Wiesel, a Nobel Peace Prize Lauriate.
(b) The Jews are around the world because they are a people without a country.
(c) Elie Wiesel's Nazi experience made him strong and popular.
(d) The Jews suffered a lot in the war not only from the perpetrators but also from the indifferent bystanders.

노벨 평화상 수상자인 엘리 위즐은 무관심한 사람들은 살인범과 마찬가지로 죄인이라고 말한다. 그는 말하길, "내가 제일 잘 알고 있는 비극은 나와 개인적으로 관련이 있다. 유태인 대학살은 살인자들과 그것을 방관한 자들을 구별짓지 않았다. 어떻게 방관자일 수가 있는가? 우리 유태인들은 가해자들에 의한 고통 속에서 괴로워했을 뿐 아니라 우리 동지들의 무관심 때문에도 고통받았다. 수용소에 있던 우리들 중 그들이 그 당시 우리 동지들이 무지했던 것이 아니라 무관심했다는 사실을 알았더라면 우리가 느낀 감정은 절망 그 이상이었을 것이다."라고 했다.

Q. 지문에서 가장 강조된 견해는?
(a) 유태인들은 노벨 평화상 수상자인 엘리 위즐 때문에 이해되기 시작했다.
(b) 유태인들은 나라가 없는 민족이기 때문에 전세계에 흩어져 있다.
(c) 엘리 위즐의 나치 경험은 그를 강하고 인기 있게 만들었다.
(d) 유태인은 전쟁에서 가해자들에게서만 고통받은 것이 아니라 무관심한 방관자들 때문에도 고통받았다.

indifferent 무관심한 be involved in ~에 관련되어 있다
distinction 구별 bystander 방관자
ignorant 무지한 inflict (타격, 상처, 고통 따위를) 주다

perpetrator 범죄자 holocaust 유태인 대학살

Power Hint ● ● ●
이 지문에서 강조된 견해는 살인범과 마찬가지로 무관심한 사람들도 죄인이라는 것이고, 실제 유태인 대학살에 관한 예를 들고 있으므로 정답은 (d)이다.

정답 (d)

59 Words grow as languages grow; not only that, they also change in meanings. The word, genocide, for example, was originally coined in 1984 by Raphael Lemkin—a Polish-Jewish scholar whose family almost all died in the Nazi Holocaust. He coined it from the Greek genos, meaning tribe or family, and the Latin cide meaning kill. Four years later, after the Nuremburg trials, the crime of genocide was recognized by the United Nations as a deliberate destruction or annihilation of a racial, religious or ethnic group. Today, however, most societies add mass political killings to the definition.

Q   What is the main idea of the passage?
(a) The origin and meanings of genocide
(b) The holocaust of war and its language
(c) Raphael Lemkin—the Polish-Jewish scholar and linguist
(d) The interrelation between language and war

언어가 발달하면 그에 따라 어휘도 발달한다. 그뿐만 아니라 단어의 의미 또한 변한다. 예를 들어 대량학살(genocide)이라는 단어는 가족의 대부분이 나치 대학살 때 죽은 라파엘 렘킨이라는 폴란드계 유태인 학자에 의하여 1984년에 처음 만들어졌다. 그는 종족 또는 가족을 뜻하는 그리스어 'genos'와 살인이라는 뜻의 라틴어 'cide'에서 그 단어를 만들어 냈다. 4년 뒤 뉘른베르크 재판 이후, 대량학살 죄는 유엔에 의하여 계획적인 인종적, 종교적, 또는 민족적 살상 또는 전멸이라고 인정되있다. 그러나 오늘날 대부분의 사회는 그 정의에 집단적인 정치적 살인도 포함시킨다.

Q. 이 지문의 주제는?
(a) 대량학살의 유래와 뜻
(b) 전쟁의 대량학살과 그 언어
(c) 폴란드계 유태인 학자이자 언어학자인 라파엘 렘킨
(d) 언어와 전쟁의 상호 연관성

genocide (계획적) 대량학살 coin (신어를) 만들어 내다
deliberate 계획적인 destruction 파괴
annihilation 전멸, 폐지, 무효화 definition 정의, 한정

Power Hint ● ● ●
지문의 주제를 묻는 문제이다. 언어와 그에 따른 어휘의 발달에 관해서 이야기하고 있고, 구체적인 예로 대량학살(genocide)이

란 말의 유래와 의미에 대해서 말하고 있으므로 정답은 (a)이다.

정답 (a)

60 Up until the mid-1980s small local soccer clubs in England had managed to stay financially afloat by sharing revenue from gate admission fees. So when the system was eliminated in 1985, many people predicted that small clubs were in danger and the premiership teams would take away a much larger piece of the revenue pie. But over the years it turned out that critics had underestimated the notorious devotion of English soccer fans to their clubs.

Q   What can be inferred about English soccer fans?
(a) They mostly remained loyal to their clubs.
(b) Most of their clubs disbanded after 1985.
(c) They shifted support to big Premiership teams.
(d) Premiership team stadiums sold larger pies to them.

1980년대 중반까지 영국의 소규모 지역 축구 클럽들은 입장료 수입을 공유함으로써 겨우 적자를 면할 수 있었다. 그리하여 1985년 이 체제가 폐지되자 많은 사람들은 작은 클럽들이 위험에 빠질 것이며 상위의 프리미어 팀들은 훨씬 더 많은 입장료 수입을 얻게 될 거라고 예측했다. 그러나 세월이 지나면서 비평가들이 지역 축구 클럽에 대한 영국 축구 팬들의 소문난 애착을 과소평가했음이 드러났다.

Q. 영국 축구 팬에 관해 추론될 수 있는 것은?
(a) 그들은 대부분 그들의 팀에 충성스럽게 남아 있었다.
(b) 대부분의 팀들은 1985년 이후에 해산했다.
(c) 그들은 큰 프리미어 팀들을 응원하는 것으로 바꿨다.
(d) 프리미어 팀 축구장들은 팬들에게 더 큰 파이를 팔았다.

afloat 빚 안 지고, 파산하지 않고 revenue 소득
eliminate 제거하다, 폐지하다 admission fee 입장료
predict 예측하다 turn out 판명되다
devotion 강한 애착, 전념, 헌신
notorious 소문난, 유명한

Power Hint ● ● ●
입장료 수입을 공유하는 제도가 1985년도에 폐지되어 작은 클럽 팀들이 위험에 빠질 것이라는 우려는 영국 축구 팬들의 지역 축구 클럽에 대한 헌신을 과소평가한 것이라는 내용이 등장하므로 정답은 (a)이다.

정답 (a)

Actual Test 3

Answer Key

Part I

1 (a)	2 (b)	3 (b)	4 (a)	5 (b)
6 (a)	7 (d)	8 (d)	9 (a)	10 (c)
11 (a)	12 (b)	13 (a)	14 (c)	15 (a)

Part II

16 (a)	17 (d)	18 (b)	19 (a)	20 (b)
21 (d)	22 (a)	23 (b)	24 (c)	25 (a)
26 (b)	27 (b)	28 (a)	29 (a)	30 (a)

Part III

31 (d)	32 (a)	33 (d)	34 (a)	35 (d)
36 (a)	37 (b)	38 (b)	39 (a)	40 (a)
41 (d)	42 (d)	43 (c)	44 (a)	45 (d)

Part IV

46 (a)	47 (c)	48 (b)	49 (b)	50 (b)
51 (b)	52 (c)	53 (d)	54 (d)	55 (b)
56 (d)	57 (d)	58 (a)	59 (a)	60 (a)

Part I

1 M It seems like rain. Don't you think so?
W _____

(a) We'd better hurry.
(b) I thought so too.
(c) I can hardly wait.
(d) It's hardly ever true.

남: 비가 올 것 같아요. 그렇지 않나요?
여: _____

(a) 서두르는 게 좋겠어요.
(b) 저도 그렇게 생각해요.
(c) 너무 기다려져요.
(d) 그건 사실일 리 없어요.

had better ~하는 편이 낫다

Power Hint ● ● ●
비가 올 것 같다고 말하면서 그렇게 생각지 않냐는 말에 적절한 답은 (a)이다. 비가 올 것 같으므로 서둘러야 한다는 말이다. (b)는 시제가 맞지 않는다.

정답 (a)

2 M What time will Mr. Clark arrive?
W _____

(a) At the train station.
(b) At around 10.
(c) At the door.
(d) At night.

남: 클락 씨는 몇 시에 도착하나요?
여: _____

(a) 기차역에요.
(b) 10시쯤에요.
(c) 문 앞에요.
(d) 밤에요.

arrive 도착하다

Power Hint ● ● ●
클락 씨가 언제 도착할지 묻는 말이므로 시간으로 답변해야 한다.

정답 (b)

3 M Isn't that Bill Rogers from Lincoln High?
W _____

(a) Yes, I'll get the bill.
(b) Yes, it sure looks like him.
(c) Roger, boss.
(d) Yes, he's from Lincoln High.

남: 저 사람 링컨 고등학교 출신 빌 로저 아닌가요?
여: _____

(a) 예, 계산하겠습니다.
(b) 예, 맞는 것 같네요.
(c) 알겠습니다, 사장님.
(d) 예, 그는 링컨 고등학교를 나왔습니다.

bill 계산서 roger 알았다, 좋다

Power Hint ●●●
링컨 고등학교 출신의 빌 로저가 아닌가에 대한 적절한 답변은
(b)이다. (d)는 빌 로저의 출신 학교에 대한 질문에 적절한 답변
이다.

정답 (b)

4 M Have you eaten lunch yet?
W _____

(a) Not yet. Can you wait for me?
(b) Sure, go ahead.
(c) Yes, the food there is good.
(d) Yes, I'll be out in a minute.

남: 벌써 점심을 드셨어요?
여: _____

(a) 아뇨, 아직이요. 좀 기다려 주시겠어요?
(b) 물론입니다, 어서 드세요.
(c) 예, 거기 음식이 맛있어요.
(d) 예, 금방 나갈게요.

in a minute 곧

Power Hint ●●●
점심을 먹었는지 묻는 질문에 대한 적절한 답변은 (a)이다.

정답 (a)

5 M Can I offer you a ride home?
W _____

(a) Thank you, but I think I can do it.
(b) Thank you, you're such an angel.
(c) Thank you, I'll return it later.
(d) Thank you, I love it.

남: 집까지 태워 드릴까요?
여: _____

(a) 고맙지만 제가 할 수 있어요.
(b) 고마워요. 당신 정말 천사 같아요.
(c) 고마워요. 나중에 돌려드릴게요.
(d) 고마워요. 너무 맘에 들어요.

offer ~ a ride ~에게 차를 태워 주다 **return** 돌려주다

Power Hint ●●●
차를 태워 주겠다는 제안에 적절한 답변은 감사의 표시를 하는
(b)이다.

정답 (b)

6 M Were they able to repair the coffee maker
yesterday?

W _____

(a) No, it's still out of order.
(b) Yes, the coffee is good.
(c) No, they were not repair men.
(d) Yes, I fixed it.

남: 그 사람들이 어제 커피 메이커를 수리했나요?
여: _____

(a) 아뇨, 아직도 고장 나 있어요.
(b) 예, 커피 좋아요.
(c) 아뇨, 그들은 수리공이 아니었어요.
(d) 예, 제가 고쳤어요.

out of order 고장 난 **fix** 수리하다

Power Hint ●●●
그들이 커피 메이커를 수리했는지 묻는 질문에 적절한 답변은
(a)이다. 아직 수리가 되지 않았다고 말하고 있다.

정답 (a)

7 M Can't you come a bit early tomorrow?
W _____

(a) Yes, the cans will arrive early.
(b) Sure, I'll let you know.
(c) Maybe, but not tomorrow.
(d) I'll try.

남: 내일 좀 일찍 오실 수 있어요?
여: _____

(a) 예, 통조림이 일찍 도착할 거예요.
(b) 그럼요, 알려드릴게요.
(c) 그럴지도 모르죠, 하지만 내일은 아니에요.
(d) 노력해 보죠.

can 깡통

Power Hint ●●●
내일 좀 일찍 올 수 있느냐에 대한 적절한 답변은 노력해 보겠다
고 답하는 (d)이다.

정답 (d)

8 M Will this one do?
W _____

(a) Yes, I will tell him to do it.
(b) Absolutely, they will do it.
(c) They didn't do it.
(d) Certainly, the color is perfect.

남: 이거면 되겠어요?

여: _____

(a) 예, 제가 그에게 하라고 말할게요.
(b) 그들은 당연히 할 거예요.
(c) 그들이 한 것이 아니에요.
(d) 그럼요, 색상이 완벽해요.

do 충분하다

Power Hint ●●●
이거면 되겠냐는 질문에 대한 적절한 답변은 (d)이다. 나머지 선택지에도 동사 'do'가 쓰였지만 다르게 사용되었으므로 혼동하지 않도록 유의해야 한다.

정답 (d)

9 M Can you be my date for the dance?
   W _____

(a) Sorry, someone has already asked me.
(b) Sorry, but I'd rather sing.
(c) Sorry, I don't think she can dance.
(d) Sorry, I can't see you anymore.

남: 댄스 파티 때 저의 파트너가 되어 주시겠어요?
여: _____

(a) 미안하지만, 벌써 다른 사람이 부탁해 왔어요.
(b) 미안하지만, 차라리 노래를 부르고 싶어요.
(c) 유감이지만, 그녀는 춤을 못 추는 것 같아요.
(d) 미안하지만, 이제 당신을 만날 수 없어요.

date 데이트 상대

Power Hint ●●●
댄스 파티 상대가 되어 주겠냐는 질문에 대한 적절한 답변은 이미 다른 사람이 부탁했다고 말하는 (a)이다.

정답 (a)

10 M How much will it cost me?
    W _____

(a) I'll be cast as a policeman.
(b) It amounted up to $100.
(c) Around $100.
(d) $1000 is very expensive.

남: 비용이 얼마나 들까요?
여: _____

(a) 경찰로 출연할 거예요.
(b) 총 백 달러에 달했습니다.
(c) 백 달러쯤이요.
(d) 천 달러는 너무 비싸군요.

cost 비용이 들다 cast 역할을 맡다
amount 총계가 ~에 이르다

Power Hint ●●●
비용에 대해 묻고 있다. 적절한 답변은 (c)이다. 선택지 (b)는 시제가 맞지 않는다.

정답 (c)

11 M May I speak with Rachel Green?
    W _____

(a) One moment please.
(b) I didn't know you like Green.
(c) She can't be seen by the public.
(d) She has a message.

남: 레이첼 그린과 통화할 수 있을까요?
여: _____

(a) 잠시만 기다려 주세요.
(b) 당신이 그린을 좋아하는지 몰랐어요.
(c) 그녀는 대중 앞에 나타나지 않아요.
(d) 그녀가 전하는 말이 있어요.

public 대중

Power Hint ●●●
통화할 때 쓰는 표현이다. 누구와 통화할 수 있냐는 말에 대한 적절한 답변은 (a)이다.

정답 (a)

12 M Where did you spend your holiday?
    W _____

(a) France would be perfect.
(b) I holidayed in Italy.
(c) The holidays are fast approaching.
(d) I'll just stay home.

남: 어디서 연휴를 보내셨나요?
여: _____

(a) 프랑스가 좋겠어요.
(b) 이탈리아에서 휴가를 보냈어요.
(c) 곧 휴일이군요.
(d) 전 그냥 집에 있겠어요.

holiday 휴가를 가지다

Power Hint ●●●
휴가를 어디에서 보냈냐고 질문하고 있다. 적절한 답변은 이탈리아에서 보냈다고 말하는 (b)이다.

정답 (b)

13 M Isn't she a sweet little girl!
W _____

(a) Yes, she is.
(b) Yes, she's little.
(c) Yes, that's sweet.
(d) Yes, she's a girl.

남: 너무 귀여운 꼬마 소녀예요!
여: _____

(a) 네, 맞아요.
(b) 네, 그녀는 작군요.
(c) 네, 그건 귀여워요.
(d) 네, 그녀는 소녀예요.

sweet 예쁜, 귀여운

Power Hint ●●●
귀여운 꼬마 소녀가 아니냐는 질문에 적절한 답변은 (a)이다. 나머지 선택지들은 질문의 핵심을 벗어난 답변들이다.

정답 (a)

14 M Don't you think the weather is better today?
W _____

(a) Better than never.
(b) Yes, it looks better on you.
(c) Better than ever.
(d) Yes, I feel better today.

남: 오늘 날씨가 더 좋은 것 같지 않아요?
여: _____

(a) 아예 안 하는 것보다야 낫죠.
(b) 네, 이게 더 잘 어울려요.
(c) 더할 나위 없이 좋아요.
(d) 네, 오늘은 몸이 좀 나아졌어요.

better than ever 전보다 더 낫다

Power Hint ●●●
오늘 날씨가 더 좋지 않냐는 질문에 더 낫다고 답하는 (c)가 정답이다.

정답 (c)

15 M How was the lecture?
W _____

(a) It was very informative.
(b) It was very affirmative.
(c) It was Mr. Brown.

(d) I don't know the lecturer's name.

남: 강의는 어땠어요?
여: _____

(a) 정말 유익했어요.
(b) 긍정적이었어요.
(c) 브라운 씨였어요..
(d) 강사의 이름은 모르겠어요.

informative 정보를 제공하는, 유익한 affirmative 긍정적인

Power Hint ●●●
강의가 어땠냐는 질문에 아주 유익했다고 말하는 (a)가 정답이다. 선택지 (b)는 적절치 않은 형용사이다.

정답 (a)

Part II

16 M The gas price has increased again.
W Has it? How did you know?
M Read this.
W _____

(a) We'd better start saving on gas.
(b) What happened?
(c) It's very interesting.
(d) This is silly.

남: 휘발유 값이 또 인상됐어요.
여: 그래요? 어떻게 알았어요?
남: 이걸 읽어 보세요.
여: _____

(a) 휘발유 소비를 줄여야겠네요.
(b) 무슨 일이에요?
(c) 아주 흥미롭군요.
(d) 참 어리석군요.

increase 증가하다

Power Hint ●●●
마지막 남자의 말과 전반적인 대화의 내용을 살펴보면 여자의 응답으로 적절한 것은 (a)이다. 휘발유 가격이 인상됐으니 소비를 줄이자는 대답이 적절하다.

정답 (a)

17 M I think I've heard this song before.
W It sounds very familiar.
M Can you guess who the singer is?
W _____

(a) I don't know who the singer is.
(b) I think I can guess it right.
(c) Maybe, a new song.
(d) I bet it's Whitney Houston.

남: 이 노래 들어 본 적이 있는 것 같아요.
여: 정말 귀에 익은 음악이네요.
남: 가수가 누군지 알 수 있겠어요?
여: _____

(a) 가수가 누구인지 모르겠어요.
(b) 알아맞힐 수 있을 것 같아요.
(c) 아마도 신곡인 것 같아요.
(d) 휘트니 휴스턴이라고 장담해요.

familiar 잘 아는, 익숙한

Power Hint ●●●
여자가 노래가 귀에 익다고 말하자 남자는 가수가 누군지 물어본다. 적절한 여자의 답변은 가수 이름을 말하는 (d)이다.

정답 (d)

18 W   Welcome to my humble dwelling.
  M   What a lovely apartment you have!
  W   Do you really think so?
  M   _____

(a) I was just looking around.
(b) Well, it's better than mine.
(c) I think it needs some cleaning.
(d) I think you're wonderful.

여: 제 누추한 집에 오신 걸 환영해요.
남: 아파트가 매우 훌륭한데요!
여: 정말 그렇게 생각하세요?
남: _____

(a) 그냥 둘러 보고 있었어요.
(b) 제 아파트보다 좋아요.
(c) 청소를 좀 해야 할 것 같군요.
(d) 당신은 훌륭한 것 같아요.

humble 비천한 dwelling 사는 집

Power Hint ●●●
남자가 집을 칭찬하는 데 정말 그렇게 생각하느냐는 질문에 대한 적절한 답변은 (b)이다.

정답 (b)

19 M   I need to leave now.
  W   Ok. Please say hello to your family for me.
  M   I will.
  W   _____

(a) See you next time.
(b) I see.
(c) Good luck on your exam.
(d) Let's leave now.

남: 이제 가야 할 것 같아요.
여: 알았어요. 당신 가족들에게 안부 전해 주세요.
남: 그럴게요.
여: _____

(a) 다음에 봐요.
(b) 그렇군요.
(c) 시험 잘 보세요.
(d) 이제 갑시다.

leave 떠나다

Power Hint ●●●
남자는 떠나야 하는 상황이고 여자는 안부를 부탁한다. 다음에 이어질 여자의 적절한 말은 (a)가 된다.

정답 (a)

20 W   What's all this mess?
  M   I'm sorry. I'll clean up it right away.
  W   What were you doing in here?
  M   _____

(a) It's none of your business.
(b) I was going through some old files.
(c) I was here a while ago.
(d) I'm not so sure.

여: 왜 이렇게 어지럽혀 있는 거죠?
남: 미안해요. 바로 치우도록 할게요.
여: 여기서 무엇을 한 거예요?
남: _____

(a) 당신이 상관할 바 아니에요.
(b) 옛 서류들을 좀 보고 있었어요.
(c) 조금 전에 제가 여기 있었어요.
(d) 저도 잘 모르겠어요.

mess 어질러 놓은 것, 엉망진창 go through 검토하다

Power Hint ●●●
여기서 뭐하고 있었냐는 질문에 대한 적절한 답변은 (b)이다.

정답 (b)

21 M   Do you have some extra cash?
  W   What do you need it for?
  M   I'm kind of short today.
  W   _____

(a) For my son's birthday.

(b) I know that you are kind.
(c) You were never tall.
(d) How much do you need?

남: 여윳돈 좀 있으세요?
여: 어디에 쓰시려고요?
남: 오늘 돈이 좀 모자라네요.
여: _____

(a) 제 아들 생일 때문예요.
(b) 당신이 친절하다는 거 알고 있어요.
(c) 당신은 절대 키가 크지 않아요.
(d) 얼마나 필요하시죠?

extra 여분의 short 부족한

Power Hint ●●●
남자가 돈이 부족하다고 한다. 이에 적절한 여자의 대꾸는 (d)이다.

정답 (d)

22 W May I help you?
    M I'd like to see that digital camera.
    W This one, sir?
    M _____

(a) No, the other one.
(b) Yes, that's the one I've been looking for.
(c) No, I don't think it is right.
(d) Yes, that is perfect.

여: 도와드릴까요?
남: 저 디지털 카메라를 좀 보고 싶은데요.
여: 이것 말씀이십니까, 손님?
남: _____

(a) 아니요, 다른 쪽 거요.
(b) 네, 그게 제가 찾던 겁니다.
(c) 아니요, 그건 옳지 않은 것 같아요.
(d) 네, 완벽해요.

perfect 완벽한

Power Hint ●●●
물건을 사려는데 이것이냐고 물었을 때 다른 거라고 말하고 있는
(a)가 가장 적절한 답변이다. 아직 살펴보지 않은 상황이므로 (b)
와 (d)는 적절하지 않다.

정답 (a)

23 M Where is the oriental food section?
    W We don't carry any.
    M Where do you think I can get some
       pepper paste?
    W _____

(a) Try going to Korea in the summer.
(b) Try the Korean specialty shop across the
    street.
(c) We always have it in the pantry.
(d) I think there's too much pepper.

남: 동양 음식 코너는 어디에 있죠?
여: 저희는 동양 음식을 팔지 않습니다.
남: 고추장을 구할 수 있는 곳이 어딘지 아시나요?
여: _____

(a) 이번 여름에 한국에 가 보세요.
(b) 길 건너편에 있는 한국 특산품 가게에 가 보세요.
(c) 저희는 식품 저장실에 고추장이 항상 있습니다.
(d) 고추가 너무 많은 것 같아요.

oriental 동양의 pepper paste 고추장
specialty 특산품 pantry 식료품 저장실

Power Hint ●●●
고추장을 구할 수 있는 곳이 어디냐는 질문에는 (b)가 적절한 답
변이다. 선택지 (c)는 없다고 이미 말했기 때문에 맞지 않다.

정답 (b)

24 M How much is it?
    W $20, sir.
    M Do you accept a personal check.
    W _____

(a) Oh, not at all.
(b) Ok, I'll check it for you.
(c) We accept cash only.
(d) There's no need to double check.

남: 얼마죠?
여: 20달러입니다, 손님.
남: 가계 수표도 받습니까?
여: _____

(a) 아니요, 전혀요.
(b) 알겠습니다. 확인해 드리죠.
(c) 저희는 현금만 받습니다.
(d) 재확인할 필요 없어요.

check 수표 cash 현금

Power Hint ●●●
가계 수표를 받는지에 대한 적절한 답변은 (c)이다. 다른 선택지
에도 check가 나오지만 다른 뜻으로 쓰였음에 유의한다.

정답 (c)

25 M May I offer you anything to drink?
    W Water is fine.

M Hold on.
W _____

(a) No problem.
(b) I can't hold on any longer.
(c) Sure, where?
(d) I don't want to wait.

남: 마실 것 좀 드릴까요?
여: 물 주세요.
남: 잠시만요.
여: _____

(a) 네.
(b) 더 이상 못 참겠어요.
(c) 물론이죠. 어디요?
(d) 기다리기 싫어요.

hold on 기다리다, 참다

Power Hint ●●●
여자는 물을 달라고 하고 있고 남자는 가져올 동안 기다리라고
말하고 있다. 이에 적절한 여자의 답변은 (a)이다.

정답 (a)

26 M I'm looking for a gift for my son.
W I'd be glad to help you. How old is he?
M He'll be 21 this month.
W _____

(a) That's sad. He's very young.
(b) Then, I think this one would be prefect.
(c) He loves toy cars.
(d) I suggest you check the teens section.

남: 제 아들에게 줄 선물을 찾는데요.
여: 제가 도와드리죠. 아드님이 몇 살이죠?
남: 이번 달에 스물한 살이 됩니다.
여: _____

(a) 안됐군요. 너무 어려요.
(b) 그럼 이게 딱 좋겠네요.
(c) 그는 장난감 차를 매우 좋아해요.
(d) 십대(아이들) 코너에 가 보세요.

toy car 장난감 차 suggest 제안하다

Power Hint ●●●
남자는 아들 선물을 고르는데 나이가 스물한 살이라고 한다. 십
대는 아니므로 teens section에 해당이 안 되고 이 상황에 알맞
은 여자의 답변은 (b)이다.

정답 (b)

27 M What are your specialties?

W Buttered lobster tail and poached salmon.
M It's difficult to decide.
W _____

(a) That's not my problem anymore.
(b) Why don't you try them both?
(c) You have to decide fast.
(d) I can't help you with that.

남: 여기 전문 요리가 뭐죠?
여: 버터를 바른 바닷가재 꼬리와 익힌 연어입니다.
남: 고르기가 어렵군요.
여: _____

(a) 더 이상 제 문제는 아니에요.
(b) 둘 다 드셔 보세요.
(c) 빨리 결정하셔야 해요.
(d) 그건 도와드릴 수 없어요.

specialty 전문, 특선품 poach 익히다

Power Hint ●●●
음식점에서 두 가지 메뉴 중에서 결정하기 어려워하는 남자에게
적절한 반응은 둘 다 드셔 보는 게 어떠냐는 (b)이다.

정답 (b)

28 M What's taking them so long?
W Traffic is terrible.
M What's new about that?
W _____

(a) I mean, cut them some slack.
(b) As if you care.
(c) Nothing's new with me.
(d) Everything is new here.

남: 왜 이렇게 안 오는 거죠?
여: 차가 많이 막혀요.
남: 그게 뭐가 새로운 사실이죠?
여: _____

(a) 제 말은 그들을 좀 봐달라고요.
(b) 상관하는 것처럼 말하는군요.
(c) 이미 알고 있어요.
(d) 여기 모든 것이 새롭습니다.

cut ~ some slack ~를 이해해 주다, ~에게 기회를 주다

Power Hint ●●●
교통 체증으로 늦어지고 있다는 여자의 말에 남자가 그건 이유가
되지 않는다고 했다. 이 상황에서 여자가 보여 줄 적절한 반응은
(a)가 된다. 선택지 (c), (d)에도 같은 소리 new가 쓰였지만 적절
치 않은 상황이다.

정답 (a)

29 W Have you seen the new Steven Spielberg movie?

M What is it?

W *The Transformers.*

M _____

(a) Nope, what's it about?
(b) What do they transform into?
(c) Nope, what about your mom?
(d) It will surely be good.

여: 스티븐 스필버그 감독의 새 영화 보셨나요?
남: 그게 뭐죠?
여: 《트랜스포머》요.
남: _____

(a) 아니요, 어떤 내용의 영화죠?
(b) 어떤 것으로 변신하나요?
(c) 아니요, 어머니께서는 어떠세요?
(d) 훌륭할 거라고 확신해요.

transform 변형시키다

Power Hint ●●●

영화에 대해서 이야기하고 있다. 《트랜스포머》라고 영화 제목을 말한 여자의 말에 적절한 답변은 영화의 내용을 물어보는 (a)이다.

정답 (a)

30 M Did you call me last night?

W Yes, and you didn't answer.

M I was sleeping.

W _____

(a) It's alright.
(b) So was I.
(c) Did you sleep well?
(d) I was too.

남: 어젯밤에 전화했어요?
여: 네, 그런데 받지 않더라고요.
남: 자고 있었어요.
여: _____

(a) 괜찮아요.
(b) 저도요.
(c) 잘 잤어요?
(d) 저도요.

answer (전화를) 받다

Power Hint ●●●

자고 있어서 전화를 받지 못했다는 남자의 말에 적절한 여자의 대답은 (a)이다.

정답 (a)

31 M I'm pooped.

W So am I.

M Let's go to the spa.

W That's a good idea.

M Do you know one near here?

W Yes, it's on 11th avenue.

M Let's go.

W Will you drive?

M Sure.

Q Why do they want to go to the spa?
(a) They studied hard.
(b) They needed a break.
(c) They are in trouble.
(d) They are exhausted.

남: 너무 지쳤어.
여: 나도 마찬가지야.
남: 우리 온천에 가자.
여: 좋은 생각이네.
남: 여기서 가까운 데 아는 곳 있어?
여: 응, 11번가에 있어.
남: 가자.
여: 당신이 운전할 거야?
남: 그럼.

Q. 그들이 온천에 가고 싶어 하는 이유는?
(a) 공부를 열심히 해서
(b) 잠깐의 휴식이 필요해서
(c) 곤경에 처해서
(d) 피곤해서

poop 피곤하게 하다, 지치게 하다 spa 온천 exhausted 지친

Power Hint ●●●

I'm pooped.는 지쳤다는 말로 피곤하기 때문에 온천에 가려고 한다는 것을 알 수 있다.

정답 (d)

32 M I'd like to see the Grand Canyon.

W What's so good about it?

M I don't know. I just feel like our tour isn't complete without seeing it.

W Don't you think we've seen a lot already?

M Yet, I want to see more.

W Where do you get all the energy?

Q What can be said about the man?
(a) He is energetic.
(b) He is apologetic.

(c) He is terrific.
(d) He is horrific.

남: 그랜드 캐년이 보고 싶어.
여: 그랜드 캐년이 뭐가 그렇게 좋아?
남: 모르겠어. 난 그냥 그랜드 캐년을 안 보면 우리 여행이 완전하지 않은 것 같아.
여: 벌써 많이 구경했다고 생각하지 않아?
남: 그래도 더 구경하고 싶어.
여: 당신 에너지는 어디서 솟는 거야?

Q. 남자에 대해 무엇이라 말할 수 있는가?
(a) 남자는 에너지가 넘친다.
(b) 남자는 미안해 하고 있다.
(c) 남자는 멋지다.
(d) 남자는 무섭다.

apologetic 미안해 하는 terrific 아주 멋진 horrific 무서운

Power Hint ●●●
그랜드 캐년을 보고 싶어 하는 남자에게 여자는 그 모든 에너지가 어디서 오는 거냐고 묻고 있으므로 남자가 아주 힘이 넘친다는 것을 알 수 있다.

정답 (a)

33 W I heard Janice's story, and it was very sad.
M You girls are just too emotional.
W Have you heard it?
M A million times. She keeps on telling it to everyone.
W You're just too insensitive.
M Maybe.
W Your heart is made of stone.

Q What does the woman mean?
(a) The man is commiserating.
(b) The man is consoling.
(c) The man is compassionate.
(d) The man is unsympathetic.

여: 제니스 얘기 들었는데 너무 슬펐어요.
남: 당신 여자들은 너무 감정적이에요.
여: 당신은 들었어요?
남: 수없이 들었어요. 그녀가 모두에게 계속 얘기하던데요.
여: 당신은 너무 무감각하군요.
남: 그럴지도 모르죠.
여: 당신 심장은 돌로 만들어졌나 봐요.

Q. 여자가 한 말의 의미는?
(a) 남자는 동정심을 느끼고 있다.
(b) 남자는 위로하고 있다.
(c) 남자는 자비롭다.
(d) 남자는 매정하다.

insensitive 무감각한 commiserate 가엾게 여기다 console 위로하다 compassionate 인정 많은 unsympathetic 동정심 없는

Power Hint ●●●
제니스의 이야기를 듣고 여자는 슬퍼하며 안타까워하지만 남자는 그에 대해 무감각하다는 것을 대화에서 알 수 있다.

정답 (d)

34 M So, are you excited about our lunch date?
W What's there to be excited about?
M Everything. I mean, we haven't had lunch together in a very long while.
W So, where is it going to be?
M How about Seoul Garden?
W That's awfully far.
M So, what do you suggest?
W It'd be better to meet somewhere halfway.

Q What does the woman suggest?
(a) That they meet midway from where they are coming.
(b) That they meet somewhere not far.
(c) That they choose a different restaurant.
(d) They get the chance to choose equally.

남: 당신, 우리 점심 데이트 때문에 들떠 있는 거야?
여: 들뜰 것이 뭐가 있어?
남: 전부 다. 함께 점심 먹은 지 정말 오래됐잖아.
여: 어디서 먹을 거야?
남: 서울가든은 어때?
여: 너무 멀어.
남: 그럼 어떻게 할까?
여: 중간 지점에서 만나는 게 좋겠어.

Q. 여자가 제안하는 것은?
(a) 각자 오는 방향의 중간 지점에서 만나자고
(b) 멀지 않은 곳에서 만나자고
(c) 다른 레스토랑을 고르자고
(d) 공평한 선택의 기회를 갖자고

halfway 중도에서 midway 중간쯤에

Power Hint ●●●
마지막 여자의 말은 중간쯤에서 만나자는 이야기이다.

정답 (a)

35 M Fax these documents, please.
W Right away, Mr. Lewis.
M And I need you to contact the suppliers after that.
W I already did.

M   Did you cancel my meeting with Mr. Park?
W   I left a message with his secretary.
M   And my coffee?
W   On your desk, Mr. Lewis.

Q   What can be said about the woman?
(a) She works courageously.
(b) She works unwillingly.
(c) She works deficiently.
(d) She works efficiently.

남: 이 서류들을 팩스로 보내주세요.
여: 바로 보내겠습니다, 루이스 씨.
남: 그러고 나서 그 공급업체에게 연락 좀 해 주시고요.
여: 벌써 연락했습니다.
남: 박 사장과의 회의는 취소했나요?
여: 박 사장님 비서에게 메시지 남겼습니다.
남: 내 커피요?
여: 책상 위에 있습니다, 루이스 씨.

Q. 여자에 대해 무엇이라 말할 수 있는가?
(a) 여자는 용감하게 일한다.
(b) 여자는 신속하게 일한다.
(c) 여자는 비효율적으로 일한다.
(d) 여자는 능률적으로 일한다.

courageously 용감하게
deficiently 비효율적으로 efficiently 능률적으로

Power Hint ●●●
여자는 사장의 업무들을 효율적으로 잘 처리하고 있다.

정답 (d)

36 W   Wait right here.
M   For how long?
W   I'm not sure, but don't go anywhere.
M   Can I at least get an ice cream?
W   But be sure to be here when I come back.
M   Ok, but make it fast.
W   You can never rush things like this.
M   It wouldn't hurt to try.
W   Enough said.

Q   What does the woman mean?
(a) She needs no more explanation.
(b) She didn't understand the man.
(c) She will try to come home early.
(d) She doesn't like it when the man talks a
    lot.

여: 여기서 기다리세요.
남: 얼마나 기다려요?
여: 확실하지는 않지만 아무 데도 가지 말아요.

남: 적어도 아이스크림은 먹어도 되나요?
여: 하지만 내가 돌아왔을 땐 여기 있도록 해 주세요.
남: 알았어요, 그래도 얼른 오세요.
여: 이런 일은 절대 서두를 수 없어요.
남: 노력은 해 볼 수 있지 않나요?
여: 됐어요.

Q. 여자가 한 말의 의미는?
(a) 더 이상의 설명은 필요 없다.
(b) 남자를 이해하지 못했다.
(c) 집에 일찍 오려고 노력할 것이다.
(d) 여자는 남자가 말이 많은 것을 좋아하지 않는다.

Enough said. 더 말 안 해도 알겠다.

Power Hint ●●●
마지막 여자의 말은 더 이상의 설명은 필요 없다는 뜻이 된다.

정답 (a)

37 M   Just look at Ms. Anne.
W   What's the deal?
M   She looks so kind and gentle.
W   You don't know you're talking about.
M   What do you mean?
W   I mean, don't be fooled by her
    appearance.
M   What are you getting at?
W   She looks good but I've seen her at her
    worst.

Q   What can be said about Ms. Anne?
(a) She is in fact a wicked woman.
(b) She's not as kind and gentle as the man
    thinks.
(c) She works at a bakery.
(d) She talks really gently to people.

남: 앤을 보세요.
여: 무슨 일이에요?
남: 정말 친절하고 온화해 보여요.
여: 모르시는 말씀입니다.
남: 무슨 뜻이죠?
여: 내 뜻은 그녀의 외모에 속지 말라는 거예요.
남: 하고자 하는 말이 뭐예요?
여: 그녀가 얌전해 보일진 몰라도 난 그녀의 최악을 봤다고요.

Q. 앤에 대하여 어떻게 말할 수 있는가?
(a) 사실 그녀는 나쁜 사람이다.
(b) 남자가 생각하는 만큼 친절하고 온화하지 않다.
(c) 그녀는 빵집에서 일한다.
(d) 그녀는 사람들에게 매우 상냥하게 말한다.

appearance 외모

Power Hint ● ● ●

마지막 여자의 말에서 앤은 남자가 생각하는 만큼 친절하거나 온화하지 않음을 알 수 있다.

정답 (b)

38 M Do you need a hand?

W Thanks, you're such a gentleman.

M I'm just doing my job.

W I'm Lisa by the way.

M I'm Michael.

W What do you do here?

M I'm the new errand boy.

W But this is way beyond your job description.

Q What does the woman mean?

(a) She thinks the man is doing his job well.

(b) It is not the man's job to help her.

(c) She thinks the man works efficiently

(d) She read the man's job description already.

남: 도움이 필요하세요?

여: 고마워요, 정말 친절하시네요.

남: 제 일을 하는 것뿐이에요.

여: 제 이름은 리사예요.

남: 저는 마이클이라고 해요.

여: 여기서 무슨 일을 하세요?

남: 저는 새로운 사환이에요.

여: 하지만 이건 당신이 해야 할 일이 아니잖아요.

Q. 여자가 한 말의 의미는?

(a) 여자는 남자가 그의 일을 잘하고 있다고 생각한다.

(b) 그녀를 돕는 것은 남자의 직무가 아니다.

(c) 여자는 남자가 효율적으로 일한다고 생각한다.

(d) 여자는 남자의 이력서를 벌써 다 읽어 보았다.

errand 심부름 job description 이력서

Power Hint ● ● ●

마지막 여자의 말을 보면 남자가 여자에게 해 주려는 일은 그 남자의 직무가 아님을 알 수 있다.

정답 (b)

39 W Sir, someone's waiting for you outside.

M Let him in.

W Right away, sir.

M Wait. What did he say his name is?

W I didn't ask. Sorry.

M Get his name first, but don't tell him yet that I'm here.

W Ok, sir.

Q What can be inferred from the conversation about the man?

(a) He is trying to avoid someone.

(b) He doesn't wish to speak with anyone.

(c) He doesn't like people.

(d) He likes to hide when people look for him.

여: 사장님, 어떤 분께서 밖에서 사장님을 기다리고 계십니다.

남: 들여보내세요.

여: 예, 사장님.

남: 잠깐만요. 그의 이름이 뭐라고 하던가요?

여: 물어보지 않았어요. 죄송합니다.

남: 먼저 이름을 알아봐요. 내가 여기 있다고 아직 말하지는 말고요.

여: 알겠습니다. 사장님.

Q. 이 대화에서 남자에 대하여 추론할 수 있는 것은?

(a) 누군가를 피하려고 하고 있다.

(b) 누구와도 말하고 싶어 하지 않는다.

(c) 사람을 싫어한다.

(d) 사람들이 자신을 찾을 때 숨는 것을 좋아한다.

hide 감추다, 숨기다

Power Hint ● ● ●

남자가 여자에게 자기가 여기 있는지를 알려주기 전에 누가 왔는지 알아보라고 한 것으로 미루어 보아 누군가를 피하고 있음을 알수 있다.

정답 (a)

40 M I heard you went out last night. Who with?

W Just some people from the head office.

M And who are these 'some people'?

W Why do you want to know?

M Come on, give.

W Ok, Mr. Johnson.

M I knew it! What's the topic?

W I promised to keep my mouth zipped.

Q What does the woman mean?

(a) She promised to keep the topic secret.

(b) She promised not to tell that she went out with Mr. Johnson.

(c) She promised Mr. Johnson something.

(d) She promised to keep her mouth clean.

남: 어젯밤에 데이트했다고 들었어요. 누구랑 나갔어요?

여: 본사에서 오신 분들일 뿐이에요.

남: 그 '몇몇 분'이 누구인데요?

여: 왜 알고 싶으세요?

남: 말해 봐요, 어서.

여: 알았어요, 존슨 씨였어요.

남: 거봐요! 무슨 얘기했어요?

여: 절대 말하지 않겠다고 약속했어요.

Q. 여자가 한 말의 의미는?
(a) 이야기를 비밀로 지키겠다고 약속했다.
(b) 존슨 씨와 데이트했다는 것을 말하지 않기로 약속했다.
(c) 존슨 씨에게 무언가 약속했다.
(d) 입을 깨끗이 하겠다고 약속했다.

keep one's mouth zipped 입을 다물다

Power Hint ●●●
입에 지퍼를 채우겠다고 약속했다는 것은 말을 하지 않고 비밀로 하겠다는 의미이다.

정답 (a)

---

41 W Mr. Kent, may I help you?
M Ms. Granger, I'm calling about our appointment for today.
W What's the matter?
M Something came up and I can't meet you at 6 pm.
W I see. Do you want to reschedule it?
M If it's ok with you.
W Sure, so you tell me.

Q What can be said about the woman's schedule?
(a) It's quite rough.
(b) It's hardly ever vacant.
(c) It's loaded.
(d) It's flexible.

여: 켄트 씨, 무엇을 도와드릴까요?
남: 그랜저 씨, 오늘 약속 때문에 전화드렸습니다.
여: 무슨 일이시죠?
남: 일이 생겨서 오후 6시에 만나지 못할 것 같아요.
여: 알겠어요. 약속을 다시 정하고 싶으세요?
남: 당신이 괜찮으시다면요.
여: 물론이죠. 편한 시간을 말씀하세요.

Q. 여자의 일정에 대해 말할 수 있는 것은?
(a) 매우 힘들다.
(b) 빈 시간이 거의 나지 않는다.
(c) 꽉 찼다.
(d) 조절 가능하다.

reschedule 예정을 다시 세우다
vacant 비어 있는, 빈 자리의 flexible 융통성 있는

Power Hint ●●●
남자가 약속을 지킬 수 없게 되자 여자가 다시 정할 수 있다고 말한 것으로 보아 약속이 매우 탄력적임을 알 수 있다.

정답 (d)

---

42 M The last time she called, she said she's on her way.
W Where is she coming from?
M Louisville.
W That's quite near here.
M I know. That's what irritates me.
W Let's give her 10 more minutes.
M And after that?
W Let's leave without her.

Q What are the man and woman doing according to the conversation?
(a) They are waiting for an important call.
(b) They are waiting for the food they ordered.
(c) They are going on a trip.
(d) They are waiting for someone.

남: 마지막으로 그녀가 전화했을 때 오고 있는 중이라고 말했어요.
여: 그녀는 어디서 오는 거죠?
남: 루이스빌이요.
여: 여기서 매우 가깝네요.
남: 맞아요. 그것 때문에 화가 나요.
여: 10분만 더 기다리죠.
남: 그런 다음에는요?
여: 그녀 빼고 출발하죠.

Q. 대화에 따르면 남자와 여자가 하고 있는 것은?
(a) 그들은 중요한 전화를 기다리고 있다.
(b) 주문한 음식을 기다리고 있다.
(c) 여행을 가고 있다.
(d) 누군가를 기다리고 있는 중이다.

irritate 화나게 하다

Power Hint ●●●
대화에서 남자와 여자는 누군가를 기다리고 있는 중임을 알 수 있다.

정답 (d)

---

43 W Drake, Mr. Lawrence needs you in his office.
M Right now?
W Yes.
M Do you know what it is about?
W He didn't say.
M Oh my!
W Oh by the way, why does he seem all riled up?

Q What can be inferred from the

conversation?

(a) Drake is an inefficient worker.

(b) The woman said something bad about Drake to Mr. Lawrence.

(c) Mr. Lawrence is angry about something and Drake has something to do with it.

(d) Drake is the type of person that doesn't take things seriously.

여: 드레이크, 로렌스 씨가 그의 사무실에서 찾으셔.
남: 지금 당장?
여: 응.
남: 무엇 때문인지 알아?
여: 말씀해 주시지 않았어.
남: 아이고!
여: 그나저나 그분 왜 그렇게 화가 나 보이지?

Q. 대화에서 추측할 수 있는 것은?
(a) 드레이크는 무능한 직원이다.
(b) 여자는 로렌스 씨에게 드레이크에 대한 나쁜 이야기를 했다.
(c) 로렌스 씨는 무언가에 대해 화가 났고, 드레이크가 그것에 관련이 있다.
(d) 드레이크는 만사를 진지하게 대하지 않는 타입의 사람이다.

rile 화나게 하다 inefficient 무능한, 비능률적인

Power Hint ●●●
대화의 내용으로 보아 로렌스 씨는 무엇엔가 화가 나 있고 드레이크가 그것과 관련이 있다는 것을 알 수 있다. 나머지 선택지 (a), (b), (d)는 정확히 맞는다고 할 수 없는 가정들이다.

정답 (c)

44 W May I know what happened, sir?
M The engine broke down. I don't know exactly what the cause is.
W Where are you exactly?
M Along 16th just across from the Angelica.
W Help is on the way, sir. I suggest you stay put.
M I'd appreciate it greatly if you can make it here faster.
W Don't worry, sir.
M I can see traffic building up behind me.

Q What happened to the man?
(a) His car stalled.
(b) His car was stolen.
(c) He parked his car along a busy street.
(d) He encountered a traffic accident.

여: 무슨 일이십니까, 손님?
남: 엔진이 고장 났어요. 이유가 뭔지 정확히 모르겠어요.
여: 정확히 어디에 계시죠?

남: 16번지를 따라 엔젤리카 바로 맞은편에 있어요.
여: 구조 요원이 가고 있습니다, 손님. 그대로 기다려 주시면 되겠습니다.
남: 좀 더 빨리 이곳에 도착해 주면 정말 고마울 것 같아요.
여: 걱정하지 마십시오, 손님.
남: 제 뒤로 교통이 막히기 시작하는 게 보이네요.

Q. 남자에게 무슨 일이 생겼는가?
(a) 차가 섰다.
(b) 그는 차를 도둑 맞았다.
(c) 그는 번화가에 차를 주차시켰다.
(d) 그는 교통사고를 당했다.

stall 꼼짝 못하다 encounter 우연히 마주치다

Power Hint ●●●
남자의 차가 엔진 고장으로 멈춰 섰다.

정답 (a)

45 W Do you wish to speak to him?
M If I may do so, why not?
W I check if he is available.
M Alright.
W He's available on the 25th at 8 in the morning.
M How about anytime sooner than that?
W I'm sorry sir, but that is the soonest.
M Ok, that's fine.

Q What is the man doing?
(a) He is checking his availability.
(b) He wants to talk in private with someone.
(c) He wishes to talk to his boss on the phone.
(d) He is setting an appointment.

여: 그와 이야기하길 원하십니까?
남: 가능하다면, 물론이죠.
여: 시간이 되시는지 알아보죠.
남: 알겠습니다.
여: 25일 아침 8시에 가능합니다.
남: 그보다 더 빠른 날짜는요?
여: 죄송합니다만 그날이 제일 빠른 날짜네요.
남: 네, 좋습니다.

Q. 남자는 무엇을 하고 있는가?
(a) 그는 자신에게 시간 여유가 있는지 확인하고 있다.
(b) 그는 누군가와 개인적으로 대화하고 싶어 한다.
(c) 그는 그의 상사와 전화 통화하고 싶어 한다.
(d) 그는 (방문) 약속을 잡고 있다.

availability 유효성, 유용성, 시간 여유
appointment 약속

Part IV

46 Friends and fellow citizens! I stand before you tonight under indictment for the alleged crime of having voted at the last presidential election, without having a lawful right to vote. It shall be my work this evening to prove to you that in thus voting, I not only committed no crime, but, instead, simply exercised my citizen's rights, guaranteed to me and all United States citizens by the National Constitution, beyond the power of any state to deny.

Q   What is the speech about?
(a) The right to vote
(b) The presidential election
(c) A person's alleged crime
(d) US citizen's rights

지지자분들 그리고 국민 여러분! 오늘밤 저는 지난 대통령 선거 당시 선거법 위반 혐의로 기소되어 여러분 앞에 섰습니다. 오늘 저녁 저는 여러분에게 이와 같은 투표는 죄를 범한 것이 아니라 단지 누구도 부인할 수 없는 국가 헌법 아래 저와 모든 미국 국민에게 보장된 시민으로서의 권리를 단순히 행사한 것뿐임을 증명해 보이도록 하겠습니다.

Q. 무엇에 관한 연설인가?
(a) 투표권
(b) 대통령 선거
(c) 한 사람의 범죄 혐의
(d) 미국 시민의 권리

under indictment 기소되어 alleged 주장된, 혐의의
thus 이와 같이 National Constitution 헌법

47 Monroeville, Alabama has been drawing 30,000 visitors every year, not because of its timber and cotton, and churches. It's because of Harper Lee, who grew up here with another well-known fellow writer-Truman Capote, her childhood friend. And everyone here knows this. The former is the author of *To Kill a Mocking Bird*, a Pulitzer Prize Winner in 1960, while the latter was also a known novelist of his time. This prize-winning novel presents a conflict between the blacks and the whites, vividly seen in its film version, an academy award winner, with Gregory Peck as Atticus Finch, the lawyer, who defends a black man accused of raping a white woman. Yearly, in May, the town presents the play version of the novel. Its director, Kathy McCoy, says, "We are not merely putting on a play. We're sending a message of racial tolerance."

Q   What is true according to the passage?
(a) Truman Capote equally shares with Harper Lee the drawing power to tourists to come to Monroeville.
(b) Harper Lee cultivated cotton in Monroeville.
(c) Everyone in Monroeville knows Harper Lee very well.
(d) *To Kill a Mocking Bird* advocates racial discrimination.

먼로빌, 앨라배마는 매년 3만 명에 달하는 관광객들을 끌어들이는데 이는 목재와 목화 그리고 교회로 인한 것이 아니다. 바로 하퍼 리 때문인데 그녀는 어린 시절 친구이자 잘 알려진 트루먼 카포트와 함께 이곳에서 자랐다. 그리고 이곳의 모든 사람들은 이 사실을 알고 있다. 하퍼 리는 《앵무새 죽이기》의 저자로 1960년 퓰리처상 수상자이고 트루먼 카포트 또한 그 당시 유명한 소설가였다. 이 수상작은 흑인과 백인 사이의 갈등을 보여 주고 있는데, 특히 이 소설을 영화화한 작품에서 생생하게 나타난다. 이 영화에서 백인 여자를 강간한 혐의를 받고 있는 흑인을 변호하는 애티커스 핀치 변호사 역을 했던 그레고리 펙은 아카데미(남우주연상)상을 수상했다. 해마다 5월이면 이 마을에서는 이 소설을 연극으로 상연한다. 이 연극의 감독인 캐시 맥코이는 "우리는 단순히 연극을 하는 것이 아니라 인종 차별(평등)에 관한 메시지를 전하고 있는 것이다."라고 말하고 있다.

Q. 지문에 따르면 사실인 것은?
(a) 트루먼 카포트는 하퍼 리와 똑같이 먼로빌로 관광객을 불러들이는 데 공헌한다.
(b) 하퍼 리는 먼로빌에서 목화를 재배했다.
(c) 먼로빌의 모든 사람들은 하퍼 리를 잘 안다.
(d) 《앵무새 죽이기》는 인종 차별을 옹호한다.

draw 끌어들이다 timber 목재 rape 강간하다
mocking bird 앵무새 conflict 상반되다; 충돌
racial 인종적인 tolerance 관용 advocate 옹호하다
discrimination 차별

Power Hint ●●●
트루먼 카포트가 하퍼 리와 같은 곳에서 자란 친구로 잘 알려진
소설가지만, 그가 관광객을 불러들인다는 언급은 없다. (b) 역시
언급된 사실이 아니며 (d)는 반대로 기술되었다.

정답 (c)

48 She seems almost human. She has such
alert eyes, and her head tilts to follow me.
But she is a pure menace to any prey that
happens to wander within range of those four
legs, which can snap shut like bear traps.
This is a Mantid, which belongs to roughly
1,800 species, often called Praying Mantises
because they spend their time sitting and
waiting seemingly at prayer. They are among
the world's craftiest hunters. Camouflage is
their art form, helping them hunt prey and
hide from predators. For example, a
Burmese flower mantid blends in with a
plant's stamens. Furthermore, Mantids can
also mimic leaves, grass, twigs, stones even
ants.

Q   What is the main idea of the passage?
(a) Mantids, which pray like human beings.
(b) Mantids, whose physical qualities and
abilities, successfully adopt themselves to
their environment.
(c) Mantids with admirable artistic works of
some sort.
(d) Mantids, a menace to the environment,
that prey on other animals.

이것은 거의 사람 같아 보인다. 이것은 경계하는 눈을 가지고 있
고 머리는 나를 따라서 움직인다. 그러나 이것은 속도 위반 단속
용 레이더 장치처럼 잽싸게 먹이를 낚아챌 수 있는 네 개의 다리
영역 안에서 갈팡질팡하는 먹이감에겐 위험 그 자체이다. 이것은
바로 사마귀이다. 사마귀는 대략 1,800종이 있고 자주 기도하는
사마귀라고 불리곤 하는데, 그 이유는 대부분의 시간을 마치 기
도자처럼 주로 가만히 앉아서 기다리는 데 보내기 때문이다. 그
들은 세상에서 제일 교활한 사냥꾼이다. 위장술은 과히 예술인데,
그것은 먹이 사냥을 돕거나 적으로부터 숨도록 도와준다. 예를
들면 버마산 꽃사마귀는 식물의 수술과 함께 뒤섞인다. 또한 사
마귀는 나뭇잎, 풀, 가지, 돌, 거기다 개미로도 위장할 수 있다.

Q. 이 지문의 주제는?
(a) 사람처럼 기도하는 사마귀

(b) 환경에 성공적으로 적응하는 신체적 특성과 능력을 가지고
있는 사마귀
(c) 여러 종류의 놀라운 예술적 재능을 가진 사마귀
(d) 다른 동물을 잡아먹는 환경에 위협적인 존재인 사마귀

alert 방심하지 않는, 경계하는 tilt 기울이다, 상하로 움직이다
menace 위협 prey 먹이, 약탈품 wander 어슬렁거리다
bear trap (미국) 속도 위반 단속용 레이더 장치
mantid(=mantis) 사마귀 pray 기도하다
seemingly 겉보기에는 craftiest 교활한
camouflage 변장, 위장 predator 약탈자
Burmese 버마의 stamen (꽃의) 수술
mimic 흉내 내다, 모방하다 twig 작은 가지

Power Hint ●●●
사마귀의 뛰어난 위장술을 설명하면서 사마귀의 신체적 특성과
능력을 설명하고 있는 글이다. 따라서 이 지문의 주제는 (b)이다.

정답 (b)

49 Lewis Simon, a writer for *Newsweek*, wrote
about Elie Wiesel, who suffered from the
holocaust war, and became the best known
authority on the subject of man's inhumanity
to man. Also, he has the ability to discuss life
at its darkest with apparent ease. He is
perhaps the most optimistic—at least the
most hopeful. Furthermore, Wiesel said "Only
human beings can move me to despair and
only human beings can remove me from
despair."

Q   What is the idea about human beings
implied in the paragraph?
(a) Human Beings' suffering is a good topic
for discussion.
(b) Human Beings can bring both happiness
and pain to one another.
(c) Human Beings are far from animals
because of their feelings.
(d) Human Beings can only bring
hopelessness to one another.

《뉴스위크》지의 필자, 루이스 사이먼은 유대인 대학살 전쟁을
겪고 인류에 대한 인간의 무자비함에 관해 가장 저명한 권위자가
된 엘리 위즐에 대하여 글을 썼다. 또한 엘리 위즐은 가장 암울
한 삶에 대해 쉽고 명확하게 논할 수 있는 사람이다. 그는 아마
도 가장 낙천적인 사람이거나 적어도 가장 희망에 찬 사람일 것
이다. 더군다나 위즐은 "오직 인류만이 나를 절망에 빠지게 할
수도 있고 절망에서 벗어나게 할 수도 있다."고 말했다.

Q. 이 지문에 함축되어 있는 인류에 대한 견해는?
(a) 인간은 고통은 논하기 좋은 주제이다.

(b) 인간은 서로에게 행복과 아픔 모두를 줄 수 있다.
(c) 인간은 감정이 있기 때문에 동물들과 다르다.
(d) 인간은 서로에게 절망만을 줄 수 있다.

holocaust (나치에 의한) 유대인 대학살
apparent 겉모양의 ease 안락 despair 절망

Power Hint ●●●
마지막 문장에서 정답이 (b)임을 유추할 수 있다. (a), (c), (d)는
지문에서 다루지 않은 내용이다.

정답 (b)

50 More than 50 million were systematically
murdered in the past 100 years—the century
of mass murder. From 1915 to 1923,
Ottoman Turks slaughtered up to 1.5 million
Armenians. In the mid-century, the Nazis
liquidated 6 million Jews, three million Soviet
POWs, 2 million Poles, and 400,000 other
'undesirables'. Mao Zedong killed 30 million
Chinese and the Soviet government
murdered 20 million of its people. In the
1970's the communist Khmer Rouge killed 17
million of their fellow Cambodians. In the
1980's and the early 1990's Saddam
Hussein's Baath Party killed 100 thousand
Kurds. Rwanda's Huta-led military wiped out
100,000 members of the Tutsi minority in the
1990's. Now there is Genocide in Sudan's
Darfur Region.

Q What is true according to the paragraph?
(a) Mass killings of peoples are acceptable
   because people don't complain against
   them.
(b) In many parts of the world, there had
   been mass killings in the past century.
(c) The greed for power is the main course of
   mass killings.
(d) Mass killings of people are systematically
   planned and executed.

지난 100년 동안 5천만 명 이상이 체계적으로 살해되었다. 지난
100년은 대량학살의 시대였다. 1915년부터 1923년까지, 오스만
터키는 150만 명의 아르메니아인을 학살하였다. 20세기 중반에
나치는 6백만 명의 유대인을 죽였고, 3백만 명의 소련 포로들과
2백만 명의 폴란드 사람들을 죽였으며, 40만 명의 다른 '탐탁지
않은 사람들'을 죽였다. 마오쩌둥은 3천만 명의 중국인들을 죽였
고, 소련 정부는 2천만 명의 자국민을 죽였다. 1970년대에 공산
주의자 크메르 루주는 1천 7백만 명에 달하는 캄보디아 자국민을
죽였다. 1980년대와 1990년 초에 사담 후세인의 바스당은 10만
명의 쿠르드족을 살상하였다. 르완다의 후다가 이끈 군대는

1990년대에 10만 명의 투치 소수민족을 전멸시켰다. 현재 수단
의 다르푸르 지역에서는 여전히 집단학살이 자행되고 있다.

Q. 지문에 따르면 사실인 것은?
(a) 대량학살에 대한 불평이 없으므로 용납될 수 있다.
(b) 세계의 여러 곳에서 지난 세기 동안 대량학살이 있어 왔다.
(c) 권력에 대한 탐욕이 대량학살의 주 원인이다.
(d) 대량학살은 체계적으로 계획되고 실행된다.

slaughter 학살하다 liquidate 죽이다
POWs(=prisoner of war) 포로 Pole 폴란드인
wipe out 일소하다 genocide 대량학살

Power Hint ●●●
대량학살에 대한 원인, 이유나 상황 등을 함께 설명하기보다 지
난 백 년 동안 세계적으로 행해진 대량학살을 단순히 나열하고
있으므로 그러한 사실을 얘기하고 있는 (b)가 정답이다.

정답 (b)

51 From 1603 to 1867, Japan was very much
feudal, isolated nation. It was in this period
that the government introduced a policy of a
meat prohibition in order to stop aggression
among the population. Apparently, they knew
earlier that red meat affects one's
temperament, plus the fact it takes longer to
cook than fresh vegetables. During these
feudal times, only the aboriginal Ainus of
Hokkaido Island ate meat and this was a
taboo associated with meat eaters. And,
since Hokkaido is in the Northern Region and
thus colder people there developed dishes
full of protein richness and mega amount of
calories to ward off the intense cold. Thus,
Katsudon was invented. It's a dish of
cholesterol laden pork, laced with fried egg
toped over rice. Another one is Tempura,
battered meat or vegetables served with
ground radish to flush out the bad
cholesterol.

Q What is the main idea of the passage?
(a) The feudalistic past of Japan
(b) The diets of the Japanese in the different
   parts of Japan
(c) The history of the Japanese diet
(d) The Japanese as exclusively fish eaters

1603년부터 1867년까지 일본은 매우 봉건적이고 소외된 나라였
다. 이 시대에 정부는 국민들의 공격적 성향을 저지한다는 목적
으로 육류를 금지하는 정책을 도입하였다. 일본인들은 일찍이 붉
은 고기가 인간의 기질에 영향을 준다는 것을 익히 알고 있었고,

또한 신선한 야채보다 요리하는 데 더 오랜 시간이 걸린다는 사실도 알고 있었다. 이 봉건 시대에는 홋카이도 섬의 원주민 아이누 사람들만이 고기를 먹었는데 이것은 고기를 먹는 사람들에 대한 금기였다. 홋카이도는 북부 지역에 있으므로 그 추운 곳에 사는 사람들은 강한 추위를 이겨내기 위해 단백질이 풍부하고 칼로리가 높은 음식들을 개발하였다. 그래서 탄생한 것이 가스돈이다. 이것은 계란 프라이와 함께 밥 위에 얹어서 먹는 콜레스테롤이 많은 돼지고기 음식이다. 또 다른 음식은 템푸라인데, 반죽을 입힌 고기나 야채를 해로운 콜레스테롤을 제거해 주는 갈은 무와 함께 곁들여 먹는 음식이다.

Q. 이 지문의 주제는?
(a) 일본의 봉건적 과거
(b) 일본 여러 지역 일본인들의 식생활
(c) 일본 음식의 역사
(d) 오로지 생선만 먹는 일본인들

feudal 봉건적인 temperament 성향, 체질
aboriginal 토착의 ward ~을 지키다 laden 충분히 지닌
batter ~에 반죽을 입히다 laden ~을 많이 가진

Power Hint ●●●
봉건 시대 일본이 육식을 금지하고 있을 때 홋카이도 섬의 원주민 아이누족만이 다른 일본 지역과는 다르게 고기를 먹었다는 내용이 등장하므로 주제로 가장 알맞은 것은 (b)이다.

정답 (b)

52 Cambodia's Khmer Rouge court opened its first public hearing yesterday(November 21, 2007), which many consider as a landmark moment for a country trying to overcome its brutal past. Judges will hear an appeal by former regime prison chief Duch against his detention by the UN-backed tribunal. Duch, whose real name is Kaing Guek Eav, allegedly oversaw the torture and extermination of 16,000 men, women and children at the Khmer Rouge's Trial Sleng prison during the 1975-1979 rule over Cambodia. He was arrested by the tribunal in July; becoming the first of the top Khmer Rouge cadre to be detained and charged with crimes against humanity. However, his lawyers are expected to argue that years spent imprisoned without trial by another court are grounds for his release as legal documents show.

Q What is the Khmer Rouge?
(a) Cosmetic powder to beautify a woman's face
(b) A court to try cases unjustly

(c) A period in Cambodian political history
(d) A record of the Cambodian past

캄보디아의 크메르 루주 법정은 어제(2007년 11월 21일) 첫 번째 공판을 열었는데, 많은 이들은 이 공판을 캄보디아의 잔인했던 과거를 이겨 내기 위한 노력의 역사적인 순간이라 생각하고 있다. 판사들은 유엔 심판위원회가 내린 구금 판결에 항소하는 전 정권의 교도소 서장 두치의 항변을 들을 것이다. 카잉 구엑 에아브라는 본명의 두치는 캄보디아의 1975년부터 1979년까지의 강점기 동안 크메르 루주의 슬렘법원 감옥에서 1만 6천 명의 남자와 여자, 그리고 아이들의 고문과 몰살을 감독한 혐의를 받고 있다. 그는 7월에 심판위원회에 의하여 체포되었으며, 인권을 침해한 죄로 구속되고 혐의를 받게 된 크메르 루주의 첫 번째 고위 간부가 되었다. 그러나 두치의 변호사들은 두치가 다른 법정의 재판 없이 수감되었던 기간들에 대해 이의를 제기할 것으로 보인다. 이는 법적 문서들에 나와 있는 대로 두치의 석방에 대한 근거들이다.

Q. 크메르 루주란 무엇인가?
(a) 여자의 얼굴을 아름답게 해 주는 파우더 화장품
(b) 불공평하게 판결하는 법정
(c) 캄보디아 정치사의 한 시기
(d) 캄보디아 과거의 기록

brutal 잔인한 regime 정권 detention 억류
tribunal 법정 allegedly 주장한 바에 의하면
torture 고문 extermination 몰살 cadre 간부
rule over 지배하다, 통치하다 detain 구류하다
ground 근거, 이유

Power Hint ●●●
former regime prison chief(전 정권의 교도소 서장)과 Khmer Rouge cadre(크메르 루주의 간부)를 통해 크메르 루주가 학살을 자행한 과거 캄보디아 지배 정권의 이름임을 알 수 있으므로 정답은 (c)이다.

정답 (c)

53 It is said that a party won't be complete without beer, margarita, tequila etc. Although some party goers stick to classic tea or soda, a majority are pressured to taste a little alcohol so as not to be called uncool and boring. Because of peer and co-party pressure, partyphiles forget that they still have to be sober enough to drive after the party. No wonder there is high incidence of vehicular accidents due to drunk driving in many countries. This motivated Jelly Belly, a gourmet candy known worldwide, to launch a campaign against drunk driving. In the Philippines, for instance, they blend Jelly Bellies with drinks as a part of the campaign.

Q How are Jelly Bellies being used in the Philippines?

(a) As a brand of popular American candy that is spread globally

(b) As a gourmet food popular through out America because of its alcohol content

(c) As a campaign against drunk driving through advertisement

(d) As a gourmet blending of jelly beans candy and drinks for partyphiles to prevent drunk driving

맥주, 마가리타, 테킬라 등이 없는 파티는 완전한 파티가 아니라고들 말한다. 어떤 사람들은 파티에 가서 전통 차나 음료수만 고수하지만, 대부분의 사람들은 멋없고 지루한 사람으로 불리지 않기 위해 파티에서 조금은 마셔야 한다는 강박감을 갖고 있다. 또래들과 파티에 어울려야 한다는 압박감 때문에 파티 애호가들은 파티 후에 운전할 수 있을 정도까지만 마셔야 한다는 것을 잊어버린다. 여러 나라에서 음주 운전으로 인한 자동차 사고 발생률이 높다는 것은 의심할 여지가 없다. 이런 사실은 세계적으로 유명한 고급 캔디인 젤리 벨리가 음주 운전 반대 캠페인을 시작하게 된 동기가 되었다. 예를 들어 필리핀에서는 캠페인의 하나로 술과 함께 젤리 벨리를 섞어 마신다.

Q. 필리핀에서 이 젤리 벨리는 어떻게 이용되는가?
(a) 세계적으로 퍼져 있는 인기 있는 미국 캔디의 상품 이름으로
(b) 알코올을 함유하고 있기 때문에 미국 전 지역에서 인기를 얻고 있는 고급 음식으로
(c) 광고를 통한 음주 운전 반대 캠페인으로
(d) 파티 애호가들의 음주 운전을 막기 위해 젤리콩 캔디와 술을 섞은 것으로

party goers 파티 참석자, 즐기는 사람

majority 대부분, 과반수 uncool 멋없는, 자신 없는

peer 또래, 동료 partyphile 파티 애호가

sober 술 취하지 않은

Power Hint ●●●
필리핀에서는 파티 후 음주 운전으로 인한 사고를 예방하기 위해 젤리 벨리를 술과 섞어 마신다는 내용이 나오므로 (d)가 정답이다.

정답 (d)

54 As the sayings go, "There is no place like home", "Home is where the heart is" and "A house is not a home, when there's no one there." These are cliches but they capture the essence and importance of a home, which is a dwelling place where one finds peace and tranquility, genuine rest and relaxation. These are commodities hard to come by nowadays because of the many concerns, worries, and problems adversely affecting life

conditions in this material, competitive world. In deed, after an arduous day of work, after being away for a vacation or a business trip, or simply after a day of grappling with problems, home is our place for retiring, recharging, and preparing ourselves for another bout tomorrow.

Q What is a home according to the passage?

(a) It is a place to relax and to rest after a hard day's work.

(b) It is a mark of a family achievement.

(c) It is a dwelling place where peace and Harmony exist among its dwellers.

(d) It is a place for resting and relaxing where peace and harmony pervade.

"집처럼 좋은 곳은 없다", "집은 곧 마음이 있는 곳"이며 "집에 아무도 없다면 집이 아니다."라는 말들이 있다. 이 말들은 상투적인 표현이지만 사람이 평온과 평화로움, 진정한 안식과 휴식을 찾는 곳인 가정에 대한 본질과 중요성을 잘 표현하고 있다. 이것들은 물질 경쟁의 세계 속에서 삶의 조건에 악영향을 미치는 수많은 염려와 걱정, 그리고 문제들로 인하여 오늘날 얻기 힘든 꼭 필요한 것들이다. 힘든 하루 업무를 마친 뒤, 휴가나 출장을 마치고 돌아온 뒤, 또는 단순히 문제들과 씨름한 날에 참으로 집은 우리의 휴식과 재충전, 그리고 또 다른 내일의 한 판 승부를 위하여 우리 자신을 준비하는 장소인 것이다.

Q. 지문에 따르면 집은 무엇인가?
(a) 힘들게 일한 후에 피로를 풀고 쉬는 곳이다.
(b) 가족 성취의 표시이다.
(c) 함께 사는 사람들 간에 평화와 화목이 존재하는 곳이다.
(d) 평화와 화목이 충만한 휴식과 피로를 푸는 곳이다.

cliche 진부한 표현 dwell ~에 살다

tranquility 고요, 평안 genuine 진짜의

commodity 유용한 것, 필수품 adversely 불리하게, 역으로

arduous 힘든 grapple 잡다, 격투하다, 맞붙다

bout 겨루기, 한 시합, 일시적인 기간 pervade 충만하다

Power Hint ●●●
인간에게 집이 의미하는 바를 말하고 있다. 지문에 휴식, 평온함에 대한 내용이 모두 언급됐으므로 (d)가 정답으로 적절하다.

정답 (d)

55 For her outstanding music career, Celine Dion, a Canadian singer, was honored at the World Music Awards. She had sold 200 million albums worldwide. Because of this, she received the highest accolade—the Legend Award at the star-studded ceremony in Monaco from Prince Albert II. The 39-year-old diva from Quebec was scheduled to give a performance *Taking Chances* the first single of her fourth coming album of the same name, slated for release later this month. Furthermore, she holds a World Music Awards prize for the world's best selling female artist of all time and she won the so-called Diamond Award in 2004.

Q What is Celine Dion according to the passage?
(a) A Canadian singer struggling for popularity and for a name
(b) A Canadian singer who has garnered several awards of distinction and prestige
(c) A Canadian singer and composer popular throughout the world
(d) A Canadian singer, based in America who is equally famous as Barbara Streisand

캐나다 출신 가수인 셀린 디온이 뛰어난 음악 경력으로 뮤직어워드 시상식에서 상을 받았다. 그녀는 전세계적으로 2억만 장의 앨범을 판매했다. 이로 인하여, 그녀는 많은 스타들이 참석한 시상식에서 모나코의 알버트 2세 왕자로부터 최고의 상인 공로상을 받았다. 이 퀘벡 출신의 39세 여가수는 《Taking Chances》라는 공연을 하기로 예정되어 있으며 《Taking Chances》는 이번 달 말에 발매 예정인 동명 타이틀의 네 번째 앨범의 첫 싱글 곡이다. 또한 셀린 디온은 세계 최고 판매 여자 가수상을 거머쥐었고 2004년에는 다이아몬드상도 받았다.

Q. 지문에 따르면 셀린 디온은 무슨 일을 하는 사람인가?
(a) 인기와 명성을 위해 힘쓰는 캐나다 가수
(b) 영예와 명성이 높은 상을 여러 개 수상한 캐나다 가수
(c) 세계적으로 인기 있는 캐나다 가수이자 작곡가
(d) 바바라 스트레이샌드만큼 유명하며 미국에서 활동하고 있는 캐나다 가수

accolade 포상, 영예 star-studded 유명 인사들이 참석한
slate 예정하다, 계획하다 garner 모으다
distinction 우수성, 저명 prestige 명성

Power Hint ●●●
(a)와 (d)는 언급되지 않은 내용이며, 작곡가라는 얘기는 나오지 않았다. '뮤직어워드, 다이아몬드상' 등을 수상했다는 내용이 나오므로 (b)가 적절하다.

정답 (b)

56 Watching *Dragon Ball Z* is like watching a fight without the rules of man or the laws of physics. It has the scripted absurdity of wrestling, the metaphor—heavy dialogue of samurai films and the flesh pounding realism of boxing all tied together by zero gravity fantasy. The show has made a big impression on actual living fighters that has inspired an unorthodox fighting style called Dragon Ball Z Jiu-Jitsu that is now being used in the Ultimate Fighting Championship. Although, *Dragon Ball Z* was made specifically with Japanese kids in mind, it is very popular to people of all ages. This made up for the differences between what divides Japanese anime and Western Saturday morning cartoons.

Q What is *Dragon Ball Z* according to the passage?
(a) It is an extraordinary movie about human fights among Japanese kids and adults using figurative language and fantastic actions.
(b) It is a Japanese cartoon superior to American ones because of its unbelievable actions.
(c) It is a Japanese creation different from its American counterpart in terms of action.
(d) It is a fantastic Japanese anime different from the Western ones because of its appeal to both young and adult.

《드래곤볼 Z》를 보면 인간의 규칙이나 물리적인 법칙이 없는 싸움을 보는 것 같다. 이것은 레슬링의 짜여진 모순과 사무라이 영화에서의 격렬한 대화의 은유, 그리고 복싱의 사실적인 육체의 타격들이 무중력 공상으로 결합되어 있다. 이것은 현재 Ultimate Fighting 챔피언십에서 쓰이는 드래곤볼 Z 지우-지추라는 비정통적인 싸움의 기술이 만들어질 정도로 실제 무인들에게 커다란 영향을 주었다. 《드래곤볼 Z》는 일본 아이들을 고려해 특별히 만들어졌지만 모든 연령층에게 큰 인기를 얻고 있다. 이것은 일본 만화영화와 서양의 토요일 아침 만화와의 차이점을 두드러지게 만들었다.

Q. 지문에 따르면 《드래곤 볼 Z》란 무엇인가?
(a) 이것은 비유적인 언어와 공상적인 액션을 이용한 일본 어린이들과 어른들과의 싸움에 대한 특별한 영화이다.
(b) 일본 만화영화는 놀라운 액션 때문에 미국 만화영화보다 뛰어나다.
(c) 액션에 있어서 일본과 미국은 다르다.
(d) 이것은 어린이와 성인 모두에게 호감을 주기 때문에 서양의 것과는 다른 일본 공상 만화영화이다.

script 조작하다, 대본을 쓰다 absurdity 부조리, 모순
metaphor 은유 zero gravity 무중력
unorthodox 전통이 아닌, 인습적이지 않은
anime 아니메(만화), 일본 만화를 가리키는 용어

57 At 37, I am not yet old. In my travels, I have realized this: Stealthily, the world is, converging. Thanks to cheap flights, and computers, cable TV, mobile phone networks and the spread of commercial franchises that have put restaurants and Pizzeras in big cities as far apart as Baker and Tagucigalpa. And, yes the purpose of travel is the same— to encounter the unfamiliar, to get elsewhere. It's a place of enchantment and transformation, which can be arduous to reach, but which promises your understanding of the world and reflection on your own life.

Q　What does the speaker say about traveling?
(a) It is for the old like him, who should travel only for pleasure.
(b) It is a personal activity, although expensive, that is worth engaging in.
(c) It is a good way to forget his worries and cares for better enjoyment of life.
(d) It is something that gives him not only pleasure but also a better understanding of the world and himself.

37세의 나이! 난 아직 늙지 않았다. 난 여행을 통해 이것을 깨달았다. 눈에 보이지 않게 세계는 점점 하나가 되어가고 있다. 이것은 저렴한 항공편과 컴퓨터, 케이블 TV, 핸드폰 네트워크, 그리고 Baker and Tagucigalpa처럼 식당과 Pizzeras 체인점의 대도시에서의 확산 덕분이라 하겠다. 그렇다, 여행의 목적 또한 이것과 같다. 새로운 것을 경험하고 어딘가 다른 곳에 가 보는 것. 그곳은 매혹적인 곳이며 변화하는 곳이다. 여행은 어렵지만, 세상을 이해할 수 있게 해 주고 스스로의 인생을 뒤돌아볼 수 있게 해 준다.

Q. 화자는 여행에 대해서 무엇이라고 하는가?
(a) 화자와 같이 나이 든 사람이 재미만을 위하여 하는 것이다.
(b) 개인적인 활동이며 비싸긴 하지만 할 가치가 있는 것이다.
(c) 더 나은 삶의 즐거움을 위하여 걱정과 염려를 잊을 수 있는 좋은 방법이다.
(d) 화자에게 즐거움뿐만 아니라 세상과 자신에 대해 더 많이 이해하게 해 주는 것이다.

stealthily 은밀한, 몰래 converge (한 곳에) 모이다, 집중하다

enchantment 마법, 매력 arduous 어려운

58 Most Krispy Kreme stores are constructed with a long window between the customer area and the kitchen allowing patrons to watch the operation of the doughnut making machines. The machines produce rings of dough, yeast raise, bake, deep-fry, flip, and glaze the doughnuts. These stores have a neon sign that, when lit, usually morning and evening, tells customers that hot, fresh doughnuts are coming off the line at that moment. Some smaller locations, however, bring in their doughnuts from other locations rather than producing them on-site. Krispy Kreme's competitors within the United States include Dunkin' Donuts, Starbucks and Tim Hortons.

Q　What does it mean when Krispy Kreme's neon sign is turned on?
(a) Fresh doughnuts are coming off the line.
(b) The store is open to serve customers.
(c) The store is about to close.
(d) The store is currently making their doughnuts.

대부분의 크리스피 크림 가게에서는 고객의 공간과 주방 사이에 긴 창이 있는데, 이는 고객으로 하여금 도넛 만드는 기계의 작동 과정을 볼 수 있도록 하기 위해서이다. 그 기계들은 도넛의 구멍을 만들고, 이스트를 발효시키고, 굽고, 튀기고, 뒤집고, 도넛에 시럽을 바른다. 이 상점들은 네온 간판이 있는데, 그것이 켜질 때는 대개 아침과 저녁으로서, 고객에게 이제 막 뜨겁고 신선한 도넛이 나오고 있음을 말해 준다. 그러나 몇몇 작은 가게에서는 현장에서 바로 도넛을 굽기보다는 다른 가게에서 도넛을 들여온다. 미국 내 크리스피 크림의 경쟁 업체로는 던킨 도넛과 스타벅스를 포함해 팀 호턴스가 있다.

Q. 크리스피 크림의 네온 간판이 켜지면 무엇을 뜻하는가?
(a) 신선한 도넛이 나오고 있다.
(b) 이 가게는 손님에게 주문을 받기 위해 열려 있다.
(c) 이 가게는 곧 닫는다.
(d) 이 가게는 현재 도넛을 만들고 있다.

patron 고객 flip 재빨리 넘기다, 뒤집다
glaze 윤을 내다 on-site 현장의

Power Hint ●●●
지문의 세부 사항을 묻는 문제이다. 크리스피 크림의 네온 간판에 대해서 묻고 있으므로 지문 가운데 네온 간판이 등장하는 부분을 확인해 보면 된다. 네온 간판이 켜질 때면 따끈하고 신선한 도넛이 나오는 것을 표시한다는 내용이 나오므로 정답은 (a)이다.

정답 (a)

59 In 1965, when Antonio Sanz was 10, an American professor asked his parents if she might take the boy to the U.S. and enroll him in public school. They agreed. America seemed to offer a brighter future. Sanz left, but came back to Spain every summer with stories from Philadelphia and boxes of New World artifacts: Super Balls, baseball cards, and Bob Dylan records. His real prize, though, was English. Sanz learned fast, and by senior year he outscored most of his honors English classmates in the verbal section of the Scholastic Aptitude Test. By the time he graduated from Hamilton College in Clinton, N.Y., and moved back to Spain, American companies there were nearly as excited. He landed at Procter & Gamble Co. Sanz, now 46 and a father of three, employs his Philadelphia English as an executive at Vodafone PLC in Madrid.

Q What can be inferred from the passage?
(a) Sanz became successful because he knows how to speak English well.
(b) Sanz is now a known personality in Madrid because of his English skills.
(c) Sanz owes his success to the American Professor.
(d) Sanz is favored by big companies because of his accent.

1965년 안토니오 산즈가 열 살 때, 어느 미국 교수님이 그의 부모님에게 산즈를 미국으로 데려가 공립학교에 입학시켜도 되냐고 물어보았다. 그들은 동의하였다. 미국은 더 밝은 미래를 보장해 줄 것 같았다. 산즈는 떠났지만 매년 여름 필라델피아의 이야기와 새로운 세계의 산물이 담긴 상자를 가지고 돌아왔다. 그 상자 속에는 슈퍼볼과 야구 카드, 그리고 밥 딜런의 레코드가 담겨 있었다. 그의 진짜 선물은 영어였다. 산즈는 빨리 배웠고 고등학교 3학년이 되자 대학 진학 적성 검사(SAT) 언어 영역에서 대다수의 학생들보다 높은 점수를 받았다. 뉴욕 클린턴에 있는 해밀턴 대학을 졸업한 후 스페인으로 돌아갔을 때, 그곳의 미국 회사들은 거의 흥분하다시피 했다. 그는 Procter & Gamble 회사에 입사했다. 산즈는 현재 46세이며, 세 아이의 아버지이고, 필라델피아에서 배운 영어 덕분에 마드리드에 있는 보다폰 PLC에서 간

부로 일하고 있다.

Q. 지문의 내용으로 알 수 있는 것은?
(a) 산즈는 영어를 잘 해서 성공했다.
(b) 산즈는 현재 그의 유창한 영어 때문에 마드리드에서 유명인사이다.
(c) 산즈는 미국인 교수에게 그의 성공을 돌린다.
(d) 큰 회사들은 산즈를 그의 악센트 때문에 선호했다.

enroll 등록하다, 입학하다   artifact 인공물
outscore ~보다 점수를 많이 얻다
Scholastic Aptitude Test 대학진학적성검사(SAT)

Power Hint ●●●
학창 시절, 뛰어난 언어(영어) 성적을 보인 산즈가 스페인에 돌아갔을 때 미국 회사에서 대단히 좋아해 현재는 회사의 중역이라는 내용에서 단서를 찾아 (a)를 정답으로 찾을 수 있다.

정답 (a)

60 Dusk was falling last Tuesday when news of the attack on America first reached this war-ruined city, Kabul. In the dusty twilight, Afghans held radios to their ears, listening to the static-filled accounts on the Voice of America and the BBC Pastho—and Persian-language services. Because the country's Taliban rulers forbid television, Afghans could see no pictures of the destruction that had people everywhere else glued to their seats. The immensity of the World Trade Center had to be described. When an Afghan asked me about the Twin Towers, I compared them to Afghanistan's giant Bamiyan Buddha statues, a symbol of national heritage that the Taliban blasted to dust six months ago.

Q What period of the day did the Afghans learn about the attack?
(a) Just before night fell
(b) In the morning
(c) In the middle of the day
(d) Late at night

전쟁으로 폐허가 된 도시 카불에 미국에 대한 공격 소식이 처음 전해진 때는 지난 화요일에 땅거미가 드리워지고 있을 무렵이었다. 먼지로 뿌연 땅거미 속에서 아프간은 라디오에서 나오는 잡음 가득한 보도에 귀기울이고 있었는데, 그것은 페르시아어로 방송되는 Voice of America(미국의 목소리), BBC pastho 기사들이었다. 그 나라의 탈레반 지도자들이 텔레비전을 금지했기 때문에 아프간 사람들은 타 지역의 모든 이들을 꼼짝 못하게 만든 붕괴 화면은 볼 수 없었다. 따라서 세계 무역센터의 거대함을 묘사

해야만 했다. 한 아프간 사람이 쌍둥이 빌딩에 대해서 나에게 물었을 때, 나는 6개월 전 탈레반이 폭파시켜 먼지로 만들어 버린 아프가니스탄의 국가 유산의 상징인 거대한 바미안 부처상에 견주어 설명해 주었다.

Q. 아프간 사람들이 그 공격에 대하여 알게 된 때는 하루 중 어느 때인가?
(a) 밤이 되기 바로 전
(b) 아침
(c) 대낮
(d) 밤 늦게

dusk 해질녘, 땅거미 질 때 **static-filled** 잡음이 가득한
forbid 금지하다 **immensity** 거대함
heritage 유산, 전통 **blast** 폭발, 폭파

Power Hint ●●●
지문의 처음에 나오는 dusk가 해답이다. 해가 져서 어둑해지는 때를 말하므로 (a)가 정답이다.

정답 (a)

160

Actual Test 4

Answer Key

Part I

1 (c)	2 (c)	3 (a)	4 (d)	5 (a)
6 (b)	7 (a)	8 (b)	9 (a)	10 (b)
11 (d)	12 (b)	13 (a)	14 (a)	15 (d)

Part II

16 (a)	17 (c)	18 (a)	19 (d)	20 (a)
21 (b)	22 (a)	23 (b)	24 (b)	25 (b)
26 (a)	27 (d)	28 (a)	29 (c)	30 (b)

Part III

31 (a)	32 (b)	33 (a)	34 (d)	35 (a)
36 (a)	37 (d)	38 (a)	39 (a)	40 (d)
41 (c)	42 (a)	43 (c)	44 (c)	45 (a)

Part IV

46 (b)	47 (b)	48 (d)	49 (d)	50 (b)
51 (b)	52 (d)	53 (c)	54 (a)	55 (d)
56 (d)	57 (d)	58 (b)	59 (b)	60 (b)

Part I

1　M　May I have your name please?
　W　_____

(a) No, you can't.
(b) Sure, it'll be my pleasure.
(c) It's Cady, Cady Herron.
(d) Christy is her name.

남: 성함을 좀 알 수 있을까요?
여: _____

(a) 아뇨, 알 수 없어요.
(b) 그럼요, 제가 더 기쁘죠.
(c) 제 이름은 케이디예요, 케이디 헤론.
(d) 그녀의 이름은 크리스티예요.

pleasure 즐거움

Power Hint ●●●

이름을 묻고 있는데 여기에 적절한 응답은 (c)이다.

정답 (c)

2　M　Did you happen to see my flash disk?
　W　_____

(a) Yes, I gave it to Tom for his birthday.
(b) Yes, it's in the CD player.
(c) Yes, I think it's on my desk.
(d) Yes, I think you're right.

남: 제 플래시 디스크 혹시 보셨어요?
여: _____

(a) 예, 제가 톰에게 생일 선물로 줬어요.
(b) 예, CD 플레이어 안에 있어요.
(c) 예, 제 책상 위에 있는 것 같아요.
(d) 예, 당신이 맞는 것 같아요.

happen to ~ 우연히 ~하다

Power Hint ●●●

플래시 디스크를 혹시 봤냐고 묻는 질문에 가장 적절한 답변은 책상 위에 있다고 답한 (c)이다.

정답 (c)

3　M　Will Will be there tonight?
　W　_____

(a) Yes, Will will be there tonight.
(b) No, I'm kind of busy.
(c) Perhaps, later.
(d) Yes, I think you're right.

남: 오늘밤 윌이 그곳에 올까요?
여: _____

(a) 네, 오늘밤 윌이 그곳에 올 거예요.
(b) 아뇨, 저는 좀 바빠요.
(c) 어쩌면 늦게요.
(d) 예, 당신이 맞는 것 같아요.

kind of 약간

Power Hint ●●●

Will이 오늘밤에 그곳에 올지 묻는 질문에 대한 응답으로 적절한 것은 (a)이다. (b)는 자기 자신에게 묻는 것이 아니므로 적절하지 않다.

정답 (a)

4 W Are you ready to order, sir?
  M _____

(a) Yes, I think I want to have a break.
(b) Yes, I think I can order myself.
(c) Not yet, He hasn't arrived.
(d) Not yet, I'm still waiting for someone.

여: 주문하시겠습니까, 손님?
남: _____

(a) 예, 좀 쉬고 싶어요.
(b) 예, 제가 직접 주문할 수 있을 것 같군요.
(c) 아직요, 그가 도착하지 않았어요.
(d) 아직이요, 다른 사람을 기다리고 있어요.

order 주문하다 break 잠깐의 휴식

Power Hint ●●●
주문하겠냐는 질문에 대한 적절한 응답은 (d)이다. 나머지는 상황에 맞지 않는 응답들이다.

정답 (d)

5 M Does it come in red?
  W _____

(a) I'm sorry. We only have one color.
(b) I'm sorry. Red isn't my color.
(c) I'm sorry. Mr. Red can't come.
(d) It does, but only if you cook it right.

남: 빨간색도 있나요?
여: _____

(a) 죄송합니다. 한 가지 색상밖에 없어서요.
(b) 유감스럽지만 빨간색은 제 취향의 색이 아니에요.
(c) 유감스럽지만 레드 씨는 오지 못하십니다.
(d) 그래요, 하지만 당신이 제대로 요리할 경우에만요.

cook 요리하다, 요리사

Power Hint ●●●
선택지들에 질문에 있는 단어와 동음이의어가 있는 데 혼동하지 않도록 주의해야 한다.

정답 (a)

6 M When is the deadline?
  W _____

(a) It's on me.
(b) March 16th.
(c) It was dead when I arrived.
(d) May 11th is too soon.

남: 마감일이 언제죠?
여: _____

(a) 제가 살게요.
(b) 3월 16일이요.
(c) 제가 도착했을 때 죽어 있었어요.
(d) 5월 11일은 너무 일러요.

deadline 마감일

Power Hint ●●●
마감일을 묻고 있다.

정답 (b)

7 M Does Prof. Lewis teach paleontology?
  W _____

(a) Yes, I think he does.
(b) Yes, he was my teacher in physics.
(c) Yes, but he doesn't like them.
(d) Yes, I think he will.

남: 루이스 교수님은 고생물학을 가르치시나요?
여: _____

(a) 예, 가르치시는 것 같아요.
(b) 예, 저의 물리학 선생님이셨어요.
(c) 예, 하지만 그는 그들을 싫어해요.
(d) 예, 가르치실 거 같아요.

paleontology 고생물학 physics 물리학

Power Hint ●●●
루이스 교수님이 고생물학을 가르치냐고 묻고 있다. 이에 적절한 대답은 (a)밖에 없다.

정답 (a)

8 M Do you have a cold?
  W _____

(a) I think I'm right.
(b) I think I do.
(c) I think it's really cold.
(d) I think I have some.

남: 감기 걸리셨어요?
여: _____

(a) 제가 맞다고 생각해요.

(b) 걸린 것 같아요.
(c) 정말 추운 것 같아요.
(d) 좀 있는 것 같아요.

have a cold 감기 걸리다(걸려 있는 상태)

Power Hint ●●●
감기 걸렸냐는 대답에 걸렸다고 말하는 (b)가 정답이다.

정답 (b)

9 **M** Do you mind if I smoke here?
W _____

(a) Not at all.
(b) Only if you don't.
(c) Smoking is not allowed in that area.
(d) Maybe, you should ask my mom.

남: 여기서 담배를 피워도 괜찮겠어요?
여: _____

(a) 괜찮아요.
(b) 당신이 괜찮다면요.
(c) 저쪽은 금연 구역이에요.
(d) 글쎄요. 우리 어머니께 여쭤 보세요.

mind 꺼리다

Power Hint ●●●
Do you mind~?로 질문을 하였을 때 긍정적인 대답은 Of course, not. 또는 Not at all. 등과 같은 식으로 해야 함에 주의해야 한다.

정답 (a)

10 **M** Can you play the piano?
W _____

(a) Yes, I think it's great.
(b) Yes, since I was 7.
(c) Yes, but you need to ask permission first.
(d) Yes, I think you will like it.

남: 피아노를 칠 줄 아나요?
여: _____

(a) 예, 멋진 것 같아요.
(b) 예, 일곱 살 때부터요.
(c) 예, 하지만 허락 먼저 받아야 해요.
(d) 예, 당신이 좋아할 것 같아요.

permission 허가

Power Hint ●●●
피아노를 칠 수 있냐는 질문에 7살 때부터라고 대답한 (b)가 적

절한 답이다.

정답 (b)

11 **M** Should I send them back?
W _____

(a) Yes, do send them thank you letters.
(b) Yes, you will be sent back.
(c) No, you can't have them.
(d) Yes, I think that'd be better.

남: 그것들을 돌려보내야 하나요?
여: _____

(a) 예, 그들에게 고맙다는 편지를 보내세요.
(b) 예, 당신은 돌려보내질 거예요.
(c) 아뇨, 당신은 그것들을 가질 수 없어요.
(d) 예, 그러는 편이 낫겠어요.

send back 돌려보내다

Power Hint ●●●
그것들을 돌려보내야 하냐는 질문에 그러는 편이 낫다고 말한 (d)가 정답이다.

정답 (d)

12 **M** Did you cancel the meeting for tonight?
W _____

(a) Yes, I've just finished them all.
(b) Yes, I've informed everyone already.
(c) Yes, I will be there.
(d) Yes, the meeting is tonight.

남: 오늘밤에 있을 회의를 취소하셨나요?
여: _____

(a) 예, 방금 모두 끝냈습니다.
(b) 예, 모든 분들께 이미 알려 드렸습니다.
(c) 예, 거기 갈 거예요.
(d) 예, 회의는 오늘밤이에요.

cancel 취소하다 **inform** 알리다

Power Hint ●●●
회의를 취소했냐는 질문에 적절한 대답은 이미 모든 분들께 알렸다는 내용의 (b)이다.

정답 (b)

13 **M** Don't you think it's too sour?
W _____

(a) It's alright to me.

(b) No, I think they loved it.
(c) I think they're correct.
(d) I think it was romantic.

남: 너무 신 것 같지 않아요?
여: _____

(a) 저는 괜찮은데요.
(b) 아뇨, 그들은 아주 좋아하는 것 같던데요.
(c) 그들이 옳다고 생각해요.
(d) 낭만적이었던 것 같아요.

sour 신

Power Hint ● ● ●
맛이 너무 신 것 같지 않냐고 물었다면 맛에 관해 답하는 것이 적당하다.

정답 (a)

14 M Have we met before?
 W _____

(a) I don't remember.
(b) I've been here before.
(c) They've already met.
(d) Yes, before, I think it was.

남: 우리 전에 만난 적 있나요?
여: _____

(a) 저는 기억이 안 나는데요.
(b) 여기 전에 온 적 있어요.
(c) 그들은 벌써 만났어요.
(d) 예, 전에는 그랬다고 생각해요.

remember 기억하다

Power Hint ● ● ●
남자의 말은 어디서 본 적이 있는 것 같은 사람에게 흔히 쓸 수 있는 표현이다.

정답 (a)

15 M How about around 8 pm?
 W _____

(a) I'll see you tomorrow morning.
(b) Just around the corner.
(c) We should meet more often.
(d) I'll see you then.

남: 저녁 여덟 시쯤은 어때요?
여: _____

(a) 내일 아침에 뵙겠습니다.
(b) 모퉁이 돌아서 바로 있어요.
(c) 우리는 더 자주 만나야 해요.
(d) 그럼 그때 보죠.

Power Hint ● ● ●
8시가 어떠냐고 제안하면 그때 보자고 하는 (d)가 적절한 답변이다.

정답 (d)

Part II

16 M Congratulations.
 W Thank you.
 M I think you were great.
 W _____

(a) So were you.
(b) That's great.
(c) I know I'm the greatest.
(d) I'd love to.

남: 축하드려요.
여: 고맙습니다.
남: 정말 멋지셨어요.
여: _____

(a) 당신도 멋졌어요.
(b) 그거 잘됐군요.
(c) 제가 최고라는 거 알고 있어요.
(d) 그러고 싶어요.

So were you. 당신도 역시 그랬어요.

Power Hint ● ● ●
남자가 여자에게 축하를 건네자 여자는 감사해 한다. 연이은 남자의 칭찬에 여자의 반응으로는 (a)가 가장 적절하다.

정답 (a)

17 M Did you receive the gift I sent?
 W Yes, I did.
 M So, what do you think of it?
 W _____

(a) It was very expensive.
(b) That's great.
(c) I love it.
(d) I think so too.

남: 제가 보내 드린 선물 받으셨어요?
여: 네, 받았어요.
남: 어때요?
여: _____

(a) 아주 비싼 거였어요.
(b) 그거 잘됐군요.
(c) 아주 맘에 들어요.
(d) 저도 그렇게 생각해요.

Power Hint ●●●
받은 선물에 대해 어떠냐고 묻는 데 대한 대답은 (c)가 가장 적절하다.

정답 (c)

18 M   Can't it wait?
   W   I need to be there by now.
   M   Ok, you may leave.
   W   _____

(a) Thank you.
(b) I may.
(c) I'll have it done.
(d) You're welcome.

남: 기다릴 수 있는 건 아닌가요?
여: 저 지금쯤엔 거기에 도착해 있어야 해요.
남: 알았어요. 떠나도 좋아요.
여: _____

(a) 감사합니다.
(b) 저는 그렇게 해도 돼요.
(c) 처리하겠습니다.
(d) 천만에요.

leave 떠나다

Power Hint ●●●
여자가 떠나야 하는 상황에서 남자가 드디어 허락을 해 줄 때 적절한 여자의 응답은 (a)가 알맞다.

정답 (a)

19 M   Bring them to Mr. Wicker's office.
   W   Right away, sir.
   M   Do you know where his office is?
   W   _____

(a) It's in Australia.
(b) He showed me where the office is.
(c) I know him well.
(d) I've been there before.

남: 위커 씨 사무실로 모셔다 드리세요.
여: 알겠습니다, 사장님.
남: 위커 씨 사무실이 어디 있는지 알고 있나요?
여: _____

(a) 호주에 있죠.
(b) 그가 사무실이 어디인지 가르쳐 주었어요.

(c) 저는 그를 잘 알고 있습니다.
(d) 전에 가 본 적이 있습니다.

show (길을) 안내하다

Power Hint ●●●
그의 사무실 위치를 알고 있냐는 질문에 적절한 답변은 전에 가 본 적이 있다고 대답하는 (d)이다.

정답 (d)

20 W   I'm here to see Dr. Lightfoot.
   M   He's not here at the moment.
   W   When will he be back?
   M   _____

(a) I'm afraid he'll be out for the rest of the day.
(b) I'm afraid he'll need to be hospitalized.
(c) I'm afraid that may be the case.
(d) I'm afraid he might ask.

여: 라이트풋 씨를 만나러 왔습니다.
남: 지금 여기 안 계신데요.
여: 언제쯤 돌아오시나요?
남: _____

(a) 아무래도 오늘은 안 들어오실 것 같습니다.
(b) 아무래도 입원해야 하실 것 같습니다.
(c) 유감이지만 그것이 사실일 수도 있습니다.
(d) 그가 물어볼까 봐 걱정돼요.

hospitalize 입원시키다, 병원 치료하다

Power Hint ●●●
그가 언제 돌아올 것인지에 대해 묻고 있는데, 알맞은 답변은 오늘은 안 들어올 것 같다고 말하는 (a)이다.

정답 (a)

21 M   Is this Mr. Richardson's office?
   W   Yes, it is. How may I help you?
   M   I wish to set an appointment with him.
   W   _____

(a) No, you can't.
(b) Who is this please?
(c) Who are you?
(d) He can't speak to you at the moment.

남: 리처드슨 씨의 사무실입니까?
여: 예, 그런데요. 무엇을 도와드릴까요?
남: 리처드슨 씨와 약속을 잡고 싶습니다.
여: _____

(a) 그럴 수 없습니다.
(b) 실례지만 누구시죠?
(c) 당신은 누구입니까?
(d) 그는 현재 통화가 불가능합니다.

appointment 약속

Power Hint ●●●
대화 내용상 전화 통화 내용임을 알 수 있다. 약속을 잡고 싶어
하는 상대방이 누군지 묻고자 할 때 선택지 (c)처럼 하지 않고 (b)
처럼 해야 한다.

정답 (b)

22 M I've been looking for you all day.
  W Mr. Scot asked me to run an errand for
      him.
  M I tried to call you too.
  W _____

(a) Yeah, I left my phone.
(b) Thank you.
(c) I was home alone all night.
(d) Sorry, I don't get it.

남: 하루 종일 당신을 찾아 다녔어요.
여: 스캇 씨께서 심부름을 해 달라고 부탁하셨어요.
남: 당신한테 전화도 했어요.
여: _____

(a) 예, 제 핸드폰을 놔두고 갔어요.
(b) 고마워요.
(c) 밤새 혼자 집에 있었어요.
(d) 미안하지만 이해가 안 가요.

errand 심부름

Power Hint ●●●
남자가 여자를 하루 종일 찾았고 전화도 걸었다는 말에 적절한
답변은 핸드폰을 놔두고 갔다는 (a)이다.

정답 (a)

23 M You did a great job today.
  W Thank you.
  M I think you're up for a promotion.
  W _____

(a) So were you.
(b) Do you really think so?
(c) Sure, I will.
(d) I'd love to.

남: 오늘 정말 잘하셨어요.
여: 감사합니다.

남: 승진하실 것 같아요.
여: _____

(a) 당신도 그랬잖아요.
(b) 정말 그렇게 생각하세요?
(c) 그럼요, 그럴게요.
(d) 좋아요.

promotion 승진

Power Hint ●●●
승진할 거 같다는 남자의 말에 정말 그렇게 생각하냐고 묻는 (b)
가 적절한 답변이다.

정답 (b)

24 W What time can I expect you?
  M It's up to you, ma'am.
  W Does 9 am sound too early?
  M _____

(a) It sounds funny.
(b) It's just fine.
(c) 8 am sounds early.
(d) Ok, I'll see you tonight.

여: 몇 시에 오실 건가요?
남: 손님이 정하시면 됩니다.
여: 오전 아홉 시는 너무 이른가요?
남: _____

(a) 너무 웃겨요.
(b) 괜찮습니다.
(c) 오전 여덟 시는 이른 것 같습니다.
(d) 알겠습니다, 오늘밤에 뵙겠습니다.

expect 기대하다, 예상하다

Power Hint ●●●
여자가 남자에게 오전 9시에 올 수 있냐고 물었을 때 남자의 적
절한 반응은 (b)가 된다.

정답 (b)

25 M It's really boring today.
  W Would you like to go somewhere?
  M That's a nice idea.
  W _____

(a) I think it's really nice.
(b) Let's go see a movie.
(c) It is, indeed.
(d) What do you think is the best thing to do?

남: 오늘 너무 지루하다.
여: 어디 가고 싶어?

남: 좋은 생각이네요.
여: _____

(a) 아주 좋은 것 같아요.
(b) 우리 영화 보러 가요.
(c) 정말 그렇군요.
(d) 무얼 하는 게 제일 좋을까요?

boring 지루한

Power Hint ●●●
지루함을 덜고자 어디론가 가고 싶다는 여자의 말에 남자가 좋다고 하자 이에 대한 여자의 적절한 답변은 영화 보러 가자고 한 (b)이다.

정답 (b)

26 M I'm sick.
W You don't seem so.
M Come on. Touch me.
W _____

(a) You're hot.
(b) Your face is cute.
(c) You're lucky.
(d) Your skin is rough.

남: 저 아파요.
여: 아픈 것처럼 안 보여요.
남: 이리 와서 한번 만져 봐요.
여: _____

(a) 열이 나는군요.
(b) 얼굴이 참 귀엽군요.
(c) 운이 좋으시군요.
(d) 피부가 거칠군요.

rough 거친

Power Hint ●●●
아파 보이지 않는 남자가 와서 만져 보라고 했을 때 적절한 여자의 반응은 (a)가 된다.

정답 (a)

27 M When did you last talk to Mr. Morris?
W Before he left for Canada.
M Did he ever mention me?
W _____

(a) He told me to wait.
(b) I'll never mention your name ever.
(c) It was mentioned many times.
(d) A couple of times.

남: 모리스 씨와 마지막으로 대화한 게 언제인가요?
여: 캐나다로 떠나기 전이에요.
남: 그가 저에 대해서 말한 적 있나요?
여: _____

(a) 그는 제게 기다리라고 했어요
(b) 당신의 이름은 절대 언급하지 않겠어요.
(c) 그것은 여러 번 언급되었어요.
(d) 몇 번 말한 적 있어요.

mention 언급하다

Power Hint ●●●
모리스가 자신에 대해 언급한 적이 있냐는 남자의 질문에 대해 적절한 답변은 (d)이다.

정답 (d)

28 M How can I reach you?
W Here's my business card.
M Thank you. Here's mine.
W _____

(a) I'll contact you soon.
(b) Thanks for the card.
(c) I don't need that.
(d) I will keep it safe.

남: 어떻게 연락드리면 되죠?
여: 여기 제 명함입니다.
남: 고맙습니다. 저도 제 명함을 드리죠.
여: _____

(a) 조만간 연락드리겠습니다.
(b) 명함 고맙습니다.
(c) 저는 그것이 필요하지 않습니다.
(d) 안전하게 보관하겠습니다.

contact 연락하다

Power Hint ●●●
서로 명함을 주고 받는 상황이다. 그 다음 이어질 알맞은 대화로는 (a)가 가장 적절하다.

정답 (a)

29 M I need it for Saturday.
W Sorry. We're fully booked on Saturday.
M How about on Sunday.
W _____

(a) It's my birthday.
(b) See you then.
(c) At what time?
(d) I'll tell my boss.

남: 저는 토요일에 필요한데요.
여: 죄송합니다만, 토요일에는 예약이 완료된 상태입니다.
남: 일요일은 어떠세요?
여: _____

(a) 제 생일이에요.
(b) 그때 봐요.
(c) 일요일 몇 시요?
(d) 제 상사께 말씀 드리겠습니다.

book 예약하다

Power Hint ●●●
토요일에 예약이 다 되어 있자 일요일은 어떤지 묻고 있는데 이
에 대한 적절한 대답은 (c)이다.

정답 (c)

30 M I'm kind of short on cash today.
W I'll handle it.
M Thanks a lot.
W _____

(a) Don't thank me.
(b) Next time, it's on you.
(c) You're the best.
(d) I'd love to.

남: 오늘 제가 현금이 좀 모자라네요.
여: 제가 계산할게요.
남: 정말 고마워요.
여: _____

(a) 저한테 고마워하지 말아요.
(b) 다음 번엔 당신이 내세요.
(c) 당신이 최고에요.
(d) 좋아요.

short on ~이 부족하다 handle 다루다, 처리하다

Power Hint ●●●
돈이 부족한 남자 대신 여자가 계산하겠다는 말에 남자가 감사
하다고 하자 이에 알맞은 여자의 답변은 (b)이다.

정답 (b)

Part III

31 W You're Mr. Daniels, aren't you? Have you
been waiting long?
M Not really.
W I'm so sorry. My daughter Reese gave me
a hard time last night.

M I understand. Kids can sometimes be a
pain in the neck.
W That is if she's still a kid.
M Oh, I see. How old is she anyway?
W Let's just say she got hitched already.

Q What does the woman mean?
(a) Her daughter is married already.
(b) Her daughter is a problem child.
(c) Her daughter has sleeping problems.
(d) Her daughter died already.

여: 당신이 다니엘 씨죠? 오래 기다리셨어요?
남: 아니요, 별로요.
여: 정말 죄송해요. 제 딸 리즈 때문에 어젯밤에 애를 먹었거든요.
남: 이해해요. 아이들이 골칫거리일 때가 있어요.
여: 그건 아직 애였을 때 말이죠.
남: 오, 그렇군요. 몇 살인데요?
여: 글쎄 벌써 결혼했어요.

Q. 여자가 한 말의 의미는?
(a) 그녀의 딸은 벌써 결혼하였다.
(b) 그녀의 딸은 문제아다.
(c) 그녀의 딸은 수면 문제를 겪고 있다.
(d) 그녀의 딸은 이미 죽었다.

pain in the neck 성가신 일, 골치 아픈 일
get hitched 결혼하다

Power Hint ●●●
마지막 여자의 말은 이미 그녀의 딸이 결혼을 했다는 뜻이다.

정답 (a)

32 M It is not right to just assume responsibility
here.
W But I thought I'd be for the better.
M It isn't your job in the first place.
W I was trying to help.
M I know you did it with the best of
intentions. But...
W But what? Why does it seem like I made
a grave mistake here?
M What I'm trying to say is that next time,
don't do someone else's job.

Q What can be implied from the
conversation?
(a) The woman is having an argument with
the man.
(b) The woman did something wrong.
(c) The woman is being reprimanded.
(d) The woman is angry with the man.

남: 여기에 대해서 책임지려고 하는 건 적절치 않아요.
여: 그렇지만 전 제가 상황을 호전시키리라 생각했어요.
남: 우선 이건 당신 일이 아니에요.
여: 전 도우려고 했을 뿐이에요.
남: 저도 당신이 좋은 의도로 그런 거 알아요. 하지만….
여: 그런데 뭐요? 제가 여기서 아주 큰 실수를 한 것처럼 느껴지는 건 왜죠?
남: 제가 말씀 드리려는 것은 다음부터는 다른 사람의 일은 하지 말라는 거예요.

Q. 이 대화에서 알 수 있는 것은?
(a) 여자가 남자와 다투고 있다.
(b) 여자가 무언가 잘못을 했다.
(c) 여자는 혼나고 있다.
(d) 여자는 남자에게 화가 나 있다.

assume the responsibility ~의 책임을 지다
for the better 좋은 쪽으로 in the first place 당장, 우선
grave mistake 큰 실수 argument 논쟁
reprimand 꾸짖다, 질책하다

Power Hint ●●●
마지막 남자의 말을 보면 여자가 다른 사람의 일을 하려다 실수를 했음을 알 수 있다.

정답 (b)

33 W I'm Kevin's mom, Mrs. Reilly.
　　M I'm pleased to meet you. Have a seat.
　　W Thank you.
　　M Your son has been behaving strangely lately. We're just concerned.
　　W How badly has he been behaving? Because he's ok at home.
　　M He acts aggressively towards other kids in his class.
　　W I heard about it.
　　M We also received other complaints from other parents about Kevin.

　　Q Where would you most likely hear this conversation?
　　(a) Principal's office
　　(b) Psychiatrist's office
　　(c) Dental clinic
　　(d) Hospital

여: 레일리 선생님, 전 케빈 엄마예요.
남: 만나서 반가워요. 앉으시죠.
여: 고맙습니다.
남: 아드님이 요즘 이상한 행동을 해서요. 좀 걱정스럽군요.
여: 얼마나 안 좋게 행동을 했길래요? 왜냐하면 집에서는 괜찮거든요.
남: 반 친구들에게 공격적이에요.

여: 그 점에 대해서는 들었어요.
남: 케빈에 대한 불평을 다른 학부모들로부터도 들었어요.

Q. 이 대화는 주로 어디에서 들을 수 있는가?
(a) 교장실
(b) 정신 분석가 사무실
(c) 치과
(d) 병원

concerned 걱정하는 aggressive 호전적인
psychiatrist 정신 분석가

Power Hint ●●●
학급에서 친구들에게 공격적이란 말로 답이 (a)임을 알 수 있다.

정답 (a)

34 M What's the problem Ms. Monroe?
　　W I'm very tense and nervous and I haven't been able to sleep for 2 days.
　　M Have you been working hard lately.
　　W You could say that.
　　M According to your physical, you're alright.
　　W What could be wrong with me?
　　M I think you just need to take a breath.

　　Q What does the man mean?
　　(a) The woman is pregnant.
　　(b) The woman needs some breath freshener.
　　(c) The woman has to breathe properly.
　　(d) The woman has to take it easy and relax.

남: 무슨 일이십니까, 먼로 씨?
여: 너무 긴장되고 불안해서 이틀 동안 잠을 못 잤어요.
남: 최근에 일이 힘들었나요?
여: 그렇다고 할 수 있죠.
남: 신체적으로 볼 땐 당신은 이상이 없네요.
여: 뭐가 문제일까요?
남: 단지 좀 쉬는 게 나을 것 같아요.

Q. 남자가 한 말의 의미는?
(a) 여자는 임신을 했다.
(b) 여자는 맑은 공기를 마실 필요가 있다.
(c) 여자는 제대로 숨을 쉬어야 한다.
(d) 여자는 서두르지 말고 긴장을 풀어야 한다.

tense 긴장한 nervous 불안한 pregnant 임신한
take it easy 서두르지 않다, 느긋하게 하다

Power Hint ●●●
마지막 남자의 말에서 여자는 휴식을 취해야 함을 알 수 있다.

정답 (d)

35
M How much is it?
W $300.
M That's too expensive.
W I can sell it for $280.
M Can't you make it a little bit cheaper?
W Ok, $270.
M Deal.

Q What does the man mean?
(a) He is going to buy it.
(b) He wants the price lower.
(c) He wants to make a deal.
(d) He is going to buy it later.

남: 얼마죠?
여: 300달러입니다.
남: 너무 비싸네요.
여: 280달러에 팔 수 있어요.
남: 조금 더 싸게 해 줄 수는 없나요?
여: 알겠어요. 270달러로 하죠.
남: 좋아요.

Q. 남자가 한 말의 의미는?
(a) 구입하겠다.
(b) 그는 더 낮은 가격을 원한다.
(c) 흥정을 하고 싶어 한다.
(d) 나중에 구입할 것이다.

cheap 싼

Power Hint ●●●
가격을 흥정하는 대화에서 마침내 남자가 Deal이라고 하는 것은 가격이 맘에 들어 구입을 한다는 것을 의미하다.

정답 (a)

36
M I'm looking for a Christmas present for my wife.
W What kind of thing are you looking for?
M I'm not sure. What do you think?
W How about these earrings?
M They're beautiful. How much are they?
W Only $4000.
M It's gonna cost me an arm and a leg.

Q What does the man mean?
(a) He can't afford to buy the earrings.
(b) He is willing to exchange his arms and legs for the earrings.
(c) He is shocked by the beauty of the earrings.
(d) He will buy the earrings.

남: 제 아내에게 줄 크리스마스 선물을 찾고 있습니다.
여: 어떤 종류를 찾으시나요?
남: 잘 모르겠어요. 뭐가 좋을까요?
여: 이 귀고리는 어떠세요?
남: 예쁘네요. 얼마죠?
여: 4천 달러입니다.
남: 엄청 비싸군요.

Q. 남자가 한 말의 의미는?
(a) 그는 그 귀고리를 살 만한 여유가 없다.
(b) 그는 그의 팔과 다리를 귀고리와 기꺼이 바꾸려 한다.
(c) 그는 귀고리의 아름다움에 충격을 받았다.
(d) 그는 그 귀고리를 살 것이다.

cost an arm and a leg 큰 돈이 들다, 기둥뿌리가 뽑히다
can afford to ~할 여유가 있다.

Power Hint ●●●
마지막 남자의 말은 '너무 비싸다' 는 내용이다.

정답 (a)

37
M Sarah, where is Steven?
W You sent him to Dr. Green to pick up the papers.
M Did I?
W Yes, you did.
M Where is my car key?
W There, right beside your coffee cup.
M Everything is a mess here. Now, where is my hat?
W Try your head.

Q What can be said about the man?
(a) He is serious.
(b) He is grumpy.
(c) He is bossy.
(d) He is forgetful.

남: 사라, 스티븐 어디 있어요?
여: 당신이 서류 좀 받아 오라고 그린 박사님한테 보냈잖아요.
남: 제가요?
여: 네.
남: 제 차 열쇠가 어디 있죠?
여: 저기, 당신의 커피 잔 바로 옆에 있잖아요.
남: 여기는 모든 게 어수선해요. 그런데 제 모자는 어디에 있죠?
여: 당신 머리를 보세요.

Q. 남자에 대해서 말할 수 있는 것은?
(a) 그는 진지하다.
(b) 그는 심술이 났다.
(c) 그는 우쭐댄다.
(d) 그는 잘 잊어버린다.

grumpy 심술 난 forgetful 건망증이 있는

Power Hint ●●●

남자의 말을 잘 들어 보면 건망증 증세를 엿볼 수 있다.

정답 (d)

38 M I'd like to check out.

W I need your name and your room number.

M Howard Gardner, room 316.

W Your bill comes to $300 including tax and service charge.

M Can I pay you with a traveler's check?

W That'll be okay.

M Here you go.

Q Where would you most likely here this conversation?

(a) Hotel

(b) Casino

(c) Spa

(d) Book store

남: 체크아웃하고 싶습니다.
여: 성함과 방 번호가 어떻게 되시죠?
남: 하워드 가드너, 316호요.
여: 세금과 서비스료를 포함해서 300달러입니다.
남: 여행자 수표로 지불할 수 있습니까?
여: 그래도 됩니다.
남: 여기 있습니다.

Q. 이 대화를 들을 수 있는 곳은 주로 어디인가?
(a) 호텔
(b) 카지노
(c) 스파
(d) 서점

service charge 봉사료 **traveler's check** 여행자 수표

Power Hint ●●●

체크아웃하면서 방 번호를 얘기하는 것을 보면 호텔에서 일어날 수 있는 대화임을 알 수 있다.

정답 (a)

39 W What's the house specialty?

M Crispy roast duck, ma'am.

W What does it come with?

M You can choose from these side dishes.

W What do you suggest I drink with it?

M It goes well with any kind of wine, ma'am.

W I can't drink wine. I'm eating for two.

Q What does the woman mean?

(a) She's pregnant.

(b) She has her child with her.

(c) She's waiting for her date.

(d) She's ordering two servings.

여: 이 집의 전문 요리가 뭐죠?
남: 바삭하게 구운 오리입니다, 손님.
여: 함께 나오는 음식은 뭔가요?
남: 이 요리들 중에서 고르실 수 있습니다.
여: 함께 마실 음료 좀 권해 주세요.
남: 어떤 종류의 와인과도 잘 어울립니다, 손님.
여: 전 와인은 못 마셔요. 전 두 사람 양을 먹는 중이랍니다.

Q. 여자가 뜻하는 것은 무엇인가?
(a) 그녀는 임신 중이다.
(b) 그녀는 그녀의 아이와 함께 있다.
(c) 그녀는 데이트 상대를 기다리고 있다.
(d) 그녀는 2인분을 시키고 있다.

specialty 특선품, 전문, 특징 **go well with** ~와 잘 어울리다
pregnant 임신한

Power Hint ●●●

마지막 여자의 말은 임신 중이라 와인을 마시지 못한다는 뜻이다.

정답 (a)

40 M Do you think I could fit into these after 3 months?

W If you exercise harder.

M I guess so. But I rarely have the time to go to the gym.

W You can do it even while working.

M How?

W Let me show you. Hand me those water bottles.

M Here you go.

Q What is the woman going to show the man?

(a) How to refresh himself in the office

(b) How to get water from the new dispenser

(c) How to drink from water bottles

(d) Exercises using water bottles

남: 3개월 후에는 이 옷들이 저한테 맞을까요?
여: 더 열심히 운동한다면요.
남: 저도 그렇게 생각해요. 하지만 체육관에 갈 시간이 별로 없어요.
여: 일하면서도 할 수 있어요.
남: 어떻게요?
여: 보여 드리죠. 저 물병들 좀 건네주세요.
남: 여기 있어요.

Q. 여자가 남자에게 보여 줄 것은?
(a) 사무실에서 상쾌해지는 법
(b) 새 자판기에서 물 받는 법

(c) 물병에 있는 물 마시는 법
(d) 물병을 이용한 운동법

fit 맞다 rarely 좀처럼 ~하지 않는, 드물게
refresh 상쾌하게 하다

Power Hint ●●●
여자가 일하면서도 운동할 수 있다고 한 뒤 물 병을 건네달라고
하면서 그것들을 이용한 운동법을 알려 주려고 한다.

정답 (d)

41 M Where are the files that I asked to get?
　 W I tried phoning Mr. Michaels but he hasn't
　　 got them.
　 M How about Mr. Evans?
　 W His secretary said he doesn't want to
　　 speak to anyone.
　 M Is that so?
　 W Yes.
　 M Give me my phone.

　 Q What is the man going to do?
　 (a) Play with his mobile phone.
　 (b) Call for pizza.
　 (c) Call Mr. Evans.
　 (d) Tell off the secretary.

남: 제가 가져오라고 부탁한 파일들은 어디 있나요?
여: 마이클 씨께 전화를 해 봤지만 받지를 않으세요.
남: 에반스 씨는요?
여: 비서가 에반스 씨는 누구와도 통화하고 싶지 않아 한다고 했
　 어요.
남: 그래요?
여: 네.
남: 제 전화기 좀 주세요.

Q. 남자가 하려는 것은?
(a) 그의 핸드폰을 갖고 놀리고 한다.
(b) 피자 주문을 하려고 한다.
(c) 에반스 씨에게 전화하려고 한다.
(d) 비서를 야단치려고 한다.

secretary 비서 tell off 잔소리하다

Power Hint ●●●
파일들에 대하여 묻고자 여자가 에반스 씨에게 전화를 했지만 에
반스 씨가 누구와도 통화하고 싶지 않아 한다고 말하자, 남자는
전화기를 달라고 했다. 즉 직접 전화를 걸어 보려는 것임을 알
수 있다.

정답 (c)

42 M Where can I find resources for my
　　 research?

W Try the library.
M But it's almost 4 pm. They close at 4
　 o'clock.
W Go there tomorrow then.
M That'd be too late.
W Too late? Why? When is the deadline?
M Tomorrow.
W Why don't you just google it?

Q What does the woman mean?
(a) The man should use the Google search
　 engine.
(b) The man should ask another friend for
　 help.
(c) The man should just give up.
(d) The man should not worry too much.

남: 제 연구조사 자료를 어디서 찾을 수 있을까요?
여: 도서관에 가 봐요.
남: 하지만 오후 네 시가 거의 다 됐어요. 도서관은 네 시에 닫는
　 다고요.
여: 그럼 내일 가요.
남: 그건 너무 늦을 텐데요.
여: 너무 늦어요? 왜요? 언제가 제출일인데요?
남: 내일이요.
여: 그냥 구글 사이트에서 찾아 보지 그래요?

Q. 여자가 한 말의 의미는?
(a) 남자는 구글 검색엔진을 이용해야 한다.
(b) 남자는 다른 친구에게 도움을 요청해야 한다.
(c) 남자는 그냥 포기해야 한다.
(d) 남자는 너무 걱정하지 말아야 한다.

resource 자료

Power Hint ●●●
남자가 자료를 찾고자 했지만 도서관은 곧 문을 닫을 시간이므로,
여자는 마지막에 구글 검색 엔진을 이용해서 찾아 보라고 했다.

정답 (a)

43 M Turn on the TV.
　 W What's up? Why are you such in a hurry?
　 M Just turn it on, will you?
　 W Alright.
　 M Watch this.
　 W Oh my god!
　 M I think I'm really photogenic.

　 Q What can be inferred from the
　　 conversation?
　 (a) There has been a big accident.
　 (b) The man's friend is on TV.

(c) The man is on TV.
(d) The woman is on TV.

남: 텔레비전 좀 켜 주세요.
여: 무슨 일이에요? 왜 그렇게 서둘러요?
남: 그냥 좀 켜 봐요, 네?
여: 알았어요.
남: 이것 좀 봐요.
여: 하나님, 맙소사!
남: 저 정말 사진을 잘 받는 것 같아요.

Q. 이 대화에서 추측할 수 있는 것은?
(a) 큰 사고가 있었다.
(b) 남자의 친구가 텔레비전에 나왔다.
(c) 남자가 텔레비전에 나왔다.
(d) 여자가 텔레비전에 나왔다.

photogenic 사진을 잘 받는, 촬영에 적합한

Power Hint ●●●
마지막 남자의 말에서 TV를 켜라고 한 것은 자기 자신이 나왔기 때문임을 알 수 있다.

정답 (c)

44 M I'd like to discuss something with you.
W Come over anytime.
M When is the most convenient for you?
W I said anytime.
M Fine. I'll be there at 10 am tomorrow.
W That's fine.
M Don't you think it's too early?
W Nope. The sooner, the better.

Q What does the woman mean?
(a) The woman wakes up early.
(b) It's not advisable to come early.
(c) Earlier is better.
(d) The woman feels better about their agreement.

남: 당신과 뭐 좀 의논할 것이 있어요.
여: 언제든지 오세요.
남: 언제가 제일 편하세요?
여: 언제든지 오시라니까요.
남: 좋아요. 내일 오전 열 시에 그리로 갈게요.
여: 좋아요.
남: 너무 이르다고 생각되진 않나요?
여: 아뇨, 빠를수록 더 좋아요.

Q. 여자가 한 말의 의미는?
(a) 여자는 일찍 일어난다.
(b) 일찍 오는 것은 좋지 않다.
(c) 이를수록 좋다.
(d) 합의가 되어서 여자의 기분이 나아졌다.

advisable 타당한

Power Hint ●●●
마지막 여자의 말은 빠를수록 더 좋다는 뜻이다.

정답 (c)

45 M The conference is just around the corner. What preparations have you done so far?
W We were divided into different committees.
M That's good. There's organization.
W Not only that, but also equal division of labor.
M How about the certificates?
W They are presently being printed.
M Have you informed our guests?
W We have already sent invitations.
M Let's break a leg.

Q What does the man mean?
(a) He wishes all good luck.
(b) They might need to break their legs.
(c) The tension is breaking his leg.
(d) He wants everybody to do their job properly.

남: 회의가 얼마 남지 않았습니다. 현재까지 어떤 준비들을 해 놓으셨습니까?
여: 저희는 여러 개의 위원회로 나뉘었습니다.
남: 좋아요. 조직성이 있군요.
여: 그뿐만이 아니라 동등하게 역할 분담도 했습니다.
남: 수료증은 어떻게 됐습니까?
여: 현재 인쇄되고 있습니다.
남: 손님들께 연락드렸습니까?
여: 초대장을 벌써 보냈습니다.
남: 힘 냅시다.

Q. 남자가 한 말의 의미는?
(a) 남자는 모두에게 행운을 빈다.
(b) 그들은 어쩌면 다리를 부러뜨려야 할지도 모른다.
(c) 긴장감이 남자의 다리를 부러뜨리고 있다.
(d) 남자는 모두가 일을 제대로 하길 바란다.

organization 조직화 **certificate** 증명서, 수료증
break a leg 힘내다, 잘하다 **tension** 긴장감

Power Hint ●●●
마지막 남자의 말은 구어체에서 흔히 쓰이는 표현으로서 '힘냅시다' 라는 의미로 격려할 때 쓴다.

정답 (a)

46 As a new art form, VJ has many evolving definitions. A VJ manipulates video in a far more sophisticated way than a DJ mixes records. The techniques and equipment vary but the basic principles remain the same. Some VJs concentrate on just visuals, mixing and manipulating video or film, to create stunning projections. Other VJs use both sound and vision, mixing audiovisual samples to create whole collages or AV sets. VJs have become an essential part of the clubbing experience. They provide the projected visuals within the club environment that accompany the DJ, mixing and scratching video in a similar way to how DJs cut up records. The expression originally referred to the Video Jockey, as a counterpart to the disk jockey, but it's more accurately Visuals Jockey—a general descriptor that encompasses older, non—video avocations such as running the lightshow.

Q What is the main idea of the passage?
(a) VJ as a new art form
(b) The evolving definitions of the word VJ
(c) The history of VJ
(d) The difference between a DJ and a VJ

새로운 예술 장르로서 브이제이가 여러 가지 뜻으로 발전되고 있다. 브이제이는 디제이가 음반을 믹싱하는 것보다 더 정교하게 비디오를 조작한다. 그 기술과 장비들은 다양하지만 기초 원리는 같다. 어떤 브이제이들은 놀라운 영상을 만들어 내기 위해 영상과 믹싱, 그리고 비디오나 영화를 조작하는 데 집중한다. 또 어떤 브이제이들은 소리와 시각, 시청각 자료를 혼합하여 전체적인 콜라주나 AV(오디오 비주얼) 세트를 만들어 내기도 한다. 그들은 클럽 활동에 없어서는 안 될 중요한 부분이 되었다. 브이제이들은 디제이들과 함께 클럽 환경에 계획된 영상을 제공하며, 디제이들이 음반을 편집하는 것과 흡사하게 비디오를 믹싱하고 스크래칭한다. 브이제이라는 표현은 원래 디스크 자키에 대응하는 개념으로 비디오 자키를 가리켰지만, 더 정확히 말하자면 비주얼(영상) 자키라고 한다. 비주얼 자키란 빛에 의한 전위 예술과 같이 더 오래되고 비디오와 관련 없는 직업들을 포함하는 일반적인 용어이다.

Q. 이 지문의 주제는?
(a) 새로운 예술 장르로서의 브이제이
(b) 브이제이란 단어의 변화되는 정의
(c) 브이제이의 역사
(d) 디제이와 브이제이의 차이점

evolve 발전하다 manipulate 교묘하게 다루다 sophisticate 정교하게 하다 stunning 매력적인 descriptor 기술어 avocation 직업

Power Hint ●●●
첫 문장에서 Evolving definitions라고 언급하며 앞으로 어떤 이야기를 할지 포인트를 짚어 주고 있다. VJ의 정의가 예전과는 달리 비주얼 자키로 그 뜻이 더 확대되고 있다는 자세한 설명이 뒤이어 제시된다.

정답 (b)

47 Norway is located in Northern Europe on the western and northern part of the Scandinavian Peninsula, bordering the North Sea in the southwest and the Skagerrak inlet to the south, the North Atlantic Ocean in the west and the Barents Sea to the northeast. It has a long land border with Sweden to the east, a shorter one with Finland in the northeast and a still shorter border with Russia in the far northeast. The country is the second least circular country in the world, having a very elongated shape, one of the longest and most rugged coastlines in the world, and some 50,000 islands off the much indented coastline. It is also one of the world's most northerly countries, and one of Europe's most mountainous countries with large areas dominated by the Scandinavian Mountains.

Q What is the passage about?
(a) Norway as one of the most beautiful countries in Scandinavia
(b) The geography of Norway
(c) The Norwegian peninsula
(d) Norway as a winter paradise

노르웨이는 스칸디나비아 반도의 북서쪽인 북유럽에 위치하고 있으며, 남서쪽으로는 북해와 접경해 있고, 남쪽으로는 스카게라크 해협 어귀, 서쪽으로는 북대서양, 그리고 북동 쪽으로는 바렌츠 해와 접경해 있다. 노르웨이는 동쪽으로 스웨덴과 길게 접경해 있으며, 북동쪽으로는 핀란드와 더 짧게 접경해 있고, 멀리 북동 쪽으로 러시아와 짧게 접경해 있다. 이 나라는 세계에서 가장 길고 거친 해안과 그 들쭉날쭉한 해안선 근처에 약 5만 개의 섬들을 가지고 있는 나라로서, 매우 길쭉한 생김새를 갖고 있기 때문에 세계에서 두 번째로 가장 둥글지 않은 나라이다. 또한 세계에서 가장 북쪽에 위치한 나라들 중 하나이며, 우뚝 솟은 스칸디나비아 산맥이 넓게 펼쳐진 유럽에서 가장 산이 많은 나라들 중 하나이다.

Q. 이 지문은 무엇에 관한 것인가?

(a) 스칸디나비아에서 가장 아름다운 나라 중 하나인 노르웨이
(b) 노르웨이의 지리
(c) 노르웨이 반도
(d) 겨울 천국 노르웨이

inlet 작은 만, 해협　elongate 길게 하다
rugged 울퉁불퉁한　indent 톱니 모양의
dominate (산이) 내려다 보다, 빼어나게 솟다　geography 지리

Power Hint ●●●
노르웨이의 위치, 생김새 등에 대해 서술하고 있으므로 정답은
(b)이다.

정답 (b)

48 Evolution did not prepare the giraffe for the dangers of lightning in the zoos where many of them live now. At present, wild giraffes range across the dry savannah and semi-desert south of Africa's Sahara wherever trees grow. In its natural home, the giraffe is not the tallest thing around. Trees are. What's more that region sees little lightning, says Hugh Christian, Chief Scientist for NASA's satellite lightning detection system, which covers Earth. In zoos, giraffes are frequently the tallest object, and draw lightning especially in lands where frequent thunderstorms visit. A game reserve in South Africa is such a spot. Unusually high concentrations of dolomite rock draw 15 lightning strikes a month. In 1996, lightning struck and killed an 18-foot tall giraffe.

Q What is the reason that giraffes are frequently hit by lightning in many zoos?
(a) Giraffes are natural lighting rods.
(b) There are no lightning rods in zoos.
(c) Lightning is attracted by their color and movement.
(d) They are the tallest thing around in zoos where they are located.

진화는 기린들로 하여금 현재 그들 중 다수가 살고 있는 동물원에서 번개의 위험에 대비하도록 해 주지 못했다. 현재 야생 기린들은 건조한 사바나 지역에서부터 아프리카의 사하라 사막 남쪽의 반사막 지역까지 나무가 자라는 곳이면 어디든지 서식하고 있다. 자연 서식지에서는 가장 키가 큰 것이 기린이 아니라 나무다. 미국 항공 우주국(NASA)의 전 지구 위성 번개 탐지 시스템의 수석 과학자인 휴 크리스천에 따르면, 자연 서식지는 더군다나 번개가 드물다고 한다. 동물원에서 기린들은 종종 가장 키가 크기 때문에 특히 폭풍우가 잦은 곳에서 번개를 자주 맞는다. 남아프리카공화국의 한 자연 보호 구역이 그런 곳이다. 유난히 백운석

바위들이 집중적으로 모여 있는 곳에서는 한 달에 15회 꼴로 번개가 친다. 1996년에는 번개로 인해 5.5미터 크기의 기린이 죽음을 당했다.

Q. 많은 동물원에서 기린들이 번개에 자주 맞는 이유는?
(a) 기린들은 원래 자연의 피뢰침이다.
(b) 동물원에 피뢰침이 없다.
(c) 기린의 색깔과 움직임이 번개를 끌어당긴다.
(d) 기린들이 살고 있는 동물원에서는 그들이 가장 키가 크다.

evolution 진화　giraffe 기린
rod (전기) 피뢰침　dolomite 백운석

Power Hint ●●●
중간에 자연 서식지에서는 기린이 가장 큰 존재가 아니지만 동물원에서는 기린이 가장 키가 크기 때문에 번개를 자주 맞는다는 내용이 나온다.

정답 (d)

49 Bollywood is the informal name given to the popular Mumbai-based Hindi-language film industry in India. Though often incorrectly used to refer to the whole of Indian cinema, Bollywood is only a part of the Indian film industry. Bollywood is one of the largest film producers in the world, producing more than 1,000 films a year, with an audience of 3.6 billion people. The name is a portmanteau of Bombay, the former name for Mumbai, and Hollywood, the center of the American film industry. Though some deplore the name, arguing that it makes the industry look like a poor cousin to Hollywood, it seems likely to persist and now has its own entry in the Oxford English Dictionary.

Q According to the passage, why is the term Bollywood likely to continue?
(a) The use of the term has become habitual to many.
(b) The term represents India's contribution to world cinema.
(c) It can now be found in the dictionary of American English.
(d) Millions of people watch it and it's one of the largest film producers in the world.

발리우드는 인도의 뭄바이에 있는 힌디어 대중 영화 산업을 가리키는 비공식 이름이다. 대개 인도 영화 전체를 칭하는 것으로 잘못 사용되고 있지만 발리우드는 단지 인도 영화 산업의 일부분일 뿐이며, 발리우드는 세계에서 가장 큰 영화 제작사 중 하나이며, 일 년에 천 편 이상의 영화를 제작하고 36억의 관객을 동원한다.

이 명칭은 두 단어 즉 뭄바이의 예전 명칭인 붐바이와 미국 영화 산업의 중심지인 할리우드의 혼성어이다. 몇몇 사람들은 이 명칭이 할리우드의 초라한 사촌격으로 보이게 한다고 비난하지만, 이 명칭은 계속 사용될 것으로 보이며 현재 옥스퍼드 영어 사전에도 수록되어 있다.

Q. 지문에 따르면 발리우드라는 용어가 계속 사용될 것으로 보이는 이유는?
(a) 이 용어의 사용이 많은 사람들에게 습관적이 되었기 때문이다.
(b) 이 용어는 세계 영화에 대한 인도의 기여를 나타내고 있다.
(c) 이것은 현재 미국 영어 사전에서도 찾을 수 있다.
(d) 몇만 명의 사람들이 발리우드 영화를 관람하고, 이것이 세계에서 가장 큰 영화 산업 중의 하나이기 때문이다.

Hindi-language 힌디어
portmanteau 혼성어(두 낱말의 음과 뜻을 포함시켜 만든 합성어)
deplore 비탄하다 persist 지속하다
habitual 상습적인, 습관적인

Power Hint ●●●
세 번째 문장에서 그 이유에 대해 설명하고 있다. 일부 사람들이 발리우드라는 용어를 비판하지만 그 규모가 워낙 크고 많은 사람들이 관람하고 있기 때문에 이 용어는 계속 사용될 것으로 예상할 수 있다.

정답 (d)

50 Chicken soup is a soup made by boiling chicken parts or bones in water, with various vegetables and flavorings. The classic chicken soup consists of a clear broth, often served with small pieces of chicken or vegetables, or with noodles or dumplings, or grains such as rice and barley. Chicken soup has also acquired the reputation of a folk remedy for colds and flus, and in many countries including the United States is considered a classic comfort food. Strictly speaking the birds preferably used for soup are not chickens but old hens and broiling fowl too tough and stringy to be roasted or cooked for a short time. In modern cities broilers are difficult to come by, and true chickens are often used to make soup; broilers are to be preferred when available.

Q Which is correct according to the passage?
(a) People prefer making chicken soup to broiling it.
(b) Chicken soup is regarded as a folk remedy for influenza and common cold.
(c) Only chicken bones are used to make the soup.
(d) Old hens and broilers are too tough making them unsuitable to be used in chicken soup.

닭고기 수프는 다양한 야채와 조미료를 넣고 닭고기 살 부위나 뼈를 넣어 끓여 만드는 수프이다. 전형적인 닭고기 수프는 묽은 국물과 대개 작은 덩어리의 닭, 야채 혹은 국수나 만두 또는 쌀이나 보리 같은 곡류를 넣어 만든다. 닭고기 수프는 또한 감기와 독감에 좋은 민간요법으로도 명성을 얻고 있으며, 미국을 포함한 많은 나라에서 전형적인 강장 음식으로 인식되고 있다. 엄격히 말해서 국물을 낼 때 즐겨 사용되는 조류는 병아리가 아니라 늙은 암탉이며, 너무 질기고 힘줄이 많은 것은 짧은 시간 동안 굽거나 요리해야 한다. 현대 도시에서는 굽는 기구를 찾기 힘들기 때문에 닭을 주로 수프를 만드는 데 사용하고 있다. 물론 굽는 요리가 가능할 땐 그것을 더 선호하게 되어 있다.

Q. 지문에 따를 때 옳은 것은?
(a) 사람들은 닭고기를 굽는 것보다 수프로 만드는 것을 선호한다.
(b) 닭고기 수프는 감기와 독감에 좋은 민간요법으로 많이 알려져 있다.
(c) 수프를 만드는 데 닭의 뼈만 사용된다.
(d) 늙은 암탉과 구이용 닭은 너무 질겨서 닭고기 수프를 만드는 데 적합하지 않다.

flavoring 양념 broth 수프 dumpling 만두
barley 보리 fowl 닭

Power Hint ●●●
마지막 부분에서 굽는 요리가 가능할 때에는 그것을 더 선호하게 되어 있다고 했으므로 (a)는 정답이 될 수 없다. (b)는 세 번째 문장에서 확인이 가능하므로 정답이다. 수프를 만들 때 야채, 곡물 등 다른 재료도 넣는다는 이야기가 언급되었으므로 (c)는 정답이 아니다. 늙은 암탉과 구이용 닭은 질겨서 짧은 시간에 굽거나 조리해야 하지만 굽는 기구를 찾기 어려워서 수프를 만드는 데 쓴다고 했으므로 (d) 역시 정답이 아니다.

정답 (b)

51 An urban legend or urban myth is similar to a modern folklore consisting of stories thought to be factual by those circulating them. Urban legends are not necessarily untrue, but they are often distorted, exaggerated, or sensationalized over time. Despite the name, a typical urban legend does not necessarily originate in an urban setting. Some urban legends have passed through the years, with only minor changes to suit regional variations. One example as such is the story of a woman killed by spiders nesting in her elaborate hairdo. More recent legends tend to reflect modern circumstances, like the story of people ambushed, anesthetized, and waking up minus one kidney, which was surgically removed for transplantation.

Q Which is correct according to the passage?
(a) Urban legends are not true at all.
(b) Despite the name, urban legends do not necessarily originate in an urban setting.
(c) Urban myth is not an alternative name for urban legend.
(d) Urban legends remain unchanged through the years.

도시 전설 혹은 도시 신화는 그것을 전파하는 사람들에게 사실로 여겨지는 이야기로 구성된 현대판 인간 전승담이라고 할 수 있다. 도시 전설이 꼭 거짓인 것만은 아니지만, 대부분 시간이 지나면서 왜곡되고 과장되거나 선정적으로 다루어진다. 그 이름에도 불구하고, 전형적인 도시 전설은 꼭 도시적 배경에서만 생겨나는 것은 아니다. 몇몇의 도시 전설은 지역적 특징에 맞춰 일부 변형되어 오랜 기간에 걸쳐 전해져 왔다. 그 한 가지 예가 한 여자의 얽히고설킨 머리에 집을 짓고 살던 거미에게 죽임을 당한 여자의 이야기이다. 더 최근의 전설들은 현대의 상황을 반영하는 경향이 있는데, 매복한 사람에게 습격을 당한 후 마취되어 한 개의 신장이 제거된 수술을 받고 마취에서 깨어난 사람에 관한 이야기 같은 것이다.

Q. 지문에 따르면 옳은 것은?
(a) 도시 전설은 전혀 사실이 아니다.
(b) 그 이름에도 불구하고, 도시 전설은 꼭 도시적 배경에서만 생겨나는 것은 아니다.
(c) 도시 신화는 도시 전설에 대한 명칭이 아니다.
(d) 도시 전설은 시간이 지나도 변형되지 않는다.

folklore 민간 전승 factual 사실의
distort 왜곡하다 exaggerate 과장하다
elaborate 정교한, 복잡한 hairdo 헤어스타일
ambush 매복하다 anesthetize 마비시키다
transplantation (사람에게) 이식된 조직

Power Hint ●●●
첫 부분에서 도시 전설이 꼭 거짓인 것만은 아니라고 하였으므로 (a)는 정답이 아니다. 세 번째 문장에서 (b)의 내용을 확인할 수 있으므로 정답은 (b)이다. (C)에 대한 구체적 언급은 없으며, 최근의 전설들은 현대 상황을 반영한다고 했으므로 (d) 역시 정답이 아니다.

정답 (b)

52 Not all diamonds found on earth originated here. A type of diamond called carbonado diamond that is found in South America and Africa was deposited there via an asteroid impact about 3 billion years ago. These diamonds formed in the interstellar environment. Very small diamonds, known as microdiamonds or nanodiamonds, have been found in meteorite impact craters. Impact-type microdiamonds can be used as one indicator of ancient impact craters. Presolar grains in many meteorites found on earth contain nanodiamonds of extraterrestrial origin, probably formed in supernovas.

Q What is the main idea of the talk?
(a) Not all diamonds are real diamonds.
(b) Diamonds are the rarest objects in the world.
(c) The price of a diamond is defined by its place of origin.
(d) Extraterrestrial diamonds

지구에서 발견되는 모든 다이아몬드가 지구에서 생겨난 것은 아니다. 남아메리카와 아프리카에서 발견되는 다이아몬드의 한 종류인 카보네이도 다이아몬드는 30억만 년 전에 소행성 충돌로 인하여 퇴적되었다. 이런 다이아몬드는 성간 우주 속에서 형성된 것이다. 마이크로 다이아몬드 혹은 나노 다이아몬드라고 알려진 아주 작은 다이아몬드는 운석 충돌 분화구에서 발견되었다. 충돌형의 마이크로 다이아몬드는 고대의 충돌 분화구를 알려주는 하나의 지표가 될 수 있다. 지구에서 발견되는 많은 운석에 있는 presolar grains(원시 운석에서 발견되는 동위원소들)는 초신성에서 형성된 것으로 보이는 지구 대기권 밖에서 만들어진 나노 다이아몬드를 함유하고 있다.

Q. 이 연설의 주제는?
(a) 모든 다이아몬드가 다 진짜는 아니다.
(b) 다이아몬드는 세상에서 가장 진기한 물건이다.
(c) 다이아몬드의 가격은 원산지에 의해 결정된다.
(d) 지구 대기권 밖의 다이아몬드

originate 생기다 carbonado 흑금강성
asteroid 소행성 interstellar 행성 간의 meteorite 운석
crater 분화구 grain 알맹이 extraterrestrial 지구 밖의
supernova 초신성

Power Hint ●●●
첫 문장의 here는 지구를 말하는 것으로, 모든 다이아몬드가 지구에서 생겨난 것은 아니라고 설명하고 있다.

정답 (d)

53 Some people seem to think that I began by asking myself how I could say something about Christianity to children; then fixed on the fairy tale as an instrument, then collected information about child psychology and

177

decided what age group I'd write for; then drew up a list of basic Christian truths and hammered out 'allegories' to embody them. This is all pure moonshine. I couldn't write in that way. It all began with images; a faun carrying an umbrella, a queen on a sledge, a magnificent lion. At first there wasn't anything Christian about them; that element pushed itself in of its own accord.

Q What is the main point of the talk?
(a) A successful book comprises every aspect of man's life including religion.
(b) There is always a reflection of a person's religion in his works.
(c) It was not the intention of the speaker to put anything Christian in his book.
(d) The speaker was able to write a great book that embodies Christian values.

몇몇 사람들은 내가 어린이들에게 기독교 정신에 관해 어떻게 말할 것인지를 나 스스로에 대한 질문으로 시작했다고 생각하는 것 같다. 그 다음 하나의 수단으로써 옛날 이야기를 선택했고, 그런 다음 아동 심리에 대한 자료를 수집하여 어느 연령대를 위해서 쓸 것인가를 결정하고, 기독교의 기본 사실들을 정리하여 그들을 구체적으로 표현하기 위해 풍자를 고안해 냈다고 말이다. 이것은 순전히 허튼소리이다. 나는 그런 식으로 써나갈 순 없었다. 그 모든 것은 상상력으로부터 시작된 것이었다. 즉 우산을 든 목신, 썰매를 탄 여왕, 위엄 있는 사자 등과 같은 것들이다. 처음에는 거기에 기독교적인 것은 하나도 없었다. 그것은 조화롭게 저절로 형성된 것이다.

Q. 이 연설의 요점은?
(a) 성공적인 책은 종교를 포함한 인간의 모든 면으로 구성된다.
(b) 그의 작품에는 인간의 종교가 언제나 반영된다.
(c) 그의 저서에 기독교적인 것을 삽입하는 것은 연설자의 의도가 아니다.
(d) 연설자는 기독교적 가치를 구현한 훌륭한 책을 저술할 수 있었다.

Christianity 기독교 psychology 심리학 allegory 상징, 풍유 embody 구체적으로 나타내다 moonshine 허튼 소리 faun 파우누스(로마 신화의 반양반인의 신) accord 조화, 일치

Power Hint ●●●
마지막 문장에서 그것이 저절로 형성되었다고 하였고, 중간 부분에서는 모든 것이 상상력으로 시작한 것이라고 했으므로 정답은 (c)이다.

정답 (c)

54 C. S. Lewis' early life has echoes within the book series *Chronicles of Narnia*. Born in Belfast, Northern Ireland in 1898, he moved with his family to a large house on the edge of the city when he was seven. The house contained long hallways and empty rooms, and Lewis and his brother invented make-believe worlds while exploring their home. Like Caspian and Rilian, Lewis lost his mother at an early age. Like Edmund, Jill, and Eustace, he spent a long, miserable time in English boarding schools and, as a young boy, he, again like Caspian, had a tutor who brought new light into his dark, sad life. During World War II, many children were evacuated from London because of air raids. Some of these children, including one named Lucy, stayed with Lewis at his home in Oxford, just as the Pevensies stayed with the professor.

Q What is the main idea of the passage?
(a) The reflection of Lewis' own life in his own book
(b) The similarities between the lives of real people and the lives of the characters in his book
(c) The people who inspired him to create the characters in his book
(d) The effect of World War II in Lewis' writing style

C. S. 루이스의 어린 시절은 《나니아 연대기》 시리즈 책 속에 반영되어 있다. 1898년 북아일랜드 벨파스트에서 태어난 그는 7세 때 가족과 함께 도시 변두리에 있는 커다란 집으로 이사했다. 이 집은 긴 복도와 빈 방들이 많았고, 루이스와 그의 형제들은 집을 탐험하면서 상상의 나라를 만들었다. 캐스피언과 릴리언처럼 루이스는 어렸을 때 어머니를 여의었다. 에드먼드, 질, 그리고 유스테이스처럼 그는 기나긴 비참한 시간을 영국 기숙사 학교에서 보냈고, 캐스피언처럼 어린 소년이었던 그의 어둡고 슬픈 삶에 새로운 빛을 가져다 준 가정교사가 있었다. 제2차 세계대전 때 공습으로 인하여 많은 아이들이 런던으로부터 피신했다. 루시라는 아이를 포함한 몇몇의 아이들은 페벤시가 교수와 함께 지낸 것처럼 루이스와 함께 옥스퍼드에 있는 그의 집에서 지냈다.

Q. 지문의 주제는?
(a) 그의 책 속에 있는 루이스 자신의 삶의 반영
(b) 실제 사람들의 삶과 그의 책 속 인물들의 삶의 닮은 점
(c) 그의 책 속의 인물들을 만드는 데에 영감을 준 사람들
(d) 루이스의 저술 방식에 제2차 세계대전이 끼친 영향

echo 반영 make-believe 상상의
boarding school 기숙학교
evacuate 피난하다 air raid 공습

55 In 1583, Leonhard Rauwolf, a German physician, gave this description of coffee after returning from a ten year trip to the Near East: "A beverage as black as ink, useful against numerous illnesses, particularly those of the stomach. Its consumers take it in the morning, quite frankly, in a porcelain cup that is passed around and from which each one drinks a cupful. It is composed of water and the fruit from a bush called Bunnu."

Q Which is correct according to the passage?
(a) Coffee drinkers drink it anytime of the day.
(b) Coffee is originally dark brown.
(c) Coffee is a good remedy for headache.
(d) The bush where coffee beans come from is called Bunnu.

1583년 독일 내과의사인 Leonhard Rauwolf는 10년 동안 근동지역을 여행한 후 커피에 대해 이렇게 묘사하였다: "잉크만큼이나 검고 많은 질병에 효과적인데, 특히나 위장병에 효과적인 음료이다. 커피를 마시는 사람들은 아침에 그것을 마시는데, 아주 솔직히, 자기로 만든 컵 한 개로 차례로 돌려 나누어 한 잔씩 마신다. 이것은 부누라는 나무 열매와 물로 구성된 음료이다.

Q. 지문의 내용으로 옳은 것은?
(a) 커피 마시는 사람들은 하루 중 어느 때나 커피를 마신다.
(b) 커피는 원래 어두운 밤색이다.
(c) 커피는 두통에 좋은 치료약이다.
(d) 커피콩이 열리는 나무 이름은 부누다.

physician (내과)의사 porcelain 자기(제품)
cupful 한 찻잔 가득

56 We are all gathered here to commemorate the life of a woman who will forever live in our hearts. She was such an inspiration to many. She gave strength to those who were weak. She carried the little ones in her loving arms as though they were her own. She was a mother, a wife, a friend, a soldier, a survivor. Her memories we will cherish as long as we live. She's my Aunt Sally; she's everybody's Aunt Sally.

Q Where can you most likely hear this talk?
(a) At a graduation ceremony
(b) At a wedding ceremony
(c) At a birthday party
(d) At a funeral service

우리의 가슴 속에 영원히 간직될 한 여자의 일생을 추모하기 위해 우리 모두는 이곳에 모였습니다. 그녀는 많은 이들에게 감화를 주었습니다. 그녀는 약한 이들에게 힘을 주었습니다. 그녀는 마치 자신의 아이인양 어린아이들을 사랑으로 감싸 안았습니다. 그녀는 엄마이자, 아내였으며, 친구이자 군인이었으며, 생존자였습니다. 그녀에 대한 기억들을 우리가 살아있는 한 소중하게 간직할 것입니다. 그녀는 저의 이모 샐리입니다. 그녀는 우리 모두의 이모 샐리입니다.

Q. 이 연설을 들을 수 있는 곳은 주로 어디인가?
(a) 졸업식
(b) 결혼식
(c) 생일 파티
(d) 장례식

commemorate 추도하다 inspiration 감화
cherish 사랑하다, 잊지 않고 있다

57 It can't be denied that TOEIC is just a series of multiple choice questions. The relative values of the questions are still questionable and it neglects assessment of speaking and writing skills. No particular question is worth more points than any other, so test-takers think that it is wise to answer as many of the easy questions as possible before tackling the more difficult ones. This has more to do with test-taking technique rather than one's language proficiency.

Q What is the main point of the talk?
(a) The advantage of taking TOEIC

(b) Language assessment methods
(c) The effect of TOEIC to test-takers
(d) The drawback of TOEIC

TOEIC이 단지 다지선다형 문제들로 이루어져 있다는 것을 부인할 수는 없다. 각 문제에 관해 그 가치를 평가하기란 여전히 의심스럽다. 그리고 이 시험은 말하기와 쓰기 평가를 등한시하고 있다. 어떤 개개의 문제도 다른 문제들과 점수 차이가 없다. 그래서 응시자들은 어려운 문제들을 풀기 전에 될 수 있는 한 많은 쉬운 문제들을 푸는 것이 현명하다고 생각하고 있다. 이것은 언어 실력보다는 시험 보는 요령만 더 키우게 만든다.

Q. 이 연설의 요점은?
(a) 토익을 보는 장점
(b) 언어 평가 방법
(c) 응시자들에 대한 토익의 효과
(d) 토익의 결점

neglect 소홀히 하다 assessment 평가
tackle (일, 문제 등에) 착수하다 proficiency 요령

Power Hint ●●●
가치를 평가하기가 의심스럽다는 말, 언어 실력보다는 시험 보는 요령과 관계가 있다는 말 등으로 보아 토익에 대한 부정적인 측면을 다루고 있다.

정답 (d)

58 Sting has stated that he gained his nickname while with the Phoenix Jazzmen. He once performed wearing a black and yellow jersey with hooped stripes that bandleader Gordon Solomon had noted made him look like a bumblebee; thus Gordon Matthew Thomas Sumner became 'Sting.' He uses Sting almost exclusively, except on official documents. In a press conference filmed in the movie *Bring on the Night*, he jokingly stated when referred to by a journalist as Gordon, "My children call me Sting, my mother calls me Sting, who is this Gordon character?"

Q Which is correct about Sting according to the passage?
(a) He uses Sting even on official documents.
(b) His real name is Gordon Sumner.
(c) He got the name Sting because of his manager.
(d) Gordon Solomon became "Sting."

스팅은 자신의 닉네임을 Phoenix Jazzmen에 있을 때 얻은 별명이라고 하였다. 그는 검고 노란색 줄무늬로 둘러진 저지를 입

고 공연한 적이 있었는데, 밴드 리더인 고든 솔로몬이 그를 가리켜 마치 호박벌처럼 보인다고 말한 적이 있었다. 그리하여 고든 매튜 토마스 섬너는 "스팅"으로 불리게 되었다. 그는 공적인 서류를 제외하곤 대부분 스팅을 사용한다. 《Bright on the Night》이라는 영화에서 한 기자회견 중 어느 기자가 그를 고든이라고 부르자 그는 농담조로 말하길, "내 아이들은 나를 스팅으로 불러요, 제 어머니께서도 저를 스팅으로 부릅니다, 이 고든이란 사람은 누구인가요?" 라고 하였다.

Q. 지문에 따를 때 스팅에 대하여 옳은 것은?
(a) 그는 공적인 서류에도 스팅이라는 이름을 쓴다.
(b) 그의 진짜 이름은 고든 섬너이다.
(c) 그는 그의 매니저 때문에 스팅이란 이름을 얻었다.
(d) 고든 솔로몬이 스팅이 되었다.

sting 침 jersey 메리야스 상의
hoop 두르다 bumblebee 호박벌

Power Hint ●●●
공적인 서류를 제외하고는 스팅이라는 이름을 사용한다고 했으므로 (a)는 정답이 아니다. 지문에서 thus Gordon Matthew Thomas Sumner became 'Sting.' 이라는 부분을 보면 스팅의 본명을 알 수 있다. 스팅이란 이름은 밴드 리더 때문에 얻게 된 것이므로 (c), (d)는 정답이 될 수 없다.

정답 (b)

59 General American, sometimes called Standard Midwestern, Standard Spoken American English or American Broadcast English, is one of the most homogeneous and widespread accents of North America. It is the accent of American English perceived by Americans to be most "neutral" and free of regional characteristics. Within American English, General American and accents approximating it are contrasted with Southern American English, several Northeastern accents, and other distinct regional accents and social group accents like African American Vernacular English.

Q What can be said about the accent of American English according to the passage?
(a) It is spoken by many Americans in the US and abroad.
(b) It has many variations depending on the geographical location.
(c) It is generally preferred by majority of the adult American population.
(d) General American accent is the best among all other accents in the US.

때때로 중서부 표준어, 미국 표준 영어, 혹은 미국 방송 영어라고 불리는 일반 미국 영어는 북미에서 가장 단일하게 널리 쓰이는 악센트이다. 이것을 미국인들은 가장 "중립적"이며 지역적 특성이 없는 미국 영어 악센트라고 여기고 있다. 미국 영어 중에서 일반 미국 영어와 그에 유사한 악센트들은 남미 영어, 몇몇의 북동부 악센트 그리고 다른 특정 지역 악센트와 아프리카계 미국 흑인 사투리 같은 사회 집단 악센트와 대조를 이룬다.

Q. 지문에 따를 때 미국 영어 악센트에 대하여 말할 수 있는 것은?
(a) 이것은 미국과 해외에 있는 많은 미국인이 사용하고 있다.
(b) 이것은 지역에 따라 많은 종류가 있다.
(c) 이것은 일반적으로 대부분의 미국 성인들이 좋아한다.
(d) 일반 미국 영어 악센트는 미국에 있는 다른 모든 악센트 중에서 제일이다.

homogeneous 동질의 **perceive** 인지하다 **neutral** 중립의

Power Hint ●●●
일반 미국식 영어 악센트가 가장 널리 쓰이고, 이 외에 남미 영어, 북동부 여러 지역, 아프리카계 미국 흑인 악센트 등 지역에 따라 다양한 악센트가 있다는 사실을 파악할 수 있다. 일반 미국 영어는 북미에서 가장 널리 쓰인다고 했으므로 (a)는 답이 아니며, (c)와 (d)는 언급된 바 없으므로 정답이 아니다.

정답 (b)

60 Beatboxing is the art of vocal percussion. Although the term beatboxing derived from hip hop culture, it is not limited to hip hop music. It is primarily concerned with the art of producing drum beats, rhythm, and musical sounds using one's mouth, lips, tongue, voice, and more. It may also involve singing, vocal imitation of turntablism, the simulation of horns, strings, and other musical instruments. Beatboxing's current popularity is mainly because of artists like Rahzel and Kenny Muhammad, who have promoted the art form across the world. In 2002, the documentary *Breath Control*: The History of the Human Beatbox premiered. It showed a history of the art form that includes interviews with Doug E. Fresh, Emanon, Biz Markie, Marie Daulne of Zap Mama, Kyle Faustino and others.

Q What can be said about beatboxing according to the passage?
(a) It is an integral part of modern music that has been around for many years but only gaining popularity now.
(b) It is an art of creating sounds with one's

mouth that approximate, imitate, or otherwise serve the same purpose as a percussion instrument.
(c) It is a newly created type of music primarily concerned with hip hop.
(d) Due to it's popularity, a documentary called *Breath Control* was produced.

비트박스는 목소리 음향 예술이다. 비트박스란 용어는 힙합 문화에서 유래되었지만 힙합 음악에만 제한되어 있지 않다. 이것은 주로 드럼 소리와 리듬을 만들어 내는 기술 및 입, 입술, 혀, 목소리 등을 이용해서 내는 음악 소리들과 관련이 있다. 이것은 또한 노래 부르기와 턴테이블리즘과 같은 성대모사, 나팔, 현악기, 그리고 다른 악기들의 모방을 포함하고 있다. 비트박스의 현재의 대중성은 주로 이것을 전 세계에 예술 장르로 발전시킨 Rahzel과 Kenny Muhammad 같은 아티스트 덕분이다. 2002년에 다큐멘터리 《호흡조절: 인류의 비트박스 역사》가 초연되었다. 이 다큐멘터리는 Doug E. Fresh, Emanon, Biz Markie, Zap Mama의 Marie Daulne, Kyle Faustino와 그 밖의 관계자들과의 인터뷰를 포함하여 비트박스라는 한 예술 장르의 역사를 보여주었다.

Q. 지문에 따를 때 비트박스에 대하여 말할 수 있는 것은?
(a) 이것은 오랜 기간 동안 존재했지만 지금에서야 인기를 얻고 있는 현대 음악에 없어서는 안 될 구성 요소이다.
(b) 이것은 입을 음향 기기와 같이 사용하여 모방하거나 혹은 그 외 다른 방법으로 소리를 만들어 내는 예술의 한 장르이다.
(c) 이것은 최근 만들어진 힙합에만 관계되는 음악의 한 종류이다.
(d) 그것의 인기 때문에 《호흡 조절》이라는 다큐멘터리가 제작되었다.

percussion 타악기(연주)
derive 유래하다 **premiere** 처음 공연하다
integral 없어서는 안 될, 필수불가결한

Power Hint ●●●
비트박스가 정확히 언제 시작되었는지에 대해서는 언급되지 않았으므로 (a)는 정답이라고 할 수 없고, 힙합에서 유래되었으나 음성과 악기 등 여러 소리를 모방한다고 했으므로 (c) 역시 정답이 아니며, 다큐멘터리를 통해 초연된 것은 비트박스의 역사로서, 인기 때문에 만들어졌다는 말은 없으므로 (d) 역시 정답이 아니다. 정답은 (b)로서 중간 부분에서 비트박스에 대해 자세히 기술한 부분에서 이런 내용을 찾아볼 수 있다.

정답 (b)

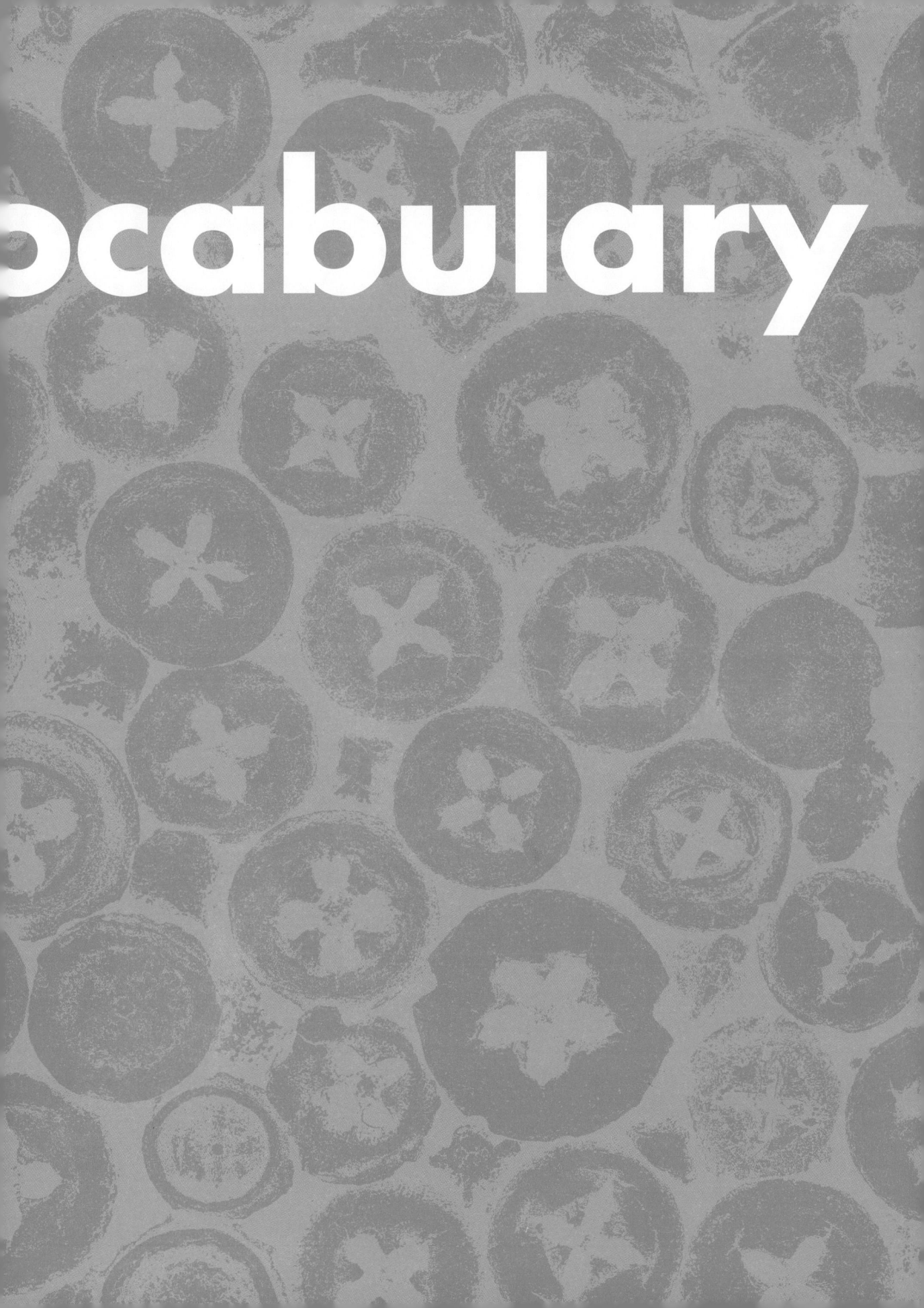

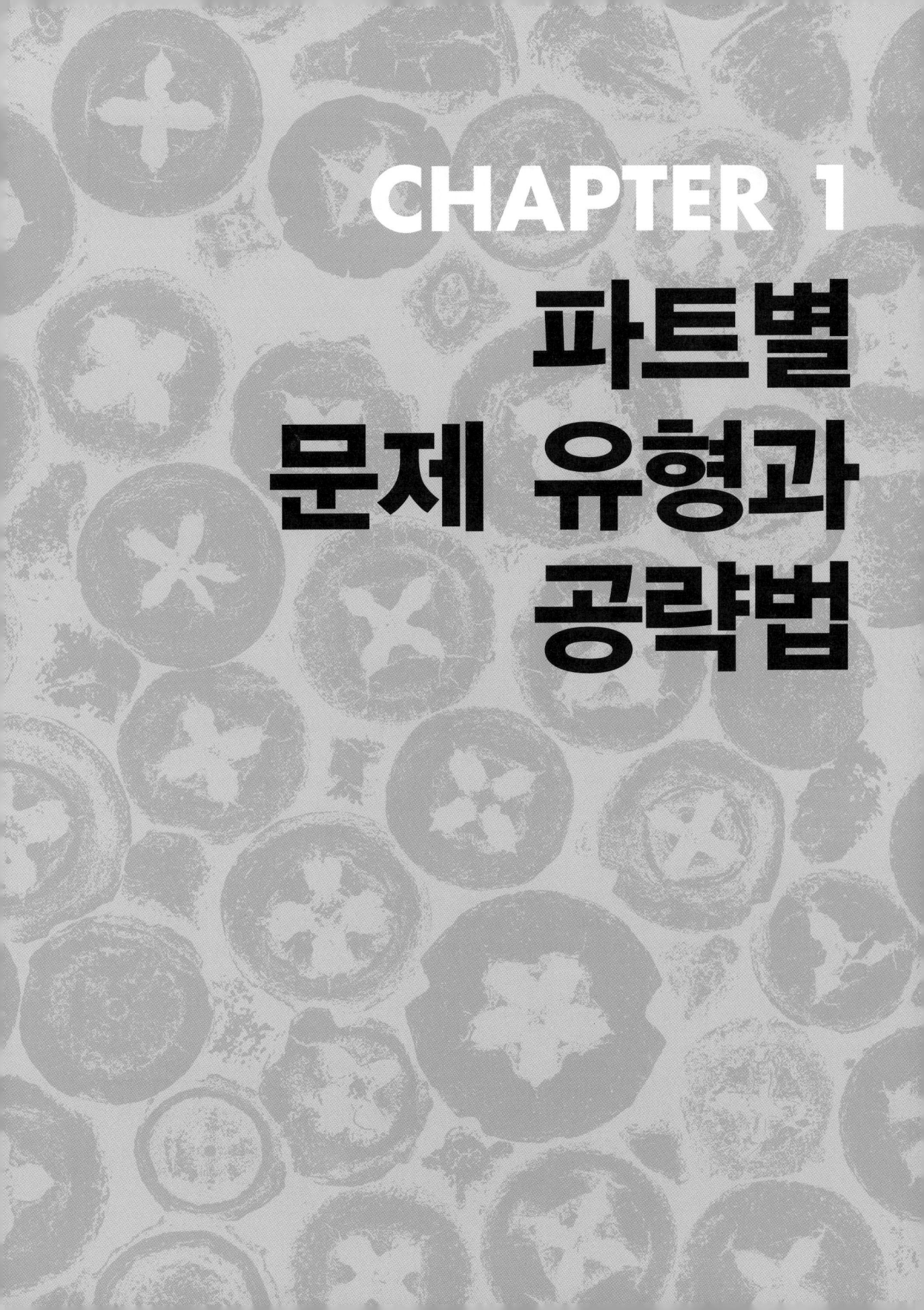

CHAPTER 1
파트별
문제 유형과
공략법

Part I, Part II 문제 유형과 공략법

유형 학습법으로 적중률을 높여라 ●●●

구성+특징

1 TEPS 어휘는 구어체(대화체) 표현 25문항과 문어체 표현 25문항의 2 Part, 총 50문항으로 구성되며 제한 시간 15분 안에 풀어야 한다.

2 단순 계산으로 보자면 한 문항당 18초 정도로 대단히 빠른 속도로 해결해 가야 하는 것이며, 그나마도 답안 표기 시간을 감안하면 16초 정도에 한 문항을 해결해야 한다.

3 출제 의도 자체가 단순 어휘 암기력이 아니라 '의미 있는 문맥(meaningful context)'에서 가장 적절한 어휘를 선택할 수 있는 능력을 평가하는 것이기 때문에 진정한 영어에의 '숙달도(proficiency)'가 절실히 요구된다. 즉 별로 생각해 보지 않고서도 우리말 어휘처럼 자연스럽게 빈칸에 가장 적절한 것을 찾아낼 수 있어야 한다는 것이다.

공략법

TEPS 어휘 영역에서 고득점을 받기 위해서는 유형 학습법으로 적중률을 높여야 한다. 다음의 일곱 가지 세분화된 유형과 학습 방법론을 마스터해 고득점을 달성하자.

유형 1 개별 어휘가 아니라 연어 실력이 중요하다. 예제 1~6
TEPS 어휘 파트의 두드러진 특징은 개별 어휘를 알고 있느냐보다는 특정 어휘와 결합되어 사용되는 '연어(collocation)'에 관한 실력을 제대로 갖추고 있느냐를 집중적으로 묻는다는 것이다. 즉 prescription이란 어휘를 우리말로 '처방(전), 규정' 정도로만 알아서는 써먹을 수 없고, '(의사가) 처방전을 써 주다'는 write[make out] a prescription이고, '(약사가) 처방전에 따라 조제하다'는 fill[make up] a prescription이라는 collocation을 알고 있어야 해결이 가능하도록 문제가 출제된다.

유형 2 구어체 표현은 통째로 암기하라. 예제 7~9
구어체 숙어 표현(colloquial Idiomatic expression)을 통암기하는 것이 중요하다. 원어민들이 밥 먹듯 사용하는 구어체 표현들은 개별적인 어휘 의미를 조합해서 설명하고 이해하려 하기보다는 "이런 상황에서는 그들은 이렇게 말한다."라고 생각하고 표현을 통째로 외워야 한다. 그래야 영어를 '말할' 수 있기 때문이다.

유형 3 폭넓게 공부하라. 예제 10~11
TEPS 어휘의 출제 범위는 한마디로 "없다!" 즉, '몰라도 좋은 것은 하나도 없다'는 마음가짐으로 대비해야 한다. 다양한 분야에 관심을 갖고 폭넓은 독서와 독해를 통해 전문적 용어와 표현들을 익혀야 하며, 특히 구어체 표현에 관해서는 영어회화책에 흔히 나오는 표현 정도로는 턱도 없이 부족하고, 온갖 장르의 영화나 드라마에 등장하는 '진정성(authenticity)'을 갖춘 표현들이 폭넓게 암기되어야 한다.

유형 4 혼동하기 쉬운 어휘는 따로 공부하라. 예제 12

이른바 동의어(synonym)들에 대해 모두 같은 의미와 용법으로 사용된다고 생각하면 절대로 안 된다. 혼동되기 쉬운 어휘들에 대해 유의미성(meaningfulness)을 갖춘 예문과 함께 정확하게 구별해서 암기해야 한다.

유형 5 어근과 접사를 분석해 암기하라. 예제 13

어휘를 어근(root)과 접사(affix)로 분석해서 암기하는 것은 어휘 학습에서 'All-in'의 대상은 아니지만 'Half-in'을 할 만한 가치는 충분히 있다. 특히 동일 어근과 접사를 포함하고 있는 혼동되기 쉬운 어휘를 정확히 구별할 때 유용하다.

유형 6 이어동사를 꽉 잡아라. 예제 14

구동사(phrasal verbs), 특히 이어동사(two-word Verbs)는 영어로 의사소통하는 데 있어 대단히 중요하다. 따라서 TEPS 어휘에 꼭 출제된다. 동사와 전치사로 결합된 경우는 본래 의미에서 크게 벗어나지 않지만, 동사와 부사가 결합된 경우는 앞과 뒤에 어떤 말이 오느냐에 따라 의미가 상당히 다채롭게 쓰이며 또한 본래 의미와는 전혀 무관한 숙어적 의미로도 많이 사용되므로 평소에 정확하게 정리해 둘 필요가 있다.

유형 7 영자 신문을 읽어라. 예제 15

이른바 시사적인 표현, 완곡어법, 정치 정의(political correctness)적 표현 등도 심도 있게 잘 다뤄 낼 수 있어야 한다. 이는 평소에 영자신문, 영어저널, 영어방송 등의 읽기와 듣기를 통해 체득될 수 있다.

출제 함정

유형별 공략법을 이해했다면 출제자가 어떤 의도로 학생들의 실력을 파악하려고 드는지 잘 알 수 있을 것이다. 앞에서 설명한 유형별 공략법은 그대로 출제 함정으로 이어진다.

1 단어만 알아서는 풀 수 없는 문제들이나 구가 되면 전혀 다른 의미가 되는 표현을 출제한다.

2 철자나 의미가 비슷해 혼동하기 쉬운 어휘를 출제한다.

3 시사적 표현이나 전문 용어, 신조어까지도 다 알아야 한다.

파워총정리

❶ TEPS 어휘의 출제 범위는 한마디로 "없다!" 다양한 분야에 관심을 갖고 폭넓게 공부하라.

❷ 개별 어휘가 아니라 연어 실력을 키워라.

❸ 이어동사를 꽉 잡아라.

1   A   Could you please drop by the pharmacy on the way home, Mom?

   B   Of course! Do you want me to get your prescription _____ ?

   (a) given
   (b) written
   (c) filled
   (d) profiled

2   A   I've just heard she was charged with attempted murder.

   B   Yes, but she's going to _____ not guilty because the police have only circumstantial evidence.

   (a) appeal
   (b) admit
   (c) assent
   (d) plead

3 A As far as I know, there has been much opposition in Korea to importing US beef.

B Yes. there have been huge protests by people from every _____ of life.

(a) status
(b) position
(c) rank
(d) walk

Words

as far as ~하는 한(에서는)
violent 강력한, 극단적인

Power Hint

people from[in] every walk of life
각 계층의 사람들
walk를 '걷다'로만 알고 있으면 풀 수 없는 문제이다.

4 Despite heavy rainfall for the last three weeks, there seems to be no _____ danger of floods in the area.

(a) prominent
(b) eminent
(c) imminent
(d) proponent

Words

rainfall 강우, 강우량
prominent 두드러진
eminent 저명한
imminent 급박한
proponent 제안자, 옹호자

Power Hint

언제 닥칠지 모르는 위험(기상 상태 등)을 표현할 때 imminent, impending 같은 단어가 주로 쓰인다. impending은 imminent보다는 덜 긴박한 경우를 나타내며, prominent는 주로 긍정적인 맥락에서 쓰인다.

5 Until the results of our final analysis are confirmed, only a few _____ conclusions may be drawn.

(a) temporary

(b) tentative

(c) momentous

(d) suspended

Words

draw (결론 등을) 내다
temporary 일시적인
tentative 시험적인, 임시의
momentous 중요한
suspended (일시) 중지된

Power Hint

tentative conclusion은 확정되기 전의 임시 결론인 '가설'이라는 의미를 가지고 있다.

6 Avian Flu is a(n) _____ disease; it quickly affects people around the sick.

(a) contingent

(b) constricting

(c) infectious

(d) commonplace

Words

avian flu 조류독감
contingent 우발적인, 돌연한
constricting 압축하는
commonplace 평범한

Power Hint

infectious disease 전염병
infectious는 '전염성을 가진'이라는 의미이다.

7 A I really can't stand my boss any more. I want to quit my job!

   B Take it easy. Just _____ in there until something better turns up.

   (a) tolerate
   (b) endure
   (c) take
   (d) hang

8 A There's a rumor going round that you cheated on Grace.

   B Give me a _____ . You don't really think that I'd do such a thing do you?

   (a) try
   (b) blow
   (c) break
   (d) ride

9 **A** She left no _____ unturned to find out who leaked the secret.

B Who was it? I can't even guess.

(a) trial

(b) stone

(c) effort

(d) knob

Words

leak (비밀 등을) 누설하다가

Power Hint

leave no stone unturned가 '온갖 수단을 다하다, 백방으로 손을 쓰다'임을 알고 있어야 한다.

10 **A** The judge seems to be a little partial, doesn't she?

B That's exactly what I think. All the objections from the defendant's attorney have been _____ .

(a) overrated

(b) overruled

(c) overtaken

(d) overcast

Words

partial 불공평한, 편파적인
defendant 피고(측의)
attorney 대리인, 변호사
overrate 과대평가하다
overtake 따라잡다
overcast 어둡게 하다

Power Hint

overrule an objection는 '이의를 기각하다'로 재판정에서 사용되는 법률 용어이다.

11 If doctors make an error in their _____, they can cause great harm to the patient.

   (a) autopsy
   (b) stenograph
   (c) diagnosis
   (d) polygraph

Words

initial 초기의, 최초의
autopsy 부검
stenograph 속기(문자)
diagnosis (의학에서의) 진단
polygraph 박동 및 혈압 기록 장치

Power Hint

의사가 의학적으로 병을 진단하는 것을 의미하는 단어는 diagnosis이다.

12 **A** We haven't renewed the lease on the studio yet.

   B The property owner already sent us a notice to _____ the premises by the end of this week.

   (a) empty
   (b) blank
   (c) evacuate
   (d) vacate

Words

renew 기한을 연장하다, (계약 등을) 갱신하다
lease 임대(기간)
property owner (집)주인
send a notice 통지를 보내다
premises 건물, 부동산
empty (내용물을) 비우다
blank 희게 하다, 지우다
evacuate (사람을) 피난시키다, (내용물 등을) 제거[배출]하다
vacate (집 따위를) 비우다

Power Hint

집을 비우는 것은 empty가 아니라 vacate를 써야 한다.

13 I _____ my office against fire just in case.

    (a) ensured

    (b) assured

    (c) insured

    (d) reassured

Words

just in case 만약을 대비하여
ensure 책임지다, 보장하다
assure 보증하다, 확신하다
insure 보험에 가입하다
reassure 재보증하다, 안심시키다

Power Hint

비슷한 철자의 단어들은 특별히 신경 써서 뜻을 구분해 둬야 한다.

14 **A** What was all the fuss coming from the manager's office?

    B It was Judy, getting _____ for coming late to work again.

    (a) made up

    (b) told on

    (c) chewed out

    (d) swore at

Words

fuss 공연한 소란
make up (싸움 등을) 원만히 수습하다
tell on 영향을 미치다, (구어)고자질하다
chew out 호되게 꾸짖다, 호통 치다
swear at 욕하다

Power Hint

뒤에 또 지각을 했다는 말이 나오므로 크게 혼났다는 맥락의 chewed out이 적절하다.

15 Women are prevented from moving all the way to the top by a so-called _____.

(a) affirmative action
(b) opportunity cost
(c) chain reaction
(d) glass ceiling

Words

affirmative action 소수집단 우대정책. 불우집단(disadvantaged groups)의 고용을 촉진하기 위한 정책적 노력을 말한다. 미국에서 1960년대에 처음 이 용어가 사용될 당시에는 여성과 소수집단의 고용에 대한 '인위적 장벽(artificial barriers)'의 제거를 의미하였으나, 이후에는 불우집단에 대한 보상적 기회의 제공을 의미하게 되었다.
opportunity cost 기회 비용. 한 가지 목적을 위해 투입된 자본이 다른 목적으로 투입했을 때 얻을 수 있으리라고 여겨지는 포기된 가치
chain reaction 연쇄 반응. 외부로부터 에너지를 가하지 않아도 계속적으로 반복하여 진행되는 반응

Power Hint

glass ceiling 유리 천장. 여성들의 고위직 진출을 가로 막는 회사 내 보이지 않는 장벽을 뜻하는 말로, 여성 직장인들의 승진의 최상한선, 즉, 일정 이상의 승진을 막는 보이지 않는 장벽을 의미한다. 미국의 유력 경제주간지인 《월스트리트저널》이 지난 1970년에 만들어 낸 신조어이다. 이때를 전후해 미국 정부는 유리 천장 위원회(Glass Ceiling Commission)를 결성해 여성 차별을 해소하고 여성들의 사회 진출을 제도적으로 독려하였다.

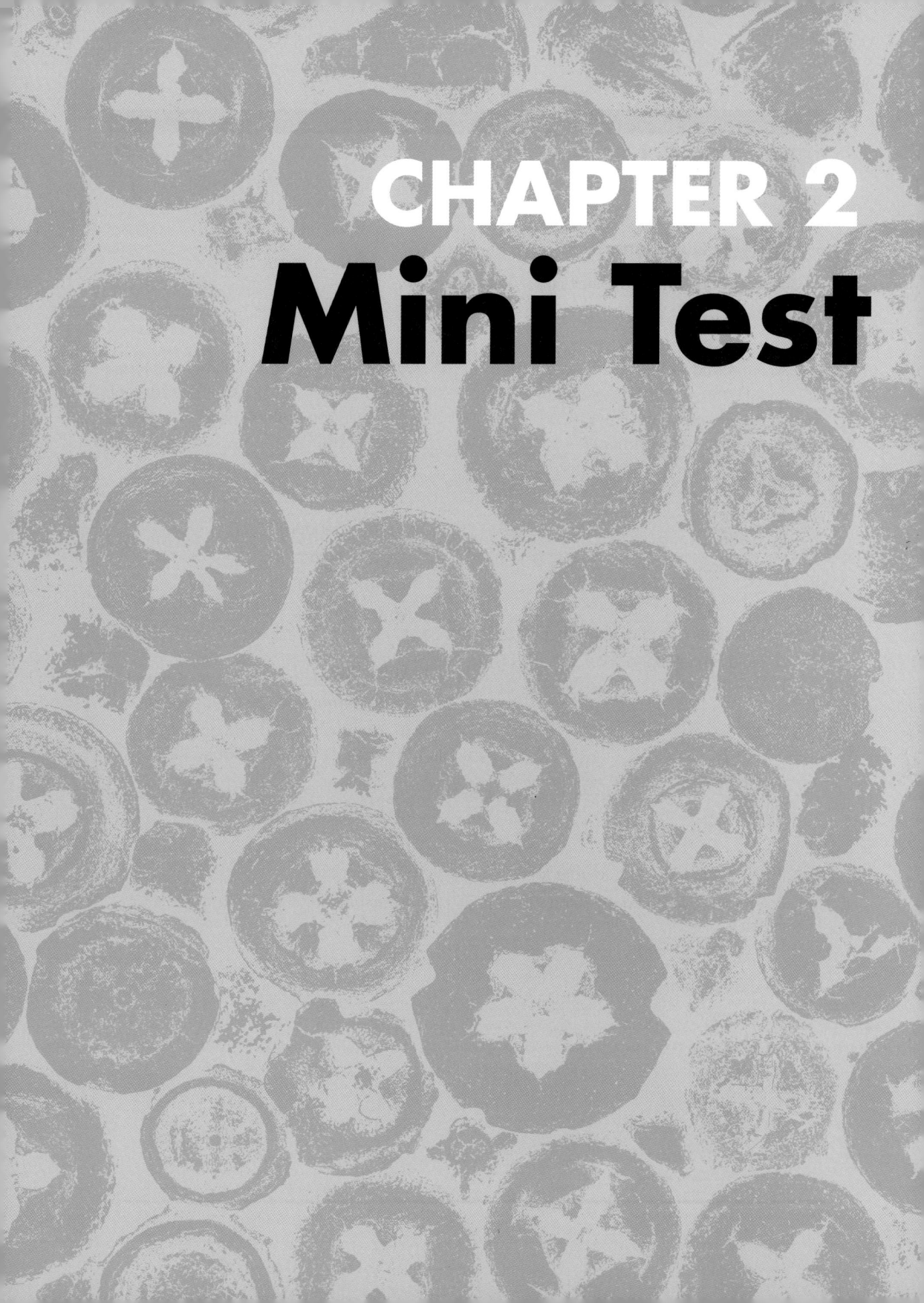

CHAPTER 2
Mini Test

Mini Test 1

1   A   I'm afraid we're too late to get there on time.

B   So you mean we can't _____ it for that appointment?

(a) get

(b) touch

(c) make

(d) contact

2   A   Hello, can I speak to Sally, please?

B   Hold on a second. I'll _____ you through.

(a) put

(b) get

(c) connect

(d) have

3   A   Who are you going to vote for?

B   I haven't made up my mind yet. But I'm in _____ of the Republican Party.

(a) assessment

(b) excess

(c) favor

(d) assertion

4   A   Could you please tell me why I am to be _____ to a department which has nothing to do with my specialty?

B   The new CEO is trying a new direction.

(a) transcended

(b) transacted

(c) transferred

(d) transmitted

5   A   I'm afraid I won't be able to hand in my term paper by the deadline.

B   Then, why don't you go to the professor and ask for an _____?

(a) explication

(b) extension

(c) extinction

(d) expansion

Part II **Questions 6 - 10**

Choose the best answer for the blank.

6 On freezing cold winter days, we can sometimes see _____ hanging from the edge of the roof.

(a) glaciers

(b) icicles

(c) ice cubes

(d) icebergs

7 The company _____ the new cosmetics brand with prime-time commercials on the major networks.

(a) pronounced

(b) supplied

(c) launched

(d) evaluated

8 Please save all receipts in order to _____ deductible expenses for tax purposes.

(a) magnify

(b) exasperate

(c) imperil

(d) verify

9 Before the invention of television, people spent more time on _____ such as going to concerts and ball games, visiting friends, and playing board games.

(a) diversions

(b) experiments

(c) immunizations

(d) classifications

10 It was once believed a person with hiccups was possessed by the devil. Many strange _____ are supposed to stop hiccups, such as scaring the person, or having the person hold her nose while drinking water.

(a) surgeries

(b) remedies

(c) measures

(d) superstitions

Mini Test 2

Choose the best answer for the blank.

1
A Excuse me! Can't you see the sign! This is private property, no _____!

B Really? I'm sorry, but the last time I was here this area was public parkland.

(a) walking
(b) breaking
(c) trespassing
(d) invading

2
A Why don't you take a break?

B May I? Thanks. Actually I'm _____ doing my homework all day.

(a) fed up with
(b) worried about
(c) interested in
(d) longing for

3
A Are you familiar with the name Jim Cruise?

B I know someone called Tom Cruise but the name Jim Cruise doesn't _____.

(a) catch a glimpse
(b) mean anything to me
(c) ring a bell
(d) call the roll

4
A I'm so worried about the plastic surgery tomorrow. I might die.

B You won't die for the eyelid job. Don't _____ small problems.

(a) pay heed to
(b) make a fuss of
(c) take notice of
(d) get the hang of

5
A Is the company you've invested in making a profit this year?

B Unfortunately, they're operating _____ right now.

(a) in the red
(b) in the black
(c) in the blue
(d) in the yellow

Part II   **Questions 6 - 10**

Choose the best answer for the blank.

6   Mysteries and science fiction are both action-directed, emphasizing _____ at the expense of character development.

(a) information
(b) evidence
(c) location
(d) plot

7   On July 13, 1977, the lights went out in New York City and immediately, the fighting and _____ began.

(a) evacuation
(b) looting
(c) ransom
(d) forgery

8   Compliments, by their nature, are highly perishable. They quickly _____ after we receive them, which is why we can always try to get another.

(a) emerge
(b) function
(c) dissolve
(d) dilute

9   Seeing your culture as "the best" is not necessarily harmful. What is harmful in _____ is when we treat an emotional statement as a logical one.

(a) ethnocentrism
(b) euphemism
(c) impressionism
(d) altruism

10   Most wild animals run from fire. In all likelihood, early people used fire to drive _____ toward waiting hunters.

(a) artifacts
(b) fireplaces
(c) shields
(d) game

Mini Test 3

Choose the best answer for the blank.

1   A Hey, Joe! Why the long face?

   B I just weighed myself at the gym. I've _____ ten pounds!

   (a) got
   (b) gathered
   (c) obtained
   (d) gained

2   A What a dictator we have as a new manager!

   B Oh, no! You'd better _____ your language!

   (a) change
   (b) watch
   (c) keep
   (d) choose

3   A The car is $50,000. How would you like to pay?

   B I'd like to pay in monthly _____, please.

   (a) dividends
   (b) charges
   (c) installments
   (d) credits

4   A I can't believe it! Look at this cell phone bill! The charges increase crazily after only 20 calls per month.

   B Well, why don't you get your plan _____ to your needs? If you make a lot of calls it would be better to change to a different payment option.

   (a) responded
   (b) prepared
   (c) adopted
   (d) tailored

5   A What's up? Aren't we supposed to have a meeting at 10 in the morning?

   B Didn't you get the e-mail? It's been _____ to noon.

   (a) written off
   (b) called off
   (c) laid off
   (d) put off

Part II   **Questions 6 - 10**

Choose the best answer for the blank.

6   In many national elections, fewer than half of Americans cast their _____, and in local elections, the numbers are much lower.

(a) options

(b) ballots

(c) alternatives

(d) suffrage

7   In the 18th century, the English economist Thomas Malthus predicted that populations would increase faster than food supplies, with _____ results.

(a) experimental

(b) disastrous

(c) contingent

(d) affable

8   In order to remain competitive, businesses need to ensure that they are on the _____ of technological advancements.

(a) preference

(b) cutting edge

(c) verge

(d) mediation

9   Because seat belt use is required by law, drivers can be ticketed for failing to use these _____ devices.

(a) restraining

(b) restricting

(c) reclaiming

(d) refuting

10   Although arranged marriage persists in many cultures today, as modernization _____ parental influences on marriage continue to decline.

(a) precedes

(b) proceeds

(c) perceive

(d) preserve

CHAPTER 3
Actual Test

DIRECTIONS

This part of the exam tests your vocabulary skills. You will have 15 minutes to complete the 50 questions. Be sure to follow the directions given by the proctor.

Actual Test

Choose the best answer for the blank.

1   A We are all ready for your class, sir.

  B Now, somebody please tell me where you _____ in your textbooks.

  (a) brought out
  (b) passed up
  (c) made up
  (d) left off

2   A I hate weddings. Can't we _____ this one off?

  B I don't think so! She's my cousin.

  (a) put
  (b) blow
  (c) call
  (d) turn

3   A I think I have a throat infection. It's really sore.

  B Try _____ with some salt water. It will help your throat.

  (a) mimicking
  (b) invigorating
  (c) simulating
  (d) gargling

4   A Isn't there some way we can _____ Mr. Andrew?

  B Why don't you call his cell phone?

  (a) get a hold of
  (b) have a good command of
  (c) file a complaint against
  (d) give a pink slip to

5   A Is it rude to _____ while having meals in the United States?

  B Yes it is, although blowing your nose at the table is acceptable.

  (a) snore
  (b) burp
  (c) interrupt
  (d) chat

6   A How do you manage to stay slender although you're a large eater?

  B Just lucky, I guess. It _____ the family.

  (a) runs
  (b) runs of
  (c) runs in
  (d) runs on

7 A I heard you bought a convertible. You must have spent a lot of money.

  B No, I just needed to make a small _____ at first.

(a) deposit

(b) installation

(c) down payment

(d) mortgage

8 A Jessica, I told you should be home by ten o'clock.

  B I'm a college student now. I don't need a(n) _____ any more.

(a) discipline

(b) allowance

(c) nagging

(d) curfew

9 A Are you free next weekend? Jim is throwing a housewarming party.

  B Oh, no! I'm going to be _____ for the weekend.

(a) out

(b) away

(c) off

(d) up

10 A Abby, could you _____ an eye on my daughter for a second?

  B No problem.

(a) take

(b) put

(c) keep

(d) have

11 A I can't believe it! I've _____ myself out again.

  B Don't worry. I've got a duplicate key.

(a) got

(b) lost

(c) locked

(d) forgotten

12 A What's that? I didn't order this sparkling wine.

  B This is on the _____ because it's our wedding anniversary!

(a) service

(b) charge

(c) sale

(d) house

13 A Tom, you _____ classes again, didn't you?

  B What's the big deal? I'll drop out of school. I can't stand it.

(a) absented

(b) lost

(c) skipped

(d) attended

14 A I was wondering if I could get a(n) _____ on the deadline for the research paper.

    B Sorry, no. I already gave you more time.

    (a) extension
    (b) cancelation
    (c) expansion
    (d) exception

15 A Come on. Don't _____ the bush.

    B Sorry, I'm having trouble coming up with the exact word for that.

    (a) hang around
    (b) hide and seek in
    (c) escape from
    (d) beat around

16 A I missed the last class because of the regular physical check-up.

    B Don't worry. The professor didn't _____ the roll last week.

    (a) remind
    (b) evolve
    (c) call
    (d) assign

17 A What is his name?

    B It's on the _____ of my tongue. Michael Scofield, or something like that.

    (a) grip

    (b) tip
    (c) corner
    (d) surface

18 A How much did you put down for your new car?

    B I didn't put anything down at all. I _____ my old car.

    (a) exchanged
    (b) traded in
    (c) sold out
    (d) replaced

19 A What's wrong? You look exhausted.

    B I didn't sleep a(n) _____ last night.

    (a) dream
    (b) event
    (c) while
    (d) wink

20 A With no solid evidence, how is it that you can be so sure that he is guilty?

    B Well, I have _____ evidence.

    (a) circumstantial
    (b) instinctive
    (c) second-hand
    (d) unclear

21 A I'm done with my final exams. How about you, Jane?

B Good for you. I have to _____ the physics exam next Wednesday. The answers were leaked, so they made another exam.

(a) review
(b) refine
(c) resit
(d) renew

22 A Hi, Susan. Where are you off to?

B Jessica and I are going to a baseball match. Do you want to _____ ?

(a) come along
(b) get along
(c) pass away
(d) take away

23 A Could you possibly _____ with me next Tuesday?

B Sorry, I can't. I'm taking maternity leave from next Monday on.

(a) arrange
(b) switch
(c) exchange
(d) substitute

24 A Do you think the accused is innocent?

B I can't tell exactly. But there seems to be something _____ about his alibi.

(a) fishy
(b) susceptible
(c) immutable
(d) irresistible

25 A One of our best reporters, Jerry Brown, is now in Monterey Park.

B I'm Jerry Brown, reporting _____ from Monterey Park.

(a) alive
(b) living
(c) lively
(d) live

Choose the best answer for the blank.

26 The paperwork states who the children are going to live with after the divorce and whose _____ they will be in.

(a) alimony

(b) custody

(c) shelter

(d) specimen

27 Some discount stores are developing their own house brands and will offer quality merchandise at approximately 25~30 percent off _____ prices.

(a) masterpiece

(b) discounted

(c) name-brand

(d) affordable

28 Instinctive behavior, such as the knee-jerk reflex, the eye-blinking reflex, and so on, is purely _____ and not cultural.

(a) psychological

(b) inexplicable

(c) mediocre

(d) physiological

29 Whatever the source or extent of Mozart's genius, there is no doubt about his _____ appeal.

(a) controversial

(b) ornamental

(c) pivotal

(d) entrenched

30 This watch is _____ , so you don't have to take it off when you go swimming.

(a) water-resistant

(b) water-restraint

(c) water-taken

(d) water-free

31 Kim Dong-sung finished first in the 2002 Winter Olympics but was _____ for blocking Anton Ohno.

(a) eliminated

(b) disqualified

(c) hampered

(d) inhibited

32 Trying to claim innocence by blaming others for your wrongdoing is often called _____ .

(a) underlying
(b) attributing
(c) scapegoating
(d) impairing

33 There were five important things on the _____ for today's meeting.

(a) theme
(b) subject
(c) objective
(d) agenda

34 A(n) _____ is usually formed by using the first initials of the words in a phrase or compound-word to form a word that stands for something.

(a) homonym
(b) ideogram
(c) abbreviation
(d) acronym

35 The world's first Internet church has fallen victim to a plague of _____ demons, some of whom have been logging on as Satan and uttering swear words during sermons.

(a) virtual
(b) actual
(c) imaginative
(d) venomous

36 Besides the bacteria in your mouth, certain foods—especially ones like garlic and onions that contain _____ oils—can cause to bad breath because the oils are carried to your lungs and out through your mouth.

(a) fragrant
(b) pungent
(c) strident
(d) gullible

37 Philosophy is, simply _____ , a way of thinking. More accurately, however, it is a set of mental tools.

(a) said
(b) put
(c) talked
(d) spoken

38 Today it is not uncommon for kids to refuse food, because they think they are too fat; this behavior may lead to serious eating _____ .

(a) obesity
(b) disorders
(c) syndrome
(d) symptoms

39 If you suffer from _____ you may need to brush your teeth more often.

    (a) bad mouth odor

    (b) scented mouth

    (c) bad breath

    (d) smelly mouth

40 Kids give in to _____ pressure because they want to be liked, to fit in, or because they worry that other kids may make fun of them if they don't go along with the group.

    (a) fellow

    (b) peer

    (c) hierarchy

    (d) hegemony

41 When people began to bind books with pages that could be turned rather than unrolled like papyrus, the process of _____ information changed.

    (a) eliminating

    (b) locating

    (c) exaggerating

    (d) jeopardizing

42 Night diving is obviously less simple than diving during the day, but when properly organized, it is relatively _____.

    (a) straightforward

    (b) illegible

    (c) irrational

    (d) invincible

43 Children who seem inherently more restless are much more _____ to having their sleep patterns disrupted.

    (a) reluctant

    (b) accumulated

    (c) suspicious

    (d) susceptible

44 Absorbing a lot of water may be _____ in muscles but potentially fatal in the brain, which, enclosed in the skull, has nowhere to expand.

    (a) unbearable

    (b) tolerable

    (c) adversary

    (d) unfounded

45 An anthropologist studied _____ including humans, to understand better the biological relationship between mothers and their children.

    (a) herbivores

    (b) carnivores

    (c) primates

    (d) amphibians

46 The framers of the U.S. Constitution divided the federal government into three branches – the executive, legislative, and _____ .

(a) the Supreme Court

(b) administrative

(c) lawyer

(d) judicial

47 The nuclear process called _____ , is the one in which nuclei break apart and produce great energy and heat.

(a) fusion

(b) fission

(c) generation

(d) reactor

48 When you have an X-ray taken, the waves are _____ through you onto a film or plate that is coated with special chemicals.

(a) projected

(b) ejected

(c) injected

(d) subjected

49 In the belief that no race is superior to another, students make an effort to exhibit cultural _____ .

(a) bias

(b) tolerance

(c) endurance

(d) discrimination

50 Like all liquids, mercury expands when it is heated and _____ when it is cooled; in a thermometer it moves up and down in a closed tube on which a scale is marked, showing the temperature.

(a) freezes

(b) evaporates

(c) contracts

(d) elaborates

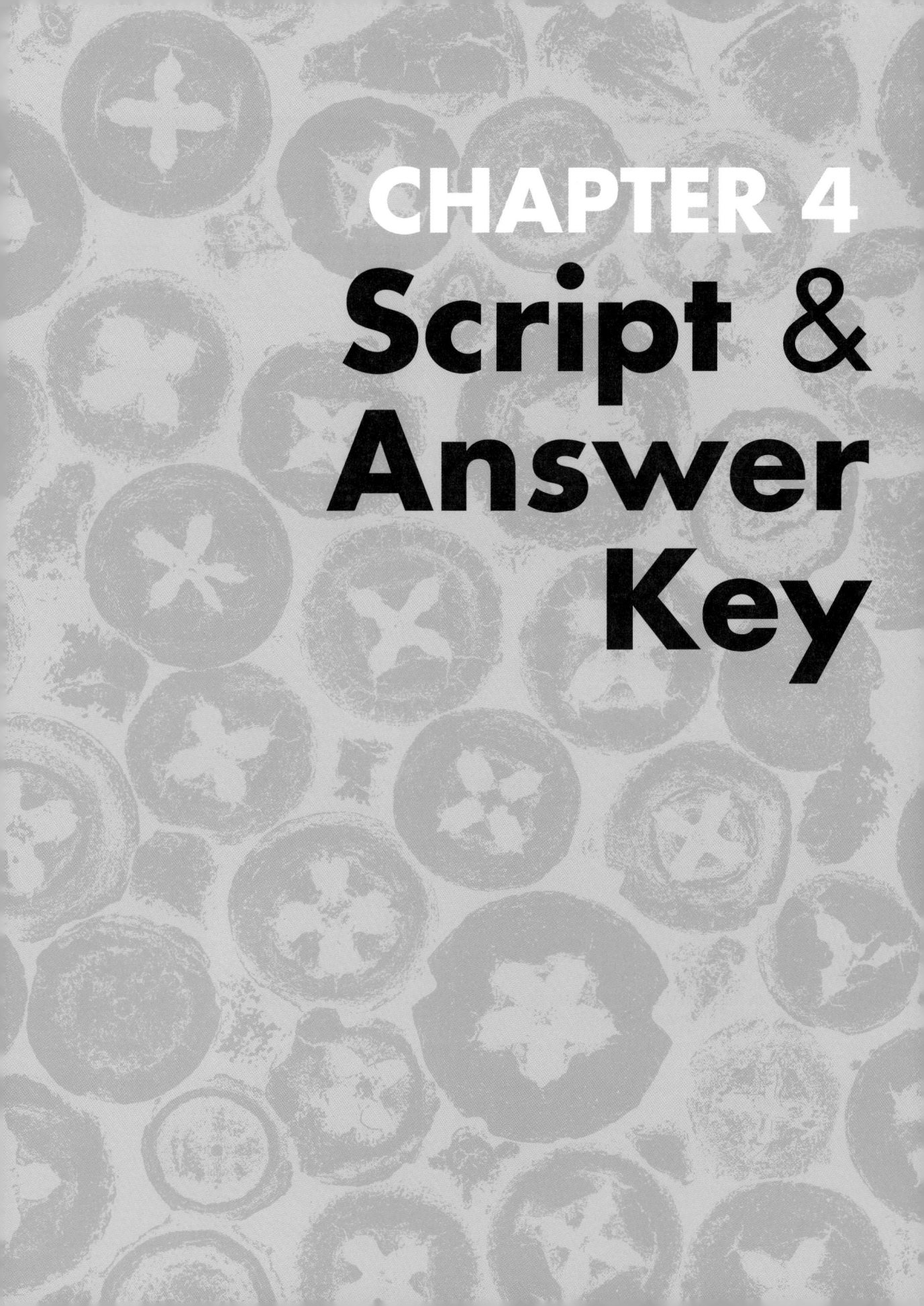

CHAPTER 4
Script & Answer Key

Sample Questions

Answer Key

1 (c)	2 (d)	3 (d)	4 (c)	5 (b)
6 (c)	7 (d)	8 (c)	9 (b)	10 (b)
11 (c)	12 (d)	13 (c)	14 (c)	15 (d)

1 A: 엄마, 집으로 오시는 길에 약국에 들러 주실 수 있어요?
B: 물론이지! 네 처방전대로 약 조제받아오면 되지?

정답 (c)

2 A: 그 여자가 살인미수로 기소되었다는 얘기를 방금 들었어.
B: 맞아. 하지만 그 여자는 무죄라고 주장할 거야. 경찰이 정황 증거만 갖고 있잖아.

정답 (d)

3 A: 내가 알기론 한국에서 미국산 쇠고기 수입에 대해 많이 반대 한다더라.
B: 맞아, 각계각층의 사람들이 대규모 항의 시위를 했어.

정답 (d)

4 지난 3주간의 폭우에도 불구하고 주변 지역에 홍수의 긴박한 위 험은 없었다.

정답 (c)

5 우리의 최종 분석 결과가 확정될 때까지는 오직 몇몇 가설만 내 려질 것이다.

정답 (b)

6 조류독감은 전염성 질병으로, 환자 주위에 있는 사람들에게 빠르 게 침범한다.

정답 (c)

7 A: 나 진짜 내 상관을 더 이상 못 참아 주겠어. 일 관두고 싶어.
B: 진정해! 더 좋은 기회가 올 때까지만이라도 버텨 봐.

정답 (d)

8 A: 네가 그레이스를 두고 한눈을 팔았다는 소문이 있더라.
B: 그만해! 너 정말 내가 그런 짓을 했다고 생각하는 건 아니겠 지, 그렇지?

정답 (c)

9 A: 그녀는 누가 비밀을 누설했는지 알아내려고 모든 수단을 다 썼어요.
B: 누가 그런 거였어요? 전 짐작도 못하겠어요.

정답 (b)

10 A: 판사가 좀 편파적인 것 같아, 안 그래?
B: 나도 그렇게 생각해. 피고측 변호인이 이의 신청하면 모두 기 각했잖아.

정답 (b)

11 의사가 초기 진단을 잘못 내리면 환자에게 큰 해를 끼칠 수 있다.

정답 (c)

12 A: 우리 아직까지 작업실 임대 재계약을 안 했어.
B: 벌써부터 주인이 이번 주말까지는 비워 줘야 한다고 통지를 보냈더라.

정답 (d)

13 나는 만약을 대비해서 우리 사무실을 화재 보험에 가입시켰어.

정답 (c)

14 A: 도대체 무슨 일로 지배인 사무실에서 소란이 있었던 거야?
B: 주디가 또 지각을 해서 크게 혼났어.

정답 (c)

15 여성들은 소위 유리 천장이라는 것 때문에 최고위직으로 진출하 는 길이 늘 막혀 있다.

정답 (d)

Mini Test 1

Answer Key

Part I

1 (c)	2 (a)	3 (c)	4 (c)	5 (b)

Part II

6 (b)	7 (c)	8 (d)	9 (a)	10 (b)

Part I

1 A: 우리 너무 늦어서 거기에 제시간에 못 갈까 봐 걱정돼.
B: 그럼 우리가 그 약속 장소에 못 갈 거란 얘기니?

on time 제시간에 **make it** 제시간에 도착하다, (장소에) 이르다

Power Hint ●●●
make 동사는 쓰임새가 매우 다양하다. '제때 도착하다'라는 뜻의 make it이 적절하다.

정답 (c)

2 A: 여보세요, 샐리 씨와 통화할 수 있을까요?
B: 잠시만 기다려 주세요. 제가 연결해 드리겠습니다.

hold on (전화 등을) 끊지 않고 기다리다
put through (전화 등을) 연결하다

Power Hint ●●●
전화가 왔을 때 다른 사람에게 연결해 주면서 하는 말이다.

정답 (a)

3 A: 넌 누구에게 투표할 거야?
B: 아직 정하지 못했어. 그렇지만 난 공화당 지지자야.

vote 투표하다 **Republican Party** 공화당
assessment 평가, 감정 **in excess of** ~을 초과하여
in favor of ~에 찬성하여, ~에 편들어 **assertion** 단언, 주장

Power Hint ●●●
favor에 '지원, 지지'의 뜻이 있음을 알아야 한다.

정답 (c)

4 A: 제가 왜 저의 전문 분야와는 전혀 무관한 부서로 전임되었는지 말씀해 주실 수 있나요?
B: 새로 오신 사장님께서 새로운 방침을 시험하고 계셔서요.

specialty 전문, 전공 **transcend** 초월하다, 능가하다
transact 거래하다 **transfer** (직장이나 소속에서) 전임시키다
transmit 부치다, 전하다

Power Hint ●●●
비슷한 철자의 단어들은 각각의 뜻을 정확히 알고 있어야 한다.

정답 (c)

5 A: 학기말 리포트를 최종 기한까지 제출하기 어려울 것 같아서 걱정이야.
B: 그러면 교수님을 찾아뵙고 날짜를 연장해 달라고 말씀드려 보는 건 어떠니?

hand in 제출하다 **term paper** 학기말 리포트(논문)
explication 설명 **extension** (날짜의) 연기, 연장
extinction 소멸, 종결 **expansion** 확장, 팽창

Power Hint ●●●
extension은 시간의 연장을, expansion은 공간이나 넓이의 확장을 의미한다.

정답 (b)

Part II

6 몹시 추운 겨울 날, 우리는 가끔 지붕 끝에 매달린 고드름을 볼 수 있다.

freezing 어는, 몹시 추운 **glacier** 빙하 **icicle** 고드름
ice cube (냉장고에서 만드는) 각빙, 각얼음 **iceberg** 빙산

Power Hint ●●●
지붕 끝에 매달리는 것은 고드름이다.

정답 (b)

7 회사는 주요 방송사의 프라임 타임대에 광고 방송을 하면서 새로운 화장품 브랜드를 시장에 선보였다.

cosmetics 화장품 **prime-time** (라디오, 텔레비전의) 가장 많은 사람들이 청취 및 시청하는 황금 시간대

commercial 광고 방송
launch (신제품 등을) 출시하다, 시장에 내다
evaluate 평가하다, 감정하다

Power Hint ●●●
신제품을 시장에 내 놓는 것을 '런칭'한다고 표현한다.

정답 (c)

8 세무 목적을 위해 세금 공제가 되는 지출을 증빙하려면 모든 영수증을 모아 두십시오.

deductible 세금 공제가 되는 expenditure 지출, 소비(량)
tax purpose 세무 목적 magnify 확장하다
exasperate 성나게 하다 imperil 위태롭게 하다
verify 증명하다, 확인하다

Power Hint ●●●
세금 환급을 위해 영수증을 모아 두는 것은 지출 증빙에 필요한 것이므로 빈칸에 알맞은 단어는 '증명하다, 확인하다'의 의미를 가진 verify이다.

정답 (d)

9 텔레비전이 발명되기 이전에 사람들은 마을 음악회, 공놀이, 친구 방문, 보드게임 등과 같은 오락거리에 더욱 많은 시간을 보냈다.

diversion 오락, 기분 전환 experiment 실험
immunization 면역 classification 분류

Power Hint ●●●
TV 발명 이전의 사람들이 여가 시간을 보내는 방법에 대하여 설명하고 있는 문장이다.

정답 (a)

10 한때 딸꾹질을 하는 사람은 악마에 홀린 것이라고 믿어졌다. 딸꾹질은 누군가 딸꾹질하는 사람을 갑자기 깜짝 놀래켜 주거나, 혹은 스스로 코를 막고 물을 마시는 등 많은 이상한 치료법으로 딸꾹질이 멈추게 되어 있다.

hiccup 딸꾹질 possess (귀신 등이) 붙다, 홀리다
scare 깜짝 놀래켜 주다 surgery 수술 remedy 치료, 요법
measure 측정 superstition 미신

Power Hint ●●●
딸꾹질이 났을 때 사람들이 하는 치료법에 대하여 설명하고 있다.

정답 (b)

Mini Test 2

Answer Key

Part I

1 (c) 2 (a) 3 (c) 4 (b) 5 (a)

Part II

6 (d) 7 (b) 8 (c) 9 (a) 10 (d)

Part I

1
A: 실례합니다! 표지판을 못 보셨나요! 여긴 개인 소유의 땅이니, 불법 침입하시면 안 됩니다!
B: 정말요? 죄송해요. 하지만 제가 여기 마지막으로 왔을 때 이 지역은 공립 공원이었거든요.

property 소유지, 부동산 trespass 불법 침입하다
invade 침략하다, 쳐들어가다

Power Hint ●●●
개인 사유지에 함부로 들어오는 것을 금지할 때 'No Trespassing'이라는 경고문을 세워 둔다. trespass는 소유권자의 허락 없이 들어오는 것을 통칭하고, invade는 누군가에게 해를 끼칠 목적으로 침범하는 것을 뜻한다.

정답 (c)

2
A: 좀 쉬는 게 어떠니?
B: 그래도 될까? 고마워. 실은 온종일 과제하는 데 진절머리가 나고 있어.

be fed up with ~에 진저리나다
be worried about ~에 대해 걱정하다

Power Hint ●●●
고맙다고 답한 것으로 보아 숙제를 하루 종일 해서 지겨웠던 것이 알맞다.

정답 (a)

3
A: 짐 크루즈라는 이름을 들어 보셨나요?
B: 톰 크루즈라는 사람은 알아도 짐 크루즈란 이름은 생각나질 않네요.

catch a glimpse 언뜻 보다 ring a bell 생각나게 하다
call the roll 출석을 부르다

Power Hint ●●●
'종이 울린다'는 말은 '생각이 난다'는 의미로 쓰인다.

정답 (c)

4
A: 내일 있을 성형 수술 때문에 너무 걱정돼. 나 죽을지도 몰라.
B: 쌍꺼풀 수술로 죽지는 않아. 사소한 것 가지고 야단 떨 것 없어.

plastic surgery 성형 수술 pay heed to ~에 주의하다
make a fuss of (비교적 중요치 않은 것에 대해) 야단법석하다
take notice of ~에 주의하다, 알아차리다
get the hang of ~에 마음이 열중해 있다

Power Hint ●●●
fuss에는 '헛소동'이라는 의미가 있다.

정답 (b)

5
A: 네가 투자했던 회사가 올해 이익을 내고 있니?
B: 불행하게도 현재 적자를 내고 있어.

invest 투자하다 be in the black (경영이) 흑자이다
be in the red 적자를 내고 있다, 빚을 지고 있다

Power Hint ●●●
옛날에는 장부에 지출은 빨간색, 수입은 검은색으로 기입한 데서 유래한 말이다. 당연히 검은색이 많으면 흑자이고 빨간색이 많으면 적자이다.

정답 (a)

Part II

6 추리소설과 공상과학소설은 둘 다 줄거리 지향적인 성격을 띠므로 인물 전개보다는 줄거리를 강조한다.

mystery 추리소설
at the expense of ~을 희생하여, ~의 대가로
character (소설 등의) 등장 인물 development 전개
plot 줄거리

CHAPTER 1 CHAPTER 2 CHAPTER 3 CHAPTER 4

219

Power Hint ●●●
추리소설과 공상과학소설의 줄거리 지향적 성격에 대해 설명하고
있다.

정답 (d)

7 1977년 7월 13일, 뉴욕 시가 단전되었고, 단전이 되자마자 싸움
과 약탈이 시작되었다.

go out (불이) 꺼지다 evacuation 비우기
looting 약탈 ransom 몸값, 배상금 forgery 위조

Power Hint ●●●
1977년 7월 13일, 뉴욕 대 정전 사태에 대해 언급한 문장이다.
문맥상 빈칸에 들어갈 가장 적절한 단어는 looting이다.

정답 (b)

8 칭찬은 본질상 높은 생물적 분해성이 있어서, 우리가 칭찬을 처
음 받은 후 몇 시간이나 며칠 후면 사그라지는 경향이 있는데, 그
렇기 때문에 우리는 항상 칭찬을 받으려고 노력한다.

compliment 칭찬 biodegradable 미생물에 의해 무해 물질
로 분해되는, 생물 분해성이 있는 emerge 나타나다, 드러나다
dissolve 용해하다, 녹듯이 사라지다 dilute 묽어지다, 희석하다

Power Hint ●●●
칭찬의 일시적인 효과에 대해 생물학적으로 분석한 문장이다. 문
맥상 칭찬을 받고 이내 사그라진다는 내용이 들어가야 하므로 가
장 적절한 단어는 dissolve이다.

정답 (c)

9 당신의 문화를 '최고'라고 여기는 것이 반드시 나쁜 것만은 아니
다. 자민족중심주의의 위험한 점은 감정적인 진술을 논리적으로
다루려고 접근할 때이다.

necessarily 반드시 statement 진술
ethnocentrism 자민족중심주의 euphemism 완곡어법
impressionism 인상주의 altruism 이타주의

Power Hint ●●●
자기 문화에 대한 자긍심을 갖는 것은 문제되지 않지만 그것을
논리적으로 다루려 할 때의 문제점을 지적하는 글로, 자문화중심
주의에 대한 설명임을 알 수 있다.

정답 (a)

10 대부분의 야생 동물들은 불을 보면 도망친다. 옛날 사람들은 십중
팔구 기다리는 사냥꾼들 쪽으로 사냥감을 몰기 위해 불을 사용했
을 것이다.

prehistoric 선사의 in all likelihood 아마, 십중팔구
artifact 인공(산)물 fireplace 난로 shield 보호물

Power Hint ●●●
선사시대 사람들이 사냥감 유인을 위해 불을 사용했던 것에 대해
서술한 문장이다. 우리가 흔히 사용하는 game이라는 단어에
'사냥감'이라는 뜻이 있다는 것을 기억해 두자.

정답 (d)

Mini Test 3

Answer Key

Part I

1 (d)   2 (b)   3 (c)   4 (d)   5 (d)

Part II

6 (b)   7 (b)   8 (b)   9 (a)   10 (b)

Part I

1 A: 이봐, 조! 왜 그렇게 시무룩한 얼굴이야?
B: 방금 체육관에서 몸무게를 쟀는데 10파운드나 쪘어.

long face 시무룩[침통]한 얼굴 gather 모으다
obtain 얻다, 손에 넣다 gain 살이 찌다, (근로에 의하여) 벌다

Power Hint ●●●
'살이 찌다'라고 할 때는 get이 아니라 gain을 쓴다.

정답 (d)

2 A: 새로 온 지배인, 정말이지 독재자가 따로 없어!
B: 그럼 못써! 너 말조심해!

dictator 독재자 (You'd better) watch your language!
(명령조로) 말조심해!

Power Hint ●●●
험한 말을 하거나 너무 무례한 말을 하는 상대에게 주의를 줄 때
쓰는 표현이다. 이때 말을 조심하라고 해서 language를 쓰는데,
조금 더 강도를 높여서 Watch your mouth! 또는 Watch your
tongue!이라고도 말한다는 것을 함께 알아 두자.

정답 (b)

3 A: 이 차의 가격은 5만 달러입니다. 어떻게 결제하시겠습니까?
B: 월 할부 방식으로 내고 싶어요.

dividend 배당금
pay in monthly installments 월부로 지불하다

Power Hint ●●●
'분할 불입금'이라는 뜻을 지닌 installment를 써야 한다.

정답 (c)

4 A: 말도 안 돼! 내 휴대폰 청구서 좀 봐! 한 달에 스무 통화만 넣
으면 요금이 엄청나게 올라간다니까.
B: 음, 네 필요에 맞게 요금제를 맞추어 보는 건 어때? 네가 그
렇게 통화를 많이 한다면 다른 요금제로 바꾸는 게 더 나을지
몰라.

bill 청구서 respond 대답[응답]하다
prepare 준비하다, 채비를 갖추다
adopt 채택[채용]하다, 바로잡다 tailor (용도와 목적에) 맞추다

Power Hint ●●●
전화 사용이 잦은 친구에게 맞춤 요금제를 추천하는 경우이다.

정답 (d)

5 A: 무슨 일이야? 우리 오전 10시에 회의하기로 한 거 아니었니?
B: 이메일 확인 안 했구나? 정오로 연기됐잖아.

write off (막힘없이) 술술 쓰다, 탕감하다, 간주하다
call off (약속 등을) 취소하다, 물러가게 하다
lay off 그만두다, 임시 해고하다
put off 연기하다, 기다리게 하다

Power Hint ●●●
회의가 오전 10시에서 정오로 연기된 상황이다. 약속 등과 같이
시간적으로 연기되는 경우에 put off라는 표현을 주로 사용한다.

정답 (d)

Part II

6 수많은 전국 선거에서 절반도 채 안 되는 미국인들이 투표에 참
여하는데, 지방 선거에서는 그 숫자가 훨씬 적다.

national 국가적인, 국가 전체의 election (투표에 의한) 선거
cast a ballot 투표하다 alternative 양자택일, 대안
suffrage 선거권, 참정권

Power Hint ●●●
ballot은 '투표 용지'란 뜻으로 투표 용지를 넣으면 '투표를 하
다' 라는 의미가 되는 것이다.

정답 (b)

7 18세기에 영국의 경제학자 토머스 맬서스는 인구가 식량 공급량
보다 빠르게 증가하여 비참한 결과를 초래할 것이라고 예언했다.

economist 경제학자 experimental 실험적인
disastrous 비참한 contingent 뜻밖의
affable 상냥한, 정중한

Power Hint ●●●
식량 대비 인구 증가가 더욱 클 경우 초래되는 문제는 상상만 해도 끔찍하다. 따라서 문맥상 빈칸에 가장 알맞은 단어는 disastrous이다.

정답 (b)

8 경쟁력을 유지하기 위해 기업체들은 기술 발전에서 선도적인 입장을 확보할 필요가 있다.

remain ~대로이다, 여전히 ~이다 business 회사
ensure (지위 등을) 확보하다 preference 더 좋아함, 선호
be on the cutting edge 지도적 입장에 있다, 앞장서다
verge 가장자리 mediation 조정, 중재

Power Hint ●●●
경쟁 우위를 유지하기 위해 회사가 취해야 할 태도에 대해 서술한 문장이다.

정답 (b)

9 안전벨트 착용이 법으로 규정되어 있기 때문에, 운전자들은 이 제지 장치를 착용하지 않을 경우 딱지를 떼일 수 있다.

be ticketed for ~로 딱지를 떼다 device 장치, 고안품
restrain 누르다, 못하게 하다 restrict 제한하다
reclaim 교정하다 refute 반박하다

Power Hint ●●●
안전벨트는 곧 움직이지 못하게 하는 장치이므로 빈칸에 적절한 단어는 restraining이다.

정답 (a)

10 비록 중매결혼이 오늘날의 많은 문화에서 존속하고 있지만, 현대화가 진행됨에 따라 결혼에 대한 부모의 영향력은 계속해서 감소하고 있다.

arranged marriage 중매결혼
persist (in) 존속하다 modernization 현대화
decline 쇠하다, 감소하다 precede 앞장서다
proceed 나아가다, 계속하다 perceive 지각하다, 인지하다
preserve 보존하다, 유지하다

Power Hint ●●●
현재 '계속 진행되고 있는' 현대화로 인해 결혼에 있어 부모의 영향력이 줄어들고 있는 추세에 대하여 설명한 글이다. 따라서 빈칸에 가장 적절한 단어는 proceeds이다.

정답 (b)

Actual Test

Answer Key

Part I

1 (d)	2 (b)	3 (d)	4 (a)	5 (b)
6 (c)	7 (c)	8 (d)	9 (b)	10 (c)
11 (c)	12 (d)	13 (c)	14 (a)	15 (d)
16 (c)	17 (b)	18 (b)	19 (d)	20 (a)
21 (c)	22 (a)	23 (b)	24 (a)	25 (d)

Part II

26 (b)	27 (c)	28 (d)	29 (d)	30 (a)
31 (b)	32 (c)	33 (d)	34 (d)	35 (a)
36 (b)	37 (b)	38 (b)	39 (c)	40 (b)
41 (b)	42 (a)	43 (d)	44 (b)	45 (c)
46 (d)	47 (b)	48 (a)	49 (b)	50 (c)

Part I

1 A: 선생님, 수업 준비 다 됐어요.
　　B: 그럼, 누가 지난 시간에 어디까지 하다 말았는지 얘기해 줄래요.

bring out 초래하다, 일으키다 pass up 놓치다, 포기하다
make up 메우다, 보완하다 leave off 그만두다, 중단하다

Power Hint ●●●
수업을 시작하면서 선생님이 학생들에게 지난 시간까지의 진도를 묻고 있다.

정답 (d)

2 A: 난 결혼식이 싫어. 우리 이번엔 안 갈 수 없을까?
　　B: 안 돼! 신부가 내 사촌언니잖아.

put off 연기하다, (책임 등을) 버리다 blow off 참석을 취소하다
call off (약속 등을) 취소하다, 손을 떼다
turn off (일에서) 벗어나다, 옆길로 들어서다

Power Hint ●●●
결혼식이 싫다고 했으므로 가고 싶지 않다고 말하는 게 자연스럽다.

정답 (b)

3 A: 나, 인후염에 걸린 것 같아. 목이 너무 아파.
　　B: 소금물로 양치질하듯 목을 헹궈 봐. 목에 좋을 거야.

throat infection 인후염 sore 쓰린 mimic 흉내 내다, 시늉하며 놀리다 invigorate 기운나게 하다, 격려하다
simulate 흉내 내다, 분장하다 gargle 양치질하다

Power Hint ●●●
목이 아픈 친구에게 소금물로 목을 헹궈 보라고 추천하는 대화이다.

정답 (d)

4 A: 앤드류 씨에게 우리가 연락할 수 있는 방법이 없을까?
　　B: 그 사람 휴대폰으로 전화해 보는 건 어때?

get (a) hold of ~에게 연락을 취하다
have a good command of ~를 자유자재로 구사할 수 있다
file a complaint against ~을 고소하다
give a pink slip to ~을 해고하다

Power Hint ●●●
전화를 걸어 보라고 하는 말로 미루어 볼 때 (a)가 자연스럽다.

정답 (a)

5 A: 미국에서는 식사 중에 트림하는 것이 무례한 행동인가요?
　　B: 네, 하지만 식탁 앞에서 코를 푸는 건 괜찮아요.

blow (코를) 풀다 snore 코를 골다 burp 트림하다
interrupt 방해하다 chat 수다떨다

Power Hint ●●●
미국의 식사 예절에 대한 대화이다. 문맥상 빈칸에 가장 적절한 답은 (b)이다.

정답 (b)

6 A: 너는 대식가면서 그렇게 날씬한 몸매를 유지하는 비결이 뭐니?
　　B: 행운이지 뭐. 유전적인 거야.

slender 날씬한
run in the family 유전적 성향을 갖다, 혈통에 있다
run on 진행하다, 계속하다

가족의 유전적 성향이 핏속에 '흐른다'는 뜻으로 run in을 쓴다.

정답 (c)

7 A: 컨버블 자동차 샀다며? 돈 진짜 많이 들었겠다.
   B: 아냐. 우선은 소액의 계약금만 지불하면 되더라고.

convertible 지붕이 접히는 자동차 **deposit** 적금, 예금
installation 설치, 설비 **down** 계약금의, 현금의
mortgage 저당(권), 융자

down payment에 '계약금(의 지불)'이라는 의미가 있다.

정답 (c)

8 A: 제시카, 10시까지 귀가해야 한다고 말했을 텐데.
   B: 전 이제 대학생이에요. 통금 시간은 제게 더 이상 필요하지 않아요.

discipline 훈련, 징계 **allowance** 허가, 승인
nagging 잔소리가 심한 **curfew** 야간 외출 금지

당부한 시간보다 늦게 집에 들어온 딸과 부모 사이의 대화이다.
(d) curfew가 가장 적합하다.

정답 (d)

9 A: 다음주 주말에 시간 괜찮니? 짐이 집들이를 할 예정이래.
   B: 오, 안 돼! 나 그때 여기 없을 거야.

throw (모임을) 개최하다(구어체에서 주로 쓰임)
housewarming party 집들이 **be away** (어디에 가서) 없다
be off 떠나다, 출발하다 **be up** 일어나[깨어] 있다

다른 곳에 가 있을 예정이어서 집들이에 참석하지 못하는 경우이
므로 (b) away가 가장 알맞다.

정답 (b)

10 A: 에비, 잠깐만 내 딸 좀 돌봐 줄 수 있어?
    B: 물론이지.

for a second 잠깐만
keep an eye on ~을 감시하다, ~에 유의하다

아이를 돌봐 주려면 눈을 떼지 말아야 하므로 keep을 쓴다.

정답 (c)

11 A: 믿을 수 없어! 또 열쇠를 안에 두고 잠가 버렸어.
    B: 걱정 마. 나한테 복사한 열쇠 있잖아.

duplicate 복제의, 사본의
lock out (열쇠를 두고나와) 들어가지 못하게 되다

열쇠를 안에 두고 잠가 버렸을 때는 lock out을 쓴다.

정답 (c)

12 A: 뭐지? 난 이 발포 포도주 시킨 적 없는데.
    B: 이거 그냥 우리한테 주는 거야. 오늘이 우리 결혼기념일이잖아.

sparkling wine 발포(포도)주
on the house 술집(주최자, 회사) 부담으로, 무료로

식당에서 돈을 받지 않고 무료로 줄 때 service란 말을 쓰지 않
는다는 데 유의해야 한다.

정답 (d)

13 A: 톰, 너 또 수업 빼먹었지, 응?
    B: 그게 무슨 대수야. 난 학교 관둘 거야. 못 견디겠어.

What's the big deal? 그게 무슨 큰일이라고.
drop out of (학교 등을) 그만두다 **stand** 참다, 견디다
skip (수업 등을) 빼먹다, 결석하다

absent는 oneself와 함께 쓰일 때 '결석하다'라는 뜻을 갖는다.
예를 들어 absent oneself from school은 '학교에 결석하다'라
는 뜻이 된다.

정답 (c)

14 A: 연구 논문의 마감 기한을 연장할 수 있는지 여쭙고 싶습니다.
    B: 미안하지만 안 돼요. 내가 이미 시간을 더 주었잖아요.

extension (날짜의) 연기, 연장 **cancelation** 취소
expansion 확장 **exception** 예외

비슷한 철자의 단어들은 뜻을 혼동하기 쉬우므로 정확한 뜻을 외
워야 한다.

정답 (a)

15 A: 제발 돌려서 말하지 좀 마.
    B: 미안해. 나도 그걸 어떻게 정확하게 말해야 할지 모르겠어.

come up with 제안하다, 안출하다
hang around 부근을 어슬렁거리다 **hide and seek** 숨바꼭질

beat around the bush 본질을 바로 말하지 않고 돌려서 말하다

정답 (d)

16 A: 나 지난 시간에 정기 건강검진이 있어서 결석했어.
B: 걱정 마. 교수님께서 지난 시간에 출석을 안 부르셨어.

regular physical check-up 정기 건강검진
evolve 서서히 발전시키다, (결론 등을) 끌어내다
assign 임명하다

Power Hint ●●●
call the roll 출석을 부르다

정답 (c)

17 A: 그 남자 이름이 뭐더라?
B: 입 안에서 빙빙 맴돈다. 마이클 스코필드인가, 뭐 그거랑 비슷할 거야.

something like that 뭐 그 비슷한 것 **grip** 잡음, 손잡이

Power Hint ●●●
It's on the tip of my tongue 생각이 날 듯한데 안 나네. 혀끝에서 맴도네.

정답 (b)

18 A: 새 차 사면서 계약금은 얼마나 냈어?
B: 전혀 안 냈어. 내가 타고 다니던 차를 교환 판매한 거지.

put down 계약금[보증금을] 치르다
trade in (물품을) 대가의 일부로 제공하다

Power Hint ●●●
'~을 대가로 교환하다, 바꾸다'는 trade in을 쓴다.

정답 (b)

19 A: 무슨 일이야? 너 완전 지쳐 보인다.
B: 어젯밤에 한숨도 못 잤어.

exhausted 지칠 대로 지친

Power Hint ●●●
not sleep a wink 한숨도(전혀) 자지 않다

정답 (d)

20 A: 넌 정확한 증거도 없으면서 그가 범인이라고 어떻게 확신할 수가 있니?
B: 실은 내게 정황상 들어맞는 증거가 있어.

circumstantial evidence 정황 증거(간접적인 추정적 증거)
instinctive 본능적인 **second-hand** 간접의, 전해 들은

Power Hint ●●●
'본능적인, 불명확한' 증거란 말은 올 수 없으므로 (a) 아니면 (c) 가 되는데, 증거는 전해 듣는다는 말이 오면 어색하므로 정답은 (a)가 알맞다.

정답 (a)

21 A: 난 기말고사 다 치렀어. 제인, 넌 어때?
B: 좋겠다. 난 다음주 수요일에 물리 재시험 치러야 해. 정답이 유출돼서 시험지를 다시 제작했거든.

be done with ~을 완료하다
refine 정제하다 **resit** 시험을 다시 치르다

Power Hint ●●●
답이 유출돼서 시험지를 다시 만들었다고 했으므로 시험을 다시 치러야 한다.

정답 (c)

22 A: 안녕, 수잔. 너 어디 가?
B: 제시카랑 야구 경기 보러 가는 중이야. 너도 함께 갈래?

Where are you off to? 어디 가? **come along** 함께 가다
get along 해나가다, 사이좋게 지내다
pass away 떠나다, 죽다 **take away** 가져가다, 가 버리다

Power Hint ●●●
정황상 함께 가자고 하는 말이 와야 자연스럽다.

정답 (a)

23 A: 다음주 화요일에 저랑 근무 바꿔 줄 수 있어요?
B: 미안하지만 저는 다음주 월요일부터 출산 휴가에 들어가요.

maternity leave 출산휴가 **arrange** 가지런히 하다, 정하다
switch (직원 등의 배치를) 바꾸다
substitute 대리를 시키다, 대용하다

Power Hint ●●●
근무 등을 교대할 때는 switch를 쓴다.

정답 (b)

24 A: 너는 피고인이 결백하다고 생각하니?
B: 정확하게 말할 순 없지만, 그의 알리바이가 뭔가 수상쩍어 보이긴 해.

the accused 피고인 **fishy** 수상한, 의심스러운
susceptible (~의) 영향을 받기 쉬운
immutable 불변의, 변경되지 않는
irresistible 저항할 수 없는, 사랑스러운

Power Hint ●●●
문맥상 fishy가 가장 알맞다.

정답 (a)

25 A: 최고의 통신원, 제리 브라운이 지금 몬트레이 공원에 나가 있습니다.
B: 몬트레이 공원에서 생방송으로 보도 중인 제리 브라운입니다.

alive 살아 있는, 생생하여 **living** 활발한, 살아 있는

lively 생기에 넘친, 힘차게

Power Hint ●●●

live는 다른 보기의 단어들과 마찬가지로 '살아 있는, 생생한'의 뜻을 가진 형용사이면서 '생방송으로, 실황으로'라는 뜻을 가진 부사이기도 하다.

정답 (d)

Part II

26 그 서류는 아이들이 이혼 후 누구와 함께 살지, 누구의 보호 감독 하에 있을지 알려준다.

paperwork 서류, 문서 divorce 이혼
alimony 부양비, 위자료 custody (특히 미성년자의) 보호, 감독
specimen 견본

Power Hint ●●●

부모가 이혼한 후 자녀의 향후 거취가 어떻게 될지 언급하는 문서이므로 문맥상 빈칸에 적절한 단어는 custody이다.

정답 (b)

27 몇몇 할인 판매점은 자사 브랜드를 개발하고 있으며, 유명 브랜드 대비 25~30퍼센트 정도 저렴한 가격으로 양질의 상품을 제공하게 될 것이다.

house brand 자사 브랜드 quality 상질의, 훌륭한
merchandise 상품 approximately 대략, 거의
name-brand 유명 브랜드 affordable 알맞은

Power Hint ●●●

자사 브랜드 상품과 25~30퍼센트 가격 대비가 가능한 어휘가 빈칸에 와야 한다.

정답 (c)

28 무릎 반사작용, 눈 깜빡임 작용 등과 같이 본능적인 행동은 순전히 생리적인 것이지 문화적인 것이 아니다.

the knee-jerk reflex 무릎 반사작용
psychological 심리적인 inexplicable 불가사의한
mediocre 평범한 physiological 생리적

Power Hint ●●●

문화적으로 학습되는 것이 아니라 본능적인 반사작용에 대해 언급하고 있으므로 (d) physiological이 알맞다.

정답 (d)

29 모차르트의 천재성의 원천이나 한계가 무엇이든 그의 확고한 매력에 대해서는 의심의 여지가 없다.

extent 한계
controversial 논쟁의 여지가 있는, 물의를 일으키는
ornamental 장식적인 pivotal 축추의, 중추의
entrenched 확고한, 굳건한

Power Hint ●●●

모차르트의 확고한 대중적 인기에 대해 언급하고 있는 문장이다. 천재성 논란에 상관없이 꾸준한 인기를 얻고 있으므로 (d) entrenched가 가장 적합하다.

정답 (d)

30 이 시계는 방수 기능이 있어서 수영하실 때 벗을 필요가 없습니다.

take off 벗다 water-resistant (완전 방수는 아니지만) 물이 스며드는 것을 막는, 내수(성)의

Power Hint ●●●

방수 가공된 것을 water-resistant라고 한다.

정답 (a)

31 김동성 선수는 2002년 동계 올림픽에서 1등으로 결승점에 들어왔지만 안톤 오노의 진로를 방해했다는 이유로 실격당했다.

block (스포츠에서 상대방을) 방해하다
eliminate 제거하다, (예선에서) 탈락시키다
disqualify 실격시키다 hamper 방해하다
inhibit 억제하다, 금하다

Power Hint ●●●

1등으로 결승선에 들어왔지만 '실격' 판정을 받아 아깝게 금메달을 놓친 김동성 선수에 관한 글이므로 (b) disqualified가 맞다.

정답 (b)

32 자신의 잘못에 대해 타인을 비난함으로써 무죄를 주장하려 하는 것은 종종 '책임 전가'라 불린다.

underlying 기초를 이루는, 근원적인
attributing 속성, 특질 scapegoating (책임) 전가
impair 손상시키다, 해치다

Power Hint ●●●

잘못이나 책임을 다른 사람에게 돌리는 '전가' 행위에 대한 설명이다. attribute도 비슷한 뜻이 있지만 대개 attribute A to B (A를 B의 탓으로 돌리다)의 형태로 쓰인다.

정답 (c)

33 오늘 회의의 협의 사항 가운데는 다섯 가지 중요한 점들이 있었습니다.

objective 목표

Power Hint ●●●

theme이나 subject는 주로 주제를 나타내는 단어이고, 회의 등에서 거론된 의사 일정이나 협의 사항에 대해서는 agenda를 사용한다.

정답 (d)

34 두문자어는 보통 어구나 복합어의 머릿글자를 사용하여 무언가를 상징하는 하나의 단어를 만든 것이다.

initial 머릿글자 phrase (어)구 compound-word 복합어
stand for 상징하다 homonym 동음이의어
ideogram 표의문자 abbreviation 약어 acronym 두문자어

Power Hint ●●●

두문자어의 형성 및 정의에 대하여 설명한 문장이다.

정답 (d)

35 세계 최초의 인터넷 교회는 끔찍한 가상의 악마들로 인해 피해를 입었는데, 그들 중 일부는 Satan이란 이름으로 접속하여 설교 중 욕설을 해 오고 있다.

victim 희생자 plague 재앙, 천벌 demon 악마, 악령
utter 말하다 swear words 욕설, 악담(저주의 말)
sermon 설교 virtual 가상의 actual 현실(실제)의
imaginative 상상력의, 공상의
venomous 유독한, 원한을 품은

Power Hint ●●●

세계 최초의 인터넷 교회가 입었던 피해에 대해 서술한 문장이다. Satan이라는 아이디를 사용해 온 누군가가 인터넷이라는 가상적 공간에서 일으켰던 사건을 언급하고 있다.

정답 (a)

36 입 안에 있는 세균 말고도, 특히 톡 쏘는(맵고 신) 기름을 포함하고 있는 마늘이나 양파와 같은 특정한 음식들이 구취의 원인이 될 수 있는데, 이는 그런 기름이 폐로 운반되어서 당신의 입을 통해 밖으로 배출되기 때문이다.

besides ~ 말고도, 밖에도 bacteria 세균
garlic 마늘 onion 양파 lung 폐
fragrant 향기로운 pungent (혀 끝에) 톡 쏘는
strident 귀에 거슬리는 gullible 잘 속는

Power Hint ●●●

구취에 대한 원인을 분석한 문장이다. 마늘이나 양파와 같은 특정 음식에 포함되어 있는 기름을 설명했으므로 (b) pungent가 와야 하고, 구취는 입에서 나는 불쾌한 냄새만 일컬으므로 (a) fragrant는 적절하지 않다.

정답 (b)

37 철학이란 간단하게 표현하면 사고의 방법이다. 그러나 더 정확히

말하자면 그것은 일련의 지적 도구이다.

accurately 정확히 simply put 간단하게 표현하면

Power Hint ●●●

'간단히 말하자면'이란 뜻의 관용 표현 simply put을 외워 두도록 하자.

정답 (b)

38 오늘날 아이들이 자신이 너무 뚱뚱하다고 생각해 음식을 거부하는 것은 흔한 일이다. 이런 행동은 심각한 섭식 장애로 이어질 수 있다.

refuse 거부하다 obesity 비만, 비대 symptom 징후

Power Hint ●●●

eating disorder (거식증, 과식증 등의) 섭식 장애

정답 (b)

39 만약 당신이 구취로 고생하고 있다면 아마도 양치질을 더 자주 하는 게 좋을 것입니다.

odor 냄새(특히 악취) bad breath 입내, 구취

Power Hint ●●●

(a)에서 나온 bad odor를 활용하여 bad odor from mouth라고 표현하기도 하지만, 'bad breath'가 구취를 나타내는 가장 주된 표현이자 전문 용어임을 기억하자.

정답 (c)

40 아이들은 관심을 받고 어울리고 싶어서 혹은 속한 집단에서 잘 어울리지 못할 경우 다른 아이들이 놀릴까 봐 또래의 압력에 굴복한다.

give in to ~에 굴복하다 pressure 압박(감)
fit in 어울리다 make fun of 놀리다, 조롱하다
go along with 가까이 사귀다 peer 또래, 동료
hierarchy 계층 hegemony 주도권

Power Hint ●●●

같은 또래 사이에 존재하는 집단적인 압력에 대해 설명하고 있는 지문이다.

정답 (b)

41 사람들이 파피루스 같이 돌돌 말린 것을 펼쳐서 읽기보다는 페이지를 넘겨가며 읽을 수 있는 책으로 제본할 수 있게 되면서 정보를 찾는 과정이 변화되었다.

turn (페이지를) 넘기다 unroll (말아 둔 것을) 펴다, 풀다
papyrus 파피루스(고대 이집트에서 사용되던 종이)
eliminate 제거하다 locate 알아내다, 찾다
exaggerate 과장하다 jeopardize 위태롭게 하다

넘길 수 있는 책으로 제본이 가능해지면서 책에 있는 정보를 '찾는' 과정이 변화되었음을 추론할 수 있는지 묻는 문제이다.

정답 (b)

42 야간 잠수는 확실히 주간 잠수에 비해 덜 간단하지만, 준비만 적절히 한다면 상대적으로 간단하다.

obviously 명백히 properly 적절하게 organize 준비하다
straightforward 간단한 illegible 읽기 어려운
irrational 이성을 잃은 invincible 극복할 수 없는

Power Hint ●●●
앞부분에서 야간 잠수가 주간 잠수보다 더 복잡하다고 언급하고 있으나, 삽입된 'but when properly organized'를 통해 '상대적으로 간단할 수 있다'는 역접의 내용을 추론해야 한다.

정답 (a)

43 선천적으로 잠을 잘 이루지 못하는 아이들은 수면 패턴이 망가지기가 훨씬 쉽다.

inherently 타고나게 restless 침착하지 못한, 잠 못 이루는
disrupt 혼란시키다, 망치다 reluctant 마음 내키지 않는
accumulate 축적하다, 모으다 suspicious 의심하는
susceptible (to) 영향을 받기 쉬운

Power Hint ●●●
태어나면서부터 수면 문제가 있는 아이들에 대한 설명이므로 빈칸에는 susceptible이 알맞다.

정답 (d)

44 근육은 과도한 수분의 흡수를 견뎌낼 수 있지만, 두개골에 갇혀 있는 뇌는 팽창할 공간이 없으므로 치명적일 것이다.

potentially 어쩌면 skull 두개골 unbearable 견딜 수 없는
tolerable 참을 수 있는 adversary 적수의
unfounded 근거 없는, 사실 무근의

Power Hint ●●●
역접전치사 but을 기준으로 뒷부분에서 수분 과다 흡수가 불가능한 뇌에 대하여 언급하고 있으므로 but 앞부분에서 근육은 흡수가 가능할 것임을 추론할 수 있어야 한다.

정답 (b)

45 한 인류학자가 어머니와 그 자식들 간의 생물학적 관계를 더욱 잘 이해하기 위해 인간을 포함한 영장류에 관해 연구하였다.

anthropologist 인류학자 herbivore 초식동물
carnivore 육식동물 primate 영장류 amphibian 양서류

Power Hint ●●●
보기 중 인류학과 연관이 있고 사람이 포함될 수 있는 군은 (c)

영장류이다. 상식을 묻는 문제이다.

정답 (c)

46 미국 헌법의 기초를 다진 사람들은 미국 연방정부를 행정, 입법, 사법의 삼권으로 분리하였다.

framer 입안자 constitution 헌법
the federal government 미국 연방정부
executive (정부의) 행정부 legislative 입법부
the Supreme Court 대법원
administrative 관리의, 행정상의 judicial 사법부

Power Hint ●●●
미국의 삼권분립에 대한 문제로 기초 상식을 묻는 유형이다.

정답 (d)

47 핵분열이라 불리는 핵 처리 과정은 원자핵이 부서지면서 엄청난 에너지와 열을 만들어 내는 것을 말한다.

nucleus (원자핵)의 복수형 break apart 분리하다, 분열하다
fusion 핵융합 generation 발생, 생식
reactor 원자로 (nuclear) fission 핵분열

Power Hint ●●●
원자핵이 분열하면서 생기는 현상이 핵분열이다.

정답 (b)

48 엑스레이를 촬영할 경우, 전파는 당신의 몸을 통과하여 특수 화학약품 처리가 된 필름이나 금속판 위에 투사된다.

coat 칠하다, 입히다 chemicals 화학약품
project 투영하다, 투사하다 eject 쫓아내다, 배출하다
inject 주입하다 subject 복종시키다, 제시하다

Power Hint ●●●
엑스레이 촬영의 기본 원리에 대한 문제이다.

정답 (a)

49 어떤 인종도 타 인종보다 더 우월하지는 않다는 신념 하에 학생들은 문화적 관용을 보이기 위해 노력한다.

in the belief that ~이라고 믿고, ~이라고 생각하여
exhibit (감정, 관심 등을) 나타내다 bias 선입견
tolerance 관용 endurance 지구력, 인내
discrimination 차별

Power Hint ●●●
모든 인종이 평등하다는 앞 내용과 어울리려면 '관용'이란 뜻의 tolerance가 와야 한다.

정답 (b)

50 모든 액체와 마찬가지로 수은도 가열되면 팽창하고 냉각되면 수축하는데, (그 원리에 의해) 수은 온도계에서는 눈금이 표시되어 있는 폐쇄된 관 안에서 수은이 올라갔다 내려갔다 하면서 온도를 보여 준다.

mercury 수은 scale 눈금 evaporate 증발시키다
contract 줄어들다, 수축하다 elaborate 갈고 닦다, 정교해지다

Power Hint ●●●
온도에 따라 팽창 및 수축하는 수은의 액체적 성질과 그 원리에 근거한 수은 온도계에 대한 설명이다. 문맥상 빈칸에는 '수축하다'의 의미를 가진 contract가 들어가야 한다.

정답 (c)

Test of English Proficiency
Seoul National University

teps

청 해 Listening Comprehension

문 법 Grammar

어 휘 Vocabulary

독 해 Reading Comprehension

수험번호
성 명
한글
한자

좌 석 번 호
A B C D E
1 2 3 4 5 6 7

고사실란

답안수정개수

문제지번호

감독관확인란

〈답안작성시 유의사항〉

1. 답안 작성은 반드시 **컴퓨터용 싸인펜**만을 사용하셔야 합니다.

2. 답안을 정정할 경우 수정테이프(수정액 불가)를 사용해야 합니다.

3. 본 답안지는 컴퓨터로 처리되므로 훼손하시거나 얼룩지게 하면의 타이밍마크(■)를 찢거나, 낙서 등을 하시면 본인에게 불이익이 발생할 수 있습니다.

4. 답안은 문항당 정답을 1개만 골라 ● 와 같이 정확히 기재하여야 하며, 필기구 오류나 본인의 부주의로 잘못 표기한 경우에는 답 관리위원회의 OMR판독기의 판독결과에 따르며, 그 결과는 본인이 책임집니다.

Good ●
Bad ⊙ ◑ ◓ ✗ ✓

〈부정행위 처리규정〉

1. 모든 부정행위 적발 및 이에 대한 조치는 TEPS 관리위원회의 처리규정에 따라 이루어집니다.

2. 부정행위는 현장적발 뿐만 아니라 사후에도 적발될 수 있으며 모두 동일한 조치가 취해집니다.

3. 부정행위 적발 시 당해 성적은 무효화되며 사안에 따라 최대 5년까지 TEPS 관리위원회에서 주관하는 모든 시험의 응시자격이 제한됩니다.

4. 문제지 이외에 메모를 하는 행위와 시험문제의 일부 또는 전부를 유출하거나 공개하는 경우 부정행위로 처리됩니다.

5. 감독관의 확인이 없는 답안지는 무효처리됩니다.

서 약

본인은 필기구 및 기재오류와 답안지 훼손으로 인한 채점을 지고, 부정행위 처리규정을 준수할 것을 서약합니다.

Test of English Proficiency
Seoul National University

teps

청 해 Listening Comprehension

(answer bubble grid, items 1–60, choices a b c d)

문 법 Grammar

(answer bubble grid, items 1–50, choices a b c d)

어 휘 Vocabulary

(answer bubble grid, items 1–50, choices a b c d)

독 해 Reading Comprehension

(answer bubble grid, items 1–40, choices a b c d)

수험번호 / 성 명 (영글 / 한글 / 한자)

좌 석 번 호
A B C D E
1 2 3 4 5 6 7

고사실란

문제지번호

답안수정개수

감독관확인란

간독관 민족도
100 90 80 70 60 50 40 30 20 10

〈답안작성시 유의사항〉

1. 답안 작성은 반드시 **컴퓨터용 싸인펜**만을 사용하여야 합니다.

2. 답안을 정정할 경우 수정테이프를 사용하여야 합니다.

3. 본 답안지는 컴퓨터로 처리되므로 훼손하시면 안되며, 답안지 하단의 타이밍마크(▒▒▒)를 찢거나, 낙서 등을 하시면 본인에게 불이익이 발생할 수 있습니다.

4. 답안은 문항별 정답을 1개만 골라 ● 와 같이 정확히 기재하여야 하며, 필기구 오류나 본인의 부주의로 잘못 표기한 경우에는 당 관리위원회의 OMR판독기의 판독결과에 따르며, 그 결과는 본인이 책임집니다.

Good ● Bad ◖ ● ◗ Ⓧ Ⓥ

5. 감독관의 확인이 없는 답안지는 무효처리됩니다.

〈부정행위 처리규정〉

1. 모든 부정행위 적발 및 이에 대한 조치는 TEPS 관리위원회의 처리규정에 따라 이루어집니다.

2. 부정행위는 현장적발 뿐만 아니라 사후에도 적발될 수 있으며 모두 동일한 조치가 취해집니다.

3. 부정행위 적발 시 입회한 성적은 무효화되며 사이에 따라 최대 5년까지 TEPS 관리위원회에서 주관하는 모든 시험의 응시자격이 제한됩니다.

4. 문제지 이외에 메모를 하는 행위와 시험문제의 일부 또는 전부를 유출하거나 공개하는 경우는 부정행위로 처리됩니다.

5. 각 파트별 시간을 준수하지 않거나, 시험 종료 후 답안 작성을 계속할 경우 부정행위로 처리됩니다.

서 약

본인은 필기구 및 기재요령과 답안지 훼손으로 인한 책임을 지고, 부정행위 처리규정을 준수할 것을 서약합니다.

앞면(Side 1)

Test of English Proficiency
Seoul National University

teps

청해 Listening Comprehension

(answer bubbles for questions 1–60, columns of options ⓐ ⓑ ⓒ ⓓ)

문법 Grammar

(answer bubbles for questions 1–50, columns of options ⓐ ⓑ ⓒ ⓓ)

어휘 Vocabulary

(answer bubbles for questions 1–50, columns of options ⓐ ⓑ ⓒ ⓓ)

독해 Reading Comprehension

(answer bubbles for questions 1–40, columns of options ⓐ ⓑ ⓒ ⓓ)

수험번호
성 명 한글
한자

좌석번호

A B C D E
1 2 3 4 5 6 7

고사실란
0 1 2 3 4 5 6 7 8 9

감독관 확인란
100 90 80 70 60 50 40 30 20 10

답안수정개수

문제지번호

감독관확인란

〈답안작성시 유의사항〉

1. 답안 작성은 반드시 컴퓨터용 싸인펜만을 사용 하여야 합니다.
2. 답안을 정정할 경우 수정테이프(수정액 불가)를 사용하여야 합니다.
3. 본 답안지는 컴퓨터로 처리되므로 훼손하거나 더럽혀지지 않도록 주의하시고, 특히 답란 수정시 수정테이프로 깨끗이 지운 후 재작성하거나, 본인이 책임질 일이니 유의하시기 바랍니다.

4. 답안은 문항당 정답을 1개만 골라 ● 와 같이 정확히 기재하여야 하며, 필기구 오류나 본인의 부주의로 잘못 표기한 경우에는 당 관리위원회의 OMR판독기의 판독결과에 따르며, 그 결과는 본인이 책임집니다.

Good ● Bad ⦶ ⊙ ⊗ ⦸

5. 감독관의 확인이 없는 답안지는 무효처리됩니다.

〈부정행위 처리규정〉

1. 모든 부정행위 적발 및 이에 대한 조치는 TEPS 관리위원회의 처리규정에 따라 이루어집니다.
2. 부정행위는 해당점수만 뿐이 아니라 사후에도 적발될 수 있으며 모두 동일한 조치가 취해집니다.
3. 부정행위 적발 시 답에 성적은 무효화되며 사안에 따라 최대 5년까지 TEPS 관리위원회에서 주관하는 모든 시험의 응시자격이 제한됩니다.
4. 문제지 이외에 메모를 하는 행위와 시험문제의 일부 또는 전부를 유출하거나 공개하는 경우 부정행위로 처리됩니다.
5. 각 파트별 시간을 준수하지 않거나, 시험 종료 후 답안 작성을 계속할 경우 부정행위로 처리됩니다.

서 약

본인은 필기구 및 기재오류와 답안지 훼손으로 인한 채점 지고, 부정행위 처리규정을 준수할 것을 서약합니다.

앞면(Side 1)

Test of English Proficiency
Seoul National University

teps

청 해 Listening Comprehension

문 법 Grammar

어 휘 Vocabulary

독 해 Reading Comprehension

수험번호
성명 한글
성명 한자

좌 석 번 호
A B C D E
1 2 3 4 5 6 7

고사실란
0 1 2 3 4 5 6 7 8 9

감독관 만족도
100 90 80 70 60 50 40 30 20 10

문제지번호

답안수정개수

감독관확인란

Test of English Proficiency
Seoul National University

teps
teps top twp snuh

청 해 Listening Comprehension

문 법 Grammar

어 휘 Vocabulary

독 해 Reading Comprehension

좌 석 번 호

수험번호 / 성명

성 명 / 한글 / 한자

고사실란

답안수정개수

문제지번호

감독관확인란

감독관 만족도

〈답안작성시 유의사항〉

1. 답안 작성은 반드시 컴퓨터용 싸인펜만을 사용하여야 합니다.

2. 답안을 정정할 경우 수정테이프(수정액은 불가)를 사용하여야 합니다.

3. 본 답안지는 컴퓨터로 처리되므로 훼손하시면 안되며, 답안지 하단의 타이밍마크(▥)를 찢거나, 낙서 등을 하시면 본인에게 불이익이 발생할 수 있습니다.

〈답안작성시 컴퓨터용 싸인펜만을 사용〉

1. 단안 작성은 반드시 컴퓨터용 싸인펜을 사용해야 합니다.

2. 답안을 정정할 경우 수정테이프 부주의로 잘못 표기한 경우에는 답 관리위원회의 본인이 책임집니다.

3. OMR판독기의 판독결과에 따르며, 그 결과는 본인이 책임집니다.

4. 답안은 문항당 정답을 1개만 골라 ○안에 정확히 기재하여야 하며, 필기구 오류나 본인의 부주의로 잘못 표기한 경우에는 답 관리위원회의

Good ● Bad ◐ ◖ ✕ ∨

〈부정행위 처리규정〉

1. 모든 부정행위 적발 및 이에 대한 조치는 TEPS 관리위원회의 처리규정에 따라 이루어집니다.

2. 부정행위는 당정답만 뿐만 아니라 사후화될때 적발될 수 있으며 모든 동일한 조치가 취해됩니다.

3. 부정행위 적발 시 단해 성적은 무효화되며 사안에 따라 최대 5년까지 TEPS 관리위원회에서 주어지는 모든 시험의 응시자격이 제한됩니다.

4. 문제지 이외에 메모를 하는 행위와 시험문제의 일부 또는 전부를 유출하거나 공개하는 경우 부정행위로 처리됩니다.

5. 각 파트별 시간을 준수하지 않거나, 시험 종료 후 답안 작성할 경우 부정행위로 처리됩니다.

서 약

본인은 필기구 및 기재오류와 답안지 훼손으로 인한 책임을 지고, 부정행위 처리규정을 준수할 것을 서약합니다.

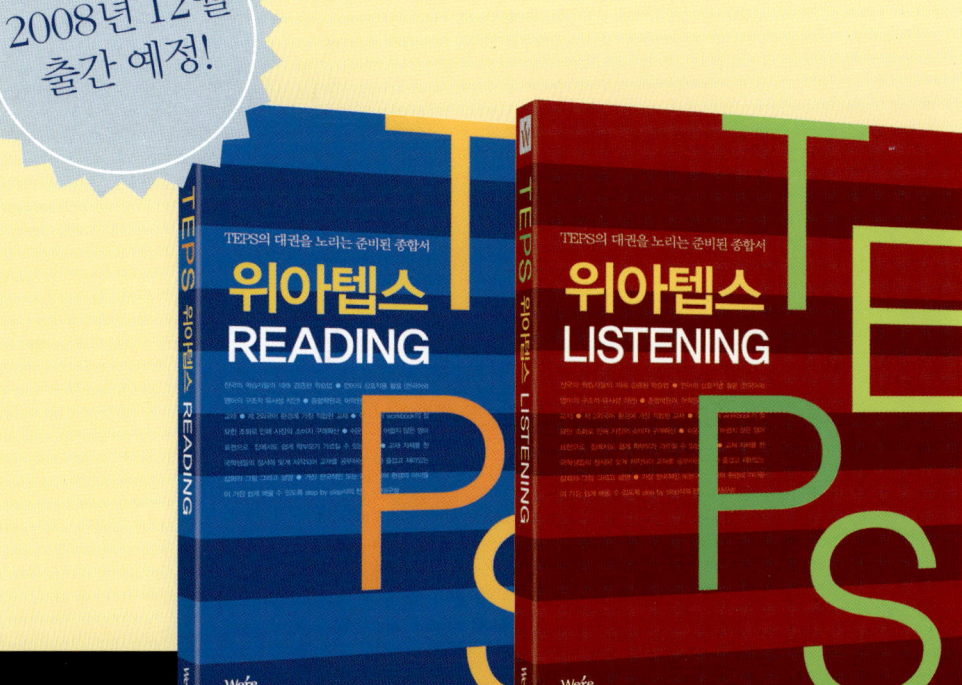

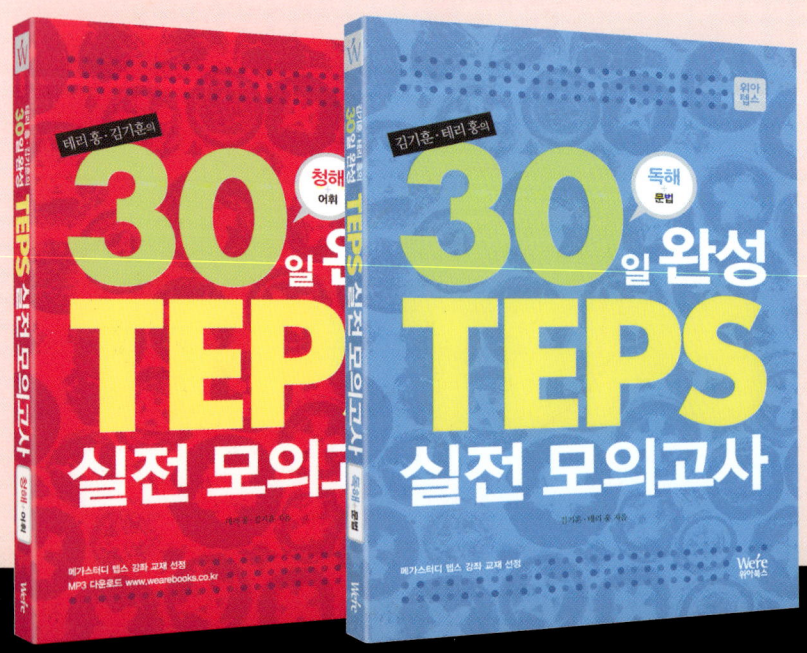

위아
텝스

테리 홍 · 김기훈의

30일 완성

청해 + 어휘

TEPS
실전 모의고사
Dictation Workbook

테리 홍 · 김기훈 지음

We're
위아북스

테리 홍·김기훈의

30일 완성

청해 + 어휘

TEPS

실전 모의고사

Dictation Workbook

테리 홍·김기훈 지음

We're
위아북스

Mini Test 1

1   M   Can you come help me at the bazaar?

      W   _____

      (a) There are always so many people.

      (b) My schedule _____.

      (c) Sometimes the air-conditioner does not work.

      (d) _____ my brother can come.

2   W   You really should see that show, it's so good.

      M   _____

      (a) I don't know the story.

      (b) I _____ on weekends.

      (c) Maybe we can have lunch one day.

      (d) I hope I can watch it _____.

3   M   Have you _____?

      W   _____

      (a) She's always _____.

      (b) I can't leave the company.

      (c) I couldn't _____ that.

      (d) Maybe one day I can go to her office.

4   M   _____ it will rain tomorrow.

      W   _____

      (a) People have to _____ floods.

      (b) My car won't start _____.

      (c) I'll bring my new umbrella to work.

      (d) The TV is not working.

5   M   Here's a book you might like.

      W   _____

      (a) The library books _____.

(b) You have to return the book you borrowed.

(c) Does it have a happy ending?

(d) There's a new bookstore _____.

6　M　Where did you learn to play the piano so well?

　　W　_____ when I was a child.

　　M　Was she a piano teacher?

　　W　_____

(a) She had five children.

(b) She _____ a family of musicians.

(c) My mother was always a housewife.

(d) When I was very small, she _____ the neighbors.

7　M　What would you like to order for lunch?

　　W　_____ the menu first.

　　M　The specialty of the restaurant is seafood.

　　W　_____

(a) I have to _____ germs.

(b) It is not important.

(c) _____ as a child.

(d) I prefer something else.

8　M　Can I _____ home?

　　W　I have some paperwork to do.

　　M　I can wait.

　　W　_____

(a) _____ wait for me?

(b) It's going to rain tonight.

(c) Are you sure it's okay?

(d) I don't _____.

9　M　I hear your sister has a new car.

W Yes, _____ just last week.

M Is it economical on the gas?

W _____

(a) The car is red, her favorite color.

(b) She gets her gas _____.

(c) That's why she bought it.

(d) She _____ only last year.

10 W Do you know anyone _____ buy my house?

M _____?

W We're moving to another town.

M _____

(a) I'm not a sales agent.

(b) Next year _____.

(c) I'll ask my friends.

(d) Condominiums _____.

Part III

11 M What are your plans for summer next year?

W Nothing yet. Why?

M I was wondering whether my daughter _____.

W That sounds like a great idea.

M Yes, I think so, too. She's excited about it.

W Well, I _____.

Q Which is correct about the man according to the conversation?

(a) The man _____.

(b) His daughter lives abroad.

(c) He wants his daughter to visit the woman.

(d) The man wants to know _____.

12 W The boss _____ take care of the Christmas giveaways.

M Do you have a budget?

W Not yet. He'd asked me to do some checking the shops first.

M I think you ought to be given the budget first, _____.

W That's a good idea. But _____ ask him.

M I could help you? He listens to me most of the time.

W Thanks a lot! That would really help.

Q What best describes the attitude of the man?

(a) Aggressive

(b) Indifferent

(c) _____

(d) Compassionate

13 M I've just seen the baby, and _____ his grandpa!

W How can you tell? He's only three days old.

M I recognized him the minute I saw him.

W That's because _____.

M So when are you coming home?

W Maybe the day after tomorrow.

M We can hardly wait!

W I know. _____ the baby!

Q What is the probable relationship between the two speakers?

(a) Doctor and patient

(b) Doctor and nurse

(c) _____

(d) _____

14 W Thank you for that very informative talk.

M You're welcome. It always makes me glad to know

_____.

W Have you any plan to _____?

M Yes, I have received and accepted some invitations from schools.

W It is my hope that more and more people _____ issues.

M Thank you for your concern.

Q What best describes the tone of the conversation?

(a) _____

(b) Critical

(c) Appreciative

(d) _____

15 M I saw the movie you recommended, but I thought _____.

W That's funny, because other people I talked to liked it.

M There was too much dialogue and little action.

W But _____, and also the great cast!

M You may be right, but perhaps I was expecting too much because
_____.

W Did you know he also directed it?

Q What best describes the conversation?

(a) _____ watching movies.

(b) The speakers are _____.

(c) The movie was no good.

(d) The movie was popular.

Part IV

16 Fat is an important part of a healthy diet. There's more and more evidence that many
fats are good for us and actually _____ heart attack
and stroke. They also help our sugar and insulin metabolism and therefore
_____ long-term weight loss and weight maintenance.
And because good fats make good foods taste better, they help us enjoy _____
_____. But not all fats are created
equal-there are good fats and bad fats.

Q What does this say in general about fats in the diet?

(a) Most fats are good for the body.

(b) There is no need to worry about _____.

(c) Fats that are good have benefits.

(d) _____.

17 Most fast foods fall into the 'avoid' category. They are dripping with saturated fats,
trans fats, sugars, and empty calories. But there are ways to eat wisely, even at a fast-
food restaurant: Choose _____,
and choose burgers without all the toppings and special sauces. _____

_____. When you go out for pizza, choose thin-crust vegetarian pizza.

Q   What is the main objection to fast foods?

(a) There are too many foods to choose from.

(b) They usually _____.

(c) Vegetarians cannot eat there.

(d) They use toppings _____.

18   India, with its thousands of miles of coastline, _____.
Its wind-power potential is estimated at 45,000 megawatts-about a third of total energy consumption. There is also little of the concern in India seen in the West over wind turbines _____ can be seen, for example, outside Jaisalmer's ancient fort in Rajasthan, one of India's most _____.

Q   According to the news report, why is India ideal for installing wind power?

(a) India experiences frequent storms.

(b) The residents mind _____.

(c) India has a very extensive coastline.

(d) It is _____.

19   Renamed in 2005 after the mobile company O2, the Millennium Dome was then _____ and entertainment complex worth 75 million pounds sterling. Within the complex are a number of buildings used for many different events, including concerts. According to plans, _____ _____ Olympics as the venue for gymnastics, basketball and handball finals.

Q   Which is correct according to the article?

(a) The Millennium Dome is a _____.

(b) The Dome houses buildings for multiple events.

(c) The Dome still has to _____ for the 2012 Olympics.

(d) The Dome originally was a mobile phone company.

20   Cleaning a six-foot sofa can cost anywhere from $40 to $100, _____ _____. Replacing a damaged sofa with a new one can cost between $600 to $6,000, so price shouldn't be _____ _____ when you're hiring a professional; competence should be.

Q   What is the most important aspect of this piece?

(a) Price does not matter.

(b) Sofas are expensive.

(c) Living in the city can _____.

(d) Hire a _____.

Mini Test 2

Part I

1 M I'm sorry I did not _____.

    W _____

    (a) I have to _____ my phone not working.

    (b) Where were you last Sunday?

    (c) That's okay, _____.

    (d) You can use wireless phones now.

2 W What a _____!

    M _____

    (a) The building where I live _____.

    (b) Her shampoo is not available.

    (c) I'm still trying to _____.

    (d) I've always wanted to have one.

3 W Did you _____ the earthquake in Indonesia?

    M _____

    (a) I was in the shower when my mom called.

    (b) Indonesia is _____.

    (c) Indonesia has many islands.

    (d) I just _____.

4 M The price of gas _____.

    W _____

    (a) My car uses up so much gas in traffic.

    (b) The advertising companies are having a hard time.

    (c) I will have to budget my _____.

    (d) There are _____ near my house.

5 W Are you going to your parents for the holidays?

    M _____

    (a) My mother never calls me.

(b) I'll finish my shopping this week.

(c) My sister _____.

(d) It's a tradition that _____ during the holidays.

Part II

6   M I'm trying to find an exit to this building. Can you help?

   W You can go down this corridor.

   M _____, but there was no exit.

   W _____

   (a) You can use the elevator to _____.

   (b) Let me call the information desk.

   (c) There are ten rooms on this floor.

   (d) I just _____ myself.

7   M Can you _____ for our company?

   W _____ my schedule.

   M It won't use too much of your time, just three times a week.

   W _____

   (a) How many are you in the office?

   (b) It depends on _____.

   (c) My computer is not working.

   (d) I live with my parents.

8   M Your hair looks so nice. What do you use?

   W It's a special shampoo.

   M _____?

   W _____

   (a) Organic cosmetics are hard to find.

   (b) The ingredient _____.

   (c) I'm not sure.

   (d) Thank you _____.

9   M I know you like ice cream, so I _____.

W Thanks, where did you get it?

M At the _____.

W _____

(a) Sometimes they open late.

(b) How much is it?

(c) Who are the owners of the store?

(d) _____ where to go.

10 M I just _____. I want _____ _____ to Chicago.

W Let me check the flights.

M What about my baggage, where is it?

W _____

(a) You can _____.

(b) Let me check it for you.

(c) Passengers are supposed to check in two hours before the flight.

(d) Security is _____.

Part III

11 M Please open your suitcase.

W Of course.

M What's _____? Something to eat?

W Yes, they are jams from local fruits back home.

M Why so many? You have six jars.

W Two are gifts to me, and _____.

M How much do they cost?

W A little over a dollar per jar.

Q What can be inferred from this conversation?

(a) The country of destination is _____.

(b) The customs officer wants a jar of jam.

(c) Arriving passengers can _____.

(d) The customs officer is being difficult.

12 M I am told your country has many beautiful beaches.

W Yes, but only _____.

M Why is that?

W Many are _____ the typhoon belt, and
   _____.

M So when is the best time to go?

W Before the rainy season, in the summer.

M _____ get transport?

W Oh, yes. Most of our fishermen have boats that can take you across.

Q Which is correct about the man according to the conversation?

(a) He wants to _____.

(b) He wants to buy an island.

(c) _____ visiting a beach.

(d) He's going fishing there.

13 W I _____ this morning. Could you watch the baby
   for me _____?

M Sure, _____ by noon because I have somewhere to
   go.

W Thanks. I won't be long.

M Does the baby need to be fed while you're out?

W Oh, yes. _____.

M Fine. Can I watch TV?

W Sure, _____.

M Thanks!

Q What best describes the above situation?

(a) The mother is neglecting her baby.

(b) The babysitter is lazy.

(c) The mother _____.

(d) The mother and the babysitter _____.

14 M So how was your holiday?

W Fine, except we didn't realize there were going to be so many people.

M That's to be expected _____.

W We were lucky my cousin has a house there.

M But I am sure _____.

W Yes, but I prefer _____.

M You'll have to go to an island in the middle of the Pacific!

W You sound like the planet is overpopulated!

Q What can be inferred from the conversation?

(a) She _____ an island in the middle of the Pacific Ocean.

(b) There are always too many visitors.

(c) The island is _____.

(d) It's hard to get accommodations during summer vacation.

15 M Your mom tells me you were _____.

W Yes, and I still have to decide which one. I need some advice.

M Well, if both of them offer the course you want, I suggest you choose the one that has a good, beautiful environment, and is not too _____
_____.

W Sounds good, anything else?

M It would also be a good idea to check how many students from your country are enrolled. That way you _____.

W That's really good advice. Thank you so much!

Q What details were included in the advice given?

(a) Ask the aunt what school to enroll in.

(b) The school population

(c) A campus _____

(d) The distance from the city

Part IV

16 The best guide on how to clean a fabric _____, which by law must be sewn into all articles of clothing. If the label says a garment must be dry-cleaned, take the advice, _____ with the manufacturer or retailer should something go wrong. _____
_____, you have to decide how to wash it.

Q Which is correct about fabrics according to this article?

(a) The law says _____.

(b) The law requires care labels on clothes.

(c) Dry cleaning is always the best way.

(d) The garment factory can be sued _____.

17 People in all age groups are losing fewer teeth and _____
    _____ than they did a generation ago. Half the nation's
    schoolchildren have no cavities at all; in the early 1970s, only about one-fourth were
    cavity-free.

    Q Which is correct according to the report?

    (a) People are getting better dental care.

    (b) Most people _____ once a day.

    (c) Senior people use artificial dentures.

    (d) There is no _____.

18 To lose weight, water is the best way to go—drink water all the time and lose weight
    without much dieting. Also, _____ when you feel
    hungry but are in fact only thirsty for water.

    Q What can be inferred about drinking water all the time?

    (a) You'll always go to the bathroom.

    (b) _____.

    (c) You will reduce naturally and also not feel hungry.

    (d) _____ drinking.

19 'The House of Shen' is under the management of Tommy Shen whose years of
    experience _____
    in Hong Kong. Master craftsmen create distinctive jewelry from the finest materials
    _____.

    Q What can you conclude as to this type of establishment?

    (a) They have reduced sales once a year.

    (b) Their customers are _____.

    (c) They sell _____.

    (d) Tommy Shen is not a real person, but a business name.

20 Many organic balances are necessary for good health: those between activity and rest,
    _____, venous and arterial blood, _____
    _____, and the production and elimination of toxins.

    Q What can be inferred from this statement?

    (a) Extremes are not healthy.

(b) It is _____.

(c) You can do anything you like _____.

(d) Overeating is good.

Mini Test 3

1 M It seems that most restaurants in the city are expensive.

  W _____

  (a) Well, _____.

  (b) I don't know it.

  (c) I don't think so.

  (d) _____!

2 M I look forward _____.

  W _____

  (a) He is at school.

  (b) It's eight o'clock in the morning.

  (c) You'll see him after school.

  (d) Yes, I know _____.

3 M Can you help me _____?

  W _____

  (a) You can study with John.

  (b) Sure, _____.

  (c) In about an hour _____.

  (d) You wait for me _____.

4 M Our trip to Brightstone was very exciting!

  W _____

  (a) _____.

  (b) Really! _____.

  (c) That's good.

  (d) I am very busy.

5 M That picture was taken in 1960.

  W _____

  (a) It's a picture of Jane.

(b) There are seven pictures in all.

(c) About four days ago _____ .

(d) Oh, it still looks very good _____ .

Part II

6   W Good morning, Luke.

     M Hi, there!

     W Why do you _____ ?

     M _____

     (a) _____ .

     (b) The morning doesn't look good.

     (c) Oh, I don't feel so good.

     (d) The look is not good.

7   M The singer is good.

     W He is Peter's father.

     M Does Peter sing, too?

     W _____

     (a) Yes, _____ .

     (b) Yes, his father is a tenor.

     (c) Peter doesn't like his father.

     (d) Peter _____ .

8   W Noah's ark must have been large.

     M It was _____ !

     W Was it bigger than the Titanic?

     M _____

     (a) It was much, much bigger than the Titanic.

     (b) It was _____ .

     (c) The ark is the Titanic.

     (d) Noah's ark and the Titanic _____ .

9   M Our new neighbor is inviting us to dinner.

W Oh, what time _____?

M The invitation is for seven o'clock.

W _____

(a) The invitation is good.

(b) I like our new neighbors.

(c) _____ for the dinner.

(d) I hope the dinner will be fine.

10 W I am going to the grocery after work.

M I will go with you.

W Alright, _____?

M _____

(a) It's okay _____.

(b) The grocery is _____.

(c) _____ the grocery at five thirty.

(d) I don't have time right now.

Part III

11 W Would you like some homemade cookies?

M Thank you. Yes, I would.

W These are chocolate, and those are _____.

M I guess, I'll try the chocolate one first.

W Alright, but you should also try the lemon-flavored one.

M _____?

W No, they're really quite easy. I'll give you _____.

Q What is the main topic of the conversation?

(a) The chocolate cookies

(b) The homemade cookies

(c) The _____

(d) The lemon-flavored cookies

12 M I haven't seen you _____.

W Well, I was out of town for a couple of weeks.

M I thought _____.

W Don't worry. _____.

M Did you hear about Mrs. Tined?

W No, what about her?

M She was taken to the hospital due to _____.

Q What happened to Mrs. Tined?

(a) She has been sick for a couple of weeks.

(b) She was _____.

(c) She is in the hospital.

(d) She needs to _____.

13 M Shall we take a taxi or a bus to the meeting?

W _____. It's impossible to find a taxi during rush hour.

M The bus stop is over there.

W Oh, there's the bus now.

M Come on, _____.

W Let's go!

M Oh, no! _____.

Q What are the speakers discussing?

(a) The meeting

(b) The taxi

(c) The bus stop

(d) Whether to take a bus or a taxi to the meeting.

14 W Can I help you?

M Yes, I'm looking for _____.

W The shoe section is over here, please.

M Oh, this one is nice. I need a size 6.

W _____, sir.

M Are you a size 6? Can you try them on?

W All right, sir. _____.

Q What are the speakers talking about?

(a) The new stock of shoes

(b) The size of the shoes

(c) The pair of white shoes

(d) The fitting of the shoes

15 M This cake _____.

W You are correct. I don't like the flavor.

M It's not just the flavor _____.

W This is not fresh.

M I think it's best to _____.

W Let's do that.

Q What are the two people complaining about?

(a) The management

(b) The different taste

(c) The fresh cake

(d) The _____

Part IV

16 Several foreign lawmakers are in town _____
and check on the status of poverty. The last thing that the people want to hear from
them is _____. We are very much aware of it. I
hope whatever these foreign lawmakers report (and I pray they find something new)
_____ with our government leaders and the rest of the
world who perceive this country of 7,107 islands (low tide) and with over 100 ethno-
linguistic groups _____ their surplus junk.

Q Which of the following is the speaker's main point?

(a) That our government leaders _____.

(b) The people are aware that _____.

(c) We don't need the foreign lawmakers to keep echoing our poverty.

(d) That the country won't be used as a dumping ground of surplus and junks.

17 The overt goal of our schools is to enhance knowledge, skills, and values development
for our children. Unfortunately these goals are, _____,
top down, authoritarian, and _____. These goals
therefore seem to be driven by the ultimate goal of preparing our youth for the world of
work. This is a 'realistic' goal for schools, but should not be the driving force.
Ultimately, we must _____ as global citizens, and this
means that we have a responsibility _____.

Q What is the speaker talking about?

(a) The enhancement of knowledge

(b) _____

(c) The importance of teaching social efficacy to children

(d) The realistic goal for schools

18 Trust is the psychological state in which one party willingly defers to the actions of another party (e.g. a person, or organization), willingly accepting _____ _____, based on his or her beliefs about the intentions of the other in an uncertain situation. In other words, before one is _____ _____, he or she is likely to form a belief that _____ and perform particular actions that are important to him or her.

Q What is the main idea of the speaker?

(a) The level of vulnerability

(b) _____

(c) Dependence of a person on another

(d) The definition of trust

19 Use of the Internet provides students _____, and classrooms provide the structure to help students _____ _____. Additionally, students who learn the necessary skills for designing and composing hypertext not only become more competitive _____, but they also acquire the skills needed to publish their writing on the Web.

Q What is the topic of this passage?

(a) The classroom structure

(b) Skills for designing

(c) The future _____

(d) The importance of Internet to students

20 The classroom is a large, rectangular space, about the size of two standard classrooms. It is furnished with several two-person lab tables placed end to end and _____. Each row is two tables wide and seven tables long. _____. Each lab table is a work station with one computer, and a work space providing room for the student to refer to books or _____. Each work station is equipped with a dictionary, a grammar book, and two literature anthologies used by teachers who teach in this room.

Q What is the main idea of this essay?

(a) It discusses the laboratory.

(b) It describes the working room of the teachers.

(c) It gives a _____.

(d) The classroom _____.

Mini Test 4

1   M   What were you doing _____?

      W   _____

      (a) I am asleep.

      (b) I slept.

      (c) _____.

      (d) I was sleeping.

2   M   The postman delivered the mail late this morning.

      W   _____

      (a) It was nine o'clock in the morning.

      (b) The letter _____.

      (c) I will mail the letters after school.

      (d) Yes, that's because _____.

3   M   What are you going to do after work?

      W   _____

      (a) I will have dinner with my friends.

      (b) I'll _____.

      (c) I won't _____.

      (d) I will choose the dress to wear.

4   M   I like chicken more than turkey.

      W   _____

      (a) Red meat is _____.

      (b) He likes turkey sandwich.

      (c) You can have _____.

      (d) He's very _____ his turkey farm.

5   W   Can you connect me to the front desk?

      M   _____

      (a) Yes, Ma'am. A moment, please.

(b) Just a while.

(c) I will _____.

(d) I am busy right now.

Part II

6 W Good morning! _____.

M What's for breakfast?

W _____, bacon and eggs.

M _____

(a) I am in a hurry.

(b) I will eat later.

(c) Fix me two sandwiches and a cup of coffee, please.

(d) Brewed coffee and sandwiches _____.

7 M This is a nice book.

W Yes, and I love that book, too.

M Where did you buy this?

W _____

(a) I will return the book.

(b) That was a birthday gift from my mother.

(c) The nice book _____.

(d) _____.

8 W Hi! How are you?

M Fine, thanks and you?

W Just fine. Where are you going?

M _____

(a) To the library.

(b) I will lend books.

(c) I am just fine.

(d) _____.

9 M I have to mail these letters and _____.

W Oh, I have some.

M Can you let me _____?

W _____

(a) No problem with the stamps.

(b) Are you sure _____?

(c) I am not sure how many I have.

(d) It's just fine.

10 M Guess what! Ana and Paolo _____!

W Really? When did that happen?

M A week ago.

W _____

(a) What happened with the engagement?

(b) Have they _____?

(c) They just met last summer.

(d) _____!

Part III

11 W Listen! Somebody's playing the piano.

M It sounds nice, doesn't it?

W How I wish I could _____.

M I can teach you. I play the violin.

W Really! _____ how to play it.

M Haven't you tried playing any instrument before?

W _____ when I was young.

Q Which is correct according to the dialogue?

(a) Speakers never played any musical instrument.

(b) One of the speakers plays the violin.

(c) Playing the violin is very hard.

(d) _____.

12 W I feel I am neglecting my kids.

M They are old enough _____.

W I am the mother. _____.

M Now, what do you _____?

W I plan to quit my job.

M But you are very _____.

W I know, but the feeling of guilt will always hound me.

Q Why does the woman want to quit her job?

(a) She doesn't like her job.

(b) She's _____ her work.

(c) _____.

(d) Because of the feeling of guilt that she's neglecting her kids.

13 W Mr. Nelsons, I am Dr. Noel Diaz.

M How do you do, Dr. Diaz.

W How do you do, sir.

M I heard that _____?

W It is in line with my duty as an economist in the United Nations.

M Oh, _____.

W Yes, I've read your articles in the newspaper. They're excellent.

Q What can be inferred from the conversation?

(a) The speakers are both _____.

(b) The speakers are both economists.

(c) The speakers are _____.

(d) Dr. Diaz is a surgeon.

14 M I want you to mail these letters for me.

W I will drop by the post office _____.

M No, you have to mail these first.

W But your son might be late for school.

M I don't care. _____.

W You're impossible!

M I don't want to _____.

Q Which of the following best describes the man's attitude?

(a) The man is understanding.

(b) The man is a loving father.

(c) The man is _____.

(d) The man is a _____.

15 W You look happy today!

M I am happy. _____.

W Congratulations! You are now a _____.

M Thank you. I have to tell my parents about the news.

W Don't forget to invite me to your party!

M All the neighbors and friends are invited.

W _____, counselor.

M Of course, I will.

Q What can be inferred from the dialogue?

(a) Success should be shared with everybody.

(b) The friends and neighbors _____.

(c) _____ are happy people.

(d) Parents are _____.

Part IV

16 My role as the teacher is to enable students to obtain a historical context through
which they can understand _____,
critically evaluate those motivations, and assess the significance of the actions taken
as they analyze the events themselves. _____, I want
my students to understand, _____, that their present
lives are the result of these historical events, events created by imperfect beings very
much like themselves who often did not completely understand the implications of nor
foresaw the consequences which _____.

Q What is the main point of the speaker?

(a) The decisions made by historical figures

(b) The actions taken by the students

(c) The _____

(d) The consequences of the actions of the students

17 _____ are always powerful. Precisely for that reason,
they can either erode teenagers' development into strong and confident people or
create small and large occasions _____.
Miscommunication and silence can _____.

Parents and other adults longing to connect with a teenager often find themselves groping in the dark. Most adolescents don't talk much to adults, _____
_____.

Q What is the main idea of the talk?

(a) Why adolescents _____.

(b) The development of teenagers.

(c) Importance of parents to children.

(d) The importance of communication between adults and adolescents.

18 Grand Turk is a small island that _____ ...
If you're not a diver you wouldn't like Grand Turk ... It's a world class dive location, but
_____ ...
Grand Turk needs to keep that small town charm that divers enjoy.

Q Which of the following is true according to the report?

(a) Grand Turk is a _____.

(b) Grand Turk is a big island.

(c) Grand Turk is a charming island ideal for diving.

(d) Grand Turk _____.

19 What I enjoyed most about the process of making the story was _____
_____. I was amazed at the variety of experiences
_____, despite being a small group. We formed a real bond over the days we worked together to create our stories. At the end of a tiring weekend _____ when my story was complete and was shown in front of the group. I've never had any desire to make a film before but having completed my story _____.

Q Which is correct according to this narrative?

(a) How easy it is to create stories.

(b) The disadvantages of working as a group.

(c) This is the _____ by the speaker.

(d) The happiness felt by the speaker _____.

20 Blogging is helping students to think and write more critically, says an Australian researcher, and can help draw out people _____.
"The students are thinking more critically," she says. "They are learning to be responsible and _____
and the institution, and they like that."

Q What is surprising about blogging in this passage?

(a) It's too _____.

(b) Can't be understood by the students.

(c) It helped students _____ more critically.

(d) Prevents students from engaging in debates.

Mini Test 5

Part I

1   M   You have to persuade John _____.

      W   _____

      (a) Alright, give me _____.

      (b) I will _____.

      (c) His two friends are joining.

      (d) That's easy.

2   M   I think the street repair _____.

      W   _____

      (a) It will cause traffic.

      (b) About two streets _____.

      (c) No, and I heard there's _____.

      (d) How's the traffic?

3   M   Do you _____?

      W   _____

      (a) I like to swim.

      (b) I love to read books.

      (c) We _____.

      (d) I am very _____.

4   M   When was the last time _____?

      W   _____

      (a) Today.

      (b) Tomorrow.

      (c) Now.

      (d) _____.

5   M   When did you say your next interview is?

      W   _____

      (a) Last Tuesday.

(b) I _____.

(c) The interview _____.

(d) At the beginning of next month.

6 W What do you do _____?

   M Oh, nothing special. I read, watch TV and go to movies.

   W _____?

   M _____

   (a) How about you?

   (b) I don't like that.

   (c) I have just one—_____.

   (d) I just like to read.

7 W I think this dress is much prettier than that, don't you?

   M Well, I like them both. _____?

   W The design is more interesting and _____.

   M _____

   (a) You better like that one.

   (b) Oh, _____.

   (c) I like _____.

   (d) I don't know what to choose.

8 M That's a _____. I wonder _____.

   W It belongs to the Martins. They also have three beautiful cats.

   M They certainly must like pets!

   W _____

   (a) They are _____.

   (b) I think so, too.

   (c) The Martins _____.

   (d) The canary is not a pet.

9 M Excuse me. I wonder if you can help me.

W Sure. What is it?

M I want to have my hair cut, but _____.

W _____

(a) I went to the barbershop yesterday.

(b) I don't know a barbershop.

(c) I know where one is, _____.

(d) _____.

10 W Is it true that you're taking a vacation next month?

M Yes, my family and I are going to Baguio for a week.

W I envy you. _____.

M _____

(a) Why not _____?

(b) You can go to Baguio anytime.

(c) You should get away.

(d) The vacation _____.

Part III

11 M Excuse me, _____?

W No, it isn't.

M Would you mind moving over one, _____?

W No, not at all.

M Is the play _____?

W It started just a few minutes ago.

M Thanks a lot.

Q Where is the dialogue most likely to take place?

(a) In an _____

(b) In a school playground

(c) In a theater

(d) In a _____

12 W Are you ready to order now, sir?

M Yes, I'll have _____.

W How do you want the beef _____?

M Well done, please.

W Anything to drink?

M Just water and _____.

W _____?

M I'll have coffee with my dessert.

Q Where would you most likely hear this dialogue?

(a) in the school

(b) in the office

(c) in the market

(d) in a restaurant

13 M Where did Mark go?

W He _____.

M To the bookstore?

W No, I said he went to the drugstore.

M Oh, I misunderstood you. _____.

W How could you make a mistake like that? _____?

M _____. I could hardly hear you.

Q How would you describe the woman's attitude to the man?

(a) The woman is very patient.

(b) The woman _____.

(c) The woman _____.

(d) The woman _____ the question of the man.

14 W There's the shoe store _____.

M It's just across the street and _____.

W Well, at least, we saw new stores _____.

M Hurry up and choose the pair of shoes for our son.

W I will.

M Don't forget. _____.

Q What is the relationship between the speakers?

(a) They are brother and sister.

(b) They are friends.

(c) They are husband and wife.

(d) They are mother and son.

15 M Hello. May I speak to Trish Weaver, please?

W _____?

M This is Paul.

W Hi, honey. This is Trish.

M Would you like to _____?

W Thanks, _____. I haven't been to a movie for a long time.

M Good. _____, then. The movie starts at eight.

W Fine, I'll be ready.

Q How could you describe the relationship between the speakers?

(a) They are the best of friends.

(b) _____.

(c) They are _____.

(d) They are a loving couple.

Part IV

16 The break-up of ancient land masses plunged the Earth into a freezing white hell that lasted millions of years, U.S. and French researchers suggest. This created 'Snowball Earth', where ice sheets covered continents and seas _____ _____, an event that occurred at least twice between 800 million and 550 million years ago. How these brutally protracted Ice Ages unfolded _____.

Q What can be inferred from this commentary?

(a) The possible mystery that _____.

(b) What a snowball earth is.

(c) The findings of the researchers

(d) _____

17 Today, many news photos are prepared on computer screens. Photos from news services _____ and are captured on computers, _____. Local news photographers scan their photos into the computer. Once digitized, a photo _____ and the change is virtually undetectable. The computer allows the photographer to improve the photo _____, for example. However, the process also allows the photographer to alter the content of the photo. Unacceptable words or images can be removed from a t-shirt or sign in a photo. An individual can be moved from one photograph and placed in another. _____.

Q What is the main subject of the talk?

(a) The amazing power of computer technology _____.

(b) The efficiency of the computer screens.

(c) The importance of the satellite _____

(d) _____.

18 According to Samuel Johnson "Books have always a secret influence on the understanding; _____; he that reads books of science, though without any desire fixed on improvements, will grow more knowing; he that entertains himself _____ will imperceptibly advance in goodness; the ideas often offered to the mind will at last find a lucky moment _____."

Q What is the tone of this passage?

(a) Influences a person to read books _____.

(b) The ugliness of obliterating ideas.

(c) The goodness of religious treatises.

(d) _____.

19 There is something in human nature that drives us to think 'hope' even as we feel despair _____. The nation continues to struggle to understand the devastating consequences of Hurricane Katrina. These consequences have taken different shapes, from the physical destruction of property _____ _____ in America. But even at this difficult time, the ways people have come together _____ have inspired us and fanned the tiny flame, that whisper of 'hope.'

Q Where would you most likely find or hear this speech?

(a) In a businessmen's forum

(b) In a _____

(c) In a school commencement

(d) In a _____

20 Camp John Hay in Baguio City offers a dynamic active lifestyle _____ _____. The camp has a total of 250,000 pine trees in a 246-hectare forest reserve that _____.

It has a 2 km Eco-trail for those who enjoy walking. The Eco-trail leads right into the heart of the forest, _____. But there is also a fitness gym at the CJH Manor for those who want more vigorous physical activities. Other activities include _____, and, of course, _____ _____.

Q What is the overall tone of the statement?

(a) Persuasion to _____

(b) Informing of the horseback riding activity

(c) Inviting tone used to see the beauty of the place

(d) Assuring _____

Actual Test 1

1 M How have you been lately?

W _____

    (a) I've been _____, thank you.

    (b) I've been seeing a movie.

    (c) I've been to Boston.

    (d) I've _____.

2 M How long _____?

W _____

    (a) I guess, 11 times.

    (b) It's been 10 years, I think.

    (c) _____.

    (d) It's too long for me.

3 M Am I late?

W _____

    (a) _____.

    (b) No one knows that.

    (c) No, _____.

    (d) Yes, if you can.

4 M How can _____?

W _____

    (a) Let's _____.

    (b) The line is busy.

    (c) Just leave him a message.

    (d) My secretary will _____.

5 M How about around seven, at the station?

W _____

    (a) That _____.

(b) See you there, then.

(c) I don't think so.

(d) If you can.

6 M Who is this _____?

W _____

(a) That's not for you.

(b) For eating.

(c) We're having a _____ Dr. Geller.

(d) _____.

7 M Aren't you _____?

W _____

(a) The bank _____.

(b) No, I decided to go to school.

(c) Yes, but I'm not done with the papers yet.

(d) No, _____.

8 M Can I _____?

W _____

(a) You can't expect me to count them all.

(b) That's _____.

(c) Sure, you can.

(d) Just _____.

9 M Aren't you supposed to take these to Mr. Anderson?

W _____

(a) Only if I can.

(b) I'm sorry. _____.

(c) Mr. Anderson is in his office.

(d) _____.

10 M Is the system _____?

W _____

(a) In a few minutes.

(b) Yes, it's a very difficult system.

(c) He _____.

(d) Not anymore.

11 M Where is Ms. Green's office?

W _____

(a) It's the next door to your right.

(b) Try to _____.

(c) Ms. Green has her ways.

(d) _____.

12 M Will you be there tonight?

W _____

(a) Tonight is fine.

(b) Yes, _____.

(c) No, but I will.

(d) Don't expect me. _____.

13 M Isn't she Mr. Park's wife?

W _____

(a) Yes, she does. _____.

(b) No, she isn't. She's her daughter.

(c) Yes. _____.

(d) I don't have a wife.

14 M Have the documents _____?

W _____

(a) I hope it arrives soon.

(b) It was _____.

(c) I'm afraid I didn't.

(d) They were _____.

15 M Did she apologize?

W _____

(a) It isn't _____.

(b) It wasn't hard for me.

(c) It's _____.

(d) _____.

Part II

16 M I think _____.

W How kind of you to say so!

M Mr. Wisely _____.

W _____

(a) Was he?

(b) Mr. Wisely was very impressive.

(c) I really know _____.

(d) So, he liked my impression.

17 M Would you _____?

W How much do you need?

M $1,000, _____.

W _____

(a) I'm sorry. Better luck next time.

(b) I'm sorry. I don't have that kind of money.

(c) I'm sorry, but _____.

(d) I'm sorry. I can't do that.

18 W I'd like _____.

M What do you say we go get some ice cream?

W Isn't it _____?

M _____

(a) No, _____.

(b) No, _____.

(c) No, it's ok until tomorrow.

(d) No, I love it.

19 W Would you _____?

M   What can I do for you?

W   Would you help me _____ ?

M   _____

(a) But _____ .

(b) If I can.

(c) It's too heavy.

(d) Ok, but _____ .

20   M   They look heavy.

W   _____ .

M   Do you need any help?

W   _____

(a) Thank you, _____ .

(b) I don't need them anymore.

(c) I think _____ . Thanks anyway.

(d) One moment please.

21   M   Are you working late tonight.

W   _____ .

M   I'll keep you company.

W   _____

(a) If it's ok with you.

(b) It's a big company.

(c) You _____ .

(d) Thanks for _____ .

22   M   If you like, _____ .

W   But how about you?

M   I'll ride with Jeff.

W   _____

(a) Tell me who he is.

(b) You're a real genius.

(c) Thanks. _____ .

(d) _____ .

23 M Would you mind _____?

W This is a _____.

M I didn't know that.

W _____

(a) The sign is _____.

(b) It's because _____.

(c) Maybe, you know.

(d) That is _____.

24 W What does this word mean?

M _____.

W But I don't have one.

M _____

(a) I think it is not important.

(b) I think you should get one.

(c) I think _____

(d) I think I have one in my pocket.

25 M What does ROK _____?

W Republic of Korea.

M How about ROP?

W _____

(a) Why don't you just quit?

(b) That, I don't know.

(c) They don't even _____.

(d) I don't think _____.

26 M So, were you able _____?

W It's very hard to _____.

M You don't have to be very specific.

W _____

(a) Ok. I guess I'll have to do it over again.

(b) Ok. I guess I'll have to be more general.

(c) Sure. I'll give you the update tomorrow.

(d) Sure. _____.

27   M I'd like to _____.

      W Smoking or nonsmoking?

      M Smoking please.

      W _____

      (a) That's nonsmoking, for 8, at 10:00.

      (b) That's smoking, for 10, at 8:00.

      (c) That's all, thank you.

      (d) _____.

28   M Do you have a reservation?

      W No, but do you _____?

      M We don't have one now, but _____.

      W _____

      (a) How long will we have to wait?

      (b) How long do you need?

      (c) How long is the table?

      (d) How long _____?

29   M Are you ready to order?

      W Yes, A toast, two eggs, and tea, please.

      M _____?

      W _____

      (a) Delicious.

      (b) Medium.

      (c) With milk.

      (d) _____.

30   M I want this suit dry-cleaned.

      W When will you _____?

      M I need it in two days. _____?

      W _____

      (a) That'll be $10.

      (b) That'll be too much.

      (c) _____.

      (d) _____.

31 M Mona said she would _____ .

 W Oh, really?

 M She also said she would _____ .

 W She said that too?

 M Why does it seem like _____ ?

 W I don't want to tell you this, but ...

 M But what?

 W _____ .

 Q What does the woman mean?

 (a) The man _____ .

 (b) Mona had his heart.

 (c) Mona will _____ .

 (d) The man needs some reassurance.

32 M Do they always deal with people like that?

 W Yes, normally.

 M And they normally talk that way too?

 W Almost always.

 M It'll be hard to _____ .

 W They _____ .

 Q What does the woman mean?

 (a) They are basketball players.

 (b) They are _____ .

 (c) They act _____ to achieve a goal.

 (d) They are hardball players.

33 M We need to do something _____ .

 W We are doing our best _____ , boss.

 M Then show me results.

 W The team is trying really hard, boss.

 M You are not trying hard enough.

 W Give the team more time.

 M _____ .

Q What does the man mean?

(a) They don't have enough funds.

(b) They _____.

(c) They are not luxurious enough.

(d) They don't live luxuriously.

34 W Anything else, sir?

M I was wondering. _____?

W _____.

M It's too long for me. _____.

W It'll take about 2 days.

M Then two days it is. Thanks.

W You're welcome.

Q Where would you most likely hear this conversation?

(a) At a supermarket

(b) At a department store

(c) At a _____

(d) At a _____

35 M May I help you?

W I need to get some medicine for my stomach.

M Do you _____.

W Yes, here you are.

M Take this three times a day _____.

W Alright, thanks.

Q Where would you most likely hear this conversation?

(a) At a _____

(b) At a department store

(c) At a restaurant

(d) At a hospital

36 M When are you due, Rachel?

W _____.

M I'm so excited for you.

W I'm _____.

M _____.

W _____.

M Yeah, I guess _____.

Q What can be said about Rachel?

(a) She is going abroad.

(b) She is getting a new job.

(c) She is getting married.

(d) She is expecting.

37 W You're in front of the TV again?

M This is terrible.

W _____?

M Have you seen the news?

W You're the one watching, why?

M Some janitor _____.

W Yeah, _____.

Q What is true about the janitor?

(a) The janitor was not happy with his job.

(b) The janitor was told by his boss to _____.

(c) The janitor went to the post office.

(d) The janitor got really angry and violent.

38 M Monica is _____.

W Yeah, I think so too.

M Abby as well, don't you think?

W Not as sweet as Monica though.

M She's real sweet too. But what do you think of Abby?

W Don't you think _____?

Q What does the woman mean?

(a) Abby is excessively sweet.

(b) Abby is sweeter than Monica.

(c) Abby is _____ Monica.

(d) Abby is really not a sweet person.

39 M What happened to Chandler? _____.

W　Didn't you hear about it?

M　I wouldn't have asked if I did.

W　He lost a fortune at the casino last week.

M　And I guess his wife _____.

W　You guessed right.

M　_____.

Q　What does the man mean?

(a) Chandler is a fool.

(b) Chandler will die soon.

(c) Chandler is so quick to spend money.

(d) Chandler will _____.

40　W　Phoebe is in for big trouble.

M　_____?

W　Mike _____ her tonight.

M　For real?

W　Uh huh.

M　Who told you that?

W　_____.

Q　What does the woman mean?

(a) She talked to a little bird.

(b) She can talk to birds.

(c) She doesn't want to tell who.

(d) She _____.

41　M　Please, _____.

W　I said no.

M　Is there anything that could _____?

W　There's absolutely nothing that could ever change my mind.

M　How about my new Mini Cooper?

W　No. I wouldn't give up my car, _____.

Q　What does the woman mean?

(a) She'd give up her car if she were given Tea.

(b) She'd never give up her car even if he takes her to China.

(c) She'd never give up her car _____.

(d) She'd give up her car on one condition.

42 M I need some new batteries for my alarm clock.

W Aren't those batteries new?

M _____.

W But it's too late.

M Let's drive to Macy's.

W _____.

Q What can be inferred about Macy's?

(a) Macy's _____.

(b) Macy's is a big store.

(c) Macy's is a popular store.

(d) Macy's house _____.

43 M What's the rush, Janice?

W Ross, have you seen Prof. Gunther?

M I heard _____.

W _____.

M But he might still be at the lobby.

W Alright, thanks.

M But you have to get your skates on _____.

Q What does the man mean?

(a) The woman _____.

(b) The woman forgot her skates.

(c) The woman might not catch Prof. Gunther.

(d) The woman _____.

44 M If Joey _____.

W Don't worry.

M That's easy for you to say. _____.

W I know what kind of person he is. _____.

M That's what I like about you. _____.

W Not necessarily.

Q What can be inferred about the woman?

(a) She is an optimistic person.

(b) She's also worried but _____.

(c) She thinks it's not necessary to be optimistic.

(d) She doesn't know _____.

45 M Who do you think is best model for our next project?

W Danny Stevens.

M Didn't I tell you we need an Asian man?

W How about Richard Lee?

M He _____, but I think
_____.

W Now that you've mentioned it.

Q What can be inferred from the conversation?

(a) Richard Lee won't get the project.

(b) The woman was happy that Richard Lee was mentioned.

(c) They _____.

(d) Richard Lee is a popular model.

Part IV

46 Dry cleaning is a process of using non-water-based solvents _____
_____. The possibility of using petroleum based solvents as cleaning agents was first discovered in the mid-19th century by French dye-works owner Jean Baptiste Jolly. He noticed after his maid spilled kerosene on his tablecloth, it became cleaner. _____, he developed a service to clean other people's clothes in this manner, which he termed 'nettoyage a sec,' or 'dry cleaning' in English.

Q What is the passage about?

(a) The other uses of petroleum

(b) How Jean Baptiste Jolly rose to fame

(c) The history of dry cleaning

(d) _____

47 For centuries, _____. Greek writers recorded it as an existing dish in ancient Persia, usually roasted whole at banquets. In ancient Rome, Emperor Heliogabalus enjoyed camel's heel. Camel meat has had a long cultural history in certain arid regions _____.

Camel meat is the rarest and most prized source of pastirma in the Middle East.
_____, camel blood is also a valuable item in northern
Kenya, where it _____.

Q   What is true about camel meat according to the passage?

(a) Camel meat _____.

(b) Camel meat out-fames beef in the Middle East.

(c) Camel meat has long been consumed by people.

(d) Camel meat _____.

48   A term coined by John Wall in 1983, Cryptozoology is the search for animals that are
believed to exist, but for which conclusive evidence is missing. The field also includes
the search for known animals believed to be extinct. Legitimacy is what many
cryptozoologists strive for as until now, _____
_____. Cryptozoology is often considered a pseudoscience
_____. Most disapproval from the mainstream
scientific community is directed at advocates of the existence of creatures like the
Bigfoot and the Loch Ness Monster, creatures whose existence still remain unverified
and _____ by conventional scientists.

Q   Why do cryptozoologists strive for legitimacy?

(a) Because the field is considered a pseudoscience.

(b) Because they _____.

(c) Because they want their efforts to be recognized.

(d) Because they are also doing their job _____.

49   First published in 1982, the *Forbes* 400 or 400 Richest Americans is a list published by
Forbes Magazine of the 400 wealthiest Americans ranked by net worth. _____
_____. As of 2007, there are 946 billionaires on this list
altogether. On April 11ᵗʰ, 2007, *Forbes* reported that telecommunications tycoon Carlos
Slim Helu had become the world's second richest man. Later, on August 4ᵗʰ, 2007, the
Wall Street Journal, and on August 6ᵗʰ, 2007, *Fortune* Magazine reported that Carlos
Slim Helu had surpassed Bill Gates' position _____.
However, _____ the real ranking is
changing every day.

Q   Which is correct about the billionaire ranking according to the passage?

(a) Anyone can be in the rank.

(b) The rank _____.

(c) The rank doesn't change much anymore.

(d) Bill Gates is still the richest man in the world.

50 iPhone's 3.5 liquid crystal display HVGA touch screen is topped with optical-quality, scratch-resistant glass. It is specifically created for use with a finger, or multiple fingers for multi-touch sensing. One needs no stylus, nor can use one because the screen is a capacitive touch screen. _____, unless wearing electrically conductive gloves, _____.

Q What is the passage about?

(a) The features of an iPhone

(b) Criticism of iPhone's touchpad

(c) Why one needs an iPhone

(d) _____

51 In a French book *Louis Vuitton, A French Saga* by journalist Stephanie Bonvicini, the members of the Vuitton family are told to have actively aided the puppet government led by Marshal Philippe Petain and have increased their wealth from their business affairs with the Germans. During the German occupation of France in the Second World War, Louis Vuitton collaborated with the Nazis. _____,
a sign at the entrance of the main Louis Vuitton storefront in Paris read "No dogs. No Jews." A spokesman for LVMH said _____,
"This is ancient history. The book covers a period when it was family-run and long before it became part of LVMH. We are diverse, tolerant and all the things a modern company should be."

Q What can be said about the spokesman's response?

(a) The response was highly defensive.

(b) The company _____.

(c) The company _____.

(d) The response showed that the spokesman knows what he's saying.

52 Adam Smith entered the University of Glasgow _____,
where he studied moral philosophy under Francis Hutcheson. Smith developed _____. He was awarded the Snell Exhibition and entered Balliol College, Oxford in 1740, and left the university in 1746. In Book V of The Wealth of Nations, Smith comments on how low the quality of instruction and how meager the intellectual activity is at English universities when _____. He attributed this both to the rich endowments of the colleges at Oxford and Cambridge.

Q Which is correct about Adam Smith according to the passage?

(a) He was _____.

(b) He rose to fame because of his education.

(c) He wrote so many books.

(d) He criticized a lot _____.

53 Baseball is also known as America's pastime, but fans can be found in several other countries as well. The history of baseball in Canada _____ that of the sport in the United States. The first formal baseball league outside of the United States and Canada was founded in 1878 in Cuba. Between the world wars, professional baseball leagues _____, including the Netherlands(1922), Australia(1934), Japan(1936), and Puerto Rico(1938). After World War II, professional leagues were founded in Italy(1948) and in many Latin American nations, most prominently Venezuela(1945), Mexico(1945), and the Dominican Republic(1951). _____, Taiwan(1990), and China(2003) all have professional leagues. Many European countries have pro leagues as well. The most successful are the Dutch and the Italian leagues founded in 1948. Since the early 1970s, the annual Caribbean Series has matched the league-winning clubs from Puerto Rico, Venezuela, Mexico, and the Dominican Republic.

Q What is the passage about?

(a) The history of baseball

(b) How baseball became global.

(c) Why baseball is known as America's pastime.

(d) _____.

54 George Carlin has often denounced the idea of God in interviews and performances most notably with his *Invisible Man in the Sky* and *There Is No God* routines. He invented the parody religion Frisbeetarianism, the belief that when one dies "his soul gets flung onto a roof, and just stays there", and cannot be retrieved, to mock existing religions. Carlin jokes about worshiping the Sun, because he can actually see it, but prays to Joe Pesci _____!'
Moreover, Carlin introduced the "Two Commandments", a revised 'pocket-sized' list of the Ten Commandments in his HBO special Complaints and Grievances, ending with the additional commandment of "Thou shalt keep thy religion to thyself." Carlin

_____.

Q What can be inferred from the passage about Carlin?

(a) He is a practicing Roman Catholic.

(b) He _____.

(c) He is a famous comedian.

(d) He is loved by many.

55 Color Symbolism refers to the use of color as a symbol _____
_____, while Color Psychology refers to a field of psychology
devoted to analyzing the effect of color _____.
It is important _____ Psychology with Color
Symbolism. For example, symbolically, red may be used to indicate danger, largely
because reds have the illusion of appearing nearer than other colors and, therefore
have greater impact. On the other hand, in Color Psychology, the colors of danger are
yellow and black. In Color Symbolism, green means envy in many cultures, _____
_____.

Q Which is correct about Color Psychology according to the passage?

(a) It is a new science.

(b) It is a field of psychology.

(c) It has been studied extensively.

(d) It _____.

56 Unlike in modern Western culture where kissing is commonly viewed as an expression
of affection, in many parts of the world _____.
Kissing was only considered proper when between two men, two women, or parents
kissing their children in Middle Eastern countries, and was not looked upon as a sexual
expression. In Native American, African, and Polynesian cultures, kissing was not
known _____.
Until recently, in Eastern European countries, kissing between two men on the lips as
a greeting or a farewell _____.
However, this custom has nearly died out because of Western influence.

Q Which is correct about kissing according to the passage?

(a) Kissing means different things in different countries.

(b) It is ok to kiss _____.

(c) Kissing is a sign of affection.

(d) Kissing is a _____.

57 A red tide may be pretty, _____. When toxins are
present in the water, massive fish kills occur. Humans swimming in a red tide can also
experience eye and skin irritations. Immense fish kills have been reported in California,
the Gulf of Mexico, Japan, Peru, Africa, and Australia. Another effect of red tide is
shellfish poisoning. Mollusks, such as clams, scallops, and mussels, are filter feeders;
they eat plankton and filter the cells out of the water. When shellfishes eat toxic
plankton, the toxins are collected in a special organ and _____
_____. However, the problem comes when humans
consume the poisoned shellfish. Within an hour, the poison affects the nervous

system, and the victim experiences a numbing of the lips, tongue, and fingertips.
_____. If kept alive by artificial respiration, the victim can be treated. Unfortunately, _____,
and are usually not diagnosed and treated until it is too late.

Q What happens when humans eat poisoned shellfish?

(a) They _____.

(b) They should be taken to the nearest hospital.

(c) They might _____.

(d) Their nervous system is affected but _____.

58 A future theme park will be constructed in the vicinity of Seoul, Universal Studios South Korea. _____, the park would become the sixth Universal Studios theme park in the world, and the fourth in Asia, after Universal Studios Japan and the future Universal Studios Dubai and Universal Studios Singapore. _____
includes Universal Parks and Resorts, USKOR and Associates, and POSCO Engineering.

Q Which is correct about Universal Studios South Korea according to the passage?

(a) It will be the sixth of its kind in Asia.

(b) It will be the biggest of its kind in the world.

(c) It will _____.

(d) It will be constructed somewhere near Seoul.

59 Instant noodles have become a popular food in different corners of the globe, though they have gone through changes in flavor _____.
Because of the recent Chinese immigration wave, _____
_____. In Germany, there are two types of ramen. The first, generally called Instant-Nudeln, is the westernized version. The second type is actually called Ramen, and it is similar to traditional ramen in Asia. In the Philippines, instant noodles are usually eaten by the poor people together with porridges and dried fish. Some other citizens also buy instant noodles for snacks, and breakfast.
_____, despite the wide availability of the instant noodles, it is a common belief in Russia that _____.

Q Which is correct about instant noodles in some parts of the world?

(a) Instant noodles _____.

(b) Instant noodles are not well accepted.

(c) Instant noodles _____.

(d) Instant noodles are considered food for poor people in the Philippines.

60 A power-nap is a short sleep which terminates before the occurrence of deep sleep or Slow-Wave-Sleep(SWS), intended to invigorate the subject from sleepiness quickly. The term power-nap was coined by Cornell University social psychologist James Maas. In modern society, _____ _____. However, the power nap depicts an opposite picture, bringing clarity, energy and concentration for those who practice it. _____, including for example the former French president Jacques Chirac.

Q Which is correct about power napping according to the report?

(a) It is a good way to relax.

(b) It is intended for famous people only.

(c) It is a _____.

(d) It _____.

Actual Test 2

1 M I _____. Do you have any aspirin?

    W _____

    (a) Yes, I think _____.

    (b) Yes, I think I can have some too.

    (c) Yes, I think _____.

    (d) Yes, I think you're right.

2 M Do you like any sport _____?

    W _____

    (a) I love to dance.

    (b) I'm a soccer fan.

    (c) I _____.

    (d) I don't play soccer.

3 M What did the weatherman say today?

    W _____

    (a) I think it's going to be a lovely day today.

    (b) I think winter is going to come early this year.

    (c) He said _____.

    (d) He said it would _____.

4 M Isn't it very hot?

    W _____

    (a) Yes, _____.

    (b) Yes, let's ask them.

    (c) Yes, but _____.

    (d) Yes, but it still works.

5 M How is your business doing?

    W _____

    (a) I'm _____.

(b) It has been renovated.

(c) I'm _____.

(d) It _____.

6   M   Are you serious about resigning?

W   _____

(a) Yes, I'm moving to the US next month.

(b) Yes, _____.

(c) Yes, I'm in a serious relationship.

(d) Yes, _____.

7   M   Who do you work for?

W   _____

(a) I _____.

(b) I work for Dr. Geller.

(c) I _____.

(d) I work 24 hours a day.

8   M   What time do you usually _____?

W   _____

(a) _____ in the evening.

(b) Usually, _____.

(c) I'm afraid _____.

(d) 5 o'clock is fine.

9   M   What's your height?

W   _____

(a) _____.

(b) I'm 150 lbs.

(c) I'm leaving at 5 in the afternoon.

(d) _____.

10   M   What did you major in?

W   _____

(a) Agriculture is a _____.

(b) My major is _____.

(c) I'm majoring in _____.

(d) I majored in _____.

11　M　Don't you think _____?

　　　W　_____

(a) I plan to settle down in the future.

(b) Yes, _____.

(c) _____.

(d) No, I can't give up now.

12　M　How old _____?

　　　W　_____

(a) I think _____.

(b) I think you're single.

(c) I'd say _____.

(d) _____.

13　M　Do you have any children?

　　　W　_____

(a) I have three.

(b) I love children.

(c) _____.

(d) I don't know.

14　M　Do you live with your parents?

　　　W　_____

(a) No, just with my mom.

(b) I lost my parents _____.

(c) No, they don't live there anymore.

(d) I _____.

15　M　_____, Dr. Green?

　　　W　_____

(a) You were talking about the prescription.

(b) You are at the meeting.

(c) You _____.

(d) You _____.

Part II

16 M I have something to tell you.

    W What is it about?

    M Please, listen carefully.

    W _____

(a) If you don't mind.

(b) _____.

(c) I know.

(d) _____.

17 M So, you wanna know about it?

    W Come on. Give.

    M _____ Mr. Richardson is going to be fired.

    W _____

(a) That's terrible.

(b) _____?

(c) I heard _____.

(d) So are you.

18 W I heard Mr. Lee is going to _____.

    M That's great. But _____?

    W He told me. But _____.

    M _____

(a) Alright. I can't do that.

(b) Alright. _____.

(c) Alright. I will let you know.

(d) Alright. He won't.

19 W May I see your passport please?

M   Here you are.

W   What's the purpose of your visit?

M   _____

(a) I'm here for business.

(b) I'll _____.

(c) I hope to have a good time here.

(d) _____.

20   M   _____?

W   No, just a one-way ticket.

M   Which type of seat do you prefer?

W   _____

(a) Thanks for the seat.

(b) A window seat, please.

(c) _____.

(d) Which do you think would look good?

21   M   Please _____.

W   Alright.

M   Your baggage exceeds the limit. _____.

W   _____

(a) That's terrible.

(b) OK. _____.

(c) _____.

(d) I can't give you that kind of money.

22   W   May I help you?

M   I'd like to _____.

W   You can choose from these.

M   _____

(a) I'll take this one. And _____.

(b) I'll take this one. _____?

(c) I'll take this one. Bye!

(d) I'll take this one. _____?

23 M Do you have that book called *Seven Ways*?

  W I'm sorry, but _____.

  M _____?

  W _____

  (a) I don't expect him to leave so soon.

  (b) Please come back on Saturday.

  (c) On my desk. Tomorrow afternoon.

  (d) _____.

24 M How long does the paper have to be?

  W Ten pages _____.

  M _____?

  W _____

  (a) You are _____.

  (b) You must hand in your paper by next Friday.

  (c) Your May installment was due.

  (d) You must _____.

25 M How are Dr. Steel's lectures?

  W _____.

  M How does he give grades?

  W _____

  (a) He _____.

  (b) He grades students by how many pages we write.

  (c) He _____.

  (d) He does all the grading in his office.

26 M How did you get to know him?

  W We both worked at Samsung _____.

  M Did you two _____?

  W _____

  (a) We _____.

  (b) He couldn't work for he was ill.

  (c) We actually became good friends.

  (d) I don't _____.

27 M Thinking about the result of the exam _____.

W Just relax. Let's do something else _____.

M So, what do you suggest?

W _____

(a) Let's _____.

(b) Let's see the results.

(c) Let's _____.

(d) Let's _____.

28 M May I please speak to Mr. Kent?

W He _____.

M Do you happen to know _____?

W _____

(a) You can ask his assistant.

(b) Sorry, _____.

(c) Around 10 am.

(d) I don't really remember him.

29 M Were there any calls for me?

W _____.

M Did he say anything?

W _____

(a) I'll be right back.

(b) _____.

(c) I'm not sure.

(d) _____.

30 M Is she _____?

W She is Ms. Tomika Smith.

M How is she?

W _____

(a) _____.

(b) She's fine, Thank you.

(c) They say that _____.

(d) She's a friend of mine.

31 M Do you have anything planned for tonight?

W _____.

M Sure, _____.

W Did you plan anything special?

M I was hoping that we both could see a movie _____.

W Well, _____! You just got lucky.

Q What does the woman mean?

(a) The man is very lucky.

(b) She's doesn't have _____.

(c) She might not _____.

(d) She is asking the man a question about being lucky.

32 M _____ that new restaurant on 5th avenue?

W No, not yet.

M _____.

W The people from human resources went there last night.

M And.

W And I heard they really liked it.

M _____.

Q What does the man mean?

(a) He wants to go to the new restaurant.

(b) He suggests they _____.

(c) He wants to _____.

(d) He is not interested about the new restaurant.

33 M You look uneasy. What's up?

W I hope Lex isn't mad at me.

M _____?

W I _____ last night.

M So what if he is?

W He might do something stupid again.

M I think _____.

Q What does the man mean?

(a) Lex _____.

(b) Lex _____.

(c) Lex arrived late for work today.

(d) Lex is not intelligent.

34 M Am I late already?

W The meeting has already started.

M Great!

W You _____.

M Is he angry?

W No, he's not. _____.

Q What does the woman mean?

(a) Mr. Scott is not angry.

(b) Mr. Scott _____.

(c) Mr. Scott is a furious person.

(d) Mr. Scott is waiting for him.

35 M So, I guess _____.

W Suit yourself.

M _____?

W Yeah, take whatever you want.

M _____?

W Don't even think about it.

Q What can be inferred from the conversation?

(a) The man can't think about anything.

(b) The man can't really get anything done.

(c) The man _____.

(d) The man can get anything except for the car key.

36 M So, _____?

W I couldn't feel any better.

M Whew! _____.

W I'm sorry about that.

M So what did the doctor say?

W _____.

M Thank God!

Q What can be inferred from the conversation?

(a) The woman's tumor is not cancerous.

(b) The woman is very ill.

(c) The woman _____.

(d) The woman will _____.

37 M I had the best time.

W _____.

M Will we ever see each other again?

W Of course, we will.

M So, I guess this is goodbye.

W _____.

Q What does the woman mean?

(a) Goodbyes are _____.

(b) They _____.

(c) They are not going to see each other forever.

(d) The woman will always remember the man.

38 W Is everyone ready?

M I guess.

W _____?

M Positive. I made sure _____.

W What about Ken?

M He's at the back with the kids.

W So, _____?

M _____.

Q What does the man mean?

(a) They can't wait any longer for the others.

(b) They should _____.

(c) They should get going.

(d) They should get into their car.

39 M So what do you think of this restaurant?

W This place is amazing.

M _____?

W Yes, and you were right about the whole thing.

M But, _____?

W Even so. _____.

Q What does the woman feel about the restaurant?

(a) She loves it very much.

(b) She _____.

(c) She is disappointed.

(d) She _____.

40 M Excuse me. Where's the nearest convenience store from here.

W You can find it _____ from that news stand over there.

M Thank you.

W No problem.

M And... one more thing. _____?

W It's just across from the convenience store.

M _____.

Q Which of the following is NOT true?

(a) The man _____.

(b) The man _____.

(c) The man is looking for a convenience store.

(d) The man is looking for a laundromat.

41 M It's 9 am and _____.

W Why is that?

M It's our boss.

W What is it about him?

M It's awful having to work with a boss who's _____.

W Oh, _____.

Q What does the woman mean?

(a) She _____.

(b) She wants to know more.

(c) She is _____.

(d) She loves the boss.

42

W How are you feeling now?

M I haven't had any sleep yet.

W _____.

M Don't be. I'm going to be fine.

W _____?

M Not good. That's one big problem.

W Why?

M They say my explanations are _____.

Q What does the man mean?

(a) He was fetched by the investigators _____.

(b) He's _____.

(c) The inspectors didn't believe him.

(d) The explanations were impressive.

43

W Have you decided yet?

M It's really hard to decide.

W How about this one instead?

M I really want this one, _____.

W I'm sorry. _____.

M How about a little bit more?

W _____, sir.

Q What can be inferred from the conversation?

(a) They are having a meeting.

(b) The man is asking for a higher price.

(c) The woman thinks _____.

(d) The woman can't give anymore discount.

44

W Be a _____.

M Can't you see that I am?

W You are, but it won't hurt to be just a little bit more.

M Are you trying to say that _____?

W I didn't say that.

M _____.

Q What does the man mean?

(a) He really is a conscientious man.

(b) The woman's opinion doesn't matter.

(c) He doesn't want to _____.

(d) He doesn't care _____.

45 W When are these deliveries due?

M Let me check.

W So?

M Records say _____.

W And when is that?

M On Thursday.

W You mean today?

M Oh my, _____.

Q What is true about the conversation?

(a) The deliveries won't be due for another day.

(b) The papers _____.

(c) The deliveries are due today.

(d) The deliveries _____.

Part IV

46 Turkish miniatures made during the Ottoman Empire _____
_____. These young men and boys called 'kochecks'
are shown doing public performances. _____, the
Sultan employed a troupe of these male dancers because of their popularity. It has
long been assumed that these dancers were female impersonators because they
performed in wide flamboyant skirts. _____, shows that
this was merely a costume worn for the dramatic effect caused by the swirling fabric.
_____, but the ordinary dress of all women, which
consisted of a pair of 'harem pants', a long shirt, tight fitting vest covered by a flowing
robe tied at the waist by a belt or shawl.

Q What is the main idea of the passage?

(a) The evidence of the existence of male belly dancers

(b) _____ in the Ottoman Empire

(c) Turkish miniatures

(d) _____

47 Foie gras, French for 'fat liver', is the liver of a duck or a goose _____ _____. Foie gras is one of the most popular delicacies in French cuisine and its flavor is described as rich, buttery, and delicate, _____ _____. Foie gras can be sold whole, or prepared into mousse, parfait, or pt which is the lowest quality, and is typically _____ _____, such as toast or steak.

Q Which is correct about the Foie gras according to the passage?

(a) Foie gras is a _____.

(b) Foie gras is made from fattened duck or goose.

(c) Foie gras comes with butter.

(d) Foie gras can be served as an accompaniment to other dishes.

48 Boyz II Men is an American R&B/soul singing group from Philadelphia, Pennsylvania. _____. However, they found fame as a quartet with members Nathan Morris, Michael McCary, Shawn Stockman, and Wanya Morris, as Marc Nelson left the group. Boyz II Men is the most successful R&B male vocal group of all time. Between 1992 and 1997, _____ and has since sold more than 60 million records. Three of its #1 hits, "End of the Road", "I'll Make Love to You", and "One Sweet Day" with Mariah Carey, set and broke records for the longest period of time a single remained at #1 on the Billboard Hot 100. Although "On Bended Knee" did not break any records it was still an immensely popular song that reached #1 and made Boyz II Men the third artists, behind Elvis and The Beatles, _____ _____.

Q Which is correct according to the passage?

(a) Boyz II men is a very successful Hiphop group.

(b) The members of Boyz II Men _____.

(c) Boyz II Men _____ Mariah Carey.

(d) Boyz II Men sold over 100 million records.

49 The iMac is a desktop Macintosh computer designed and built by Apple, Inc. It has been a large part of Apple's consumer desktop offerings _____ _____ and has evolved through three distinct forms. _____, the G3, the iMac was egg-shaped with a CRT monitor and was mainly enclosed by colored, translucent plastic. The second major revision, the G4, moved to a design of a hemispherical base containing all the main components and an LCD monitor on a freely-moving arm _____ _____. The iMac G5 and the Intel iMac placed all the components immediately behind the monitor, creating a slim design which

_____. The current iMac shares the same form as the previous models but is now thinner and _____.

Q What can be said about the iMac according to the article?

(a) The iMac _____.

(b) The iMac is not as popular as the PC.

(c) The iMac _____.

(d) The iMac _____.

50 The operation of a yo-yo comes from rotational inertia causing the string to be wound in the opposite direction returning the yo-yo. When the string is connected to the shaft with a loop, the yo-yo will _____ _____ unless the yo-yo is jerked slightly allowing the slack string to bind and allowing return. Patents have been issued to create more complicated mechanisms _____.

Q What is the main idea of the passage?

(a) Yo-yo patents

(b) _____

(c) _____

(d) How the yo-yo was invented

51 I have written to you several times over the past three months requesting an explanation on why you have failed to bring your account with us current. By ignoring these requests, you are damaging _____ _____. In addition, you are incurring additional expense to yourself and to us. _____ _____, I will have no other choice but to turn your account over for collection. I am sorry that we must take such drastic action but _____ _____. You can preserve your credit rating by remitting your check today for the amount stated above.

Q What is the letter about?

(a) _____

(b) Money-back guarantee

(c) _____

(d) 10-day notice before disconnection

52 Creatures at the bottom of the sea do not know what light is. _____ _____. For them there is no day or night. There are no seasons, no sun, no moon, and no stars. It is as if being locked in a dark empty room.

_____! Sight shows us the world and everything in it and around it - the sun, moon, and stars, _____. _____. Through our ears, we hear voices of the people we love, the sound of the sea, and music. We feel, we taste, and we smell. _____!

Q What is the talk about?

(a) Creatures _____

(b) Human senses

(c) How wonderful our lives are

(d) _____

53 North America has four great slopes - _____, one slope that rivers flow down toward the Hudson Bay and Arctic Ocean, one slope that rivers flow down toward the Gulf of Mexico, and one slope that rivers flow down toward the Pacific Ocean. Land also slopes toward the Great Lakes, but water there empties into the St. Lawrence River and _____.

Q What is the main idea of the passage?

(a) North American rivers

(b) The importance of slopes

(c) _____

(d) The waters of North America

54 Some American Indians grow corn, sunflowers, squash, beans, and pumpkins in garden plots. _____, they must first kill the trees in certain areas by means of cutting. _____ or with the bone of a deer or buffalo. They sometimes use a fire-sharpened stick to dig. Some Indians put a dead fish into the hole where they plant the corn _____.

Q What is the main idea of the lecture?

(a) American Indian _____

(b) American Indian _____

(c) American Indian hunting

(d) American Indian vegetables

55 At any beach you can see _____. Something is pulling the water up. Did you know that the moon is responsible for it? "How can it pull?" You might ask. _____. All matter everywhere pulls all other matter everywhere. The bigger the object, the greater the pull. _____ _____, and it pulls the water on the earth. The moon

pulls the water facing the moon. Whenever you see high tide, you know _____
_____ .

Q According to the lecture, what affects everything?

(a) The moon

(b) The Earth

(c) Tides

(d) Gravity

56 Investigators found two black boxes, _____,
during the afternoon of the day of the crash. Weather conditions were reported to be
good at the time of the flight, with a visibility of 12 kilometers, and _____
_____ . The pilots were experienced and had just come
out of a routine training session a few days before the accident, as reported by the
Anatolian News Agency. Speculation on the quality of technical attention the aircraft
received by World Focus Airlines has received major attention by the Turkish media.

Q What is the article about?

(a) The investigation made by Turkish media about a plane crash

(b) _____

(c) Details concerning a plane crash in Turkey

(d) Findings of an investigation regarding a plane crash in Turkey

57 Jens of Greenland of the Arctic Region, complained, "This isn't our weather. _____
_____", as he knelt on his dogsled, as it bumped
through the glinting ruins of a frozen sea. He called out, "Haru, Haru(Go left, Go left)."
"Atsuk, Atsuk(Go right, Go right)." _____ .
Then the 13 dogs in his team moved warily on their way. Jens further complained,
" _____ ."

Q What does the paragraph state?

(a) The condition of Greenland

(b) _____

(c) A weather change in Greenland

(d) Weather changes _____

58 To Elie Wiesel, a Nobel Peace Prize Lauriate, _____
_____ . He said, "The tragedy I know best because I was personally
involved in it. The holocaust, _____ the murderers and
the bystanders. How can you be a bystander? We Jews, suffered not just from what
was inflicted on us by the perpetrators but also _____ .

If those of us in the camps had known at the time that our friends were not ignorant but indifferent, _____."

Q Which is the best idea emphasized here?

(a) The Jews became understood because of Elie Wiesel, a Nobel Peace Prize Lauriate.

(b) The Jews are around the world _____.

(c) Elie Wiesel's Nazi experience made him strong and popular.

(d) The Jews suffered a lot in the war _____.

59 Words grow as languages grow; not only that, _____.
The word, genocide, for example, was originally coined in 1984 by Raphael Lemkin—a Polish-Jewish scholar whose family almost all died in the Nazi Holocaust. He coined it from the Greek genos, meaning tribe or family, and the Latin cide meaning kill. Four years later, after the Nuremburg trials, the crime of genocide was recognized by the United Nations as a deliberate destruction or annihilation of a racial, religious or ethnic group. Today, however, _____.

Q What is the main idea of the passage?

(a) The origin and meanings of genocide

(b) _____

(c) Raphael Lemkin—the Polish-Jewish scholar and linguist

(d) _____

60 Up until the mid-1980s small local soccer clubs in England had managed to stay financially afloat by sharing revenue from gate admission fees. So when the system was eliminated in 1985, _____
and the premiership teams would take away a much larger piece of the revenue pie. But over the years it turned out that critics had underestimated the notorious devotion of English soccer fans to their clubs.

Q What can be inferred about English soccer fans?

(a) They _____.

(b) Most of their clubs disbanded after 1985.

(c) They _____.

(d) Premiership team stadiums sold larger pies to them.

Actual Test 3

1 M It seems like rain. _____?

   W _____

   (a) We'd better hurry.

   (b) _____.

   (c) I can hardly wait.

   (d) _____.

2 M What time will Mr. Clark arrive?

   W _____

   (a) At the train station.

   (b) _____.

   (c) At the door.

   (d) At night.

3 M Isn't that Bill Rogers from Lincoln High?

   W _____

   (a) Yes, _____.

   (b) Yes, _____.

   (c) Roger, boss.

   (d) Yes, he's from Lincoln High.

4 M Have you eaten lunch yet?

   W _____

   (a) Not yet. Can you wait for me?

   (b) Sure, _____.

   (c) Yes, the food there is good.

   (d) Yes, _____.

5 M Can I _____?

   W _____

   (a) Thank you, but I think I can do it.

(b) Thank you, _____.

(c) Thank you, _____.

(d) Thank you, I love it.

6　M　Were they able to repair the coffee maker yesterday?

　　W　_____

(a) No, _____.

(b) Yes, the coffee is good.

(c) No, they were not repair men.

(d) Yes, _____.

7　M　Can't you come a bit early tomorrow?

　　W　_____

(a) Yes, the cans will arrive early.

(b) Sure, _____.

(c) Maybe, but not tomorrow.

(d) _____.

8　M　Will this one do?

　　W　_____

(a) Yes, _____.

(b) Absolutely, _____.

(c) They didn't do it.

(d) Certainly, the color is perfect.

9　M　_____ for the dance?

　　W　_____

(a) Sorry, someone has already asked me.

(b) Sorry, _____.

(c) Sorry, I don't think she can dance.

(d) Sorry, _____.

10　M　How much will it cost me?

　　W　_____

(a) I'll be cast as a policeman.

(b) _____.

(c) Around $100.

(d) $1000 is very expensive.

11 M May I speak with Rachel Green?

W _____

(a) One moment please.

(b) I didn't know you like Green.

(c) She _____.

(d) She has a message.

12 M Where did you spend your holiday?

W _____

(a) France would be perfect.

(b) _____.

(c) The holidays are fast approaching.

(d) _____.

13 M Isn't she a _____!

W _____

(a) Yes, she is.

(b) Yes, she's little.

(c) Yes, _____.

(d) Yes, she's a girl.

14 M Don't you think the weather is better today?

W _____

(a) _____.

(b) Yes, _____.

(c) Better than ever.

(d) Yes, _____.

15 M How was the lecture?

W _____

(a) It was very _____.

(b) It was very _____.

(c) It was Mr. Brown.

(d) I don't know the lecturer's name.

Part II

16 M The gas price _____.

    W Has it? _____?

    M Read this.

    W _____

(a) We'd better start saving on gas.

(b) What happened?

(c) It's very interesting.

(d) _____.

17 M I think I've heard this song before.

    W It _____.

    M Can you guess _____?

    W _____

(a) I don't know who the singer is.

(b) I think _____.

(c) Maybe, a new song.

(d) _____.

18 W Welcome to _____.

    M What a lovely apartment you have!

    W Do you really think so?

    M _____

(a) I was just _____.

(b) Well, it's better than mine.

(c) I think _____.

(d) I think you're wonderful.

19 M I need to leave now.

W Ok. _____ .

M I will.

W _____

(a) See you next time.

(b) I see.

(c) _____ .

(d) Let's leave now.

20 W _____ ?

M I'm sorry. _____ .

W What were you doing in here?

M _____

(a) _____ .

(b) I was going through some old files.

(c) I was here a while ago.

(d) I'm not so sure.

21 M Do you _____ ?

W What do you need it for?

M _____ .

W _____

(a) For my son's birthday.

(b) I know that you are kind.

(c) _____ .

(d) How much do you need?

22 W May I help you?

M _____ that digital camera.

W This one, sir?

M _____

(a) No, the other one.

(b) Yes, _____ .

(c) No, I don't think it is right.

(d) Yes, that is perfect.

23 M Where is _____?

W We don't carry any.

M Where do you think I can get some pepper paste?

W _____

(a) _____ in the summer.

(b) Try the Korean specialty shop across the street.

(c) We always _____.

(d) I think there's too much pepper.

24 M How much is it?

W $20, sir.

M Do you _____.

W _____

(a) Oh, not at all.

(b) Ok, I'll check it for you.

(c) We _____.

(d) _____.

25 M May I offer you anything to drink?

W Water is fine.

M _____.

W _____

(a) No problem.

(b) _____.

(c) Sure, where?

(d) _____.

26 M _____ a gift for my son.

W I'd be glad to help you. How old is he?

M He'll be 21 this month.

W _____

(a) That's sad. He's very young.

(b) Then, I think _____.

(c) He loves toy cars.

(d) I suggest you _____.

27 M _____?

    W Buttered lobster tail and poached salmon.

    M _____.

    W _____

    (a) That's not my problem anymore.

    (b) _____?

    (c) You have to decide fast.

    (d) I can't help you with that.

28 M _____?

    W Traffic is terrible.

    M What's new about that?

    W _____

    (a) I mean, cut them some slack.

    (b) As if you care.

    (c) Nothing's new with me.

    (d) Everything is new here.

29 W _____ Steven Spielberg _____?

    M What is it?

    W *The Transformers.*

    M _____

    (a) Nope, _____?

    (b) What do they transform into?

    (c) Nope, what about your mom?

    (d) It will surely be good.

30 M Did you call me last night?

    W Yes, and you didn't answer.

    M I was sleeping.

    W _____

    (a) It's alright.

    (b) _____.

    (c) Did you sleep well?

    (d) I was too.

31 M I'm pooped.

    W So am I.

    M Let's go to the spa.

    W That's a good idea.

    M _____?

    W Yes, it's on 11th avenue.

    M Let's go.

    W Will you drive?

    M Sure.

    Q Why do they want to go to the spa?

    (a) They studied hard.

    (b) They needed a break.

    (c) _____.

    (d) _____.

32 M I'd like to see the Grand Canyon.

    W _____?

    M I don't know. _____.

    W Don't you think we've seen a lot already?

    M Yet, I want to see more.

    W Where do you get all the energy?

    Q What can be said about the man?

    (a) _____.

    (b) He is apologetic.

    (c) _____.

    (d) He is horrific.

33 W I heard Janice's story, and it was very sad.

    M You girls are just too emotional.

    W _____?

    M A million times. _____.

    W You're just too insensitive.

    M Maybe.

W Your heart is made of stone.

Q What does the woman mean?
(a) The man is _____ .
(b) The man is _____ .
(c) The man is _____ .
(d) The man is _____ .

34 M So, _____ our lunch date?

W What's there to be excited about?

M Everything. I mean, we haven't had lunch together
_____ .

W So, _____ ?

M How about Seoul Garden?

W _____ .

M So, what do you suggest?

W It'd be better _____ .

Q What does the woman suggest?
(a) That they _____ from where they are coming.
(b) That they meet somewhere not far.
(c) That they choose a different restaurant.
(d) They _____ .

35 M _____ , please.

W Right away, Mr. Lewis.

M And I need you to contact the suppliers after that.

W I already did.

M Did you cancel my meeting with Mr. Park?

W _____ .

M And my coffee?

W On your desk, Mr. Lewis.

Q What can be said about the woman?
(a) She works _____ .
(b) She works _____ .
(c) She works _____ .
(d) She works _____ .

36 W Wait right here.

M _____?

W I'm not sure, but don't go anywhere.

M Can I at least get an ice cream?

W But _____ when I come back.

M Ok, but _____.

W You can never rush things like this.

M _____.

W _____.

Q What does the woman mean?

(a) She needs _____.

(b) She didn't understand the man.

(c) She will try to come home early.

(d) She doesn't like it when the man talks a lot.

37 M Just look at Ms. Anne.

W _____?

M She looks so kind and gentle.

W You don't know you're talking about.

M What do you mean?

W I mean, _____.

M _____?

W She looks good but _____.

Q What can be said about Ms. Anne?

(a) She is in fact a _____.

(b) She's not _____.

(c) She works at a bakery.

(d) She talks really gently to people.

38 M Do you _____?

W Thanks, _____.

M _____.

W I'm Lisa by the way.

M I'm Michael.

W What do you do here?

M I'm the new _____.

W But _____.

Q What does the woman mean?

(a) She thinks the man is doing his job well.

(b) It is not the man's job to help her.

(c) She thinks _____.

(d) She read _____ already.

39 W Sir, someone's waiting for you outside.

M _____.

W Right away, sir.

M Wait. What did he say his name is?

W I didn't ask. Sorry.

M _____ first, but _____.

W Ok, sir.

Q What can be inferred from the conversation about the man?

(a) He is _____.

(b) He _____.

(c) He doesn't like people.

(d) He likes to hide when people look for him.

40 M I heard _____. Who with?

W Just some people from the head office.

M And who are these 'some people'?

W Why do you want to know?

M Come on, give.

W Ok, Mr. Johnson.

M I knew it! _____?

W I promised to _____.

Q What does the woman mean?

(a) She promised to _____.

(b) She promised not to tell that she went out with Mr. Johnson.

(c) She promised Mr. Johnson something.

(d) She promised _____.

41 W Mr. Kent, may I help you?

M Ms. Granger, _____ our appointment for today.

W What's the matter?

M _____ and I can't meet you at 6 pm.

W I see. Do you want to reschedule it?

M _____.

W Sure, _____.

Q What can be said about the woman's schedule?

(a) It's _____.

(b) It's _____.

(c) It's loaded.

(d) It's _____.

42 M The last time she called, _____.

W Where is she coming from?

M Louisville.

W That's quite near here.

M I know. _____.

W Let's give her 10 more minutes.

M _____?

W _____.

Q What are the man and woman doing according to the conversation?

(a) They are _____.

(b) They are waiting for the food they ordered.

(c) They are _____.

(d) They are waiting for someone.

43 W Drake, Mr. Lawrence needs you in his office.

M Right now?

W Yes.

M _____?

W He didn't say.

M Oh my!

W Oh by the way, _____?

Q What can be inferred from the conversation?

(a) Drake is an _____.

(b) The woman said something bad about Drake to Mr. Lawrence.

(c) Mr. Lawrence is angry about something and Drake has something to do with it.

(d) Drake is the type of person that doesn't _____.

44   W   May I know what happened, sir?

      M   _____. I don't know exactly what the cause is.

      W   Where are you exactly?

      M   Along 16th just across from the Angelica.

      W   _____, sir. I suggest you _____.

      M   I'd appreciate it greatly _____.

      W   Don't worry, sir.

      M   _____.

      Q   What happened to the man?

      (a) His car stalled.

      (b) His car was stolen

      (c) He parked his car _____.

      (d) He _____.

45   W   Do you wish to speak to him?

      M   _____, why not?

      W   _____.

      M   Alright.

      W   He's available on the 25th at 8 in the morning.

      M   _____?

      W   I'm sorry sir, but that is the soonest.

      M   Ok, that's fine.

      Q   What is the man doing?

      (a) He _____.

      (b) He wants to _____.

      (c) He wishes to talk to his boss on the phone.

      (d) He _____.

46 Friends and fellow citizens! I stand before you tonight _____
the alleged crime of having voted at the last presidential election, without having a
lawful right to vote. It shall be my work this evening to prove to you that in thus voting,
_____, but, instead, simply exercised my citizen's
rights, guaranteed to me and all United States citizens by the National Constitution,
_____.

Q What is the speech about?

(a) _____

(b) The presidential election

(c) _____

(d) US citizen's rights

47 Monroeville, Alabama has been drawing 30,000 visitors every year, _____
_____, and churches. It's because of Harper Lee, who
grew up here with another well-known fellow writer—Truman Capote, her childhood
friend. And everyone here knows this. The former is the author of *To Kill a Mocking
Bird*, a Pulitzer Prize Winner in 1960, while the latter was also a known novelist of his
time. This prize-winning novel _____,
vividly seen in its film version, an academy award winner, with Gregory Peck as Atticus
Finch, the lawyer, who defends a black man _____
_____. Yearly, in May, the town presents the play version of the novel. Its
director, Kathy McCoy, says, "We are not merely putting on a play. _____
_____."

Q What is true according to the passage?

(a) Truman Capote equally shares with Harper Lee _____
_____.

(b) Harper Lee cultivated cotton in Monroeville.

(c) Everyone in Monroeville knows Harper Lee very well.

(d) *To Kill a Mocking Bird* _____.

48 She seems almost human. She has such alert eyes, and _____
_____. But she is a pure menace to any prey that
happens to wander within range of those four legs, _____
_____. This is a Mantid, which belongs to roughly
1,800 species, often called Praying Mantises because _____
_____. They are among the world's craftiest hunters.
Camouflage is their art form, helping them hunt prey and hide from predators. For

example, a Burmese flower mantid blends in with a plant's stamens. Furthermore, _____.

Q What is the main idea of the passage?

(a) Mantids, which pray like human beings.

(b) Mantids, whose physical qualities and abilities,
_____.

(c) Mantids with admirable artistic works of some sort.

(d) Mantids, _____.

49 Lewis Simon, a writer for *Newsweek*, wrote about Elie Wiesel, who suffered from the holocaust war, and became the best known _____.
Also, he has the ability to discuss life at its darkest with apparent ease. He is perhaps the most optimistic—at least the most hopeful. Furthermore, Wiesel said "Only human beings can move me to despair and _____."

Q What is the idea about human beings implied in the paragraph?

(a) Human Beings' suffering is a good topic for discussion.

(b) Human Beings _____.

(c) Human Beings are far from animals because of their feelings.

(d) Human Beings _____.

50 _____
—the century of mass murder. From 1915 to 1923, Ottoman Turks slaughtered up to 1.5 million Armenians. In the mid-century, the Nazis liquidated 6 million Jews, three million Soviet POWs, 2 million Poles, _____. Mao Zedong killed 30 million Chinese and the Soviet government murdered 20 million of its people. In the 1970's the communist Khmer Rouge killed 17 million of their fellow Cambodians. In the 1980's and the early 1990's Saddam Hussein's Baath Party killed 100 thousand Kurds. Rwanda's Huta-led military wiped out 100,000 members of the Tutsi minority in the 1990's. _____.

Q What is true according to the paragraph?

(a) _____ because people don't complain against them.

(b) In many parts of the world, there had been mass killings in the past century.

(c) The greed for power is the main course of mass killings.

(d) Mass killings of people are _____.

51 From 1603 to 1867, Japan was very much feudal, isolated nation. It was in this period that the government introduced a policy of a meat prohibition _____

_____. Apparently, they knew earlier that _____, plus the fact it takes longer to cook than fresh vegetables. During these feudal times, only the aboriginal Ainus of Hokkaido Island ate meat and _____. And, since Hokkaido is in the Northern Region and thus colder people there developed dishes full of protein richness and mega amount of calories _____. Thus, Katsudon was invented. It's a dish of cholesterol laden pork, laced with fried egg toped over rice. Another one is Tempura, battered meat or vegetables _____ _____.

Q What is the main idea of the passage?

(a) _____

(b) The diets of the Japanese in the different parts of Japan

(c) The history of the Japanese diet

(d) The Japanese _____

52 Cambodia's Khmer Rouge court opened its first public hearing yesterday(November 21, 2007), which many consider as a landmark moment for a country _____ _____. Judges will hear an appeal by former regime prison chief Duch against his detention by the UN-backed tribunal. Duch, whose real name is Kaing Guek Eav, allegedly oversaw the torture and extermination of 16,000 men, women and children at the Khmer Rouge's Trial Sleng prison during the 1975-1979 rule over Cambodia. _____; becoming the first of the top Khmer Rouge cadre to be detained and _____. However, his lawyers are expected to argue that years spent imprisoned without trial by another court are _____ as legal documents show.

Q What is the Khmer Rouge?

(a) Cosmetic powder _____

(b) A court to try cases unjustly

(c) A period _____

(d) A record of the Cambodian past

53 It is said that a party won't be complete without beer, margarita, tequila etc. Although _____, a majority are pressured to taste a little alcohol _____. Because of peer and co-party pressure, partyphiles forget that they still have to be sober enough to drive after the party. No wonder there is high incidence of vehicular accidents due to drunk driving in many countries. This motivated Jelly Belly, a gourmet candy known worldwide, _____ _____. In the Philippines, for instance, _____ _____.

Q How are Jelly Bellies being used in the Philippines?

(a) As a brand of popular American candy _____

(b) As a gourmet food popular through out America because of its alcohol content

(c) _____

(d) As a gourmet blending of jelly beans candy and drinks for partyphiles

_____

54 As the sayings go, "There is no place like home", "_____"
and "A house is not a home, when there's no one there." _____
_____ they capture the essence and importance of a
home, which is a dwelling place where one finds peace and tranquility, genuine rest
and relaxation. These are commodities hard to come by nowadays because of the
many concerns, worries, and problems adversely affecting life conditions in this
material, competitive world. In deed, _____, after being
away for a vacation or a business trip, or simply after a day of grappling with problems,
home is our place _____.

Q What is a home according to the passage?

(a) It is a _____.

(b) It is a _____.

(c) It is a dwelling place _____.

(d) It is a place for resting and relaxing _____.

55 For her outstanding music career, Celine Dion, a Canadian singer, was honored at the
World Music Awards. _____.
Because of this, she received the highest accolade—the Legend Award at the star-
studded ceremony in Monaco from Prince Albert II. The 39-year-old diva from Quebec
_____ *Taking Chances* the first single
of her fourth coming album of the same name, slated for release later this month.
Furthermore, she holds a World Music Awards prize for the world's best selling female
artist of all time and _____.

Q What is Celine Dion according to the passage?

(a) A Canadian singer _____

(b) A Canadian singer _____

(c) A Canadian singer and composer popular throughout the world

(d) A Canadian singer, based in America who is equally famous as Barbara Streisand

56 Watching *Dragon Ball Z* is like watching _____.
It has the scripted absurdity of wrestling, the metaphor–heavy dialogue of samurai
films and the flesh pounding realism of boxing all tied together by zero gravity fantasy.

The show _____ actual living fighters that has inspired an unorthodox fighting style called Dragon Ball Z Jiu-Jitsu that is now being used in the Ultimate Fighting Championship. Although, *Dragon Ball Z* was made specifically with Japanese kids in mind, _____. This _____ what divides Japanese anime and Western Saturday morning cartoons.

Q What is *Dragon Ball Z* according to the passage?

(a) It is an extraordinary movie about human fights among Japanese kids and adults

_____.

(b) It is a Japanese cartoon superior to American ones _____

_____.

(c) It is a Japanese creation different from its American counterpart in terms of action.

(d) It is a fantastic Japanese anime different from the Western ones _____

_____.

57 At 37, I am not yet old. In my travels, I have realized this: _____

_____. Thanks to cheap flights, and computers, cable TV, mobile phone networks and the spread of commercial franchises that have put restaurants and Pizzeras in big cities as far apart as Baker and Tagucigalpa. And, yes the purpose of travel is the same—_____.

It's a place of enchantment and transformation, which can be arduous to reach, but which promises your understanding of the world and

_____.

Q What does the speaker say about traveling?

(a) It is for the old like him, _____.

(b) It is a personal activity, although expensive, _____.

(c) It is a good way to forget his worries and cares _____.

(d) It is something that gives him _____.

58 Most Krispy Kreme stores are constructed with a long window between the customer area and the kitchen allowing patrons _____.

The machines produce rings of dough, yeast raise, bake, deep-fry, flip, and glaze the doughnuts. These stores have a neon sign that, when lit, usually morning and evening, tells customers that _____.

Some smaller locations, however, bring in their doughnuts from other locations

_____. Krispy Kreme's competitors within the United States include Dunkin' Donuts, Starbucks and Tim Hortons.

Q What does it mean when Krispy Kreme's neon sign is turned on?

(a) Fresh doughnuts are coming off the line.

(b) The store is open to serve customers.

(c) The store _____.

(d) The store _____.

59 In 1965, when Antonio Sanz was 10, an American professor asked his parents if she might take the boy to the U.S. _____. They agreed. _____. Sanz left, but came back to Spain every summer with stories from Philadelphia and boxes of New World artifacts: Super Balls, baseball cards, and Bob Dylan records. _____. Sanz learned fast, and by senior year he outscored most of his honors English classmates in the verbal section of the Scholastic Aptitude Test. By the time he graduated from Hamilton College in Clinton, N.Y., and moved back to Spain, American companies there were nearly as excited. He landed at Procter & Gamble Co. Sanz, now 46 and a father of three, employs his Philadelphia English as an executive at Vodafone PLC in Madrid.

Q What can be inferred from the passage?

(a) Sanz became successful _____.

(b) Sanz is now a known personality in Madrid because of his English skills.

(c) Sanz _____.

(d) Sanz _____.

60 Dusk was falling last Tuesday when news of the attack on America first reached this war-ruined city, Kabul. _____, Afghans held radios to their ears, listening to the static-filled accounts on the Voice of America and the BBC Pastho–and Persian-language services. Because the country's Taliban rulers forbid television, Afghans could see no _____.
The immensity of the World Trade Center had to be described. When an Afghan asked me about the Twin Towers, I compared them to Afghanistan's giant Bamiyan Buddha statues, _____ that the Taliban blasted to dust six months ago.

Q What period of the day did the Afghans learn about the attack?

(a) _____

(b) In the morning

(c) In the middle of the day

(d) _____

Actual Test 4

1 M _____ please?

    W _____

(a) No, you can't.

(b) Sure, _____.

(c) It's Cady, Cady Herron.

(d) Christy is her name.

2 M Did you _____?

    W _____

(a) Yes, I gave it to Tom for his birthday.

(b) Yes, _____.

(c) Yes, I think _____.

(d) Yes, I think you're right.

3 M Will Will be there tonight?

    W _____

(a) Yes, Will _____.

(b) No, _____.

(c) _____.

(d) Yes, I think you're right.

4 W Are you ready to order, sir?

    M _____

(a) Yes, I think _____.

(b) Yes, I think I can order myself.

(c) Not yet, He hasn't arrived.

(d) Not yet, _____.

5 M _____?

    W _____

(a) I'm sorry. We only have one color.

(b) I'm sorry. Red isn't my color.

(c) I'm sorry. Mr. Red can't come.

(d) It does, but only if you cook it right.

6 M When is the deadline?

W _____

(a) It's on me.

(b) March 16th.

(c) It was dead when I arrived.

(d) May 11th is too soon.

7 M Does Prof. Lewis teach paleontology?

W _____

(a) Yes, I think he does.

(b) Yes, he was my _____.

(c) Yes, but he doesn't like them.

(d) Yes, I think he will.

8 M Do you _____?

W _____

(a) I think I'm right.

(b) I think I do.

(c) I think it's really cold.

(d) I think I have some.

9 M _____ here?

W _____

(a) Not at all.

(b) Only if you don't.

(c) _____ in that area.

(d) Maybe, you should ask my mom.

10 M Can you play the piano?

W _____

(a) Yes, I think it's great.

(b) Yes, since I was 7.

(c) Yes, but you need to _____ first.

(d) Yes, I think you will like it.

11 **M** Should I send them back?

W _____

(a) Yes, do send them thank you letters.

(b) Yes, you will be sent back.

(c) No, you can't have them.

(d) Yes, I think _____.

12 **M** Did you cancel the meeting for tonight?

W _____

(a) Yes, I've just finished them all.

(b) Yes, I've informed everyone already.

(c) Yes, I will be there.

(d) Yes, the meeting is tonight.

13 **M** Don't you think it's too sour?

W _____

(a) It's alright to me.

(b) No, I think they loved it.

(c) I think they're correct.

(d) I think it was romantic.

14 **M** Have we met before?

W _____

(a) I don't remember.

(b) _____.

(c) They've already met.

(d) Yes, before, I think it was.

15 **M** How about _____?

W _____

(a) I'll see you tomorrow morning.

(b) _____.

(c) We should meet more often.

(d) I'll see you then.

Part II

16 M Congratulations.

W Thank you.

M _____.

W _____

(a) So were you.

(b) That's great.

(c) _____.

(d) I'd love to.

17 M Did you receive the gift I sent?

W Yes, I did.

M So, what do you think of it?

W _____

(a) _____.

(b) That's great.

(c) I love it.

(d) I think so too.

18 M Can't it wait?

W _____.

M Ok, you may leave.

W _____

(a) Thank you.

(b) I may.

(c) _____.

(d) You're welcome.

19 M Bring them to Mr. Wicker's office.

W Right away, sir.

M Do you know where his office is?

W _____

(a) It's in Australia.

(b) He showed me where the office is.

(c) I know him well.

(d) _____ .

20 W I'm here to see Dr. Lightfoot.

M He's not here _____ .

W _____ ?

M _____

(a) I'm afraid he'll be out _____ .

(b) I'm afraid he'll need to _____ .

(c) I'm afraid that may be the case.

(d) _____ .

21 M Is this Mr. Richardson's office?

W Yes, it is. How may I help you?

M I wish to _____ with him.

W _____

(a) No, you can't.

(b) _____ ?

(c) Who are you?

(d) He can't speak to you at the moment.

22 M _____ all day.

W Mr. Scot asked me to _____ for him.

M _____ .

W _____

(a) Yeah, I left my phone.

(b) Thank you.

(c) I was home alone all night.

(d) Sorry, _____ .

23 M You did a great job today.

 W Thank you.

 M I think _____.

 W _____

  (a) So were you.

  (b) Do you really think so?

  (c) Sure, I will.

  (d) I'd love to.

24 W _____?

 M It's up to you, ma'am.

 W Does 9 am sound too early?

 M _____

  (a) It sounds funny.

  (b) It's just fine.

  (c) 8 am _____.

  (d) Ok, I'll see you tonight.

25 M It's really boring today.

 W Would you like to go somewhere?

 M That's a nice idea.

 W _____

  (a) I think it's really nice.

  (b) Let's _____.

  (c) It is, indeed.

  (d) _____?

26 M I'm sick.

 W _____.

 M Come on. Touch me.

 W _____

  (a) _____.

  (b) Your face is cute.

  (c) You're lucky.

  (d) Your skin is rough.

27 M When did you last talk to Mr. Morris?

W Before he _____.

M Did he ever mention me?

W _____

(a) He told me to wait.

(b) I'll never mention your name ever.

(c) It was mentioned many times.

(d) _____.

28 M _____?

W Here's my business card.

M Thank you. _____.

W _____

(a) I'll contact you soon.

(b) Thanks for the card.

(c) I don't need that.

(d) I will keep it safe.

29 M I need it for Saturday.

W Sorry. We're _____.

M How about on Sunday.

W _____

(a) It's my birthday.

(b) See you then.

(c) At what time?

(d) I'll tell my boss.

30 M I'm _____ today.

W _____.

M Thanks a lot.

W _____

(a) Don't thank me.

(b) _____.

(c) You're the best.

(d) I'd love to.

31 W You're Mr. Daniels, aren't you? _____?

M Not really.

W I'm so sorry. My daughter Reese _____ last night.

M I understand. Kids can sometimes be _____.

W That is if she's still a kid.

M Oh, I see. How old is she anyway?

W Let's just say she got hitched already.

Q What does the woman mean?

(a) Her daughter is married already.

(b) Her daughter is a problem child.

(c) Her daughter has sleeping problems.

(d) Her daughter died already.

32 M It is not right to just _____ here.

W But I thought I'd be for the better.

M It isn't your job _____.

W I was trying to help.

M I know you did _____. But...

W But what? Why does it seem like I made a grave mistake here?

M What I'm trying to say is that next time, don't do someone else's job.

Q What can be implied from the conversation?

(a) The woman is _____ the man.

(b) The woman did something wrong.

(c) The woman is being reprimanded.

(d) The woman is _____ the man.

33 W I'm Kevin's mom, Mrs. Reilly.

M I'm pleased to meet you. _____.

W Thank you.

M Your son has been behaving strangely lately. _____ just _____.

W How badly has he been behaving? Because he's ok at home.

M He acts aggressively towards other kids in his class.

W I heard about it.

M We also _____ other parents about Kevin.

Q Where would you most likely hear this conversation?

(a) Principal's office

(b) Psychiatrist's office

(c) _____

(d) Hospital

34 M What's the problem Ms. Monroe?

W _____ and I haven't been able to sleep for 2 days.

M Have you been working hard lately.

W You could say that.

M _____, you're alright.

W What could be wrong with me?

M I think you just need to _____.

Q What does the man mean?

(a) The woman is pregnant.

(b) The woman needs some breath freshener.

(c) The woman has to breathe properly.

(d) The woman has to _____.

35 M How much is it?

W $300.

M That's too expensive.

W I can sell it for $280.

M Can't you _____?

W Ok, $270.

M Deal.

Q What does the man mean?

(a) He is going to buy it.

(b) He wants the price lower.

(c) He wants to _____.

(d) He is going to buy it later.

36 M I'm looking for a Christmas present for my wife.

W What kind of thing are you looking for?

M I'm not sure. What do you think?

W How about these earrings?

M They're beautiful. How much are they?

W Only $4000.

M It's gonna _____.

Q What does the man mean?

(a) He _____ buy the earrings.

(b) He is willing to exchange his arms and legs for the earrings.

(c) He _____ the beauty of the earrings.

(d) He will buy the earrings.

37 M Sarah, where is Steven?

W You sent him to Dr. Green to _____.

M Did I?

W Yes, you did.

M Where is my car key?

W There, right beside your coffee cup.

M _____ here. Now, where is my hat?

W Try your head.

Q What can be said about the man?

(a) He is serious.

(b) He is grumpy.

(c) He is bossy.

(d) _____.

38 M I'd like to _____.

W I need your name and your room number.

M Howard Gardner, room 316.

W _____ $300 including tax and service charge.

M Can _____ you _____?

W That'll be okay.

M Here you go.

Q Where would you most likely hear this conversation?

(a) Hotel

(b) Casino

(c) Spa

(d) Book store

39 W _____?

M Crispy roast duck, ma'am.

W What does it come with?

M You can choose from these _____.

W What do you suggest I drink with it?

M _____ any kind of wine, ma'am.

W I can't drink wine. I'm eating for two.

Q What does the woman mean?

(a) She's pregnant.

(b) She has her child with her.

(c) She's _____.

(d) She's ordering two servings.

40 M Do you think I could fit into these after 3 months?

W If you exercise harder.

M I guess so. But _____ go to the gym.

W You can do it _____.

M How?

W Let me show you. Hand me those water bottles.

M Here you go.

Q What is the woman going to show the man?

(a) How to refresh himself in the office

(b) How to get water _____

(c) How to drink from water bottles

(d) Exercises using water bottles

41 M Where are the files that I asked to get?

W I tried phoning Mr. Michaels but he hasn't got them.

M How about Mr. Evans?

W His secretary said he doesn't want to speak to anyone.

M Is that so?

W Yes.

M Give me my phone.

Q What is the man going to do?

(a) Play with his mobile phone.

(b) Call for pizza.

(c) Call Mr. Evans.

(d) Tell off the secretary.

42 M Where can I find resources for my research?

W Try the library.

M But it's almost 4 pm. They close at 4 o'clock.

W Go there tomorrow then.

M _____.

W Too late? Why? When is the deadline?

M Tomorrow.

W Why don't you just _____?

Q What does the woman mean?

(a) The man should use the Google search engine.

(b) The man should ask another friend for help.

(c) The man should just _____.

(d) The man _____.

43 M Turn on the TV.

W What's up? Why are you such _____?

M Just _____, will you?

W Alright.

M Watch this.

W Oh my god!

M I think I'm really photogenic.

Q What can be inferred from the conversation?

(a) _____.

(b) The man's friend is on TV.

(c) The man is on TV.

(d) The woman is on TV.

44 M I'd like to _____ you.

W _____ anytime.

M _____?

W I said anytime.

M Fine. I'll be there at 10 am tomorrow.

W That's fine.

M _____?

W Nope. _____.

Q What does the woman mean?

(a) The woman wakes up early.

(b) _____ come early.

(c) _____.

(d) The woman feels better about their agreement.

45 M The conference is just _____. What preparations
have you done _____?

W We were divided into different committees.

M That's good. There's organization.

W _____ that, _____ equal division of labor.

M How about the certificates?

W They are presently being printed.

M Have you informed our guests?

W We have already sent invitations.

M _____.

Q What does the man mean?

(a) He wishes all good luck.

(b) They might need to break their legs.

(c) The tension is breaking his leg.

(d) He wants everybody to do their job properly.

Part IV

46 As a new art form, VJ has many evolving definitions. A VJ manipulates video
_____ than a DJ mixes records. The techniques and

equipment vary but the basic principles remain the same. Some VJs concentrate on just visuals, mixing and manipulating video or film, to create stunning projections. Other VJs use both sound and vision, mixing audiovisual samples to create whole collages or AV sets. VJs have become an essential part of the clubbing experience. They provide the projected visuals within the club environment that accompany the DJ, mixing and scratching video _____ how DJs _____. The expression originally referred to the Video Jockey, as a counterpart to the disk jockey, but it's more accurately Visuals Jockey−a general descriptor that encompasses older, non−video avocations _____ _____.

Q What is the main idea of the passage?

(a) VJ as a new art form

(b) _____

(c) The history of VJ

(d) The difference between a DJ and a VJ

47   Norway is located in Northern Europe on the western and northern part of the Scandinavian Peninsula, _____ and the Skagerrak inlet to the south, the North Atlantic Ocean in the west and the Barents Sea to the northeast. It has a long land border with Sweden to the east, a shorter one with Finland in the northeast and a still shorter border with Russia in the far northeast. The country is the second least circular country in the world, having a very _____ _____, one of the longest and most rugged coastlines in the world, and some 50,000 islands off the much indented coastline. It is also _____, and one of Europe's most mountainous countries with large areas dominated by the Scandinavian Mountains.

Q What is the passage about?

(a) Norway _____ in Scandinavia

(b) The geography of Norway

(c) The Norwegian peninsula

(d) Norway as a winter paradise

48   Evolution did not prepare the giraffe for the dangers of lightning in the zoos where many of them live now. At present, wild giraffes _____ and semi-desert south of Africa's Sahara _____. In its natural home, the giraffe is not the tallest thing around. Trees are. What's more that region sees little lightning, says Hugh Christian, Chief Scientist for NASA's satellite lightning detection system, which covers Earth. In zoos, giraffes are frequently the tallest object, and draw lightning especially in lands where frequent thunderstorms

visit. A game reserve in South Africa is _____.
Unusually high concentrations of dolomite rock draw 15 lightning strikes a month. In 1996, lightning struck and killed an 18-foot tall giraffe.

Q What is the reason that giraffes are frequently hit by lightning in many zoos?

(a) Giraffes are _____.

(b) There are no lightning rods in zoos.

(c) Lightning is attracted by their color and movement.

(d) They are the tallest thing around in zoos where they are located.

49 Bollywood is the informal name given to the popular Mumbai-based Hindi-language film industry in India. Though often incorrectly used to refer to the whole of Indian cinema, _____. Bollywood is one of the largest film producers in the world, producing more than 1,000 films a year, with an audience of 3.6 billion people. The name is a portmanteau of Bombay, the former name for Mumbai, and Hollywood, the center of the American film industry. Though some deplore the name, arguing that _____, it seems likely to persist and now has its own entry in the Oxford English Dictionary.

Q According to the passage, _____?

(a) _____.

(b) The term represents India's contribution to world cinema.

(c) It can now be found in the dictionary of American English.

(d) Millions of people watch it and it's one of the largest film producers in the world.

50 Chicken soup is a soup made by boiling chicken parts or bones in water, with various vegetables and flavorings. _____, often served with small pieces of chicken or vegetables, or with noodles or dumplings, or grains such as rice and barley. Chicken soup has also acquired the reputation of a folk remedy for colds and flus, and in many countries including the United States is considered a classic comfort food. _____ the birds preferably used for soup are not chickens but old hens and broiling fowl too tough and stringy to be roasted or cooked for a short time. In modern cities broilers are difficult to come by, and true chickens are often used to make soup; _____.

Q Which is correct according to the passage?

(a) _____.

(b) Chicken soup is regarded as a folk remedy for influenza and common cold.

(c) Only chicken bones are used to make the soup.

(d) Old hens and broilers are too tough making them unsuitable to be used in chicken soup.

51 An urban legend or urban myth is similar to a modern folklore consisting of stories thought to be factual by those circulating them. _____, but they are often distorted, exaggerated, or sensationalized over time. _____, a typical urban legend does not necessarily originate in an urban setting. Some urban legends have _____ _____, with only minor changes to suit regional variations. One example as such is the story of a woman killed by spiders nesting in her elaborate hairdo. _____, like the story of people ambushed, anesthetized, and waking up minus one kidney, which was surgically removed for transplantation.

Q Which is correct according to the passage?

(a) Urban legends are not true at all.

(b) Despite the name, urban legends do not necessarily originate in an urban setting.

(c) Urban myth is not an _____.

(d) Urban legends remain unchanged through the years.

52 Not all diamonds found on earth originated here. A type of diamond called carbonado diamond that is found in South America and Africa was deposited there via an asteroid impact about 3 billion years ago. These diamonds formed in the _____ _____. Very small diamonds, known as microdiamonds or nanodiamonds, have been found _____. Impact-type microdiamonds can be used as one indicator of ancient impact craters. Presolar grains in many meteorites found on earth contain nanodiamonds of extraterrestrial origin, probably formed in supernovas.

Q What is the main idea of the talk?

(a) Not all diamonds are real diamonds.

(b) Diamonds are the rarest objects in the world.

(c) The price of a diamond _____ its place of origin.

(d) Extraterrestrial diamonds

53 _____ I began by asking myself how I could say something about Christianity to children; then fixed on the fairy tale as an instrument, then collected information about child psychology and decided what age group I'd write for; then drew up a list of basic Christian truths and hammered out 'allegories' to embody them. This is all _____. _____ _____. _____; a faun carrying an umbrella, a queen on a sledge, a magnificent lion. At first there wasn't anything Christian about them; that element pushed itself in _____.

Q What is the main point of the talk?

(a) A successful book _____ of man's life including religion.

(b) There is always a reflection of a person's religion in his works.

(c) It was not _____ the speaker to put anything Christian in his book.

(d) The speaker was able to write a great book that embodies Christian values.

54　C. S. Lewis' early life has echoes within the book series *Chronicles of Narnia*. Born in Belfast, Northern Ireland in 1898, he moved with his family to a large house _____ _____ when he was seven. The house contained long hallways and empty rooms, and Lewis and his brother invented _____ while exploring their home. Like Caspian and Rilian, Lewis lost his mother at an early age. Like Edmund, Jill, and Eustace, he spent a long, miserable time in English boarding schools and, as a young boy, he, again like Caspian, had a tutor who brought new light into his dark, sad life. During World War II, _____ _____ because of _____. Some of these children, including one named Lucy, stayed with Lewis at his home in Oxford, just as the Pevensies stayed with the professor.

Q　What is the main idea of the passage?

(a) The reflection of Lewis' own life in his own book

(b) _____ in his book

(c) The people who inspired him to create the characters in his book

(d) The effect of World War II in Lewis' writing style

55　In 1583, Leonhard Rauwolf, a German physician, gave this description of coffee after returning from a ten year trip to the Near East: "A beverage _____, useful against numerous illnesses, particularly those of the stomach. Its consumers take it in the morning, quite frankly, in a porcelain cup that is passed around and from which each one drinks a cupful. _____ and the fruit from a bush called Bunnu."

Q　Which is correct according to the passage?

(a) Coffee drinkers drink it _____.

(b) Coffee is originally dark brown.

(c) Coffee is a _____.

(d) The bush where coffee beans come from is called Bunnu.

56　We are all gathered here to _____ who will forever live in our hearts. She was such an inspiration to many. She gave strength to those who were weak. She carried the little ones in her loving arms _____

_____. She was a mother, a wife, a friend, a soldier, a survivor. Her memories we will cherish _____. She's my Aunt Sally; she's everybody's Aunt Sally.

Q Where can you most likely hear this talk?

(a) At a _____

(b) At a _____

(c) At a birthday party

(d) At a _____

57 It can't be denied that TOEIC is just a series of multiple choice questions. The relative values of the questions are still questionable and it neglects assessment of speaking and writing skills. _____,
so test-takers think that it is wise to answer as many of the easy questions as possible before tackling the more difficult ones. _____
_____.

Q What is the main point of the talk?

(a) _____ taking TOEIC

(b) _____

(c) The effect of TOEIC to test-takers

(d) The drawback of TOEIC

58 Sting has stated that he gained his nickname while with the Phoenix Jazzmen. He once performed wearing a black and yellow jersey with hooped stripes that bandleader Gordon Solomon had noted _____; thus Gordon Matthew Thomas Sumner became 'Sting.' He uses Sting almost exclusively,
_____. In a press conference filmed in the movie *Bring on the Night*, he jokingly stated when referred to by a journalist as Gordon, "My children call me Sting, my mother calls me Sting, who is this Gordon character?"

Q Which is correct about Sting according to the passage?

(a) He uses Sting _____.

(b) His real name is Gordon Sumner.

(c) He got the name Sting because of his manager.

(d) Gordon Solomon became "Sting."

59 General American, sometimes called Standard Midwestern, Standard Spoken American English or American Broadcast English, is one of the most homogeneous and widespread accents of North America. It is the accent of American English perceived by Americans to be most "neutral" and free of regional characteristics.

Within American English, General American and accents approximating it are contrasted with Southern American English, several Northeastern accents, and _____ and social group accents like African American Vernacular English.

Q What can be said about the accent of American English according to the passage?

(a) It is spoken by many Americans in the US and abroad.

(b) It has many variations _____.

(c) It is generally preferred by majority of the adult American population.

(d) General American accent is _____ in the US.

60 Beatboxing is the _____. Although the term beatboxing derived from hip hop culture, it is not limited to hip hop music. _____ _____ the art of producing drum beats, rhythm, and musical sounds using one's mouth, lips, tongue, voice, and more. It may also involve singing, _____, the simulation of horns, strings, and other musical instruments. Beatboxing's current popularity is mainly because of artists like Rahzel and Kenny Muhammad, who have promoted the art form across the world. In 2002, the documentary *Breath Control*: The History of the Human Beatbox premiered. _____ that includes interviews with Doug E. Fresh, Emanon, Biz Markie, Marie Daulne of Zap Mama, Kyle Faustino and others.

Q What can be said about beatboxing according to the passage?

(a) It is an _____ that has been around for many years but only gaining popularity now.

(b) It is an art of creating sounds with one's mouth that approximate, imitate, or otherwise serve the same purpose as a percussion instrument.

(c) It is a newly created type of music _____ hip hop.

(d) Due to it's popularity, a documentary called *Breath Control* was produced.

hop-step-jump의 3단 전략으로
TEPS 멀리뛰기에 성공하자!

1단계 hop
파트별 유형 철저 분석
공략법 숙지는 기본, 예제 풀이로 확실히 끝낸다.

2단계 step
기출 유형에 충실한 미니 테스트
약점 진단과 실력 향상을 한 번에 해결한다.

3단계 jump
총 4회의 실전문제 제공
최신 경향을 알차게 수록, 실전 감각을 완성시킨다.

+1_Dictation Workbook
반복 학습과 핵심 지문 집중 청취로 학습 내용을 완전히 소화한다.

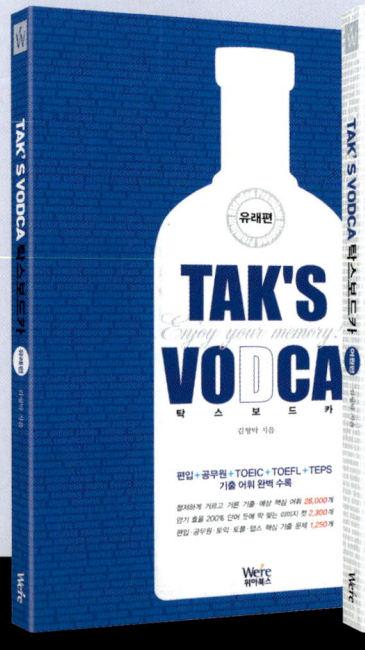